荆楚文庫

〔康熙〕咸寧縣志

〔清〕何廷韶 修 〔清〕王禹錫 纂

〔同治〕咸寧縣志

〔清〕陳怡 沈寶枏等 修

〔清〕雷以誠 纂

荆楚文庫編纂出版委員會

武漢大學出版社

荆楚文庫

〔康熙〕咸寧縣志

KANGXI XIANNING XIANZHI

〔同治〕咸寧縣志

TONGZHI XIANNING XIANZHI

圖書在版編目(CIP)數據

〔康熙〕咸寧縣志/〔清〕何廷韜修;〔清〕王禹錫纂.
〔同治〕咸寧縣志/〔清〕陳怡等修;〔清〕雷以諴纂.
—武漢:武漢大學出版社,2023.7
ISBN 978-7-307-23561-8
Ⅰ.①康…　②同…
Ⅱ.①何…　②陳…　③王…　④雷…
Ⅲ.咸寧—地方志—清代
Ⅳ.K296.33
中國國家版本館 CIP 數據核字(2023)第 033210 號

責任編輯:朱凌雲
整體設計:范漢成　曾顯惠　思　蒙
責任校對:李孟瀟
出版發行:武漢大學出版社(中國・武漢)
地址:武昌珞珈山
電話:(027)87215822　　郵政編碼:430072
録排:武漢恒清圖文菲林輸出工作室
印刷:湖北新華印務有限公司
開本:787mm×1092mm　1/16
印張:33.75　插頁:6
版次:2023 年 7 月第 1 版　2023 年 7 月第 1 次印刷
定價:159.00 元

ISBN 978-7-307-23561-8
9 787307 235618

出版説明

湖北乃九省通衢，北學南學交會融通之地，文明昌盛，歷代文獻豐厚。守望傳統，編纂荆楚文獻，湖北淵源有自。清同治年間設立官書局，以整理鄉邦文獻爲旨趣。光緒年間張之洞督鄂後，以崇文書局推進典籍集成，湖北鄉賢身體力行之，編纂《湖北文徵》，集元明清三代湖北先哲遺作，收兩千七百餘作者文八千餘篇，洋洋六百萬言。盧氏兄弟輯録湖北先賢之作而成《湖北先正遺書》。至當代，武漢多所大學、圖書館在鄉邦典籍整理方面亦多所用力。爲傳承和弘揚優秀傳統文化，湖北省委、省政府決定編纂大型歷史文獻叢書《荆楚文庫》。

《荆楚文庫》以『搶救、保護、整理、出版』湖北文獻爲宗旨，分三編集藏。

甲、文獻編。收録歷代鄂籍人士著述，長期寓居湖北人士著述，省外人士探究湖北著述。包括傳世文獻、出土文獻和民間文獻。

乙、方志編。收録歷代省志、府縣志等。

丙、研究編。收録今人研究評述荆楚人物、史地、風物的學術著作和工具書及圖册。

文獻編、方志編録籍以一九四九年爲下限。

研究編簡體横排，文獻編繁體横排，方志編影印或點校出版。

《荆楚文庫》編纂出版委員會

二〇一五年十一月

總目録

荆楚文库

〔康熙〕咸寧縣志

〔清〕何廷韶 修

〔清〕王禹錫 纂

《荆楚文庫·方志編》編纂組

組　　長：劉偉成　陽海清（執行）

副 組 長：劉傑民（執行）　王　濤　謝春枝　郝　敏　嚴繼東　范志毅（執行）

參編人員（以姓氏筆畫爲序）：

王　濤　李云超　宋澤宇　范志毅　郝　敏　柳　巍　馬盛南　陳建勛

夏漢群　梅　琳　陽海清　彭余焕　彭筱灇　楊　萍　楊愛華　雷　静

劉水清　劉偉成　劉傑民　謝春枝　戴　波　嚴繼東

編　　審：周　榮

顧　　問：沈乃文　李國慶　吴　格

前言

《（康熙）咸寧縣志》十二卷，清何廷韜修，清王禹錫纂，清康熙四年（一六六五）刻本。

何廷韜，字毅庵，清遼寧瀋陽人，任咸寧縣令。王禹錫，字耐庵，邑人，拔貢，任山東長山縣丞。

咸寧漢爲江夏郡地，三國吳屬武昌郡。唐大曆二年（七六七）置永安鎮。北宋景德四年（一〇〇七）改咸寧縣。據《輿地紀勝》：『《輿地廣紀》云：國朝景德四年改咸寧，避永安陵名也。』元屬武昌路。明、清屬武昌府。

據是志序文，邑於宋、元時期即有志，而匯輯成帙者始於明天順邑教諭伍福，續修於萬曆三十三年（一六〇五），由邑令王元炳、邑人孟養浩纂修。此二志今皆不存。清康熙三年（一六六四）秋，何廷韜上任。其時距萬曆志修成，已近六十載，前志『廢缺無存』，廷韜遍索民間，方得殘編。廷韜即有意修志，又恰逢《三楚全志》續修，索志於咸寧，遂以志事開館，延王禹錫等諸鄉紳與弟子生員編撰志書。廷韜令參修者互相參校，『每録一事必録其事之信而無疑，每甄一人必甄其人之名而當實』，因前志之當因者，備前志之未備者，歷三旬而其志方成。

志分十二卷。卷一前有序文、何廷韜撰《徵誌檄》、脩志姓氏、目録，無凡例。每卷首頁鐫『邑人王禹錫纂脩知咸寧縣事何廷韜鑒定』。每卷僅第一類下有序，以『序曰』開頭，其後所含門類無序。正文共五十餘類，大體依一邑之地理、學校、建置、經濟、官制、選舉、人物、藝文順序排列，部分門類有附，『學校』和『藝文』類各有子目。雖可見大體框架，然其次序仍顯混亂，如『公署』『城池』之間插入『學校』，其後又見邑之建置相關內容。『名宦』『鄉賢』等不與其他同種門類列於一卷，人物和官制、選舉混淆一處。其『藝文』大致以體裁分類，又獨立設『文昌閣』一類，載文昌閣相關藝文，此外另有三門修學藝文，又依體裁分類，略嫌紊亂。

是志爲現今所存咸寧首部志書，其『藝文』載有舊志序，可依此略見明朝志書纂修經過。

據《中國地方志聯合目録》，此志藏於國家圖書館、故宫博物院、中國台灣等館。本次據國家圖書館藏清康熙四年（一六六五）刻本影印。該底本原缺卷六第七葉、第二十三葉、第二十四葉与卷十一續編第二十一葉。

（彭筱溦）

目録

序

夫居今而卓然具千古之
識能斷然衡千古之事者
誠賴文有傳事獻有傳人

也文獻傳而故典備故典
備而一代之史彰矣史以
實録傳世
國書也國書之成〻於郡邑

之誌夫邑統於郡〻統於
省〻統於
京師斯大一統者
天子車書全盛之模而守宰

邦者牧伯師尹宣化中外
之職也則自省郡而下凡
屬邑之隸在附庸者其於
誌書不可不詳具為故一

邑之誌一邑之書也所係
者重必參以野史方言之
紀載故老隱碩之傳聞輯
而爲書徵信也信則公公

則於邑爲誌於
國爲史誌之與史不其相表
裏乎鞱於甲辰秋九月奉
命任咸事方兢兢飲氷茹蘗

脩政和民與咸之薦紳士
庶相安於忠孝廉義風土
產物之常甫及一朞而一
邑之中庶務交脩百廢具

舉將習於農者樂其田疇
習於教者澤其詩書鞱得
持其以咸治咸者上報
天子此固宰職然也退食之

暇取邑之往誌讀之覺宋元以前有傳人因有傳事惟明萬曆乙巳而後曁我

朝重熙累洽之世凡六十餘年之事蹟畧爲未著輶承乏司牧是可默〻已乎夫十室雖小邑其閒山川排設有自然之輿形也士習

民風有自然之禮教也人官物曲有自然之輔相也至於户口田賦又有自然之生聚自然之輻輳也守是土者本自然之心行自然之政則一邑自然之志胡不可博稽而纂輯爲輶心竊向慕之而仍未敢私

附編琯之役也適奉
上臺續餙三楚全誌徵書
於咸則向以纂輯爲心者
今且以纂輯視事矣翰方

幸成其書執以上之
太守樂觀郡史之明備也
呈之
方伯樂觀會典之藩宣也

達之
臺輔樂觀邦憲之屏翰也
獻之
彤庭樂觀起居之著作館閣

之編撰穆々皇々成
國朝一統之史乘也翰躬逢
其盛慶何如耶由是殫思
竭力諏之載籍考之見聞

得邑中薦紳先生及諸弟子員率集議公堂出其邑誌互相參校期於弗謬每録一事必録其事之信而

無疑甄一人必甄其人之名而當實如前誌之當因者因之非以蹈沿徇舊迹也前誌之未備者備之非

以增餙踵新華也閱三旬而成編登之梨棗以示信從將前可以監往後可以彰來雖職方所掌其貢採

固有咸憲而都邑所記其參考俱係公詳則咸之有誌無徒曰一邑之書也更可出而公於世以爲天下

後世之書韜猶得俟諸有
識者訂千古之同心焉
旹
康熙乙巳孟冬之吉文林

郎知咸寧縣事
瀋陽何廷韜謹識

邑志叙

余栖遲咸學宮可謂星霜飽歷廡楹
之下山川風土相習而深學數武面
相山則執政當世故墟也遠挹乎蒼
蒼鐘臺白望則北海父子書籠舊址
也唐宋名公鉅卿留遺在目而元明

兩代忠義儒望猶其近觀抵掌諸士
懷古盱衡陵谷變遷人物土風犁然
而攷者何若引古証今未有如邑志
詳而可攷也春秋百國各有書蕭何
入關盡收圖籍丙吉東曹考案邊瑣
由此觀之古人致治圖籍之功斷來

容氏志可今亡而昔有與僉云咸當江蒲地未割一鎮也於元祐間始益以縣在宋元有志至明天順時獲學博伍君手更編輯復續編於萬曆乙巳首尾百年賢有司得以居今知昔斟酌物產裁制壤則相風土順天時

志所由作也兵燹散佚留心者鮮余聞此方悵然才不逮伍君弟願執鞭弭以俟君子之至斯也蓋六年於兹

洪惟

車書一統輿圖畫疆而理犁然改觀武屬咸猶邾莒在所犁然而闢東　何

侯奉

簡書昨甲辰臨遣令乙巳慨然首商邑志與予約徵邑髦士刻期續編積三月志成較詳於前乙巳備同於昔之伍君而相咸此不朽者甚盛典也予坐卧廡楹日支頤相山博綜於唐宋

元明之間俯仰於車書一統人文物產之麗庶無負此星霜云云例有序余不敏願借以書諸左

時

皇清康熙肆年乙巳菊月吉旦咸寧縣

儒學訓導胡珏撰

咸寧縣志序

天文有分野地輿有疆域封建之制變爲郡縣其間百里或數百里阻山距河語言物類懸殊不一豈非天地有自然之排設而隨時因革人特爲之輔相裁成者與山川之氣民物生

焉有樸有僞有良有悍而士之肥瘠俗之善淫靡不隨氣化以相感非有廉明之吏與端謹之士夫以倡明教化維持風習則樸者順者皆不可恃以爲理而況望其有忠孝節義之士孕育而起者乎此人之所以與天地參也邑有人而邑治猶之國有人而國治天下有人而天下治也賢人者衆人之則也前人者後人之師也文獻不足邑典闕如其何以矩矱百世聞風興起也與此志之不可已也咸志始于天順間學博臨川伍君翔之

繼萬曆年間邑侯諱元炳王公領之而先達鄉先生養浩孟公纘緝成卷余生也晚不得覩其人復不得稽其籍燬沒數十年縱父老傳聞疑信相半其間士之仁者大夫之賢者愚夫愚婦之節烈名儒碩彥之理學才臣

傑士之忠義勳名間不乏人而竟無傳焉王持風教誰之責與咸之民樸魯而耕耨故兵凶不至于走險咸之士愨謹而詩書故衿肘不及于城闕咸之宦温儉而鮮驕侈故科名間作不敢爲墨吏所由然者星川之氣鍾

縣志序三　礼

之者和受之者正而又有良牧休養甄育于其間風淳俗美殆斯人之力也甚矣志之不可已也美而弗彰孰爲之前盛而弗傳孰爲之後故千百年之聖踪賢跡四海九州之名山大川披之輿圖粲若列星而況在戶牖

里巷之間乎邑之有志以彰前也以訓後也以示凡爲吏者不可不聚生齒而慎賦役而凡爲世祿者之不可不尚忠孝而羞淫侈也此修志之義也余有意未逮即授鄀令仕優則學竊自勉焉乃吾弟走書饒陽盛稱邑

縣志序四　仁

侯　何公新任廉明而惠邑人感之以修飾咸志請序將不以簿書吏視予也而曷敢辭焉若乎著述之詳畧是非之眞贋三代遺直父老存焉去浮就實討古論今立不朽之言昭垂典則所望諸君子敬斂以勸厥成矣

旹

康熙肆年歲次乙巳季秋月吉旦

賜進士第江西饒州府鄱陽縣知縣邑

人治生鄭邦相頓首拜撰

咸寧縣志序

洪濛既闢清寧位分岳瀆之精上應

列宿星野之區下配八極條理粲著

邃古而然矣載籍以來九州形制詳

於禹貢十五國風備于魯詩繼此而

方輿山海之經三都兩京之作人物

風土之記紛然雜出故以域中之大

赤縣神州而廣凡名山大川之阻距

古聖前賢之出處珠璣百寶之興藏

草木禽魚之方産靡不展卷燎然若

揭日月而行中天矧閭里之近眉睫

之間故典不彰文獻莫考往者湮滅

來者無傳豈非士夫之責也耶甚矣邑不可一日無志也何也一邑之志一邑之史也山川之美惡必書風俗之貞淫必書民情之悍朴必書戶口物產之繁簡必書忠孝廉節之行實必書名賢羽仙之遺蹟必書故讀志

可以觀風觀風可以知樂知樂可以察禮察禮可以考政于以寓勸懲而移風易俗在此也志所係豈微哉咸志始于宋元明天順中取而輯之者學博伍君福也萬曆中詳而編之者前邑侯元炳王公鄉先達養浩孟公也煨燼之餘廢缺無存三紀以來目不覩是書矣

邑侯何公毅菴于治咸之明年遍索民間始得殘編命邑中諸君子纘輯成書余適以省覲來歸問叙于余余備員史館方學楊子雲日懷鉛提槧向

使者問外國事況先輩芳型景仰在望所樂覩也麗藻遺文所樂讀也幽貞逸節所樂道而闡揚也附名不朽復何辭焉夫後之視今亦猶今之視昔若覽是志者知所興起教行而俗美士端而民醇山川毓秀人文蹱作

使志不以地重而以人重則李北海之高標馮文簡之芳模如邑乘所紀者庶乎其不墜云

旹

康熙六年歲次丁未中冬月吉旦

賜同進士出身内翰林弘文院檢討邑人鄭之謀頓首拜撰

縣誌敘

風與志相源流也十五國之謡俗採之以觀其貞滛好惡則風即其志郡有乘邑有紀各載其山川文物之差别户口土田之損益當事者閲其編而洽忽較然則志即其風風俗者上與下觀感教化之所成也志從俗風從風故無一定

之風而有一定之志然則志終不易乎人事三十年而小異從五行之麗於支干者爲遞遷也天道六十年而小異從六干五支流行而複紀也顧邑有仁矦則土物必豐謡俗必淳山川將爲

之改色必且取其志而更新之矣咸嘗
銜道士賻而民貧失善教則危得善教
則安我
何侯毅菴之初莅茲土也興廢振敝民
獲生計越數年而垣墉壯麗文物增華
秀者勤於室而篝燈夜誦樸者嬉於疇

而扣壤晨謳及公餘覽勝搆造尤多是
以樞秘之臺嵐光東起文魁之閣爽氣
西來郡人士之應運而出者冠蓋相望
於道豈盡氣數使然哉抑
仁侯之善政善教有以先之也於是乎
删譌著實而邑志聿成檄是時佐理海

郡聞風景慕猶未知其爲信史也讀禮
之暇手是編而繹之觀其做同官而錄
善政之在民者否則任雖久而名可逸
矣表先賢而述偉烈之在世者否則身
雖顯而行弗章矣從而孝節之必揚幽
而神功之不揜

侯將以是示訓行於今茲備法戒於方
來其明德寧彼一世哉凡所以移風易
俗樂利無已者悉於是志焉見之擇邑
之風者不俟從之塗巷之謠而志卽其
風已
康熙拾一年桂月朔日

邑人治弟張撴頓首拜譔

咸寧縣誌序

聞之星日之垂昭諸古史覽物之槩寄在方聞攷咸邑舊誌明末以荊號綦備矣後數十年文獻輩出蒐輯遐邇加之兵火流離典文散失以鄂塗風物人文之盛而載籍泯闕逸美勿

彰君子觖焉譬操刀學割慙賦歸來徒勞興寐寔云有志而未逮也偶當事者有脩葺三楚通誌之舉檄下於邑邑何公毅菴欣肩任之一日集諸紳士採訪名宿慨然詢其事於余以爲諸士

倡璧又何知焉然遡厥前乙巳修誌於今踰六十年凡山川風俗戶口壤賦星紀災祥名宦人物與夫忠孝節義廉潔孤尚有關名教者不論缺簡殘篇朗吟一得悉得採取而編録之於焉廣搜旁覽分類成書而顯微闡

幽小善必録未一月而邑誌成葢以其耳目之所常覩記者共紀其事所聞所見必確必公不襲浮稱不爲溢說隨以是而詳達於

上臺視誌曰善矣以是而質諸隣封願之咸之四境亦皆曰庶乎可以有光於此典矣夫邑載家乘各具名山之勝流連觀覽仍同拱璧之珍後之採風茲土者一開卷而恍然見吾邑山川人物之盛見吾邑山川人物之盛而

何矦撫字苦心其德業之遠及者千百

載後如或親見璧亦藉是以與爲不朽何典之隆也語云莫爲之前雖美勿彰莫爲之後雖盛勿傳於是乎贈之以言卽不覺其欣幸之極而忘其言之爲贅也以是爲序云

邑人陳璧頓首譔

陳璧

徵誌檄

維咸楚淦名區星分翼軫武昌屬郡地接江漢金城犖乎四郡延袤亘以百里其間山川秀躍人物祥符蘋溪傳北海之雄文潛石留稚川之仙籍山名相嶺人傑由於地靈水號帶河脊流夾乎脈瀦眺梅坡而念丹陽懿範步書臺而仰文簡元風至若孟機之清慁忠定之諫垣雲漢為昭日星共燿緬懷往蹟幸際今休然玉麗山

輝珠溜川媚必紀載資於博物方著作協夫同文獨念華故伊邇稽古維艱即家有藏書未免苦封緑字及匱湮方策奚由雲護金縢欲校圖章之罔闕實求文獻以可徵用詢故老傳聞無嫌夫珠遺滄海確拔先民典則祈合夫日燦中天藉是搜羅必悉庶幾考核宜詳藉民牧攸寄邑宰是司技慚刻鵠才愧雕蟲適承

憲檄

王會之圖特飭郡守方輿之志乘故本以續新簽於今為烈索前徽以彰軼事曠古莫逵特移而物未改作述恒關聖明古往而今自來守待應分先後雖方言野史明若著占即家乘稗官燎如星與凡我先達士夫崇文碩逸世代藏優拄秘不妨示我考求前人紿有囊珍尤望資予乘絹先型是式後學有徵夫金山淦水之區皆人文淵藪而鍾臺掛榜之地盡理學宗工注望同

人欣懷共事咸標繡虎之心裁各擅雕龍之巧范冰紋製錦用能藻繪於縹緗玉屑分硎豈徒工餙於鉛槧法太青之紀事石室堪傳倣文毅之遺書鄉函特勅釋疑存信考古即以證今執簡斐繁維風豈能訓俗方物既多載乘太史具有明箴惟與士林之編纂上副

形琯之撰修敢布名卿聿觀盛典

咸寧令何廷韜撰

脩志姓氏

總裁

總督湖廣等處地方軍務兼理糧餉太子少保兵部尚書兼都察院右副都御史加一級又加一級正一品張長庚 西曬遼東瀋陽人

巡撫湖廣等處地方工部右侍郎兼都察院右副都御史劉兆麒 瑞圖滿洲籍寶坻人

提調

湖廣等處承宣布政使司左布政使加一級劉顯貴 元伯遼東東寧人丁亥貢士

承宣布政使司右布政使郎秉清 定菴遼東旗寧人拔貢

提刑按察使陳冊 自脩遼東人壬辰進士

咸寧縣志　姓氏　一

管轄通省糧儲道右叅議王孫蔚 茂衡陝西諸澂人壬辰進士

管通省驛傳道清軍兵備副使饒宇栻 型萬江西進賢人壬辰進士

分守武昌道管武漢黃三府駐劄省城右叅議程衡 平世遼東廣寧籍杏山人戊子貢士

叅脩

提督通省學政僉事李可汧 元伏江南崑山人乙未進士

鑒定

武昌府知府李徵昌 劍華遼東廣寧人拔貢

同知金元貞 興所遼東瀋陽人生員

通判武張聯 山東曹縣人拔貢

推官盧士登 時倩江南宜興人巳亥進士

咸寧縣知縣何廷韜 毅菴遼東瀋陽人

叅閱

咸寧縣學訓導胡玨 孝感人

纂脩

邑人鄭邦相

王禹錫 耐菴

咸寧縣志　姓氏　二

叅訂

邑人鄭之詵

陳璧 両臣吳堡知縣恩貢

搜輯

邑人張𣛮 尺書磁州通判拔貢

唐范英 爾黃

校閱

邑人王晉錫 康矦

關　彝寧生

沈建昌呂矦

李旭白初觀

趙拱乾惕若

錢有年藜音

佘希聖膺作

鄉大

邑　人孫可儀　鄭邦命

貲　三

李先楷　胡虞賓

孟應衡　孟佐盛

胡鳴鶚　趙拱宸

李發中　黃應元

孫傚業　[illegible]

咸寧縣志目錄

咸寧縣志卷一

邑　人　王禹錫　纂脩

知咸寧縣事何廷韜　鑒定

星野

序曰自周禮以星土辨九州之分野左氏善誣康成強附學者多疑之及觀裨竈梓慎之言靈憲法象之志因星以辨其土因分以察其變未或爽也蓋地有是形天有是星形之

所凝天象昭焉在朝象官在野象物在人象事精氣相通無足異者咸寧古楚子之國江夏之域也自范蠡鬼谷張良諸葛亮護周京房張衡並云翼軫楚之荆州而江夏入翼一十二度嗚呼以天下視楚以楚視咸黑子之著面曾是于天象哉是不然萬家之邑精物亦大矣雩而雨火而反風凡以令身自有之也夫郡邑之長有君道焉今之邑長古之子男則休徵咎氣豈盡不相感召者耶抑亦可思也已

紫微垣北斗玉衡星主楚按春秋緯文耀鉤布度定紀分州定象北斗七星主九州大别以東至雷澤九江荆州屬衡星

太微垣上台第二星主荆楊按論語摘輔象兗豫屬上台荆楊屬下級

天市垣西垣第二星主楚按天文圖兩垣共二

十二星東垣首宋終魏西垣首韓次楚

五星熒惑星主楚按漢書吳楚之疆候熒惑二

十八宿屬翼星按晉書江夏入翼十二度

十二次舍屬鶉尾按周禮疏鶉尾楚也史記天官注云翼二十二星軫四星皆爲鶉尾在巳楚之分左傳襄公二十八年歲淫於玄枵裨竈知楚子之將盡且曰歲棄其次而旅於明年之次以害鳥帑周楚惡之鳥帑尾也故鶉尾屬楚

縣境

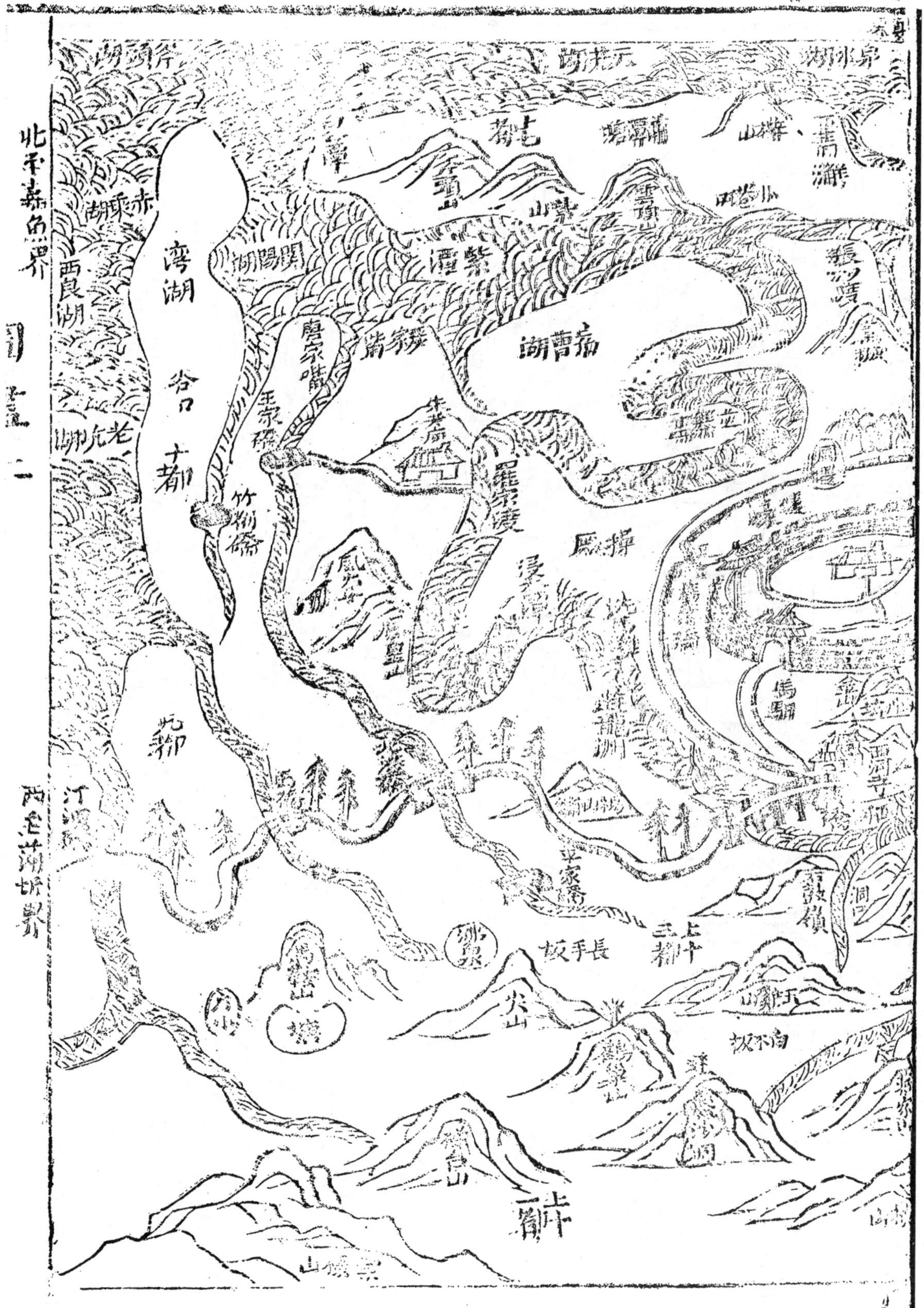
赤東湖
西良湖
灣湖
谷口十都
竹林橋
紫潭
鹿家嘴
王家橋
羅家渡
長手坂
火山
馬驛

縣城

之圖

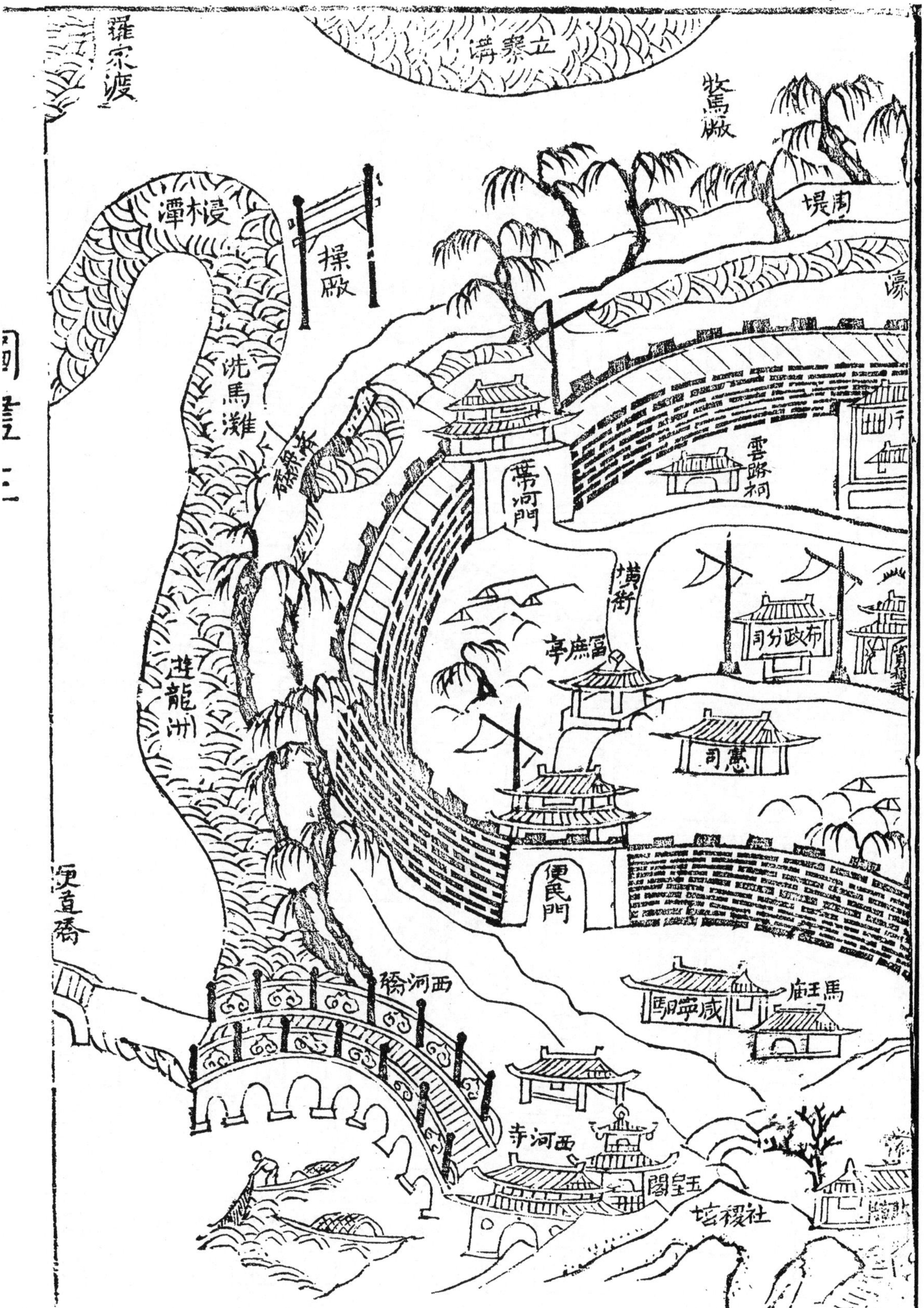
立寨溝
羅家渡
浸櫓潭
操廠
周堤
濠
洗馬灘
帶河門
雲路祠
横街
布政分司
富庶亭
遊龍洲
憲司
便民門
西河橋
咸寧驛
馬王廟
西河寺
玉皇閣
社稷壇

縣治

圖畫三

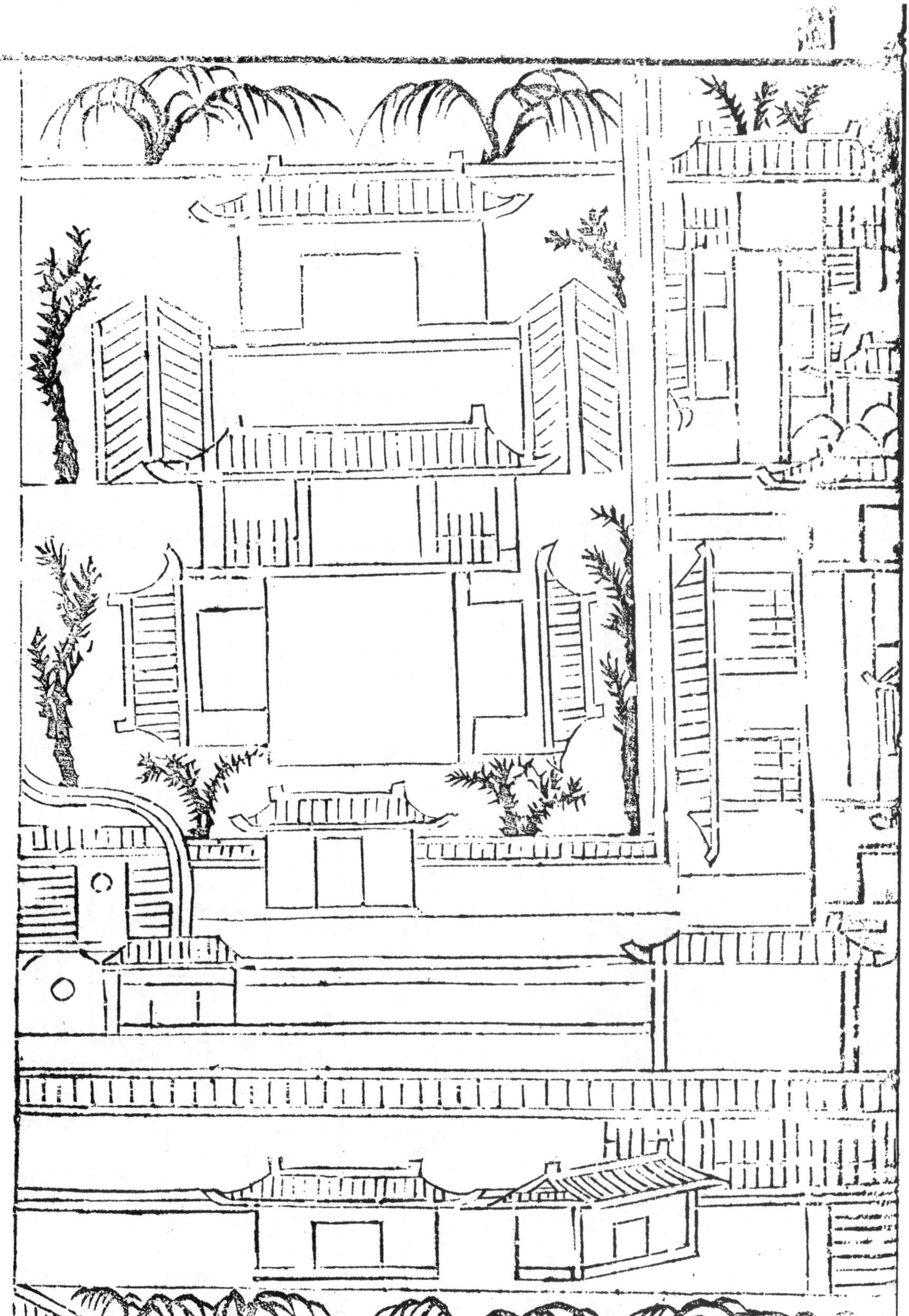

儒學

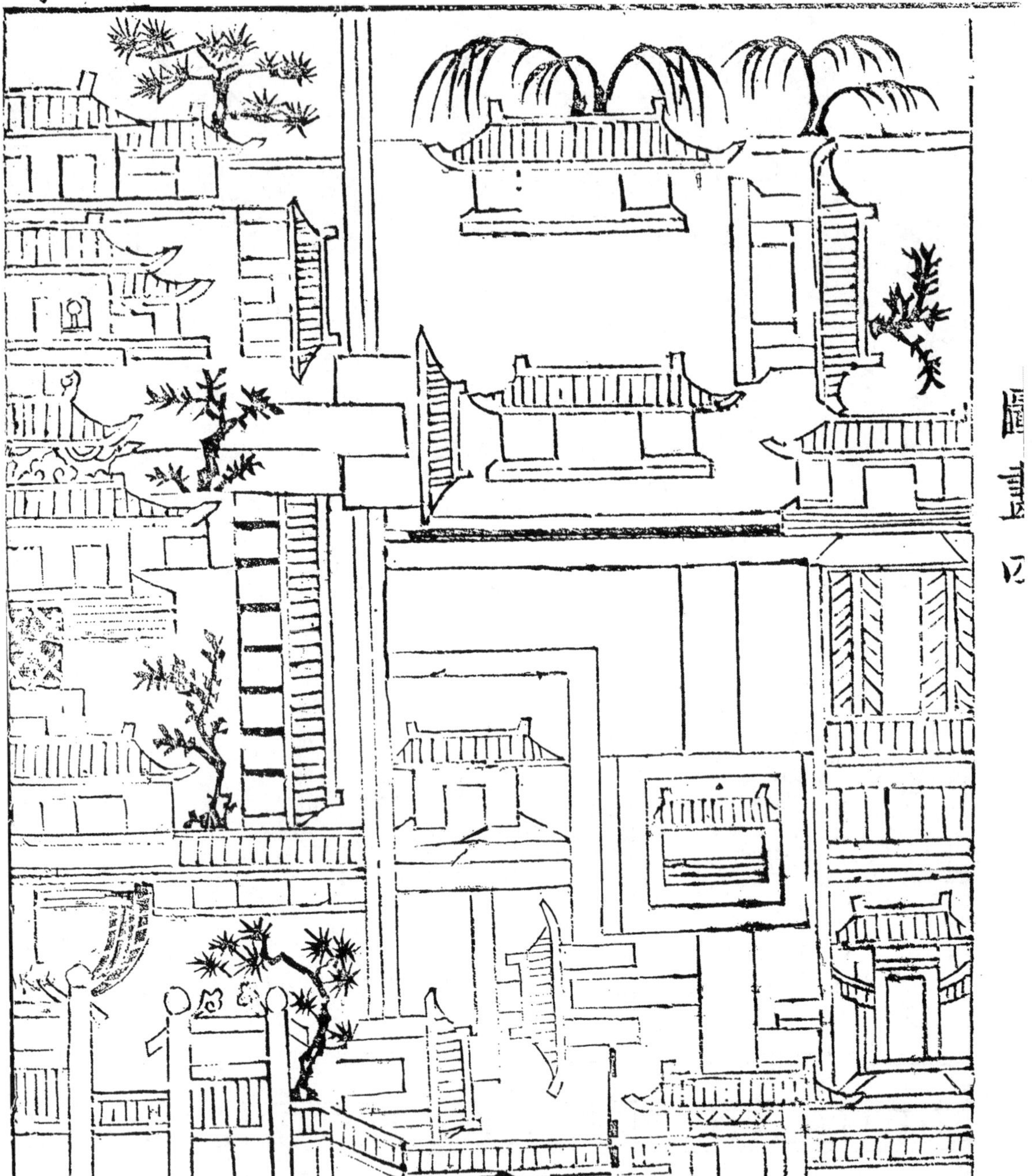

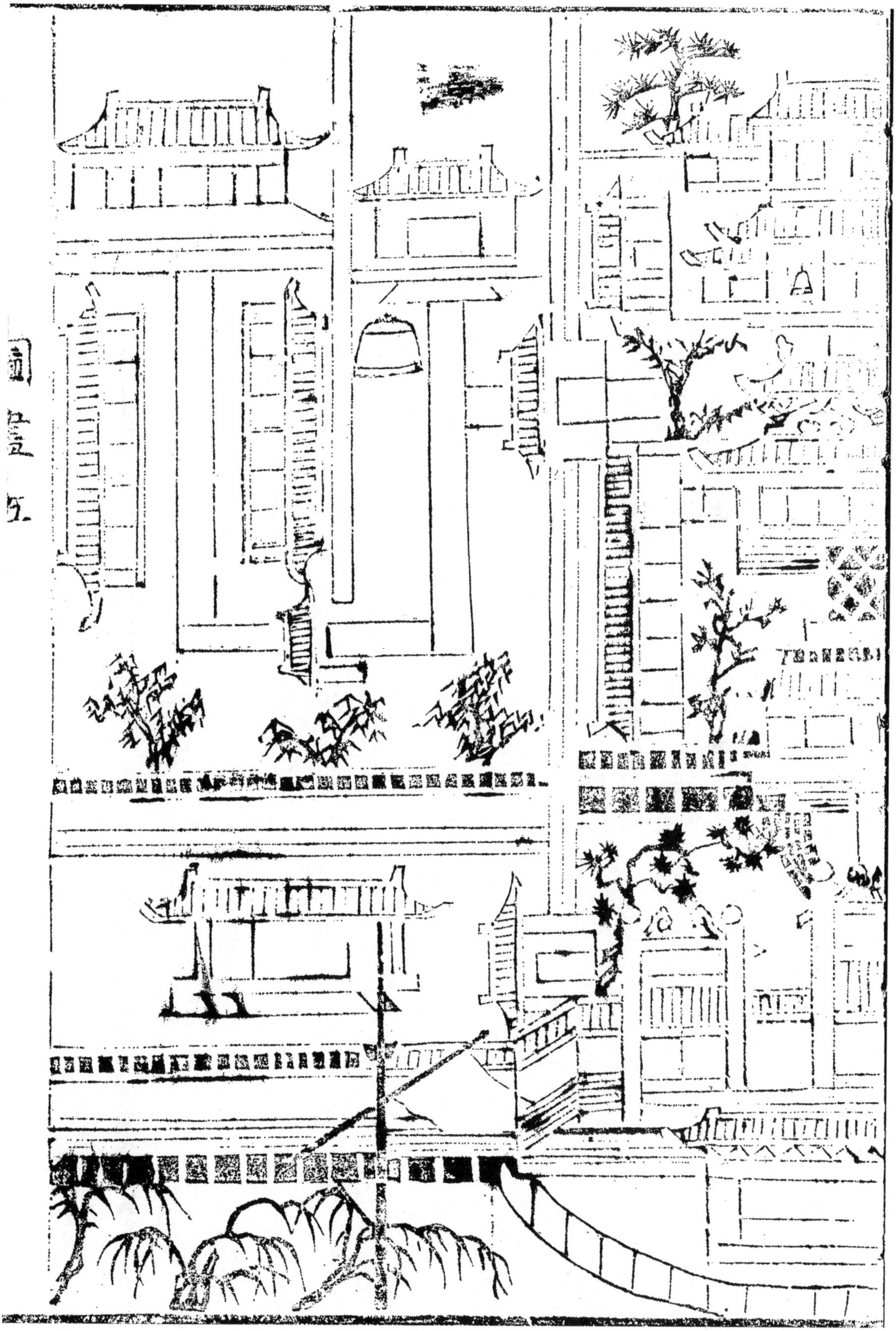

四至與府同

方域

南唐保大十三年始割江夏南境三鄉地置永安縣宋開寶初改爲咸寧縣屬鄂州哲宗元祐元年又割蒲圻長樂鄉以益之元屬武昌路明改路爲府咸寧屬焉

國朝因之編戶一十六里

東西廣八十里南北六十里延袤一百里

東行小路五十里至大幕口本縣上五都抵

興國州界

西行舖路四十里至汀泗橋抵蒲圻縣界

南行小官路五十里至崚水嶺抵通山縣界

北行舖路四十五里至賀勝橋抵江夏縣界

東至興國州三百里

西至蒲圻縣一百里

南至通山縣九十里

北至本府小路紙坊一百八十里東湖驛大

路二百四十里

東北至武昌縣二百四十里

西南至崇陽縣一百二十里

西北至嘉魚縣一百里

水路至南京二千三十里陸路一千七百一十五里

水路至北京五千四百七十五里陸路二千七百一十五里

水路由斧頭湖出金口至本府三百里

論曰咸古鄂區也在禹服爲荆史記鬻熊子事文王其孫熊繹事成王繹孫渠甚得江漢民和代庸楊粵至於鄂乃立中子紅爲鄂王漢置江夏郡黃祖始於沙羨置邑吳置武昌郡晉咸和中立汝南郡南北朝爲郢州爲北新州隋爲鄂州唐天寶仍爲江夏然永安自江夏一鎮也南唐始割江夏三鄉而名之曰

縣宋元祐稍益以蒲圻一鄉然去崇嘉無幾耳嗟呼國無小不可易也千里專城百里應宿所謂其地足容其民足守者矣咸雖小且瘠豈有裔民哉長吏者時其疾苦而噢咻之即廣狹可無問也

鄉

金城鄉　宜化鄉

豐樂鄉　長樂鄉

都里

一都金城鄉　二都金城鄉

三都金城鄉　四都豐樂鄉

上五都豐樂鄉　下五都宜化鄉

六都金城鄉　上七都宜化鄉

下七都宜化鄉　八都宜化鄉

九都長樂鄉　十都長樂鄉

上十一都長樂鄉　十二都金城鄉

上十三都長樂鄉　下十三都長樂鄉

論曰古者萬二千五百人爲鄉咸之有四鄉其古制歟曰非也特紀其鄉土之名耳金城宜化豐樂三鄉割之江夏西偏者也長樂一鄉益以蒲圻東偏者也合四鄉以爲邑又析

每鄉爲四都九十有六畨都者亦里之名非周禮之四縣爲都也秦制十里一亭十亭一鄉漢以鄉屬縣迄宋明因之又按唐九州志一萬戶以上爲望縣七千戶以上爲緊縣五千戶以上爲下縣今咸十戶爲一甲十甲爲一里十有六里計戶僅當下縣三之一兹非邑之最小者歟

卷一終

咸寧縣志卷二

邑人王禹錫纂脩
知咸寧縣事何廷韜鑒定

公署

庤曰咸邑自南唐保大十三年始置縣面金山背紫潭左相山右西河歷宋及元無所更易元末陳友諒據武昌壬申邑燬遷於河北今朱老廟是也友諒旣平明甲辰仍遷舊治洪武三年知縣焉昶始建廳宇尚多草創景泰間知縣陳灝繼修弘治乙丑知縣王介重建
國朝順治六年知縣周文華修康熙四年知縣何廷韜重脩新建六曹一十二間儀門三間及申明旌善二亭堂西側連桂花堂四間制益弘麗云

正廳三間　泊水三間　後堂三間　儀門三間

庫樓一座　應宿樓一座學士廖道南有記康熙五年何延韜重修

環翠樓三間學博伍福有記二樓在縣之內康熙七年何延韜重建今名爲退思堂

六房東西各六間　架閣庫一間
戒石亭　土地祠三間
書手攢寫房在儀門内　儀仗庫一間
知縣宅天順元年知縣陳灝重建于康熙五年何廷韜内衙各房重建牆磚永固
廳屋三間　樓房三間　東西平房各
五間　厨房一間
典史宅
廳屋三間康熙元年典史衛起鳳重建

住房三間　厨房一間
迎賓館康熙四年知縣何廷韜重修
受善堂三間
縣獄
尨房三間　外建屋三間爲收禁遞解東人之所康熙七年何廷韜建
榜房
頭門外左右各十間
譙樓

明知縣上官儀建陳灝修康熙四年知縣何
廷韜重修
銅壺滴漏知縣張興祖置今久廢　鼓一鐘一鼓手五名
按譙望也門上爲高樓以望其制美麗故一
謂麗譙中置鼓角以明旦晚興息之候蓋令
尉所居必嚴内外之限辨上下之分也世傳
魏武造麗譙曹子建撰畫角三弄初弄曰爲
君難爲臣亦難爲臣難難難次弄曰創業難

守成亦難守成難難難三弄曰起家難保家
亦難保家難難難今角聲之嗚嗚者乃難字
之曳聲以警人昏曉之間使有所感悟而懲
創也凡鼓三百三十聲爲一通角十二聲爲
一疊鼓音止角聲動三角三鼓而昏明畢故
邑之有斯樓也於以出政教於以集吏民於
以書雲物皆有關於政事非徒資眺玩已也
布政分司

舊在縣南二百步明正統五年知縣龎端創景泰間知縣陳灝重建弘治中知縣施逵改創於縣東二十步舊址爲儒學射圃崇禎末年賊燬

國朝順治七年知縣周文華扦建後街西康熙四年知縣何廷韜重修

正廳三間　穿堂　後樓五間

司房東西各三間　司門一間　廚房二間

憲司分司

舊在縣東二十步明洪武三年知縣馮祀肇建宣德中知縣上官儀天順中知縣陳灝正德中知縣潘澤相繼重修崇禎末賊燬

國朝順治十二年知縣馮源泗扦建於新察院分司之南康熙四年知縣何廷韜重修

正廳三間　後堂三間　司門一間

東西廊各一間　廚房二間

府公署

在縣治東明景泰七年知縣陳灝重建弘治十二年知縣施逵重修天啓元年圮知縣曹應聘改創爲三元書院今亦廢與分司舊址並爲民居

按古方伯之國即今之布政司也分司之設初未之有正統中冬官建議各府州縣始爲之立藩省大臣旬宣于外布章條揚教化宣

德意懲奸革弊奬善勸賢除貪去暴皆發政于此又按繩愆糾謬激濁揚清者風憲職也各省建總司以掌憲度復于各府州縣置分司以爲廵督之所于以覈官吏察民隱于以考文藝稽案牘政肅于内霜飛于外使豺猾姦宄之徒有所祗懼而不敢肆若府公舘則本府官長至縣于是寓止凡軍需課賦皆于此催辦俱宜崇飾蠲潔而不可苟者也

河泊所

在紫潭湖畔洪武十四年立宣德間裁革

醫學 洪武十七年設三十年裁革三十五年復 醫學訓科一員 醫生五名

按周禮醫師掌醫之政令凡邦之有疾者皆造焉使醫分而治之所以躋斯民於仁壽之域也宋元嘉中始詔天下郡縣皆立醫學唐宋因之漢藝文志以醫列方技家班固曰方技者生生之具王官之一守也古有岐伯俞

跗扁鵲秦和葢論病以及因原診以知症者也叙其書爲四科一曰醫經凡七家二曰經方凡十一家三曰房中凡八家四曰神仙凡十家唐以神仙入于道家類而醫術類凡六十四家明堂經脉類一十六家房中不錄云

陰陽學 置廢與醫學同

陰陽訓術一員 陰陽生五名

按班孟堅謂陰陽家出於古羲和之官欽若昊天曆象日月星辰敬授人時者也漢藝文志凡二十一家唐藝文志丙部子錄所載天文類二十家曆算類三十六家五行類六十家司馬遷曰陰陽之術太詳而衆忌諱使人拘而多所畏然其序四時之大順不可失也

學校

學宮在東高峯之下宋仁宗慶曆四年詔天下州縣立學咸寧有學自此始元因之陳友諒兵起殘燬無遺明洪武三年開設學校知縣馮昶卽舊址草創之天順間知縣陳顥重建大成殿戟門櫺星門及聖賢塑像弘治中知縣施達重建明倫堂正德中知縣王介重修兩廡先是歷

代廟中祀孔子爲大成文宣王塑像服衮冕四配封兗國郕國沂國鄒國公十哲從祀皆爵侯伯列像於傍嘉靖九年允輔臣張璁議正孔子祀典改大成文宣王爲至聖先師孔子四配爲復聖顏子宗聖曾子述聖子思子亞聖孟子從祀及門弟稱先賢左丘明以下稱先儒去塑像設木主罷公侯伯諸封爵改大成殿爲文廟大成門爲廟門璁又請別立祠祀齊公叔梁紇稱啓聖孔氏以無繇點鯉孟孫氏配稱先賢珦松元定從祀稱先儒於時知縣龔信奉旨改設木主塟神像於東高山之麓創啓聖宮於文廟之西崇禎中署篆王元英重修櫺星門

國朝順治初知縣周文華重加修葺濬泮池得古銅象尊犧尊罍尊各一康熙間知縣何廷韜重修

學制

明倫堂三間　左右廂房二間

東齋三間　西齋三間

東號房三間　西號房三間

饌房三間　厨房三間

卧碑一座　學房一間

教職

宋職有學正學諭直學掌儀學訓五員

元職有學正學長學諭直學學訓五員

明職有教諭一員訓導二員崇禎三年裁革

訓導一員

國朝設教諭一員訓導一員康熙四年裁革教

諭一員

生徒

廩膳二十名每名每月廩米壹石康熙二年奉裁

增廣二十名

附學生無定數

論曰古之教者家有塾黨有庠術有序國有

學無地而非教也州長糾其德藝黨正敷其法令大司樂訓之中和大司徒掄其俊秀無人而非教也一年視離經辨志三年視敬業樂羣五年視博習親師七年視論學取友無歲而非教也是故使民興賢出使長之使民興能入使治之蓋役之則爲民教之則爲士官之則爲吏均此人也秦漢以來儒與吏異趨政與教殊途於是官所以治其民與師所以教其弟子者兩不相謀而所用非所教所教非所用矣士方習讀則詩書禮樂及進登仕版則期會簿書視向日之學術皆筌蹄國家之學宮皆芻狗民何自而見先王之治哉又况榮途捷徑旁午雜出未嘗由學而升者比比也我

世祖章皇帝弘奬儒術特隆學校之選今

聖天子復正文体詳八股策論之式誠欲化學

究爲有用俾伏而酌古考今揆時度務者即出而明習典故通達國體者也豈猶得目所學非所用哉濟濟諸士有不以天下爲己任古聖賢爲法程明體達用期於兼舉以黼黻

皇猷霖雨蒼生者不幾負

上恩也邪

廟制

大成殿　東廡九間

西廡三間　戟門三間石鼓二前元陳子原故物

欞星門　神厨三間

宰牲房三間　泮水池石橋一座

啓聖宮三間　鄉賢祠三間

名宦祠三間以上殿廡戟門祠泮俱知縣何廷綸修飭一新

祭器

文廟香案二　朱紅桌八張

燭臺六隊　鐵香爐九箇

兩廡香案二　鐵香爐二

酒罇桌三張　盛帛篚桌二張

鉶洗架二　籩計一百伍十箇

豆計一百五十箇　簠八十二箇

簋兩箇　錫爵一百五十箇

酒尊三箇　注酒壺八箇

篚九箇　大小盤

高低燭臺　毛血盤八箇

牲匣連蓋二箇　滌牲大桶四箇

宰牲大鍋四口　和羹碗十三箇俱錫

大羹碗五箇俱錫　齋戒牌一面

齋戒古銅香爐一箇　花瓶一隊

桌一張　省牲香爐一箇

桌一張　牌一面

燭臺一隊

祭品

先聖位祭物

酒尊三先聖一兩廡一十哲一皆設殿前東

爵三　登一盛太羹

鉶二盛和羹　籩八實鹽藁魚棗栗榛菱芡鹿脯

豆八實韭菁芹筍菹醓醢兔醢魚醢鹿醢

簠二實黍稷俱淘淨炊熟盛於簠　簋二實稻粱與黍稷同製

篚一盛帛一色白長一丈八尺　羊一
豕一用牲匣盛置位前羊左豕右

四配祭物

爵三　登一盛大羹
鉶二盛和羹　籩六實鹽藁魚褒棗栗菱鹿脯
豆六實菁筍芹鹿脯兎醢魚醢　簠簋各一實黍稷同前
篚一盛帛　酒甁一
羊豕各一四位共用解作四分用木盤盛置於案

東哲五位設祭物於前別於中總設小案置香燭獻爵二
鉶一盛和羹　籩四實塩棗栗鹿脯
豆四實菁菹筍菹鹿醢兎醢　簠簋各一實黍稷同前
篚一盛帛同前　爵五
酒甁一　豕一分作五分
西哲五位祭物與東哲同
東廡從祀祭物於東廡中間總設香案一置香燭獻爵中門外設酒尊一獻爵
三階下設盥盆

每四位共一案祭物每位各用爵一臨祭時斟酒分獻于中總奠
籩二實塩鹿脯　豆二實菁菹鹿醢
簠簋各一實黍稷同前　篚一盛帛同前
酒甁二　豕一解作五十分
西廡從祀祭物與東廡同但豕一解作五十五分

祝文

維某年月日某官某等敢昭告於
至聖先師惟師德配天地道冠古今删述六經

垂憲萬世維茲仲春秋謹以牲帛醴齊粢盛庶
品式陳明薦以復聖顏子宗聖曾子述聖子
思子亞聖孟子配尚
享

啓聖宮祭品

帛一　爵三
羊一　豕一
簠簋各二　籩豆各十

四配東西各帛一　爵三

豬二　簠簋各一

籩豆各四　廡東西同

祝文

維某年月日某官某等致祭於

至聖爲萬世王者

啓聖公孔氏曰惟公誕生

之師功德顯著茲當仲春秋特申祭告以先賢

顏氏先賢曾氏先賢孔氏先賢孟孫氏配尚

饗

官舍　俱明末賊燬

教諭宅

在明倫堂後景泰五年建　后廢于康熙九年何廷韜重建

正屋三間　東平房三間

西平房三間　廚一間

訓導宅二處

在學宮之東

各廳屋一間　住屋三間

學地塘

學後左右菜園地十畝

學前園地二十畝　池塘二口　在學宮前

魚池二口　一在三元祠前　一在三元祠西

學田

獻田人戶姓名

生員方遷子方塘一十二畝二分

王維壇六畝八分

鄉約阮玉武二十八畝五分

劉顯陽七畝

劉尭三畝二分

萬天朝二畝四分一釐

曾學孔一畝二分

劉科二畝四分

聶大元一十五畝

張問仁四畝

李密三畝三分五厘

民婦周氏同男樊銀金男二十四畝四分七厘

余魁三十三畝五分三厘

唐芬聖六畝二分八厘

黃萬化三畝八分三厘

劉孟高一畝二分八厘

入官田姓名

周國玉表國玉二畝五分

程自獻一十七畝三厘

余學大五畝八分

余可宗一畝一分六厘

吳尚登一畝五厘

王宋曾一畝八分四厘

劉天嵩三畝四分八厘

羅文玉二畝三分二厘

嚴景安四畝六分四厘

程自旺二畝三分二厘

陳陽春四畝八分

陳大德六畝五分

陳世隆二畝

陳上吉三畝二分五厘

陳訓二畝三厘

鄭林二一畝四分

謝萬盛三畝九分

陳貴二十一畝七分三厘

經歷魯立大助田二十三畝七分五厘地一分九厘（以上學田經兵火之後田荒佃亡土段半不可考）

馮文簡公祠

初祠於相山書院成化間訓導王慶重修萬曆中兵巡道馮應京改祠於啓聖宮之西崇禎中以少司農孟養浩配祀今名文忠祠康

熙五年知縣何廷韶重建

相山書院

在相山下與儒學相對明成化間訓導王慶重創有記弘治間都御史韓文遷於學左正德十二年知縣丘魁仍徙建舊址知縣吳驄增置號房今廢

三元書院

在縣治左天啓中知縣曹應聘即府館舊址

創建聚奎堂三間後堂三間左右號房各十間有碑今廢

小學

淦川社學

一在縣治南知縣王介建一在申明亭後正德中知縣丘魁建

咸嘉社學

在咸九都嘉四都之間正德中都御史吳廷舉創建以教二縣子弟買田一頃七十五畝以租穀爲師束脩并養其子弟之貧者知縣趙選有記

諭曰泮宮作則釆芹之頌與學宮廢則子衿之刺出庠校亦良重矣中國授室群萃州處令與博士賓共之令以程書治民博士以功令儒士政教一也咸序諸生恂謹稱最故賢良方正之士炳績方州宏辭博學振聲懸圃

雖山川靈氣使然哉亦繇賢有司與諸學博有以先之也若乃泛駕之馬躍冶之金間亦有之是在司牧秉鐸者之時其勸懲而已要之螟蛉之化以視鶺鴒之化以視古之善化者惟躬行爲兢兢詩曰惟其有之是以似之躬行之謂也

鄉飲酒禮

每歲于正月十五日十月初一日舉行縣令爲主擇年高有德人所推服者一人爲賓其次爲介餘爲衆賓鄉官致仕者爲僎一人爲揚觶一人爲讀律二人贊禮四人歌詩前期主詣賓門戒賓出迎肅主入相揖訖主前曰某日行鄉飲酒禮以吾子年高德邵敬請爲賓賓曰某固陋恐辱命敢辭主固請之賓曰明府有中命某不

敢辭主再拜賓荅拜退戒介亦如之至日執事者設席於明倫堂坐賓於西北坐介於西南坐僎於東北坐主於東南坐衆賓於堂上西序東西相向設揚觶及讀律者位於堂下阼階之南北向是日介賓及衆賓皆至門外主出迎西向揖賓賓以下東向揖主主先入門而右賓入門而左至階主揖賓賓辭主先升自東階賓升自西階至堂中主西向立賓東向立贊禮贊拜興

拜興主賓皆兩拜主肅賓各就位坐定贊禮唱揚觶次引揚觶者舉觶酌酒詣堂中北向立贊禮唱在坐者皆起主賓以下皆起拱立揚觶者乃舉觶而揚言曰恭惟

朝廷率由舊章遵崇禮教舉行鄉飲非爲飲食凡我長幼各相勸勉爲臣盡忠爲子盡孝長幼有序兄友弟恭內睦宗族外和鄉黨無或廢墜以忝所生言畢唱揚觶者揖主賓以下皆揖揚

觶者遂飲酒訖復揖主賓以下皆揖以爵授執事者復位賓主以下復坐贊禮唱讀律執事者設案於堂中次引讀律者詣案前贊禮唱在坐者皆起唱揖讀律者揖主賓以下皆揖遂展律於案讀曰鄉飲大典不可濫及匪人違者笞五十讀畢贊禮唱揖讀律者揖賓主以下皆揖讀律者復位贊唱衆賓皆坐主賓以下皆坐執事者供饌案行酒贊唱飲酒主賓皆飲酒三行贊

唱奏鐘鼓歌鹿鳴之詩四人一唱三嘆歌畢酒
復三行贊唱奏鐘鼓歌南山之詩歌畢酒復三
行贊唱奏鐘鼓歌湛露之詩歌畢贊唱禮畢徹
席贊唱謝恩執事者設香案於堂下東向賓主
行九叩頭禮畢升堂贊唱賓酬主賓以下東向
立主西向立贊拜興賓主皆四拜贊唱主酬賓
主東向立賓以下西向立贊拜興賓主皆四拜
主送賓於門外西向相揖乃退明日賓介僎等

詣主拜賜主出門外拜辱

論曰鄉飲之禮養國老於上庠養庶老於下
庠所以尊高年重有德序貴賤明禮讓和樂
而不流安燕而不亂洵化民之先務而政教
之所本也先儒謂其禮有四一曰三年賓興
賢能二曰鄉大夫飲國中賢者三曰州長習
射四曰黨正蜡祭屬民因飲而射謂之鄉射
後世諸儀畧而不舉而於是禮猶見三代之
遺故三揖而後至階三讓而後升堂所以教
讓也拜至拜洗拜受拜送拜既所以致敬也
立賓以象天所以尊之也立主以象地所以
養之也介以副賓僎以副主所以象陰陽之
有輔也一舉而敬讓尊卑之禮備焉孝弟仁
愛之道至焉孔子所謂觀於鄉而知王道之
易易者此也彼司教養之責者其可視為故
事已邪

城池

咸寧舊未有城明萬曆六年三月知縣聶應蛟建議修築城垣週六百八十八丈五尺高一丈九尺厚一丈二尺水洞四城樓四城門四東曰升陽西曰便民南曰來薰北曰帶河警鋪八間共費工料銀六千一百三十三兩伍錢零

萬曆二十五年知縣周曰庠建議修堤起東山之麓繞城三面直接西河渡長三里廣二丈中建堤樓一座名永安樓堤内浚爲濠深廣倍之

論曰傳有之勇夫重閉況於國乎吾咸當鄂之上游而綰轂其口唇齒輔車實相恃賴無咸是無鄂也德靖之季咸故無城寧瑞諸賊負嵎觀變實有遠心西北諸湖大浸稽天芄萑之盗出没不常有司者難之今崇墉完堞屹屹言言民稍奠枕矣夫城以捍民堤以衛城一隅之隙全力任之胡可易也學堤坊固垣墉時啓閉愼補葺立能吏事耳焦亦不陸將何及乎

卷二終

咸寧縣志卷三

邑　人　王禹錫　纂脩

知咸寧縣事何廷韶　鑒定

秩祀

序曰詩曰懷柔百神故有坎有壇諸侯在其地則祀之若夫勳烈著於後功德著於民者各於其鄉祀之惟孔子之祀徧寰宇無隆殺匪獨曰道在則然也千古之人心　朝廷之公卿相將於是乎出焉是豈厘禔福一方已乎故列於秩祀之首

文廟（修建次第詳具儒學志）　釋奠之制舊志紀於學宮今列於秩祀之首彰盛典也凡載在太學者不書惟歷代封爵及頒行郡縣者耶若日星似可不必書但在人之傳欲近攷邑乘而瞭然則亦不敢畧也○漢平帝元始元年尊孔子曰褒成宣尼公○安帝延光三年祀孔子及七十二弟子於闕里○南宋文帝詔晉故事舞六佾設軒懸之樂○魏孝文帝稱文聖宣父正始七年以顏回配○元魏文成帝敕有司行薦享之禮○後周稱鄒國公○隋文帝稱宣師尼父詔州縣學以春秋二仲月上丁釋奠○唐太宗貞觀二年尊孔子為先聖仍以顏回配（罷周公祀）○二十年稱先聖先師詔諸州刺史為初獻上佐亞獻博士終獻縣學縣令初獻丞亞獻無博士以主簿終獻○二十一年詔以左丘明卜子夏公羊高穀梁赤伏

勝高堂生戴聖毛萇孔安國劉向鄭衆杜子春馬融盧植鄭康成服子慎何休王肅王輔嗣杜元凱范甯賈逵二十二人並配享○高宗乾封元年尊孔子為太師○總章元年加顏回曾參卄歯並配享○武后封道隆公○鉉宗謚文宣王開元八年立十哲坐象曾參

從坐侑食二十二賢之上○開元二十七年尊孔子爲文宣王顏子兖國公閔損等九人爵侯曾參等爲伯○宋太祖建隆三年詔廟門立戟十六○真宗咸平中尊孔子爲元聖文宣王費侯閔損以下皆公郕伯曾參以下皆侯魯史左丘明以下皆伯尋避諱改稱至聖○祥符四年詔州城立孔子廟○仁宗景祐元年詔釋奠用登歌○神宗元豐七年以

孟子同顏子配享荀况揚雄韓愈並從祀○徽宗崇寧四年文宣王冕十二旒服九章○大觀二年躋子思從祀○四年詔先聖執鎮圭廟門用戟二十四○理宗淳祐元年加周敦頤張載程顥程頤封爵並焉從祀○景定二年加張栻呂祖謙伯爵從祀○度宗咸淳三年以顏回曾參孔伋孟軻並配升顓孫師於十哲邵雍司馬光從祀○金大定十四年

加服十二章纓旒九就○元成宗大德十一年加孔子號曰大成○仁宗皇慶二年以許衡從祀○文宗至順元年加先聖父母封爵加顏子兖國復聖公曾子郕國宗聖公子思沂國述聖公孟子鄒國亞聖公以董仲舒從祀○明洪武三年定釋奠登噐各爲高臺其籩豆簠簋悉代以甆器○五年詔天下稱大成至聖文宣王及配享從祀先賢先儒○十

四年自夫子以下像不工繪祀以神主○十七年敕每月朔望郡縣官以下詣學行香○二十九年罷揚雄從祀進祀董仲舒○永樂八年正文廟繪像衣冠○正統元年定從祀名爵位次二年進先儒宋胡安國蔡沈眞德秀元吳澂從祀○嘉靖九年改稱至聖先師孔子四配爲復聖顏子宗聖曾子述聖子思子亞聖孟子從祀及門弟子稱先賢左丘明

以下爾先儒去肖像易木主春秋上丁釋奠十籩十豆州縣八籩八豆舞六佾四配六籩六豆十哲四籩四豆兩廡如之稱大成殿大成門爲廟門罷公矦伯封爵申棖申黨本一人存棖去黨其公伯寮秦冉顏何荀況戴聖劉向賈逵馬融何休王肅王弼杜預吳澄十三人罷從祀林放蘧瑗鄭元鄭衆盧植服虔范甯七人各祀於其鄉進后蒼王通胡瑗歐

陽脩陸九淵五人從祀啓祠祀啓聖公孔氏陳設同至聖僅少太羹一登以顏無繇曾點孔鯉孟孫氏配享爲四配陳設與十哲同○隆慶六年進先儒薛瑄從祀○萬曆十四年進先儒胡居仁陳獻章王守仁從祀

樂用六佾舊制選民間子弟充之登歌者用老成人領其前舞者以次就列復其市釐之役人爭趨赴焉先三日教官演習於明倫堂下先一日縣正宰牲僉祝版畢仍親爲閱視三獻進退如釋奠禮自兵燹之後柷敔諸器蕩焉無存吏無聞節奏矣康熙乙巳知縣何廷韜捐貲制器漸復軒懸之盛

四配

顏回字子淵魯人　曾參字子輿魯人　子思子名伋孔子子鯉之子　孟軻字子輿濮書作子車

十哲

閔損字子騫魯人　冉耕字伯牛魯人　冉雍字仲弓魯人　宰予字子我魯人　端木賜字子貢衛人　冉求字子有魯人　仲由字子路一字季路卞人　言偃字子游吳人　卜商字子夏衛人　顓孫師字子張陽城人

東廡先賢

澹臺滅明字子羽武城人　原憲字子思[illegible]芳作仲憲宋人　南宮适史記作南宮括家語作南宮韜字子容魯人　商瞿字子木魯人　漆雕開家語字子若蔡人史記字子開魯人　樊須字子遲家語魯人鄭云齊人公西赤字子華魯人　梁鱣史記注作鯉字叔魚齊人　冉孺史記字子魯一作魯家語作冉儒字子魚魯人　伯虔家語字楷一作

子析史記字子折魯人　冉季字子產魯人漆雕侈字子斂史記作漆雕哆魯人　漆雕徒父家語作從字子文一作子期魯人商澤字子秀史記作子季魯人　任不齊家語作子選史記字選楚人　公良儒史記作孺字子正一作子幼陳人　奚容蒧家語字子偕史記子晳文翁圖魯人正義衛人　顏祖字子襄家語作相魯人　句井疆字子疆

史記作句井正義作鉤井闕里志字子野山東志字子孟衛人　秦祖字子南魯人鄭云秦人　榮旂史記字子棋家語作祈字子旂魯人　左人郢史記字行家語作左郢字子行魯人　鄭國家語作薛邦史記訛薛爲鄭又避漢高祖諱以邦爲國字子徒魯人　原亢字子抗家語作元亢字子籍史記作原亢籍正義亢作亢魯人　廉潔史記字庸家語

字子庸衛人　狄黑家語字晳之一作子晳衛人　孔忠字子蔑史記作孔子兄孟皮之子家語作孔弗　公肩蒧字子尚史記作子上魯人　秦非字子之魯人　申棖史記作申黨字周家語作續字子周文翁圖作堂後漢碑作棠鄭作續　顏噲字子聲魯人

東廡舊有顏何孔穎達以字畫相似故黜魯點孔鯉改入啟聖祠

西廡先賢

宓不齊字子賤魯人　公冶長字子長家語作萇魯人史記齊人范甯云字子芝　公析哀字季沈史記作公晳哀字季次索隱作公析齊人　高柴字子羔史記衛人家語齊人　司馬耕字伯牛家語作司馬黎耕與史記俱字子牛宋人　有若史記字子若家語作子有魯人　巫馬期字子期史記作巫馬施

字子旗陳人　顏辛史記作幸字子柳魯人　曹卹字子循蔡人　公孫龍家語作寵衛人鄭云楚人孟云趙人字子石　秦商史記字子丕家語字丕兹魯人鄭云楚人　顏高字子驕家語作顏刻魯人　穰駟赤家語字子徒史記穰作壤字子徒秦人　石作蜀字子明家語作石子蜀秦人　公夏守史記作首字子乘魯人　后處史記后處子字子里

家語作石處子字里之齊人　公肩定家語字子仲史記作公堅定字子中魯人或曰晉人　鄡單音善史記字子家家語作縣亶字子象徐廣作鄡單　罕父黑史記字子索家語作宰父黑字索一字子黑魯人　公祖句兹家語作公祖兹字子之魯人　縣成字子祺家語作懸成字子横魯人　燕級字子思史記作伋秦人　顏之僕家語字子叔史記字

叔魯人　樂欬史記字子聲正義魯人家語作樂欣秦人　叔仲會字子期文翁圖作噲家語魯人鄭云晉人　邽巽字子歛家語作邦選史記訛邦爲邽文翁圖避漢諱以邦爲國魯人　公西輿如字子上魯人　施之常字子常史記作子恒魯人　陳亢字子禽陳人　琴牢家語字子開文翁圖字子張衛人　步叔乘字子車齊人

西廡舊有公伯寮以讒仲由黜秦冉孔穎達以爲字畫相似黜蘧瑗林放非弟子改祀於鄉顏無繇改入啓聖祠申黨卽申棖以重出削

兩廡先儒

左丘明魯人　公羊高周末齊人　穀梁赤尸子作假顏師古作喜字元始周末魯人　伏勝字子賤秦漢間鄒平人　高堂生索隱

字伯秦漢間魯人　董仲舒漢景帝時廣川人　孔安國字子國孔子十一世孫漢武帝時人　毛萇趙人大毛公亨之子漢武帝時人　后蒼字近君漢宣帝時東海郯人　杜子春漢哀平時河南人　王通字仲淹隋龍門人　韓愈字退之唐修武人　胡瑗字翼之宋太宗時海陵人　歐陽修字永叔宋眞宗時盧陵人　邵雍字堯夫宋范陽人徙河南　周敦頤字茂叔宋眞宗時營道人　司馬光字君實宋眞宗時夏縣人　張載字子厚宋眞宗時郿人　程顥字伯淳宋仁宗時洛陽人　程頤字正叔顥弟　楊時字中立宋仁宗時將樂人　胡安國字康侯宋神宗時崇安人　羅從彥字仲素宋神宗時南劍州人　李侗字愿中宋哲宗時劍浦人　朱熹字元晦宋高宗時婺源人　張栻字敬夫

宋高宗時綿竹人　呂祖謙字伯恭宋高宗時婺源人　陸九淵字子靜宋高宗時金谿人　蔡沈字仲默宋孝宗時建陽人　眞德秀字景元一字希元宋浦城人　許衡字仲平元河內人　薛瑄字德溫明河津人　陳獻章字公甫明宣宗時新會人　胡居仁字叔心明宣宗時餘干人　王守仁字伯安明憲宗時餘姚人

啟聖祠

啟聖公孔子　顏無繇字路家語顏繇字季路回之父　曾點字皙家語字子晳史記作曾蒧參之父　孔鯉字伯魚子思之父　孟孫激公宜輈之父配上四　程珦字伯溫顥頤之父　朱松字喬年熹之父　蔡元定字季通沈之父　周輔成敦頤之父從上四

崇祀

名宦

知縣

嘉興馮　禎

晉江林和生

沙縣上官儀

平陽陳　灝

侯官王　介

新喻蕭立業

師儒

臨川伍　福

萬安劉　秩

鄉賢

秘書少監李　邕

贈司徒馮　商

司徒文簡公馮　京建三元祠專祀

處士陳　倬

朝奉大夫陳求道

翰林學士李鵬翔

解元胡可仕

資德大夫工部尚書劉　繼

贈監察御史方嵩

通議大夫都察院右都御史陳智

員外郎鮑珝

滄州縣教諭楊　瓚

奉政大夫通政司叅議趙邦柱

誥封兵科給事中孟機

通議大夫戸部右侍郎孟養浩附三元祠合祀

論曰朱邑有言後世子孫蒸嘗我不如桐鄉之民之祀我也故卓異耐君循良衆母始興歌於來暮既貞珉於去思終遺詠於蔽芾社而稷之烏容已乎若乃名儒耆德著刑珂里之茂烈偉閥流光枌社斯禮所稱鄉先生歿則祠之於社者也嗚呼名於宦遺澤如新賢於鄉可與勸善尸祝寄崇儀之思庚桑高畏壘之化遊祠下者能無所景慕與

壇壝

社稷壇

在縣西半里西河寺山之後洪武八年立天順間知縣陳灝重建正德中知縣丘魁修其制東西二丈五寸高三尺四寸出陛各三級壇下前十二丈或九丈五寸東西南各五丈繚以周垣四門紅油由北門入石主長二尺五寸方一尺埋於壇南正中去壇二尺五寸

止露圓尖餘埋土中神牌二以木爲之硃漆青字高二尺二寸闊四寸五分題曰縣社之神縣稷之神蔵祭設於壇上盛以櫝椑祭畢藏之神厨祝文曰維某年月日某官敢昭告於縣社之神縣稷之神曰品物資生烝民乃粒養育之功司土是賴維茲仲（春秋）禮安（告報）祀謹以牲帛醴齊粢盛庶品式陳明薦尚享其祭器牲匣四籩豆簠簋案四牲匣四祝案一酒罇案一爵帛案一酒罇三爵六鉶一香案二盥洗罇一其祭物羊二豕二帛二（黑色長一丈八尺）鉶二（盛和羹）籩四（實棗栗鹽藁魚）豆四（實韭菹菁菹醓醢鹿醢）簠二（實稻粱）簋二（實黍稷）

按壇之上立石主者蓋社以祭地主陰氣也陽氣積而成天故其精爲星陰氣積而成地故其精爲石石擊則星出陰動生陽也星隕則化石陽變爲陰也土爲陰氣之積而石乃

其精故社以石爲主又社稷皆木主而石主居其中蓋社爲五土山林川澤丘陵墳衍原隰是也稷爲五穀黍稷稻菽麥是也五穀生於原隰是土所自出故石得以貫之亦以明社稷之神無二致也

山川壇

在縣治南一里金山之陽洪武八年立天順四年知縣陳灝重建正德中知縣丘魁重修

壇制與社稷同牌凡三一曰風雲雷雨之神居中咸寧縣境内山川之神居左咸寧縣城隍之神居右俱南向由南門入不用石主歲以仲春仲秋致祭其神厨神庫器物與社稷同但風雲雷雨帛四山川帛二城隍帛一白俱色其祝文云維某年月日某官等敢昭告於

風雲雷雨之神本縣境内山川之神本縣城隍之神惟神妙用神機生育萬物奠我民居足我

民食某等欽承

上命忝職茲土今當仲春秋謹具牲醴庶品用伸常祭尚饗其祭物羊三豕三帛七白色長一丈八尺餘與社稷同

按禮制凡各布政司府州縣春秋仲月上旬戊日既祭社稷而又擇日以祭風雲雷雨山川城隍之神蓋風雲雷雨發育萬彙神乎天也山林川澤以取財物神乎地也城隍以衛人民神乎人也皆造化之用功在生民靈莫測故謂之神常祀之典所當修也夫祀邑既不敢祭天地則所當祭者不過是耳外此苟非有大功德於民而載諸祀典者皆淫祀也

邑厲壇

舊在縣西北五里隔河洪武八年立天順四年知縣陳灝修弘治中知縣施達遷近北門

外後復遷於東高山之下其制壇屋一間宰牲房三間祭文木牌一片每歲春用清明日秋用七月十五日冬用拾月初一日致祭迎本縣城隍牌於壇正中用羊一豕一設無祀鬼神於壇下左右祭用羊二豕二解置於器糧米五石爲飯香燭酒紙隨用祭文載洪武禮制辭繁未錄

鄉厲壇每都一所里甲人等祭日與邑厲同

鄉社壇[illegible]

論曰厲說文作禲禮記泰厲祭古帝王之無後者公厲祭古諸侯之無後者族厲祭古大夫之無後者先儒以其無歸或爲民害故祀之歷朝稽古制典於京都有泰厲之祭各府有郡厲之祭各縣有邑厲之祭一里有鄉厲之祭一歲凡三行之

皇仁浩蕩貫徹幽潛哀死恤民之道於斯至矣

祠宇

城隍廟

在縣市後街南宣德中知縣謝伸重建正德知縣王介修崇禎知縣孟良範重修康熙中知縣何廷韜重葺添建功曹神像

按祀典陽氣升而天神降地氣肅而人鬼出自邦國達於臣庶家祭秩切近者社稷五祀而已城隍之神初未載也世說秦功臣焉尚見夢於漢高帝曰奉天帝命與王知領城隍陰事雖惝怳不可致詰然自漢迄今爲天下通祀社與五祀雖有常尊莫城隍若也蓋累土依山爲城掘土浚川爲隍所以捍寇敵衛人民高城深池之表宜有主司淑慝趣然不可致詰者存神而明之陰陽表裏故歷代祀典不廢明太祖初秩城隍之祀京都視王郡視公州視侯縣視伯後改稱某郡縣城隍之神封爵不用

國朝因之廟貌岳新焉嗚呼明有禮樂幽有鬼
神洋洋如在不可度思故凡新令到任特與
神誓君子於斯所當敬畏而不敢忽者也

山川

相山 在縣治東南數百步與儒學相對宋參知政
事馮京讀書其上故名明崇禎間北隅偶頹
邑令陳鶴齡率庠士共補築之其下舊有相
山書院今廢

東高山
在縣治東里許與相山并峙爲一邑之鎮臨
眺則湖光山色宛在襟帶間晉孟嘉嘗游焉
明知縣陳灝建亭其上今知縣何廷韜重建

金山
在縣南二百步與天馬山接二名金燈山晉
善輝禪師住錫夜有光如燈至曉乃散山之
陽爲金山寺後遷城內名資福寺遂以遺址
爲山川壇古松二株現存順治初禪僧如是
圓寂有塔

天馬山
在城半里其麓建金燈閣爲明孝廉孟應乾
讀書處

鳳凰山
在縣西三里以形得名

熨斗山
在縣西四里俗名風火斗

蒲篩山
在縣南五里巍峯卓立自應宿樓望之秀聳
天際爲縣治外案蘢葱插青雲

鷄子山
有二一在縣南十里山嘗有鷄聚如玉飲啄
林際故名上有玉岐林明季隱士孟養蒙築
方閒堂於其下又一在縣東四十里

大埜山
在縣東三里山勢連亘幛列爲縣龍少祖
龜山
在縣東四里其形若龜
浮山
一名湖山在縣東八里卓峙塘中若浮上有
太子祠歲旱禱水輙應
潛山

在縣南二十里形如展旗入勝蹟叅
桃花尖山
在縣東六十里高出萬峯即鍾臺山入勝蹟
叅
金鷄山
在縣東南五十里高數十丈峯頂有巨石上
有竅如碗可受二升有清水四時不涸疾人
飲之輙愈試取其水既盡頃復如故鄉民建
廟其上今爲寺
大墓山
在六都東原爲咸興分界世傳唐李靖丹墓
在焉一云眞人張道清丹墓人犯之則致風雷湖廣省龍咸寧縣龍俱此發脉
輞山
在縣東四十里突起平陽聳秀圓曲如車輞
一石宛若神駿上有祠相傳元兵犯境王曄
父子三人率鄉兵禦河界獲勝一方得全土

人德之因祠其上并名橋爲賀勝以誌功焉
下有古雲菴明孟司農讀書之所
石門山
在縣東四十里石門天成行人往來其間
香爐山
在縣東四十五里以形似名其陰有泉港寺
黃牛山
在縣東二十里下爲元解元胡可仕舊宅

阮家尖山
在縣東四十里
銅鼓尖山縣東南
在十二都雄峙峭立紅巾之亂士人避其上
賊不能窺下有張口泉
黄茅山
在縣南三十五里上有膏腴田地居民耕種
其利甚溥

横山
在縣南三十里山横而秀故名
尖山
在縣南十五里
彈臺山
在縣南三十里其形峭直上至三里許有地
平坦僧寺在焉傍有天泉四時不竭泉中有
蒲草人動草則水縮僧以香茶祭之水復出

掛榜山在縣東南
即洪崖山在十二都崖壁峭削方丈横亘如
榜每科試之年崖石崩則應科第
馬鞍山
在縣南三十里下有泉春夏出秋冬則不出
白望山
在縣東南六十里屹然獨立望極江夏白湖故名
斧頭山

在縣北三十里其狀類斧謂斧尖
牛鼻山
在縣東八十里以形似名山下有潭深百尺
四面青蘿綠竹可觀
棠梨山
在縣南三十里上有仙人跡
金龍尖山
在十二都去縣五十里山半有金龍洞

常輪山
在十二都其下爲寓仙洞
紫山
在縣北二十里
鵲巢山
在上十一都大橋如鵲形上有侍御唐震書
院丘壠
仙人墩
在三都上有仙人跡

龍溪山
在二都
碧泉山
在四都有龍池四時不涸海龍寺在其下
梓山
石屋山
在上五都去縣南二十里崖石凹折深敞
如屋几榻俱存可蔽風雨
長嶺
在縣東二十五里官埠港發源
雙嶺
在縣南十里一嶺至潜山一嶺至通山
石鼓嶺
在縣西三里有石如鼓
蓮河嶺
在縣西南五十里與崇陽縣分界

浚水嶺
在縣南五十里與通山縣分界
苦竹嶺
在縣西南五十里與崇陽縣分界
朱潭腦
在縣西北河朱老廟後元末縣署爲紅巾賊
所燬遷治於此遺基尚存明中展仍遷舊治

旗鼓腦在縣南十五里相傳爲曹操治兵處

銅盤堤

在縣南四十里堤有四門各廣二丈古蠻獠保聚於此今名銅門城

望親臺在寓仙洞嶺上

撥雲臺在上十一都有寺

水港

咸之水其經流曰淦川支流曰官埠港赤口港北洪港皆從淦水滙爲紫潭曰馬橋河丁泗河入西艮湖曰桃林港賀勝橋河入黃塘湖而與紫潭諸水瀦于斧頭湖達金口入于江在東境者曰東水東北入武昌高家河出樊口入于江

西河淦水淦文從金從水以邑有金山而河水經焉故名說文水入船中爲淦於義無取

其源有二一出峻南五十水嶺及白崖泉數里至白沙橋西北流與鳴水泉合流而爲雙汊港過洪崖山名蘋花溪至于高寨一出桃花尖之桃花泉過白楊橋歷三峯寺出黃鉅橋與蘋溪合流至馬家橋西折抵潛山温泉入焉北出爲石洪名大龍潭經白茶坂西流爲小龍潭白木坂水入焉過青林北出爲盤泗洲下好橋水入焉迴爲茅潭南過掃箒山北出銅口至金山名淦川爲西河渡經縣治西北城下有洲曰游龍灘曰洗馬潭曰浸木又折而西北至鳳凰山下爲羅家渡過朱老廟又折

而東南至縣治後名立寨溝復東西縈折如帶五曲至官寨官埠赤口二水入焉爲小港口過雲鼎寺乃滙爲紫潭湖北洪水入焉至白公潭北入于斧頭湖

官埠港

發源長嶺北流三里至團塘橋五里至王大人橋七里至鼓樓橋四里至官埠橋下達官船渡與赤口港合而西流至張沙渡達官賽

入于淦水

赤口港

一名株樹港發源九嶺北流至駕城鋪西折達新橋橫溝水入焉過赤土墈至官船渡與官埠水合

北洪港

發源長千坂西出平家橋北流至北洪橋逸邐歷商家橋王家橋北入紫潭湖

馬橋港

發源沸泉出彭陂至馬橋西北流入西良湖

丁泗橋港

發源楊泉歷土賽經方小與蒲圻水合流過丁泗橋至米埠西北入西良湖

桃林港

出桃林鋪逸北至黃石僑北入于黃塘湖

赤金港在上七都出魚聚峯流入紫潭湖

賀勝橋河

出上五都私塘畈至躍馬橋過青山廟北達于賀勝橋入黃塘湖

東水

水有二一發源石坑出黃牛山陡石口至楊湖橋經園田畈出舒鐵口過店門山東北入武昌高家河一出桃花尖之陰過金雞山至祝家橋下流與石磯小賽畈水合流歷游家橋東北入武昌大港達高家河滙于東良子湖出樊口入于江

湖瀦

宿曹湖

在立寨溝北曹操宿兵於此因名居縣治之後一曰後湖下同咸寧湖下與紫潭湖連淦水縈帶其中秋水汎漲儼然巨浸

紫潭湖在雲頂寺右潭水甚深雖大旱不涸

關陽湖在十都東

谷口湖在縣西北

與關陽湖接中有洲渚鳧鴈聚焉

天井湖

在十都北縣西北與江夏連界中有五泉龍多蟄其

中旱可取水

西良湖在縣西北

與蒲嘉連界中有倪家泉歲旱巫者每投入

淡淵探泉穴取水焉

泉水湖在十都隆萬閭其水日兩潮至下青碕與海信無異

官埠湖在縣東北

黃塘湖在縣東北三十里接江夏界

大龍潭在縣南十里即石洪

小龍潭在縣南八里于家浮

白公潭在縣北二十五里與斧頭湖連界

茅潭在縣南三里

論曰詩有云高山仰止景行行止雖不能至心竊向往之彼鐘臺以北游著名潛山以文簡黃聲金光之所蛻化洪崖抱朴之所栖真名公鉅卿之所游息鄒湛所謂聞望當與此山並傳者非耶乃陵谷滄桑若存若亡荒煙迷艸斷碣難捫欲訪其遺事而故老已盡矣徒漠然於山阿水湄俯仰興懷能不悲哉雖然人傑地靈山川固以人重也盛蹟不彰是貽山靈之愧故志之

田賦

民田二千二百九十三項九十畝伍分五厘內上中下田一千八百五十三項二畝三分乜厘山鄉田三百一十六項九十畝四分七厘本鄉田一百二十三項九十七畝七分一厘

歲科秋糧米九千三百二十一石九斗六升七合三勺

派徵銀捌千八百七十七兩三分一厘一毫零

科貳麥陸百九石九升二合一勺

桑絲七百二十九觔一拾兩四錢一分一厘二項秋糧內派

民地九百一十三項二十畝四分八厘

科秋糧米八百三十一石三斗五升九合七勺

派徵銀七百九十一兩六錢七分七厘二毫零

科二麥五十四石三斗二升六合一勺

桑絲六十五觔一兩四錢一分四厘二項秋糧內派

塘陂一百四十八項八十三畝六分

科秋糧米三百五十三斗七合

派徵銀二百九十兩七錢三分八厘五毫七系零

科二麥二十石五斗二升五合八勺

桑絲二十三觔二兩一錢八厘二項秋糧內派

丁地二項共銀一萬二千一百三兩七分五厘八毫三系零

九厘餉銀三千二百七十四兩三錢七分八厘八毫零

不在一，田

湖洲雜稞銀一百一十三兩三錢五毫八絲

寔內除豁免銀二十九兩五錢實徵銀捌
千三兩八錢五毫八絲零（過閏加銀一兩五錢六分八毫）
以上通共銀一萬五千四百九十兩七錢五
分五厘三毫二忽五微二塵一纖四渺除
豁免椒料銀二十九兩五錢
實徵銀一萬五千四百六十一兩二錢五分
五厘三毫二忽五微二塵一纖四渺

漕運

漕糧兌軍正耗米二千七百二十二石十斗二
升
南糧正耗米二千六百二十一石
驢脚米三百一十四石五斗二升（每石折銀一兩）
（以二錢給解役訣銀六十二兩九錢四厘餘八錢系餉訣銀二百五十一兩六錢一分六厘）

學田

田一項六十七畝五分二厘五毫每年納穀一

均平丁米詳
湖廣武昌府咸寧縣爲請定攢造　黃册之
期以昭畫一事康熙玖年八月十八日奉
布政司信牌本年八月十三日奉
撫部董憲牌案照康熙六年正月十七日准
戶部咨前事內開　黃册關係
大典若不預爲題定參差不一令直隸各省自
康熙元年算起至康熙十年攢造　黃册直

省務期畫一相應具　題請　勅各省督撫
各藩司遵照額徵公費支應造完册式查照
順治十四年編審舊例將頃畝丁糧款項並
開墾新增進呈如有府州縣官借名額外甞
派查明指參議處奉
旨依議等因到縣爲此遵行均平審丁不論貧
富鄉紳士衿每甲一縣均米六十五石三斗
有零承差照數均訖所有申詳推收批詳定

例於後

湖廣武昌府咸寧縣爲詳明陋弊賜批承例

永遵事康熙九年十一月初五日奉

巡撫都察院董　批據本司呈詳本年九月

二十八日據咸寧縣申詳内稱切照咸寧小

邑錢糧僅有壹萬伍千有零邇來民窮買置

田產屢年無幾惟鼠頻者則買一二錢價値

乃要本年推除過都當差不遵十年一攢造

黄册之規即今年審丁均米來年仍推何能

得平乎此乃陋弊也職查武昌屬八邑之例

年年田地賣買上稅其米仍在原戶承納遵

照　黄册推除過割均平而咸邑之例剔矣

或一里米多寡不一節年承應見役煩控爭

講不止米多者樂米少者苦皆由年年推收

之故今奉　憲牌下縣職接讀十年分均平

審丁在本年亦遵行無異但恐來年仍蹈前

弊卑職徼貟乞憲賜示永停每年推收遵照

十年　黄册割除如應見年糧役里役通甲

公擡庶小民無偏枯之累永戴弘恩於世世

等因據此該本司查得徵收錢糧剔釐陋弊

均平賦役罔使偏枯此司民牧者之耑責也

況奉　部定康熙十年　黄册大造其中一承

買田產推收過割悉皆審編均平定爲章程

見在嚴行各該府屬擬式攢造尚未申齎今

據該縣詳請前來第查每年推收實屬太煩

且易滋册書飛詭之弊似應遵照十年攢造

黄册定期割除以杜積弊今據前因擬合具

詳轉報應否允從伏候　憲臺批示以便知

照遵行可也等因奉批如詳飭行繳奉此合

行飭知爲此牌仰該縣官吏查照牌内詳奉

院批事理即便遵照施行須至牌者

學田一頃六十七畝五分二厘五毫每年納穀一

百一十七石四斗八合五勺

論曰咸濟土也又其人呰窳偷生無奇贏之羨衣犬馬而食牛㔶歲一不登待哺他秏客舟少滯釜且生魚計畫無復之有徙且死耳夫以嗷嗷之民應不可已之上供計非得也矧揭借之頻輸輓之擾如近所稱重困者乎節養之調劑之變通之如良醫之察脉慈母之乳子是所望於長民者

戶口

洪武二十四年人戶二千四百戶男婦一萬七千八百八口

永樂十年人戶二千三百三十六戶男婦一萬八千一百四十五口

景泰三年人戶二千三百四十七戶男婦二萬三千九百五十二口

成化八年人戶一千九百二戶口三萬五千五百五十四口

正德七年戶二千九十戶男婦三萬六千八百口

萬曆間人丁一萬一百丁

國朝

順治十六年戶二千八百八十二戶男婦三萬七千七百一十六口

額丁一萬一百丁歲徵銀二千一百四十三兩六錢二分八釐八毫

康熙十年戶三千零九十戶男婦四萬零十
口除免故夫審丁老幼加減實丁
實在人丁玖千玖百玖拾柒丁
該徵銀貳千壹百貳拾壹兩柒錢陸分捌
釐陸絲陸忽伍微玖塵陸纖玖渺

論曰民數者聖王圖治之先務也世道汙隆
視夫家之衆寡夫家衆寡視時政之善否故
有兵革刑役之禍則凋耗于戰鬬繇紲之中
有保愛撫綏之惠則繁盛于飽食煖衣之域
民數之登耗有由然矣咸蕞爾邑戶數多寡
前代可覩自罹兵燹哀鴻在牧我
朝維新景命濡養休息二十餘載生齒自日見
其蕃庶矣顧司牧者志存保障則晉陽無損

志在于澤則膠東可增所望以勞來安定生
聚教誨者能無旣厥心與

風俗

隋志云火耕水耨魚稻爲業人多勁悍决烈猶有楚之遺風

邑舊志云民好農誦釣採俗恥狡僞浮華

按自風氣莫齊習俗攸異橘化爲枳性匪難移俗之爲累賢者不免俯今思昔風流遠矣豈今有不可化之俗哉德風草靡是在君子

一敦風尚

草野之訛耳目易惑父教子兄教弟致家有殊俗里無同軌囿於耳目四維莫張子弟動唤古老無聞知長幼之節蕩然婦姑輒受室內反脣倫理弁髦可歎官府法之未及里胥作奸犯科追呼逋玩訟獄盜賊繁興風頹俗靡與世推移提衡民風豈必結想三代要在辨其方土破俗而嚴其所尚

一端士習

士爲民首以服有詩書之光也達則致君澤民名揚而里族藉榮先儒謂儒者之體體先而用洸然如名教何士涉末流自甘無品本業東之高閣胸次一味柴判黨必求匪聞善則譏自量不能忌人成美公可出雖跪石跕甬嫐所莫辭當事涇渭分明觸之叢奸私議市儈之行士林之穢高明所哂鳴鼓何及俗漸不免習而安焉主持風教士習宜端云

一市囂

夫民之羣居闤闠習氣未有厖然闤闠之外近多少年習成虛叛招搖自放睚眦必報悍鬭修蕩引呼朋類無可繩約倚之所競風寫磨鈍

一鄉頑

深山大澤龍蛇生之三代既遠頑梗易伏今之愚也聖言豈徒收疆變弱不孝不友梢户積里指公捏控罵訟鉤黨跳梁跋扈移風易俗鄉頑

登後

僭擬

僭之辨等威明貴賤一定而莫可易也今者家無斗筲室有鳴琴朝爲販夫夕成巨賈高視濶步忘其所本屠酤兒妾頓侈然賣菜傭門户高甚呼名呼號何殊公子王孫書額書聯未異巨宦名族僭自何等擬甚亡倫識者憂之風斯下矣俗奚不懲

一辨名分

國有君臣家懸主僕官以崇卑人分貴賤不必動追上古如明隆萬之間吾邑相傳名分肅然大家世族未盡夌夷自後間有愚宦生不分寶玉於伯叔死積金以飽豪奴率爾成風蒼頭有難掉之尾弱主欺爲無用之兒市井年少借爲羽毛吾黨僉人彊作斗山名分安在移風其要

論曰風行地上觀先王以省方觀民設教夫必有風以動之始人知所向化司教者觀民風而勛於化誨防之以禮禮也者所以明微別嫌定品釐度爲政之善物也欲正風俗舍禮教將奚適乎

咸寧縣志卷四

邑　人　王禹錫　纂修

知咸寧縣事何廷韜　鑒定

節序

敘曰虞典曰欽若昊天敬授人時勤民之中憲天之學存焉而況時之有節有序皆自然之運行也君人之道五事配乎五行一歲之中節令二十四氣候七十二按序循環無相差忒容或乖期則愆陽伏陰明有省驗洪範云王省惟歲下而省月省日悉由脩身以達之政事者也可知

正朔所頒月令所紀必以宜於時者合於俗而況以從於俗者順於時雖風土異尚民物殊觀而其天人感應之幾無非貞元遞復之理是在膺民社者能以敬

君者敬天天之序次政之序次也因以敬天者敬民民之興作政之興作也與時偕行品物咸亨守令之責寧非寅亮天工之盛軌與

立春　前三日縣正徵伶戲易者各扮古傳奇中巳事選優俏兒童粧飾肖像共三十餘抬演春前一日供集東郊觀起牛鼓笙簫遠近叟孺雜沓歡呼競觀爲樂曰迎春老農擊視土牛顏色以占水旱高下宜種視芒神帽鞋以占晴雨寒暑畢入縣署前詰朝鞭春如制

正旦　是日縣官晨興盛服祀家神畢觀歲吉所向拜天地廟神日出方啟門時各以爆竹聲占利吉歸始閤門而拜幼者拜尊長以次爲禮鄰里親戚交拜或款盛饌或具酒以致叙鄰舍歲之勤五六日方止比戶以爆竹聲角勝至村中道途則不拘也耕牛以致羔謝神修丹年縣是月多有祭墓至祖合者

人日　如楚歲時記剪綵事今不行惟以是日食爲麥麵粗羹觀是日陰晴以占疾病

穀日　以陰晴占歲豐歉前此如初鷄二犬之說亦以陰晴驗之

上元　前三日剪紙爲燈綴以五綵好事者彫刊之細如家丁精巧以張佚乃精有力者或鏤紗或料絲或羊皮或鰲山或屏或額以勝相尚或架綵横棚於衢而垂燈其下或戲詩謎以試推測或集族爲龍燈或披錦爲獅猊戚鼓吹導之自十三夜十四夜爲試燈十五夜爲正燈粧飾故事簫鼓喇叭火樹五角十夜爲懽至十九夜方止元夜家製元宵團粡

飾又大者如鷺卵視火候以卜生產速蠶絲上以膏餘否占本年休咎十六夜婦女出遊

曰走百病然亦尋常家有之紳士家及稍有體者禁村中多請紫姑神以爲樂

晦日古制今畧

二月社日鄉各爲社會以祀社日祈穀

花朝女郎穿耳年十二三以上者留髮及納采問盟多以是日爲吉

三月三日各視社爲醮日爲賀祖師成道

清明是日採柳枝供家神簪或插於鬢俱醮先塋曰迎來盈月方止

二十八日爲東嶽誕辰城市及村廟咸修禊以壽

四月八日各爲浴佛會于寺廟或亦爲女郎穿耳問盟

午日造龍舟角黍以吊屈原俗誤爲禳時令故飲貲以醮後則聚飲方散女未字者歸家送花幣果羹曰賀節女家酬亦如之然先數日舉行不拘午日也本日則採艾供家神餘蓄之採菖蒲及雄精滲酒家大小俱飲仍散集貨好小兒則塗雄于額耳以避時氣

十三日爲關壯繆會城中演劇以賀村則醮

伏日荆楚歲時記曰進湯餅爲辟惡今畧惟好事者多製六一散香薷引以卻暑

七夕荆楚歲時記曰七夕婦人結綵縷穿七孔針或以金銀鍮石爲針陳瓜果於庭中以乞巧有喜子網於瓜上則以爲得今畧

中元家俱以冥錢羹酒祀祖先僧道募盂蘭會費至不貲或有爲三元會者

八月醮塋如清明制自朔日起先後不拘日送往

中秋家設月餅瓜果讌集曰賞月亦或彼此相餉

重九士大夫採茱萸携酒登高同侶嘯咏亦或製羔相餉多就籬培黃花好事者累至數十本種多而佳者爲勝貧者亦分植數本是日造酒

冬至官相慶賀士夫家今畧

臘月八日家以果餅爲粥以祀佛或亦爲女郎穿耳問盟

小除日夜半祀竈神以飴餅生茗亦具細草數莖豆少許于盂中口爲竈神芻馬

除日具羹飯庶饈冥衹以祀祖先姻黨合家分饋爲羹男女姻家綵幣禮及親好餽遺與午日同貼桃符春聯與諸方無異夜則家人行辭年禮置酒守歲簫鼓爆竹聲不絕

物產

穀類

山黄稻　望水白　留姑早

銀包金　黄姑早　竹鷄班

花粘　六十日早　香稻

折粘　大粒穀　和尚苗

銀朱苗　烏鬚苗　馬牙糯

見氷消　細子糯　六月零糯

下馬看　浮糟糯　蝦鬚糯

橘皮黄

粟類

鐵駝粟　猴椿尾　鹿角早

[illegible]粟　觀音粟

穄類

早白穄　火燒穄

荳類

大黄荳　飯荳　綠荳

伴粟荳　黑荳　青皮荳

紅荳　江荳　雁來紅

龍爪荳　猪牙荳　元修荳

黍類

黄黍　大黍

麥類

大麥　小麥　蕎麥

蔬類

蔓葱　絲葱　韭薤

落酥　蘿蔔　莧菜

蒜　芥菜　白菜

油菜　萵苣　刀荳

莙薘　芫　葍

薯　芋　薑

苦菜　筍　蕨

佛荳

水蔬類

芹菜　莙菜　菱

瓜瓠類

絲瓜　冬瓜　黃瓜

葫蘆　團瓜　甜瓜

菜瓜　牛角瓠

藥類

車前　百合　菖蒲

茱萸　萆麻子

五加皮　荆芥　香薷

紫蘇　小茴香　茯苓

梔子　薄荷

紫荆藤　金銀花　夜風藤

花類

山礬　紫薇　薔薇

萱草　山茶　桂花

芙蓉　芍藥　葵花

玉簪　紫荆　木槿

菊花　蓮花　月桂

榴花　棠棣　石竹

瑞香　月姐　映山紅

普庵蓮　辛夷　刺蘼

金鳳　夜落金錢　春蘭　蕙

菓類

桃　梅　李　楊梅　柿　橙

石榴　棗　櫻桃　梨　木瓜　栗

鴨腳　丁香柿

水菓類

菱角　雞頭　蓮蓬　藕

木類

、松　、柏　、槐　柳　、杉　桑

楮　桂　椿　白楊　梓　楓
樸　檀　櫟　榭　柘　柏栗
冬青　椰樹

竹類

南竹　斑竹　筆竹　苦竹　叢竹　水竹
紫竹

家畜類

水牛　黃牛　馬　驢　騾　羊

猪　犬　猫　狗

家禽類

鷄　鵞　鴨　鴿

野獸類

虎　獐　兔　貍
野猪

野禽類

黃鸝　燕　雁　鵲　鷓鴣　鳩
野鴨　布穀　百舌　杜宇　雉　啄木
鴉　鷹　鷂　鵪鶉　畫眉　鶺鴒
麻雀　竹鷄　鷄　山鷓　鵲　蠟嘴
鸛　魚翠　舂鋤　陶河　伯勞

魚類

鯉　鯽　鮎　鯿　青魚　烏鯉
鱔　鰍　鯖　黃姑　鱘魚　鰱魚
白魚　鳙　感魚　刀魚　春子魚

火燒鯿

介類

龜　鱉　螺　土龜　穿山甲
蝟

蟲類

黃蜂　土蜂　蜜蜂　蝴蝶　蜘蛛
蚕　蜈蚣　蜻蜓　蚱蜢　螳螂
蟋蟀　蟇　蝇虎　螟蛉　蚯蚓

虵 蟬 蝇 蟻

草類

芰 葦 蓼 艾 蒿 蘆

青蔴 蒲草 大小檻

帛類

苧蔴 木棉 葛 蠶絲 麄布 麄絹

貨類

黃蠟 白蠟 蜂蜜 靛青 土硃 生漆

桐油 石灰 黑炭 白炭 華香 紅酒

燒酒 紫草 草紙

論曰余觀傳記所稱素封之家陸產牸畜水居魚鱉山居千章之材無弗具此豈盡天降哉夫因時者與天阜財者與地節事者與人三者備而治之道訣矣咸地稱小產物無幾然服食器用固不乏也司牧者不鄙夷其民而教之取之有時用之有節燕饗之有度食力功弱之不軌而咸乃長爲成矣斯志意也

津梁

三元橋

在縣治東五十步初名永安郎唐永安鎮也通判王憂改名朱紫橋正德中貲福僧玅容募修建樓其上改今名崇禎間圯　國朝康熙四年知縣何廷韶重建有記

富廣橋

在横街西上有亭康熙四年知縣何廷韶重建

下石橋

在横街北

西河橋　便道橋

在縣西半里嘉靖間縣令張時舉砌石為基架木其上為屋十七間中廢萬曆壬辰知縣曹維藩重修後復圯乃造舟為梁以鐵索維之天啓甲子縣令曹應聘始甃以石鄉紳趙嗣芳捐千金成焉橋洞有七石欄環列其上影若卧虹然

金塘橋

在縣東三里有亭三間其下為東川港弘治中知縣施逵重修

下好橋

在縣南三里有亭三間弘治中知縣王介委貲福僧玅寶築堤重修黄表有記

上好橋

在浮山塘出口去縣七里

皇風橋

在縣西三里

黄家橋

在縣西五里萬曆庚子經歷曾立大修

東川橋

在縣東四里一名陳家橋正統中鄉官陳[illegible]修後水衝鄉官楊瓚重建

官埠橋
在縣東十里有亭有鎮港通江湖爲船所萃
横溝橋
在縣東二十里正德中小旗汪興隆修天啓間民萬有重建有鎮進士鄭邦相父子之里
駕城橋
在東二十里一名株樹橋知縣吳驄修
國朝至康熙三年圮知縣何廷韶重建

小金橋
在駕城橋側正德中義民施景清修
弘濟橋
在北門堤尸天啓中民謝上德修
便道橋
在西河橋西畔堤上橋久圮驛路病康熙四年知縣何廷韶重建
北洪橋
在縣西十里有亭三間
馬橋
在縣西二十里正德中義民趙魁賢修
平家橋
在縣南十里正德中鄉官陳俊修
丁泗橋
在縣西三十里蒲咸分界鄉民丁泗刱造因名正德中知縣潘澤重修

竹劄橋
在縣西十五里
姑嫂橋
在縣南十里昔以姑嫂刱建故名
馬家橋
在縣南二十里有鎮天順中山峯寺僧本來募建
黄鉅橋

在縣南二十五里明時白沙寺僧清理募建

白沙橋

在縣南四十里路通通山縣弘治中白沙寺僧清理募修後圮正德十二年其徒心誠募伐石甃砌

游家橋

在縣東六十里其水入武昌 國朝順治十六年重建

芙蓉橋

在縣南二十里弘治中義民余茂先建

楊湖橋

在縣東二十里路通興國州正德中義民熊勝贇劉興棋募砌

洗馬橋

在縣東三十里路通武昌縣正德中義民毛鳳岐砌

黄石橋

在縣北三十里客旅所聚處

觀山橋

在縣東北四十里正德中典史陳恩修

賀勝橋

在縣北四十里宋末兵起里人王琳聚衆與賊戰勝賀因以名橋 鹿角橋縣東三十里萬曆中周南等建

羅家渡

在縣西北二里萬曆間經歷曾立大置山地四畝田數畝給舟人爲工食修船之費知縣朱凌霄刻石紀其事

張沙渡

在縣北七里

官船渡

在縣東北十里

論曰橋梁國政也周官司空掌之天官以天

津九星衡貫河中爲津梁象夏小正九月除道十月成梁是故収場工峙畚鍤課章程測水關而成之利涉大川用此道也道茀不行單襄以爲亡徵子路治蒲孔子見其溝渠而三善之矣嗚乎亂流而涉踰膝則止盈盈一水實爲畏途吾邑方舟輿梁所在不乏夷然康衢民未病涉自非愷悌之宰鄉黨自好之士仁心爲質引義慷慨孰克臻是乎故紀其名令後世有述焉

郵傳

咸寧驛

驛廳三間　上房一間

次房一間　三房一間

泊水一間　廊房東西各三間

厨二間　倉一間

庫房一間　馬房十間

馬神廟一間　鼓樓三間

上馬十疋　中馬十疋

下馬十疋　馬夫三十名

驛丞宅

廳屋一間　住房六間

厨一間

舖舍

縣前總舖　官埠舖

鶴城舖　桃林舖 俱東往江夏路

楊山鋪　馬橋鋪

赤岡鋪西往蒲圻路

馬家橋鋪　白沙鋪俱往通山路二鋪止鋪兵二名

每鋪設鋪司一名

鋪兵六名　驛司一名

每鋪正屋三間　鄉亭一間

兩廂各三間　土規一座

門一間　門外睡馬亭三間

望竿一根旗一面　鋪前界牌一面

每鋪馬房一間以上各鋪俱于康熙四年何廷韜新建

論曰周禮地官之職凡國之道十里有廬廬有飲食三十里有宿宿有路室路室有委五十里有市市有侯館侯館有積漢書乘傳詣洛陽如淳曰律四馬高足爲置傳四馬中足爲馳傳四馬下足爲乘傳一馬二馬爲軺傳急者乘一馬曰一乘顏師古曰傳者若今之驛古者以車謂之傳車其後又置單馬謂之馳驛宋二十里置馬鋪有歇馬亭即路室遺意也六十里有驛驛有廩給即侯館遺意也近制於郡邑通衢皆六十里置驛水驛則給站船陸路則乘驛馬而室廬委積所在潔峙供帳器物罔不悉備十里置鋪設以鋪司鋪兵凡官司文移則晝夜靡停皇華駟牡則祗迓罔怠制云善矣咸當孔道近接梟藩上通

川廣車轍馬跡無日無之迎勞柔遠之道尤不可不備云

陂塘

長陂

在縣西南四十里

雙陂

在縣南三十里

黄土陂

在縣東

高墩陂

黄區陂

在縣東十五里

桃林塘

在縣二都

文家塘

在縣東三十里

蒲鐔塘

在縣東二十里

在縣北二十五里

百丈塘

在縣北十五里

牛鼻塘

在縣東三十里

馬鞍塘

在縣西二十五里旁有石窩多產鮒魚色黑味甘

黄泥塘

在黄泥山上每湖水長塘水亦長時有䗲虒

浮山塘

船板湧出源與江湖通下有黄泥洞

北洪塘

在縣東八里泉流出下好橋

弘文塘

在縣西十里

在縣東南三十里

古隄塘

在縣東三十里

論曰周官營溝行水之制職之匠人俾任浚導之功止水畜水之令領之稻人俾專儲蓄之利水道源流無不加之意者所以爲旱澇備也咸境爲陂爲塘不一而足灌溉之利隱然古蓄水行水之遺故鄉人賴之以獲豐殖

之資官司御之以享租賦之入一邑之間利亦溥矣備書諸册於以見水利之政所宜修舉而不墜也

泉

按爾雅水本曰源源口泉易蒙之山下出泉詩公劉之觀其流泉是在在有之咸多崇山峻嶺泉之所出不一今志載無幾姑紀其河流所出者耳

蘆茀泉

在縣東南二十里相傳邑苦旱禱雨方擇所謁忽遇三白衣童子曰本縣高樘山石晶嶺

有泉可禱叢蘆爲識如其言禱之果得雨府志作蘆花泉

溫泉

在潛山麓其水如湯浴之可愈疾有硫黃氣

按張華博物志凡水源有石硫黃其泉則溫詩飄唐子西又謂溫泉在天地間自爲一類受性本然不必有待而後溫云

三十六人泉

在縣南六十里相傳三十六人祈雨救旱水
忽漲湧三十六人皆渰沒故名
沉泉
在縣西五十里源出蒲圻境入縣界數里下
注大石竇中聲如萬鼓遂伏流之不見
飛沙洞泉
在縣南四十里洞口有仰山廟龍王廟鄉人
遇旱禱雨輒應明崇禎年間僧指宗修静於

此後出自火化塔在西河寺傍其水出白本
畈
鳴水泉
在縣南四十里與寓仙洞相通瀑聲潺湲流
入雙汊港
白蠡泉
在縣南四十里爲西河之源
桃花泉

在縣東南五十里流出黃鉦橋入蘋溪亦爲
西河之源
沸泉
在縣南十五里流爲馬橋河
大泉小泉
在縣東南苦竹嶺下
蔣師泉
在縣南二十五里旱可取水

廖家泉
在縣南四十里一名張口泉
石燕泉
在縣東四十里
洞
九龍洞在縣南三十五里常輪山下
舊名寓僊懸崖峭壁既入洞門高廣有龍王
祠久廢洞傍有門門內深黑高低莫測東趨

而行二里上有白石若幕滴乳結成龍蛇狀水涔涔出其口下有石盆盛之寒氣襲人雖六月如冬明宣德甲寅知縣上官儀率衆禱雨有應正德己卯夏都御史吳廷舉賑濟湖南駐節在縣因旱率官民詣洞爲文以告其雨如注仍命鑿石爲龍象祠龍王於此更今名洞前石磴有千首塔

石龜洞

在黃茅山下洞門甚狹既入輒寬平石盆石床上有石狀如龍首水自中吐出石盆禱雨得石龜者即驗今名石燕洞

白崖洞

在十二都深窅莫窮歲旱禱雨有應

蔣師洞

在上十三都洞門四折入數十武豁然宏敞一水內流窅不可測崇禎末男婦於中避流

寇者數萬計賊攻之不克其上爲黑山寨

金龍洞

在金龍山半入數武石澗隔之人不能越彼岸有柳眠生爲橋以度內列石田溝塍皆具巖石險仄古仙七人修煉其中白日冲舉丹池存焉明崇禎間道人一徵棲此辟穀於洞門絕壁懸構有樓後一徵至順治中亦自火化去

論曰國語云山之爲言宣也含澤布氣調五神也易云潤萬物者莫潤乎水夫水出於山其源一也吾邑依山阻水層巖峻嶺盡列東南而西北諸川滙爲巨浸晴暘初照瞰彩映射異峯奇巒爭妍獻秀瓌詭萬狀舴艋之舟萬斛之艘鼓陽侯之巨浪出沒煙雲之中百里一息目不及瞬亦鄂渚之大觀也夫地紀既章人文斯賁名卿喆輔毓秀鍾靈不可評

也縣人才士抒奇摛藻則山川之助爲多若
乃物產之豐殖魚鹽之孕育商賈之輻輳上
供之取給有土者能無節宜愛養之思乎

井

義井 在縣治東相傳昔有人乞水于鄰弗與遂掘地得泉以濟行人故名

五通井 在黃家巷

淦川井 在五顯巷

儒學井 在啓聖宮前

大街井 在甲明亭前

別俗井 在資福寺內其水甘冽異于他井

皂袍井 在横街西此水獨宜染色白衣漸之則緇白米煮之則赤

利民井 在縣驛側西

槐花井 在殺雞巷側

金雞井 在金雞山

論曰予稽鴻烈解伯益作井世本云黃帝正名百物始穿井爾雅井一有水一無水爲瀱汋易改邑不改井以不變爲德者也井泥不食謂久不渫治者也井甃無咎謂宜修其壞也井冽寒泉食謂水淸也羸其瓶凶謂幾至

尚覆也井之時義大矣哉生齒日繁几戶遂
居必有井以便日汲今爲舉其槩以見其餘

坊

明德坊在縣門左　新民坊在縣門右
宣化坊在縣門前　願賢坊在學門左
毓秀坊在學門右　激濁坊在舊憲司左
揚清坊在舊憲司右　生賢坊在舊中司前爲方御史文嵩立
三元坊在儒學右爲宋惠文簡公立康熙四年知縣何廷韜重修
都憲坊爲陳智立　繡衣坊在縣左爲御史方沭立
豸冠坊爲御史歷震立　解元坊爲王倫立
忠諫坊在縣治前爲少司農孟養浩立　都諫坊有二一在縣治左在爲禎問立
忠臣坊在横街北爲黄表祖子澄立　恩榮坊有三一在儒學左側爲尤祿趙邦在左一在舊分司前爲憲副趙嗣芳立一在縣前街爲王祺立
懷義坊後街　由義坊前街
皇華坊在驛前　節義坊西街

論曰坊者方也古人所居之里爲坊也又坊
類也方以類聚居者必求其類也漢洛陽有
九字坊唐裴晋公有碎錦坊宋富鄭公有遺

前坊坊之由來尚矣今里邑皆有坊或因忠俗之善或因賢能之與或因節義之著而旌美名以表之俾居是坊者觀感興起庶亦遷善誠厚風化之一端也

街衖

中街一名快活街共南名背雲門　前街

後街　橫街

小街俗名施家衖　黃家巷在後街

皮樹巷在縣前街　社稷巷一名姜家巷在馬驛廟傍

五顯巷在東街皂角塘側　永豐巷在三元橋側

石壇巷在北門祭壇路前　殺鷄巷

冷舖巷在市西富藏橋側　屠鐵巷

論曰置都立邑必有街市街者四通之衢市者貨物之聚衖者出入之便徑也咸雖小亦有闤闠以通交易爲政者体通商之意明治市之法無重徵以致其難有寬恤以便其用則商賈願藏而王化行矣

鎮

馮埠鎮　河下鎮　下馬鎮

龍潭鎮　黃赤鎮　長堤鎮

村店

官埠店（東去縣十里）鴛城店（東去縣二十里）

横溝店（去縣十九里通鴛城）桃林店（去縣三十里俱東往江夏路）

馬橋店（西去縣二十里）丁泗橋店（西去縣三十里往蒲圻路）

下好橋店（南去縣三里）馬家橋店（去縣二十里）

白沙店（去縣四十里俱往通山路）

卷四終

咸寧縣志卷五

邑人 王禹錫 纂修

知咸寧縣事何廷韜 鑒定

古蹟

序曰人物之鍾英皆川陵之毓秀雖前後之崛起不同而世代之傳聞必備詩有云高山仰止景行行止雖不能至心竊向往之彼鍾臺以北海著名潛山以文簡蜚聲金光之所

蛻化洪崖抱樸之所栖眞名卿碩士之所游息鄒湛所謂閱望當與此山並傳者非耶乃陵谷滄桑陸沉靡定荒煙迷草形幻不常欲訪其遺事而故老已湮舊章散佚矣徒漠然於山阿水湄俯仰興懷能不動當事者之太息歟雖然人傑地靈山川固以人重而品類繁興瑞應非一安知山川又不以物重乎倘前美弗彰適貽輿靈之媿是知勝蹟之必歷

古而貴其彌新也惟其古也是以傳也已

讀書臺

在相山傍宋馮京讀書處舊有相山書院今廢其下爲金蓮池

永安樓

在周堤上周曰庠建樓據湖山之勝孟養浩題聯云　高閣俯平川聽菱歌漁笛起滄波泠泠身世憑虛後樂先憂鄂渚樓臺思范老

新堤環曲沼見樹色烟光迷遠眺歷歷溪山髻畫淡粧濃抹西湖楊柳羨蘇公　又趙邦柱題聯云　飛閣嶙峋引曲岸修堤際日摩空遙瞻砥柱千尋井邑陰陰隋保障、　崇臺崒嵂擁重湖疊巘含煙吐靄平連水天一碧、郊坰鬱鬱壯奇觀、　後廢

國朝　康熙四年知縣何廷韜重建

冷然館

去城西南半里許萬曆中邑人孟養家建

鍾臺山

即桃花尖在縣東南六十里上有石室石鐘石臺鐘或時自鳴舊有修靜寺李北海讀書其中杜工部屢有詩寄之

潛山

在下十三都宋馮京年方弱冠讀書臺上戲與同人竊寺僧犬食之僧訟之令令一見知其非常人謂曰汝作偷狗賦佳即貰汝公援筆立就中有警句云僧惟不靜狗亦當偷團飯引來喜掉續貂之尾索綯牽去驚回顧兔之頭令擊節嘆賞延之上座曰此驪龍才當大魁天下明年果首選令知人若此可謂水鏡矣佚其名惜哉按公未遇時作詩其佳句

云豐年足酒容身易世路無媒着脚難琴弹夜月龍魂冷劍擊西風鬼膽寒膾炙人口皆得之潛山云公登第後築精舍於寺上遺址猶存

葛僊巖

在潛山抱樸子葛洪煉丹其上石竈猶存

蘋花溪

洪崖先生煉丹其中嘗有老姥采蘋於此問

之曰吾鮑姑也忽不見

金蓮池

在相山下即樞密居第遺址京以太子少師致仕池中植蓮因以爲號今廢爲儒學稻田

成山古寨

在縣西五里周廻十餘里可容數千人四面壁峭惟一逕可入宋建炎間民聚糧保守敗不能及

墳墓

宋樞密使參知政事文簡公馮京墓

在鳳凰山下去縣三里今蕪沒或曰江夏壟溪鄉有馮樞密墓

宋忠臣朝奉大夫都水監使陳求道墓

在嘉魚地興陂教諭黎公弁因旱致禱墓下有應今神道碑在縣西河橋東

元韓王墓 在縣南山

王朝鄉墓

在十二都宋襄敏公韶之孫曄之子捍急有功元朝列大夫張術撰碑文按王竭守朝鄉爲樞密副使生於龍口塋於白沙其後裔猶能言之舊志恐誤

翰林學士李鵬翔墓 在黄板橋

明工部尚書劉維墓 在棘山之麓

奉政大夫四川右布政使李祥墓 在丁姑嶺

江西行中書省參議李廣墓在黄崗坡

贈文林郎監察御史方嵩墓在金山後

資政大夫都察院右都御史陳智墓

原塟官埠橋後賜塟祭改扦下好橋山史部尚書王直爲撰墓表

文林郎監察御史方洙墓

在十二都白沙灣月山

北京都水清吏司郎中王焕墓在一都梅家嘴

通議大夫南京户部右侍郎孟養浩墓

在茅壇奉賜塟祭刑部尚書蕭茂相爲撰墓誌

奉政大夫通政司參議趙郡柱墓在馬橋米山

中憲大夫四川川南道副使趙嗣芳墓在茅坛孟壠左

孝廉李王墓在離馬橋中宅祠前

孝子劉從鳳墓在上五都增生

孝子楊遇春墓在二都

論曰：墓者，人之終也。諸君子先朝名臣，間氣攸鍾，或執朝政，或衛國本，或掌邦憲，或分鎮鑰，或殉節捍難，俱行成名立而終矣。顧百年丘隴漸就蕪沒，化長松之千尺，藏狐貉與鼯鼪，牧豎樵子樵刈其上，亦誰復知泉下人豐功偉節有如此邪？志諸也，秉無替厥美。昔文子與叔譽觀乎九原，文子曰：死者如可作，吾誰與歸？叔譽以陽處父、舅犯對，文子曰：我則隨武子乎。予於諸公能無可作之歎。

義塚

在縣西三里楊山鋪外，景泰中知縣陳瀾置，圍以埏塹，植以樹木，以塟貧難無地者。後爲民戴祥侵種，正德中都御史吳廷舉查復之。

附百鳥護塟之墓

萬曆中民黄茨金每於冬雪袁食以飼饑鳥，後一日夫婦無疾同卒，羣鳥遶宅徹夜哀鳴

及出壟萬鳥繞栁盤飛復前導如鴈行至壙
填葬満穴壟畢仍聚塚數日乃散歳時朝之
鄉人刻石紀異焉今墓在金山嶺孫應鉉應
元等俱庠士

寺觀

資福寺

在後街西爲咸首刹領僧會司宋建隆間僧
福眞開山元延祐重修明正統年都御史吳
延舉重建
國朝僧通神重修康熙四年知縣何廷韶復建
觀音殿堂宇弘敞凡宜　諭習儀皆在焉

西河寺

在城西半里俯眺河磯淦流暾玉虹影卧波
洲艸鋪裀堤楊褭綠鳳凰鶱翥於前石鼓嵯
峨其左漁歌互唱與閣鈴相應爲一邑勝觀
僧性恒（康熙七年知縣何廷韶建五佛殿觀音樓及諸方丈修葺一新）

九龍寺

在十二都寓僊洞前大順元年僧福慧建萬
曆丙戌燬於火僧普念募修（康熙六年知縣何廷韶重建）

小水寺

在九都嘉魚尚書吳廷舉建康熙七年知縣何廷韜重修

三峯寺

在龍溪山元末兵燹明正統中僧本來重創

禪臺寺

在縣西南二十里上十二都景泰中僧圓惺重修山頂有天泉詳禪臺山下

白沙寺

在十二都蓮蓬山僧從智開山鄉官朱古峯施有香火田地山塘勒於石

海龍寺

在四都碧泉山僧江英重建旁有龍池四時不涸

金塘寺

在縣東五里明天順中僧道澄建正德間僧智秀修

國朝順治十七年僧真卯重建

黃山寺

在縣西二十里成化中僧洪湛重建

潛山寺

在縣南二十里宋三元馮京讀書之所

白石寺

在縣東二十里僧道滿修

鶴林寺

在縣東二十里僧覺正修

白水寺

在縣東三十里景泰中僧德觀修

寶潛寺

在上十一都一名禰道寺

北山寺

在三都黃石洞僧法昌修

白雲寺

在上五都景泰中僧道珍重修

石門寺

在十二都天順間僧恒輝重修初闢山時得斷碣爲宋石門院故址因名鄉官王煥施有香火田地山塘勒於石　程沂

崇福寺

在二都僧寶中修

靜雲寺

在三都孤嶺天順中僧光智重修

甘首寺

在下五都正統中僧昌恩重修

泉港寺

在六都常壽僧本雲重修

寶福寺

在上五都僧修聰修今名西獅寺

黎首寺

在八都僧了性重修

[illegible]重寺

在十五都月臺山下舊爲尼寺正統中僧普廣建

多寶寺

在九都有濟祖師塔一名尖山寺天順三年僧文學重建

崇雲寺

在四都郎新開寺天順五年僧寶鍾重建係

資福寺分派

靜安寺

在六都僧如剛修

禪池寺

在四都長嶺景泰七年僧洪澗重修

雲峯寺

在三都僧廣濟修

淇山寺

一□□在六都

金雞寺

在三都金雞山大順五年僧道清重修上有

金雞井

大峝寺

在三都與石燕寺相隣

勝泉寺

在十二都鳴水泉前

谷雲寺

在上十一都崇棣山半

圓覺寺

在八都潛山寺分支

八疊寺

在下七都

普庵堂

在横溝橋傍鄭翰林讀書之所

福民寺

在九都彭陂畈僧寂真改建

勝音寺

在上十一都康熙八年何廷韶修

一都觀 在九都今廢

潛山觀 即馮三元讀書處今爲寺

紫山觀 在下七都

金頂觀 在相山後已廢址存

城山觀 在官埠舖東已廢

龍興觀 在官船渡北

天聖觀 在上十一都大泉口

論曰寺觀安昉乎漢明遣博士王遵等往西域迎佛法得迦葉摩騰竺法蘭二梵僧帶白氎畫釋迦像經四十二章白馬馱至洛陽止鴻臚寺帝乃立精舍處之因本寺名號白馬寺此僧寺之始也周穆王尚神仙召伊、秖祉中居鍾南山西臺眞人之所因號樓觀又黃帝內傳西王母授帝白玉元始眞容置於高觀之上謂之道觀觀義取此歷世相沿二氏之宇日新月盛雖以咸寧小邑而梵刹懸宮幾數十所舉學士大夫沉湎濡首以從之又何怪乎輪迴果報之說中蚩蚩者之深也雖然世教衰而民失其養彼無告者得假緇黃以遊食李溫陵所謂朝廷一大養濟院也今

奉

明旨嚴汰僧尼每縣量留數僧祀香火餘盡散遣歸農嗚呼崇正學而黜異端此舉實萬代瞻仰矣

奎星樓

邑舊有文昌祠而奎樓未建康熙九年知縣何廷韜新建樓閣塑文昌奎星二像永合祀焉

文昌祠

在儒學大成門東景泰七年知縣陳灝建移於康熙九年何廷韜新遷建西門外

張中丞廟

在後街資福寺左祀張睢陽創始無考知縣

陳灝重修康熙七年知縣何廷韜再修并創建前殿及廊房

關聖廟

在縣東一里東嶽觀之右祀壯繆知縣陳灝建崇禎丁丑游擊劉承胤平峽山賊獲神赫重修焉孝廉李呈有記

朱老廟

一名朱宰廟在羅家渡北相傳神初爲本縣提牢吏年節夜歸聞鬼語將疫毒散井中公

欲救之念詐朝語人或不盡信不若以身殺井晨自無汲者遂溺死焉毒氣所觸昏若鳥喙然至今午節祀之以禦疫一云元末爲本縣獄卒平生信事神佛能以巫術療病常手執珓杯以口呵之遂著口上不可脫自云死作衙門土地元季兵變遷縣治於廟後今廟其衙門也康熙七年知縣何廷韜遷建新廟北門外其舊廟如故

玉皇廟

舊在東峯之下知縣陳灝建天啓中改建於西河寺後康熙四年知縣何廷韜遷建寺前

吳王廟

在馬驛姜家巷内祀孫權其祠於鄉社者不一所在皆有

皂角廟

在縣治東祠五顯之神以傍多皂角樹故名於中又有所謂樂王者荊楚故俗謂神酷好音樂鄉人有疾輒於廟中酬賽戲福擊金伐鼓歌舞傀儡以樂神康熙六年知縣何廷韜重建正殿

東嶽廟康熙六年知縣何廷韜重修改建前殿增設十殿及諸神像

在縣治東一里正統中知縣龐端建

洞庭廟

在上七都白公潭祀洞庭君柳毅船過斧頭湖必祭之

論曰聖王先成民而後致力於神故社五土

稷五穀所以厚民生而以死勤王以勞定國禦大菑捍大患者秩在祀典亦既斌斌矣自聖教攸斁被髮而祭或祀之非其分或祠之匪其地皆名淫祀淫祀無福以咸民號稱樸嗇而率畧於内鬼淫於外祀焚楮爇香趨媚恐後莫知所由來也豈尚鬼好巫荊楚之故俗然邪彼洞埜有言禁黠之豪作姦犯罔凶逆之子竊國欺家詩書不能闢裹輒之迷名

教不能移福堂之樂乃登壇則趨過祠則下語及泰山泥犁則五體不覺盡投譚至鄷犴業鏡則寸膚㦸然皆栗豈非神道足濟人道之窮而聖王設教固有所不廢乎

卷五終

咸寧縣志卷六

邑人王禹錫纂修
知咸寧縣事何廷韜鑒定

災祥

序曰古災祥不一而俱歸於天心仁愛臣曰垂象以示吉凶已也若何而旱若何而雨若何而草妖木怪若何而星退舍若何而蝗不入境虎渡河天道固在人事之中亦甚邇矣如第泄泄以處而坐諉於莫可知之數夫數果何可囘也天亦竟厓之而鞫凶之矣何爲先事而示之哉荀悅曰其本在地而上發於天自人招之則亦自人彌之耳震无咎者存乎悔在廷則問君相在一方則官斯土者曷可辭焉

災異

漢和帝永元四年旱蝗　獻帝建安二年大

水。惠帝永康元年秋久雨害稼。武帝太
康二年大水　懷帝永康二年大旱。南梁
大同二年地生白毛。簡文帝大寶元年春
正月丁巳雨黃沙。北周武帝建德二年大
旱　唐中宗神功元年大旱。順宗永貞元
年大旱　文宗開成二年大水　貞宗景德
元年大旱。神宗熙寧元年天雨白氂狀如
馬尾長者尺餘瀰漫山谷　哲宗元祐七年

雨土　徽宗政和八年大水　孝宗乾道元
年大旱。淳熙元年大饑　三年旱　八年
旱　九年復大旱。十五年久雨害稼。寧
宗嘉定元年冬燠如夏　六年大旱　元成
宗大德二年旱　仁宗皇慶四年旱。泰定
二年屯蝗食桑。文宗至順二年大饑　明
洪武二十二年大水　永樂二年三月火
。五年十月地震有聲。宣德八年大旱　正

統二年六月七月連雨大饑　景泰元年春
大饑　四年大水　天順四年秋大水害稼
五年夏大雨水溢。成化元年大饑。西
年大水十月辛亥朔地震有聲。六年大旱
民流移　三十三年春地震　弘治元年大
饑死者無數　正德元年春大饑秋大旱
二年春正月不雨至於三月雹殺禾麥。十
一年桃李冬華　十四年夏大水秋大旱

嘉靖二年春夏旱大饑。七年六月風雷拔
木秋大旱饑　八年蝗飛蔽天　十一年大
水　十八年六月蝗飛瀰障天日　二十二
年六月暴雨大風溢水入市風拔木　二十
三年夏旱秋大饑　二十四年饑疫　二十
八年夏大旱冬十一月地震　三十一年大
水　三十三年夏五月至九月不雨大饑十
二月地震　三十四年十二月地震　三十

五年大水　三十七年十二月地震　四十年春雷雨大風拔木　隆慶二年夏大雨舟入市　五年民訛言兵至鄉邑驚擾旬日始定是年牛生五足　萬曆二年木稼○六年四月壬午朔雨雹　十年大旱　十一年大旱　十二年春大疫　十六年戊子歲大祲人採木皮以食餓死者甚衆　二十七年丁酉大潦舟人泊西城闉以渡　四十二年甲

寅蝗入城歲大祲　天啟四年甲子春木稼合抱者皆折是歲大潦　崇禎七年甲戌六月地震屋礎動搖臥者多撲於地○十一年戊寅雨土地盡白　是年賊薄城下遏城戈矛出火焖焖有光　冬客兵駐西郊騾產駒　十二年己卯冬木凍　城北房屋有雀來巢　十四年辛巳蝗入城是歲大祲

國朝順治二年乙酉大疫　九年壬辰夏秋不雨歲大荒前官捐俸粥饑民其不便粥者給穀存活　康熙二年癸卯五月二十一地震自東徂西有聲　秋七月大水舟自東北城頭自泛入城○七月天鼓鳴　三年甲辰三月雨雹如塊殺麥好事者拾之不數十已盈缶中空一隙礮之迄不爲動入水輙化○四年乙巳正月二十九天鼓鳴經時方竭○九月二十七天鼓鳴如巨砲然　五年五月二

十二日河鼓鳴自戌至亥方止　七年二月天晦白晝如夜雞犬皆驚　六月地震　八年四月十四風怪吹折民房數十間湖浪直躍千尋山木盡爲偃拔　康熙戊申六月大墓山有龍突現頭角三日鱗甲晃如金赤居民往觀之忽白晝騰飛穿山爲河蕩民居畜田園十數里　七年七月有土龍遊於衢後塘值雨霽不能翀躍市兒繫其頭以戲於通

衢　九年庚戌冬月儒學廟前桂花結子滿
樹形同雞心色如蒲桃　本年臘月天雪連
綿一月地貯雪三尺邑中柴炭騰貴有價無
賣本年拾貳月大雷震地

衢

祥異

晉穆帝永和四年鳳產江夏方輿記云晉永和中鳳將九子翔集安州之域劉宋文帝元嘉二十年白鸞見於江
夏內史劉思考以獻　神宗熙寧二年麥一
本三穗至五穗凡十四莖　元豐元年麥異
畝同穗　元成宗元貞元年野蠶成繭更數
百里民取爲纊　明弘治五年學宮產桂一

枝　崇禎九年丙子內城察院公署中庭樹
皁枝有雀來巢　十五年壬午元旦縣學大
成殿紅光見衆以爲火也赴之經時始散
八月朔縣學井水冒出流於東西
國朝順治七年八月有鳥百群大差於鵬棲宿
登高山三日而去　康熙戊申三月學宮桂
結子盈樹其大如櫨士民多藏之　八年巳
酉七月天雨水麥於武昌會省民多採而雜

養濟院

舊在縣西黃風橋側知縣陳灝遷南城外二百步正德中丘魁建圮康熙五年何廷韶新建

按唐開元五年宋璟蘇頲建自悲田院貧子養病從長安以來置使彿知此所稱悲田乃開釋敎爲僧尼職掌給廩食以養之宋初名福田後亦曰悲田今名養濟院凡鰥寡孤獨流徙篤廢不能自存之民皆收養之老者日

支米一升五合鈔五十文幼者支米一升鈔十文冬則給褚衾一床席一件病則給藥以療之死則斥官地以瘞之澤及枯骨仁矣哉

倉厫

永豐倉

舊在縣南二十五步明天順中知縣上官儀建

國朝改名常平倉知縣馮源泗遷建於麻樓側

預備倉康熙四年何廷韶添建今共有五

東倉在四都去縣二十里

西倉在上十三都去縣十里

南倉在下十三都去縣十五里

北倉在八都去縣三十里

在市倉與永豐厫相對

俱明宣德中知縣上官儀建今久廢址存

便民倉

舊在西河畔後遷於江夏金口亦廢復還縣治後街之南已廢康熙六年何廷韶重建貯南漕二米

倉廳三間　倉厫三十二間　門一間

論曰周書有之曰天有四殃水旱饑荒其至無時非務積聚胡以待之今常平預備倉法非不備也歲不一登輒苦炊玉賑者不必貧貧者不必賑民未有沐實惠者也夫滑胥市魁爲患久矣藉非神明之宰慈惠之師實心

捐濟若宿鄭公朱旗屬其人者易在其爲繕

命之田也

射圃

舊在學門東地隘天順元年改於東峯之下創觀德亭一間康熙四年知縣何廷韶重建尋復遷於北門校廠建觀德亭三間弓架箭䈢賜侯

諭曰射者六藝之一蓋男子之事有志於四方也鄉飲廢則長幼之序乖大射廢則君臣之義缺去古遠矣明興首勑天下學校習射師生以朔望羣肄於圃衆耦旣同貫弓挾矢

張侯去百步之外揖遜務君子之爭匪曰嬉遊爲樂將少長是序匪曰僥倖爲得將心體是正匪曰致遠爲功將中鵠是善匪勝已是怨反求爲賢匪爾爵是祈辭讓爲恭匪多筭爲能進退有度洪於以修盛德遠不肖習威儀而適世用蔑不由斯也今邑侯　何父公餘親率士民習射於舊圃新觀德之亭而從事焉百年曠禮一旦復舉矍相之觀厯幾稱

弓箭局

惠民藥局

紵絲局

弓箭局

鐵局

染房 以上五局俱明初建今久廢址亦無考

論曰公署之有志也以臨民也是故有官守斯有宮室有賓旅斯有館舍諸局之臚列窮民之無告者有養也皆公也竭民力以成之又疲民以守之勢弗可改也已愛人節用使之以時雖虛舊之譚可盡廢也乎

明經

明

李　濂 洪武一年貢附見李廣傳

葛　素 洪武十四年貢有傳

吳　澄 字志清洪武二十年貢任廣西神雷千戶所吏目

黃友善 洪武二十二年貢任工部郎中遷四川威州知州

周安義 洪武二十六年貢任四川綿州知州

王必高 洪武二十八年貢任大名府濬縣典史

婁允忠 洪武三十年貢任陝西監察御史

商　振 字伯玉永樂元年貢任戶部浙江清吏司員外郎

金世雄 字文英永樂二年貢任雲南府羅次縣知縣

王　禎 字伯祥永樂四年貢任高址大巒縣知縣

吳仕華 永樂六年貢任四川嘉定州知州

吳思政 字惟善永樂七年貢任四川慶符縣知縣

曾　恕 永樂九年貢任交址知縣

徐　鐩 字邦器永樂十年貢任四川慶符縣知縣

王　敏字克聰永樂十二年貢任鴻臚寺序班
羅中孚永樂十七年修書生任交趾多翼縣知縣
韓　瑜字楚璞永樂十八年貢任雲南芒部軍民府照磨
陳思恭永樂十九年貢任蜀府典儀
徐　瑛字伯華永樂二十年任典寶
魯　和字大道宣德二年貢任四川合州州判
余　峻字孟高宣德六年貢任西寧州州判
張　觀字尚賓宣德八年貢任福建南安縣丞

陳　紀字公晃宣德九年貢任通州衛經歷陞莆田知縣
張　信字以實正統元年貢任廣東河源縣
劉　政任斷事　錢　貴貢任經歷
朱　芾任經歷
劉　謙任經歷
周　燧任經歷
曹　瀾任經歷
方　楷任主簿

龍　斌任推事
夏　明任主簿
熊　鑑任主簿
商　質任知事
李　泰任檢校
雷　春
饒　忠知縣
吳　政主簿

盧　智主簿
葉　春
吳　舉
嚴　敬照磨
李　約
李　晋訓導
黃　金
裴　廣吏目

施　瓚典寶
蔡　琮教授
楊　瓚教諭
熊　正
樊　膺
樊　綜
陳　瑛
魯　廣訓導

錢　忠字良臣選貢考第授推官
汪　洪
雷　譽
夏　瓚訓導
張　誠
李友諒縣丞
彭　倓縣丞
黃　璣號齋軒黃我夕事見表傳

端　淦縣丞
章　顯主簿
陳　森知縣
金　獄經歷
潘　晃訓導
徐　泰同知
朱　煜訓導
余　璟訓導

余　玠
余體乾
方　悅知縣
孫　秀
樊孟芳知縣
錢　玠號肅菴潛心[illegible]學考[illegible]年貢任[illegible]縣知縣
錢　珂號煙竹[illegible]年貢任山東樂[illegible]縣知縣
余　祀

萬堅 嘉靖年貢

錢瑞 貢由知縣陞兵馬司

余瑚 作縣丞

鎮瑀 嘉靖十一年貢任順天宛平縣丞

施璜 作知州

姚亨 號谷山 科鄉試 後中嘉靖甲午

劉東壁 嘉靖十六年貢不樂仕進有懿德

王廷恩 嘉靖十八年貢

余大經 嘉靖十九年貢

施鏞 嘉靖二十年貢任知縣

唐鏡 嘉靖二十一年貢府學父

徐鐸

張鏻 二十三年貢

唐誥 二十五年貢任知縣

黃金 二十七年貢黃璣子任知州

余席 二十九年貢任訓導

余惠 三十一年貢任經歷

王廷祿 三十三年貢

張仁綱 三十五年貢

車軒 三十七年貢任訓導

周仁 三十九年貢

傅泉 號讀武 四十一年貢任祁永教

王廷平 四十三年貢訓導

鄭一鵬 四十五年貢訓導

余吉鳴 隆慶元年貢

顧春陽 隆慶元年貢浙江教授以子問貴封刑科都給事中

黃子楷 二年恩貢縣丞

余吉士 隆慶三年貢

劉止 號艮所 隆慶三年貢中庚午科北京鄉試

熊羙才 隆慶五年貢

余鍌 萬曆元年貢

何良楫 萬曆二年貢

程　棫　萬曆四年貢

錢東顏　號悟軒萬曆六年貢選推官

韓仕明　萬曆八年貢

王維城　萬曆十年貢

陳　炳　萬曆十二年貢

陳　淑　萬曆十四年貢

劉以任　萬曆十五年貢

徐　琳　萬曆十六年貢

鄭崇儒　號聘庵萬曆十八年貢

趙邦楫　號大衡萬曆二十年貢以子嗣芳貴贈副使

何所尚　號太原萬曆二十二年選貢任廣東石城知縣

余希文　萬曆二十四年貢

余大焞　萬曆二十六年

吳　簡　號敬齋萬曆二十八年貢任光化教

周之麒　號洪野萬曆二十八年貢任山西平遙丞

黃　鉉　號汾泰萬曆三十年貢任學正

闕正觀　號參宇萬曆三十一年歲貢任四川太溪教

盧延英　號南谷萬曆三十二年貢

周之奭　號時我萬曆三十四年貢

周之龍　號太岈萬曆三十六年貢

顧九德　號彰宇萬曆三十八年貢顧問子任南直安慶府通判

阮　憲　號蘇臣萬曆四十年貢任蘄水教諭

劉　擴　號命吾四十二年貢任訓導

孫世輔　號平臺四十四年貢

王維昌　號襄明四十六年貢任教以子珍錫貴贈主事

王維培　號心白四十八年貢濟子考州倅未任

陳元勳　號太常太昌元年恩貢任莊浪同知

郭翀中　號貞吉天啓元年貢癸酉中北京鄉試

朱　賁　號吉甫天啓二年貢任金谿訓導

鄭廷桂　號衡石天啓二年貢

施　淳　號蓉嶼天啓四年貢任四川達州訓導

趙允疇　號洪圖天啓六年貢

李而昌號[illegible]明崇禎元年恩貢任吳堡知縣
劉　漸號天達崇禎九年貢
王龍錫號效葵崇禎三年貢
王欽錫號九賓崇禎五年貢任江陵訓導
何　京號當時崇禎七年貢
曹明燮號蘭生崇禎八年拔貢
白文明號元初九年貢攸縣訓導
阮鳴鑾號太縵十一年貢

趙嗣蕙號覽茹十三年貢
陳奇勛號正之十五年貢任道州學正
王禹錫號酣菴崇禎十七年貢任長山丞致仕歸里修編今志

國朝

朱世昌號繩如順治二年恩貢
張鵬程號蒼地順治二年貢任廣東長寧知縣
余象賢號湯孫順治四年貢任潛江訓導
余日君號御萬順治五年拔貢

廖　寀字鉉子康熙十年貢

辟舉

孟養素

閔師孔

曾習孔 任雲南羅平州吏目

論曰鄉舉里選之法廢而科目之途開得人於斯爲盛明興嘗一舉行辟舉不數年而罷而科貢遂至今爲令甲勢固然也夫制科甲乙榮進素定順風而呼有奇易見若歲解起澤宮多學積經明之儒顧乃投閑置散或限

之博士員則雖有奇才異能而長駕絀於短路亦烏能奮乎雖然夌颺之羽不求反風躍伎之目寧思倒日士生其間豈無卓犖魁倫之才履險夷而不匱者乎以余所聞諸君子寄氏社列薦紳冠纓濟楚簪紱輝煌亦既彬彬焉聲施枌里矣列其名閥俾後有考焉

隱逸列傳

胡可仕

可仕本縣豐樂鄉人世居黃牛山下兄弟三人皆明春秋可仕擢湖廣省解元陳友諒兵起遁跡不仕教授鄉閭學問該博邑人鮑琮方嵩游其門傳其學確有端緒以洪武二十四年終壽八十餘祀鄉賢

陳俊

俊九都人性剛直任朔陽稅課大使甫二年遂告歸與解元王倫教諭楊璜築梅坡書舍以居

鄉鄰有訟不之官就俊請平有王彥方之風丁未旱俊出積谷以濟人饑存活者甚衆伐木爲棺收瘞無主者三千人鄉鄰瘞祭婚嫁或踰禮俊皆爲約禁之有司舉鄉飲大賓壽九十五終

李玉

玉字琢之號醉白一號他山天啓甲子科舉人

負才不羈博學強記甲子闈中夜半有神語成
文以耿痍屈副榜抗節不仕讀書潛山理學自
任布褐麄糲貧而無文倜儻任事州里所重崇
禎初峽山賊熾屢敗官兵守道袁繼咸率游擊
劉承胤討之受方畧於玉乃克平焉獻賊陷楚
僞官與之郄命僞督施明昌據其宅偵刺之玉
乃避地江右而免順治二年以疾卒於家

曹明燮

燮號蘭生崇禎九年拔貢高尚不仕詩酒翛然
白沙一泓挹之涓涓

孟養蒙

養蒙號湘嶷少司農季弟孝廉應乾父也性清
曠尚遠喜吟詠怡情物外初遊太學不第決意
遠引慕太史公之遊廣而文奇乃北走燕趙東
探禹穴度石梁觴蘭亭觀海蜃登敬亭尋謝李
芳躅躡足熊湘天柱之峯所至品題驚人神宗

翺伯兄以直諫歸日諧仲季訪名勝遇幽巖
絶獻家輙翛然獨往布衣道氅對樵夫田父怡
語經日冠蓋人在座寂如也築泠然館擁書萬
卷自豪戊午以子乾掄魁益避囂選秀建閣金
燈潛參內典繼慕玉雞峯奇勝結屋數楹於其
下託迹向平號方閉老子著有茗柯帖方閉堂
全集行世詩文晚益奇放嘗自贊其小像曰
爾貌何古爾識何空世態縱橫眼底烟霞吐

納胸中叅悟時明心見性方閉處弄月吟風
殆出入乎羣仙諸佛誰曰爾爲介弟封公

陳瑞

瑞號五玉初補弟子員旋薄制義謝去之放跡
煙雲狂歌自廢酒酣輙濡毫揮翰立成數十紙
憲副趙嗣芳敬慕之欲延致賓塾聘自東萊瑞
笑曰山鹿野麋寧就人間羈勒徜徉不顧善謔
聞者絶倒雖髮揹背裂之夫對之亦解頤崇禎

中閩江水盡落瑞乃作涸江歎以憂時乙酉賊
臨瑞曰吾有從彭咸之故居而已二女孫未字
晨起扁舟載之紫潭令先投水徐浩歌一絕自
溺焉卓立水中數日不仆

論曰所貴士君子維持風教者出則鳴國之
厚處則冥遠之鴻其致一也顧易姓改物不
可無採蕨茹芝廉頑而振懦名奔利逐不可
無癖煙痼霞息機而忘機咸雖褊乎彼夫抗

節高尚雅志幽栖秉方正俗徜徉自肆者固
不乏也緬彼畢行俠骨畸跡孤蹤混寰中而
出世外忍令泯沒而不彰乎編其姓氏固貞
教砭俗之一籍也

誥勑

馮商著作郎以子京貴累封至宣徽南院使
太子少師

方嵩教授以子洙貴誥封文林郎廣東道監
察御史

鮑琮教授以子琦貴誥贈禮部儀制司員外
郎

唐[illegible]以子震貴勑贈雲南道監察御史

陳式銘以孫智貴誥贈資政大夫都察院右
都御史

陳原貞以子智貴誥贈資政大夫都察院右
都御史

王獻箴州判以子渙貴誥封工部主事

顧春陽浙江教授以子問貴誥封刑科都給
事中

程文熈以子沂貴誥封戶部主事

趙鶴儒官以子邦柱貴誥封吏部考功司員
外
孟機以子養浩貴誥贈都察院右僉都御史
趙邦梅貢士以子嗣芳貴誥贈按察司副使
王維昌教諭以子珍錫貴勅贈戸部主事
余維新以子蛟貴勅封知州
張氏以孫智貴誥贈夫人
彭氏以子智貴誥贈夫人

鄧氏嚴氏以夫智貴封夫人
王氏何氏以子洙貴封孺人
熊氏晉氏以夫洙貴封孺人
余氏以子煥貴封宜人
錢氏以夫煥貴封宜人
王氏以子問貴封宜人
祝氏以夫問貴封宜人
王氏以子沂貴封宜人

吳氏以夫沂貴封安人
姚氏以子邦柱貴封宜人
魏氏以夫邦柱貴封宜人
余氏以子養浩貴封恭人
鄔氏以夫養浩貴封恭人
余氏以子嗣芳貴贈恭人
施氏以夫嗣芳貴封恭人
雷氏以子珍錫貴贈宜人

熊氏以夫珍錫貴封宜人
溫氏以子蛟貴封宜人
施氏以夫蛟貴封宜人

論曰子之能仕父教之忠是故明王不愛絲綸之寵以庸顯之單紫焚黃則鉉堂不死曳裾紆紳即巖廊思奮恩至渥矣咸自有宋以來殊勳偉伐膺茲休命代不乏人不則州縣之長以循良表見者無不與焉故謹備録之

重生者以孝致人孝也

孝行

楊遇春二都石坑人以二月生宅桂皆花父早喪事毋色養兼至後毋卒未塟家忽火春迫不能移乃伏棺欲與毋俱燼衆扶之出泣曰毋屍不能全春終不有身也復投河衆又挽之須臾宅燬無遺而毋棺獨存雖題櫬亦未之焦莫不以爲孝感所致邑令聞諸上刻石以表之碑在東高山麓

劉從鳳上五都人遺腹子毋周氏年僅十八生時夢鳳止其舍因名補庠增生極盡孝養毋卒鳳偕妻饒氏廬於墓一夜毋忽來舍曰吾生矣鳳與妻礿不疑其幻也問寢視饍如平時者積十年一日有屠人向鳳索肉價毋謂前肉猶存鳳詰之毋曰我死魄也爲兒媳至孝所感故精魂相依於此豈假食耶今旣與兒媳周旋十年矣將從此逝遂不見鳳號呼不已毋在空中語

之曰兒無用過哀其以忠孝訓子孫可耳嘉靖
中命與楊遇春同勒石云明二孝子彛芳云
陳撰字春和一都庠生性至孝母熊氏病劇撰
刲股救之爲延壽十年院道其旌其孝天啓中
母卒廬墓五年棄青衿不之顧忽談道有得廼
以黃冠棲常輪山中旦夕登高望母墓哀鳴鄉
人爲之築望親臺焉
方逢時一都嵩城人方洙裔孫也週年父卒母

王氏病疫垂絶時刲左脇肉以進母見神人教
之食立痊復延壽

節烈列傳

蕭氏袁友正妻友正卒哀毁骨立晝夜在壙草
盡光濯一日忽謂家人曰袁子至矣速與我治
衣棺言竟而卒人皆駭之
王氏解元王倫女嫁民陳思忠生二女年二十
六而思忠卒苦節四十餘年人咸嘆之年六十
五卒正德中都御史吳廷舉行縣核實旌之
劉氏民張綱妻嫁綱甫七月而綱死於京遺腹

生一女遠近聞其賢淑求配者百計莫能動家
甚貧窘了無愠色年七十五卒正德中都御史
吳廷舉行縣核實旌之
余氏生員趙麟妻性貞靜寡言笑麟卒余年二
十餘以死自誓與一婢共臥起者五十年家人
罕見其面年八十餘督學道顏鯨以狀聞奉旨
旌其門
余氏贈中丞孟機之妻少司農養浩母也年

子孝機好施予恒賛助之歲大祲余曰此行
時也盡出穀以濟人自餌粟殺機卒嘔血長慟
欲以身殉塊處一室人罕見其面養浩廷杖歸
拜余曰兒幾無以見母余曰兒今始可以見吾
矣水霜之操三十年如一日值奏請于朝禮
部勘覆奉旨旌表貞節以子贈恭人
周氏憲長顧問之子九陛妻也陛早逝周年殊
少力持門閫性好施予有則外儀院塋旌表

後以爭立家計湯然尤爲苦節年八旬卒
李氏訓導余象賢之母夫死時李方二十一歲
賢甫週年家徒壁立如荼食貧甘苦奉姑靡不
曲至躬紡績教子賢始敢姜水操四十餘年邑令
秦懋觀申聞院道給匾旌獎題曰節義裁成
楊氏鄱陽縣令鄭邦相元配翰林鄭之湛母也
明末叛兵衛所望星而望楊不及避義不爲奪
九日鋒刃烈雖死而正氣直凌霄壞誠有史在

按察司周氏生員鄭邦遇妻與楊氏同日被
難先身投井一門雙烈名擅桑梓
胡氏卿庠生唐之裔妻裔慷慨倜儻以氣節自
負早逝胡求殉不得每慟哭吐血數升藐孤斬
如誓死靡他設夫靈室中朝夕依之衷號帶衰
經三十餘年宛若初喪雖家無僕婢而績紝自勞
不依伯叔存活也夫世之守節者或以舅姑或
以幼子或以財貲贍於三者皆無而冰蘖自持

孤苦節毒尤人所難云
黃氏明生員郭翊中妻翊早亡于贍始獲貫
年未廿栢舟矢志事堂上人一如東海婦撫孤
庭訓和熊有嚴明末罹闖執黃于黃泥洞罵賊
不辱觸石而死血漬頑石成碧今民賭土倫表
表或云存孤之報
樊氏明生員鎮朝經之妻歸鎮甫周年而經卒
樊事姑以孝廬夫墓側三十餘年矢志堅貞云

壽媛

趙氏年百有三歲儒官王賓之妻賓年九十五趙百歲外童顏黑髮行不杖夜不藉燈火嫂光遠能見物驛傳道張公同江夏大司馬熊公躋堂稱觴手勒坤貞人瑞有碑子惟昌廣文以子珍錫貴封戶部主事年八十五卒孫庠生琰錫見年九十餘猶有前壽風

賢媛

吳氏太僕丞孟養素之妻婦節母儀里有同聲素壯歲艱嗣吳爲廣置姬妾晚乃舉子應衡吳撫若胎成未幾素卒吳撫恤諸姬嚴飭臧獲幹家不替于昔開塾教子卒補庠員明邑令劉世科表以孟母重光云

才媛

錢氏號梅窓孝廉錢珊妹也七歲能詩名與兄齊所至輒題咏盈帙歸光山孝廉李宗乾附謁

比干廟一律于後

論曰秦皇至暴也然賢巴寡婦清而立女懷清臺豈不以節哉頌婦道貴貞孤綏在梁有靦面目矣彼君子女從一而終之死靡他或以身殉或以節著養姑撫子旣喞哀而茹荼藐孤斬如益毀容而堅璧哀此未亡人宜令名之無窮也褒貞顯節胡國俗之不可變邪

掾吏

明

周勝宗　任浙江湖州府經歷

唐　鸞　任直隸太平府經歷

夏　貴　任浙江金華縣主簿

朱德壽　任河南柘城縣典史

廖信可　任山東西淮縣縣丞

朱德豫　任直隸鹽山縣主簿

吳　通　任雲南楚雄府知事

鎮　瑀　任福寧州吏目

曾立大　任廣西南丹衛經歷

閔　諫　任京衛經歷

曾朗邦　任雲南衛經歷

熊上元　任四川峨眉縣典史　周之齊　任雲南臨安府經歷

論曰古之用人不拘于方布衣寒士而賢則用之武夫徒卒而賢則用之巫醫方技而賢則用之胥吏賤史而賢則用之故趙廣漢河間郡吏也尹翁歸河東獄吏也張敞太守卒史王尊涿郡書佐也而漢之語循良者卒歸之夫非以其習簿書親法律嫻熟刑名詳比之文洞達豪民猾胥之弊有不可廢也乎近代以來佐史吏員例得依日月之末光以展釆錯事故其人卒自奮其才智以表見于時並循資考勞獲沾一命以自榮又烏可槩忽

乎哉爲類記之使知一介之才上之人亦未嘗棄之也

附義民樊國亨

國亨二都民聞文正公義田而慕之乃捐產百畝以贍宗族請於縣嚴立規條俾世守焉獻賊陷楚亨力禦寇以庇楚宗邑令陳鶴齡多之聞諸上院道核實給儒官旌焉

咸寧縣誌卷七

邑　人　王禹錫　纂修
知咸寧縣事何廷韜　鑒定

官制

序曰日月象君臣星辰象百官法天道也五嶽視三公四瀆視諸侯明地統也人位乎中經天紀地官制行焉

王官綜畿內藩宣蒞四輔逮鄉士師尹尊卑相

承禮樂政刑大小咸秩凡以廣德教振風化崇封建遂物宜人治之大端也稽古唐虞建官惟百政簡民醇秩可專焉夏商官倍成周益以三百六十屬董正之權既重而僚署之設亦詳秦漢而後官建不一而制近法古故外省之官郡有尹州有牧縣有令學有教體統肅而職業修煌煌鉅典世代相師未之易也至於邑令或任百里或任五六十里承流

宣化一邑之利可興弊可革悉酌其宜於民者躬行廉恕而脩舉焉則人倫明而小民親庶乎謂最有條而奉職斯無負也已

按古者四百里爲縣官有縣正各掌其縣政令而賞罰之春秋千里百縣縣有四郡時縣大而郡小上大夫受郡縣邑之長曰宰曰尹曰公曰大夫（晉謂之大夫魯謂之宰楚謂之尹）戰國以來郡大而縣小秦有縣令長漢因之凡掌治其縣萬戶以上爲

令減萬戶爲長侯國爲相秩亦如之凡縣道國邑千五百八十七（列侯所食縣爲國皇太后皇公主所食曰邑有蠻夷曰道）後漢每縣邑道大者置令一人千石其次置長四百石小者置長三百石侯國之相秩次一如之凡縣有蠻民曰道公主所食湯沐曰國縣萬戶以上爲令不滿爲長侯國爲相皆秦制也凡掌治民顯善勸義察奸罰惡理訟平賦恤民時務秋冬集課計上於所屬郡國晉志大縣令有

治蹟官報以大郡不經宰縣不得入爲臺郎宋
諸縣署令銅印墨綬進賢兩冠自晉宋以後令
長國相皆如漢制北齊制上中下九等唐制縣
有六等之差曰赤曰望曰緊曰上曰中曰下京都所治爲赤縣旁邑爲畿縣其餘
則以戶口多少地之美惡爲差凡一千五百七十三縣令各一
人掌導揚風化撫字黎民敦四民之業崇五土
之利養鰥寡恤孤窮察寃屈躬親獄訟凡民田
收受縣令給之每歲季冬行鄉飲酒禮籍帳傳

驛倉庫盜賊隄道雖有專官皆通知縣丞爲之
貳衆曹收率課調五代任官凡齷齪無能者始
署爲縣令故天下之邑率皆不治甚者誅求百出猥迩萬狀宋建隆元
年應天下諸縣除赤畿外有望緊上中下四千戶以
上爲望三千戶以上爲緊二千以上爲上千戶以上爲中不滿千戶以上爲中下五百戶以下
爲下掌總治民政勸課農桑凡戶口賦役錢穀賑
濟給納之事皆掌之有孝弟行義聞于鄉閭者
申州激勸以勵風俗有戎兵則兼兵馬都監或

監押三年始以朝臣爲知縣其間復參用京官
或幕職爲之慶曆間詔天下知縣非鞫獄毋得
差政和二年詔縣令以十二事勸課農桑宜各
遵行上副朝廷一曰敦本業二曰興地利三曰戒游手四曰謹時候五曰戒苛
六曰厚蓄積七曰備水旱八曰戒宰牛九曰置農器十曰廣栽植十一曰恤民戶十二曰無
妄訟自政和以來太平盛時人皆重內輕外士大
夫皆輕縣令之選吏部所選不注者甚多然後
議所以增重激勸之法宣和五年縣令止差六

十巳下人靖康初詔初改官必爲縣紹興七年
詔將寺監丞等任滿巳改官未歷朝事者各與
堂除知縣一次並借緋章服諸吏部自後縣令
差文臣乾道元年詔京官知縣以二年爲任雖
屢有更革率以三年爲任御筆令後非兩任縣
令不除監察御史有元以縣分上中下三等毋
縣以蒙古色目人爲達魯花赤掌縣印達魯花赤譯華
言知縣以華人爲縣尹掌判署事又有赤縣達魯

花赤縣尹明制知縣一員秩七品縣丞一員秩八品主簿一員秩九品典史一員咸寧驛驛丞一員河泊所一員陰陽學訓術醫學訓科各一人以本土人爲之僧會司道會司各一人僧道領之宣德中裁去縣丞主簿河泊三員

國朝一循前職

宋無考

元無考

明

馮昶有傳

張興祖有傳

王原有傳

葉子誠有傳

林和生有傳

上官儀有傳

謝紳有傳

龐端有傳

張昌浙江嘉興人景泰三年任

陳灝有傳

鍾啓江西永豐人由歲貢成化年任

唐憲

鍾瓘江西永豐人由進士成化年任

李㽘直隸崑山人由舉人成化年任

汪祥山東人由監生弘治初年任

徐旻陝西人由監生弘治四年任

施達直隸全椒人由監生弘治■年任

王介有傳

陸坦直隸吳縣人由進士正德三年任

潘澤直隸建平人由舉人正德五年任

丘魁歸梁孝福建浦城人由舉人正德九年任

吳聰四川永州人由舉人正德十三年任

麥旦浙江歸安人由舉人嘉靖二年任

鄧　守　廣東樂昌人由監生嘉靖四年任

茀　信　號蓮塘直隸寶應人由監生嘉靖十年任

梅　鶩　號屏埜直隸旌德人由舉人嘉靖十四年任

林　椿　號雲屏福建侯官人由舉人嘉靖十七年任

蕭立業　有傳

譙崇栢　號節里四川南充人由舉人嘉靖二十四年任

張時舉　號西橋雲南中衛人由舉人陞山西平陽府通判

何仁嗣　號七山四川灌縣人由選貢嘉靖三十四年任

陽　銑　號星洲四川金堂人由舉人

李春和　號致齋江西廣昌人由舉人陞邵武府通判

吳世忠　號淮江歙縣人由舉人嘉靖四十五年任

林　楚　號春齋福建漳浦人由舉人嘉靖四十五年任

楊以寧　號任菴貴州衛巴縣人由舉人隆慶三年任

劉繹思　號定軒廣西臨桂人由舉人隆慶五年任陞尋甸府通判

茶　昊　號雲崗三原人由舉人萬曆三年任

葛應蛟　有傳

邵　齡　號懷軒休寧人由恩貢萬曆七年任

胡學禮　號虹江四川中江人由[illegible]萬曆十年任

鍾　沂　號望峯江西會昌人由選貢萬曆十三年任

康　直　號中山直隸貴池人由舉人萬曆十七年任

曹維藩　號心徵貴州新貴籍江西吉水人由舉人萬曆二十年任陞直隸寧國府同知

周曰庠　有傳

朱夌霄　有傳

王元柄　號劍龍陝西蒲城人由舉人萬曆三十二年任

徐可大　號[illegible]江西人

秦懋觀　有傳

曹應聘　有傳

劉世科　號旭陽四川成都人由舉人

彭　濚　廣東南海人由舉人

許　通　江西人由舉人

劉盡善　北京順天人由歲貢

陳奇勳　號燮雨廣西林桂人由舉人崇禎癸酉年任陞南京兵馬

孟良範 有傳

陳鶴齡 號雪峯，廣東博羅人，由舉人，崇禎壬午年任

國朝

楊騰桂 山西鄉寧人，由歲貢，順治二年任

周文華 有傳

馮源泗 有傳

永復亨 順天大興人，由舉人，順治十八年任

何廷韶 號敬菴，鑲黃旗，遼東人，由官蔭，康熙三年任，有傳

明典史

張中 四川夔州府達州人

裘泰 直隸臨淮人，洪熙元年任

張理 真定府寧晉人，宣德三年任

韓恕 山東茌平人

滕賓 山東招遠人

吳忠 直隸無爲州人

王智 直隸大明縣人

洗廷璋 浙江崇德縣人，景泰五年任

衛本清 四川瀘州人，天順五年任

吳鰲

後大經

劉文

陳言

馮天祿

蕭勲

王國

夏守嚴

章世恩

何尚義 廣東人

吳仲和 徽州歙縣人

孟天爵 南直隸人

湯克寬 福建上杭縣人

潘棕 號仰山，直隸宣城縣人，嘉靖三十三年任

任可重

黃焯

區英 廣東人

王明贊 浙江人

紀應爵

林永祐 福建人

胡乃宿 浙江人

國朝

章兆爵 浙江紹興人順治三年任

傅天惠 北京大興人順治十二年任

衛起鳳 浙江山陰人康熙元年任

驛丞

國朝

黃文煥 北京大興人順治八年任

嚴廷章 江南崑山人順治十二年任

袁日永 浙江紹興人順治十八年任

循良列傳

胡和嘉興人洪武戊申兵革初定民多逋竄和憂勤立政剪荊棘招流亡墾闢草萊勸課農桑民翕然歸之乃捌公宇興學校立壇壝治橋梁百廢具舉上下輯睦民始知有生人之樂矣

張興祖洪武二十四年任舊志云建倉廩置銅壺滴漏更籌分明至今賴之

王原四川銅梁人永樂間任勞心撫字不事表

暴嘗作勸民歌使民誦之可窺一班云

葉子誠浙江會稽人永樂年任舊志云有惠政民追思之

林和生福建晉江人永樂間由陰陽官薦知縣事在咸九年不携家室清廉勤幹去之日行李蕭然蓋廉吏云

王官儀福建沙縣人宣德間以進士任文學政事獨步一時尤工書畫片紙之存人爭寶之與

廢起墜不激不隨德政及民吏民畏而愛之後擢滄州守

麗端江西吉水人由舉人正統三年任舊志云平易近人民悅其政

陳灝浙江平陽人天順間以胄子令咸周知閭里利病凡所興革悉中機宜徵輸營繕勤瘁匪懈雖工役煩興而民不知勞可謂循良矣

王介福建侯官人由舉人弘治十七年任下車

首詢民利害其衙門民蠹三日之間悉俯首而去禮教正民俗法律㨿豪右以丁產定賦役凡宮宇橋梁有所傾圮者斥而新之三年之間門無私謁令行禁止以紙價易稻穀萬石正德乙巳歲饑賴以全活者甚衆先是邑民多以幼子娶壯婦介詢之卽爲痛革邑之浮屠老子之教寂然不聞風俗丕變以才調江夏吏民攀留不忍舍

蕭立業江西新喻人嘉靖二十年以貢任雄渾磊落博綜今古其爲政勤敏有決斷裁抑豪右撫循善良在咸三年廢墜修舉而案牘積弊爲之一清秩滿以內召去嘗曰吾治咸無愧古人但增民數及多植引道松爲負咸耳咸民語賢令必以勤齋爲首稱焉

葛應蛟浙江黃巖人萬曆戊寅任建議修城日不暇食爲咸保障然不乾沒一錢有爲有守稱良吏焉

周曰庠江西臨川人萬曆癸巳以進士任溫厚和易與物無忤然持身廉愼冰蘗自將居常布衣蔬食泊如也邑東北近湖城且就圮公建議築堤捍城城以不隤咸民德之去之日脫靴技轅至有感激泣下者

朱燮青廣東南海人以孝廉任溫溫平恕不忍傷一物而廉勤自持嚬笑不苟躬校簿書每至

責分胥吏莫窺其際比擬律令參稽出納不務爲赫赫名而詳審縝密當道信之史曰安靜之吏悃愊無華日計不足歲計有餘如公者斯亦殆近之矣

秦懋觀號彬菴仁和人由舉人萬曆四十四年任叔子輕裘慈祥仁愛俾科若綏撫字爲先當家給人足之時民易見恩士易見德瓜期內召復守滇南假道經咸與諸士徘徊縱飲情不忍別風流逸韵良可思與

曹應聘號覺庵滕縣人由貢士天啓二年任古貌古心擅言語政事之長遇事犀燃刃解殊無濡忍不斷之患廉直有聲代庖蒲續修西河石橋永濟弘施遺愛不衰云

孟良範號洛九鎮番衛人由拔貢崇禎庚辰年任釐剔弊蠹俾利撫字俱宜繕城嚴守聲望一時署州署縣才守能全陞[illegible]轉道功名之盛尚有由其本哉

國朝

周文華號在中山西冀城人順治丁亥科進士於四年任性簡默而嚴冷嚬笑不假絕不爲左右所窺訟簡刑寬錢糧籌算不遺纖塵政事精勤六載如一日也邑罹兵燹廢弛者多自華手經營均平里戶畫一之治值軍需立限單騎叩素封之門貧民毫無所擾需賦則賦治苦荒則救荒真古循良才吏也宜乎

賜衣卓異聲名顯擢廿崇遺愛不衰云

馮源泗字子濱恩縻宰相之任以順治九年任老成練達精敏獨裁嚴處左右剔懲積保郁無犬吠六曹少塵牘之冗福堂圜扉日無罪苦之人雅重師儒嘉禮賢士遇事風生皎皎壁立洵能吏也陞全牧似非格外之擢民不能忘故傳云

何廷韶字毅菴遼東瀋陽人由官廕康熙三年任性慈才敏行廉政清戴星出入夙夜勤於在公加意綏柔誠求關乎民瘼節氣堅如金石堂署凜若氷霜咸邑固處衝煩仁政實加休息寓撫字於催科之中恩遇蔀屋推愛人於節用之內澤徧桑衢餉鞘之護解有方夫馬之接應得法遞送逃人轄緝無疎於防禦招徠流寓安插各遂其生涯至勘灾江夏繪圖以詳賑詳蠲署

篆蒲圻勒石以銘功銘德庭獻平允而自息夜柝無警而皆安繕治城壘固其屯封督築江堤增其保障蔬食布衣以明儉揚清激濯以維風萬家砧杵十室絃歌邑衆樂戴父母隣邦悉仰

神明

上臺交薦紀録推功今校編現蹟允昭遺愛彙鐫須圖一册咸以紀 公之實政焉

附名宦吳廷舉傳

吳廷舉號東湖嘉魚人成化乙未科林環榜進士歷官工部尚書謚清惠以都御史差賑湖省駐節咸寧題署壁有詩刻石適邑旱廷舉率邑令等負詣寓仙洞深入洞與鞭龍禱雨果甘霖四注鄉造不貲補治祭器於學宮捐嘉咸社學購田一頃令歲佃稻以贍力學貧士自咸驛道上下增植路松至今行人獲蔭於十都建小木寺手植柏一株使人俯仰盛德不衰云

論曰漢顯宗有云郎官上應列宿出宰百里茍非其人民受其殃信哉言乎以咸邑如斗大從來視篆者多弗菲夷其民破鏡梟獍夫不有惠均召父化埒文翁興利而右文者乎不有肅如秋霜藹若春暘義正而仁育者乎不有抱嬰蒭韭發姦殪猾善鉤距而稟神君者乎不有犬臥花陰雉馴陌上息物力而勸農桑者乎不有畫郊畫閾風鐸夜靜家無劍

而績在牧者乎不有清風肅祉雀羅胥庭還
浦珠而載鬱石者乎不有設棨待哺置藥起
瘵甦桑翳而蔭樾陰者乎不有循良卓異治
行高等賜章服而掄豸繡者乎諸此忠信之
長慈諒之師予惠膏流教養恩澈所以父母
吾民者曷其能志也叙而傳之寧弟永甘棠
之慕已邪抑將俾司牧者知咸有治譜云爾

教諭

明

鄧均禮　華容縣人由明經洪武十五年任

丁世修

呂秉明　浙江會稽人

王子清　寧國府涇縣人永樂五年任

蔡紳　江西南城人由舉人永樂十三年任

舒[illegible]　福建興化人由舉人宣德三年任

黃孚　廣東連州人由舉人

袁傑　四川富順人由監生宣德八年任

孔善　江西新淦人由儒士正統十年任

方貴　江西[illegible]人由舉人景泰二年任

伍福　有傳入名宦祠

劉秋　成化五年任有傳

趙軫　本縣　雲南曲靖人由舉人弘治年任流寓

張清　金鄉縣貢人弘治年任

鍾　林成化十八年任

孟　賢廣西宜山人正德四年任

曹伯恩四川人正德十二年任

吳　錬浙江新城人正德十五年任

牟　訓四川羅江人嘉靖七年任

江　貞直隸婺源人嘉靖十一年任

叢　佳直隸如皋人嘉靖二十年任

張　斗四川安岳人嘉靖二十五年任

江南雲江西貴溪人嘉靖三十年任

楊希說廣東海陽人由舉人嘉靖三十五年任士思慕之

王廷臣號向葵雲南後衛人由舉人嘉靖三十八年任

王　濤直隸貴池人由舉人嘉靖四十一年任

羅繼元號士橋浙江新城人嘉靖四十三年任

張　源號芝田廣西賓州人由舉人隆慶二年任

邢　集河南洛陽人隆慶四年任

雷用龍號勿庵福建建安人由舉人萬曆二年任

冉德寧號松亭四川東鄉人萬曆四年任

孫起宗號海嶼雲南左衛人由舉人萬曆八年任

費思箴本省荊門州人由舉人萬曆十二年任

趙子文號洪齋本省荊州府歸州人萬曆十八年任

萬邦俊號鰲石貴州同人司籍江西南昌府人由舉人萬曆二十一年任

吳嘉龍貴州都勻衛人由選貢萬曆二十六年任

李應賜號賓龍四川敘州府富順縣人由舉人萬曆三十三年任

張士旂福建人由舉人後陞旌德知縣

宋德祁黄州人由貢後陞廣西龍安知縣

董以修號雲門德安人由舉人

黄可柱羅田人由舉人

胡一鶚浙江餘姚人由舉人

董　正號無奇京山人

紀　元廣東人

龍　湘漢陽人由舉人

張拱翼號斗霄澧州人

汪綏和徽州人

彭式古江西人

陶彥黃安人

國朝

郭都城號五雉黃岡人由舉人順治九年任

訓導

明

游藝山東長清人由舉人

周坰浙江慈谿人由舉人

周誠廣東合浦人由舉人

溫弼四川墊江人由舉人宣德五年任

周諤江西吉安人由監生

林恂江南當塗人由舉人正統四年任

李芳江西新城人由舉人正統四年任

何瓚直隸襄寧人由監生正統八年任

王綸四川夾江人由舉人景泰二年任

劉志江西萍鄉人由監生景泰七年任

李實四川安岳人由監生天順五年任

王慶直隸崑山人成化二年任

程英成化五年任

慕濂浙江人弘治年間任

周鎮廣東人弘治年間任

王福江西建昌人弘治年間任

蔡崇榮廣西人弘治年間任

花潤奇江西人弘治年間任

韓恂廣西人弘治年間任

李紹芳四川人弘治年間任

趙文璣河南人正德十二年任

程友道福建人嘉靖四年任

孟七奇廣西人嘉靖十五年任

郭縉雲南人嘉靖十八年任

孫鐸江西人嘉靖二十一年任

何　翊四川人嘉靖二十三年任

李時秀直隸江都人嘉靖三十年任

李　[illegible]

吳　慧廣東南海人嘉靖三十年任

游　驄四川忠州人嘉靖三十二年任

陳　鍏福建古田人嘉靖三十六年任

涂　楷直隸休寧人嘉靖四十一年任

曹　梓四川新都人嘉靖四十一年任

龔希旦四川南溪人隆慶元年任

詹雲鄉四川人隆慶年間任

黃　閱四川內江人隆慶年間任

蕭叔詢江西太和人萬曆元年任

劉金樞江西都昌人萬曆二年任

高希佑河南胙城人萬曆三年任

許希賢本省臨湘人萬曆八年任

覃可交本省巴東人萬曆九年任

王繩武福建人萬曆十五年任

靜　儀四川大足人萬曆十六年任

徐　志德安人萬曆十七年任

羅民新寶慶人萬曆十八年任

李能白雲南曲靖人萬曆二十二年任

黃世通廣西賀縣人萬曆二十四年任

楊繼美號慕川本省常德人萬曆二十八年任

鄒　揚荊州府人萬曆二十九年任

劉天衢號中臺本省辰州人萬曆三十一年任

楊應祥號立齋四川雲陽人萬曆三十二年任

陳希賢祁陽人由貢

袁汝綬公安人由選貢

余可甲羅田人

鄧應聘邵陽人

李　璲麻城人

郭堯京河南汝寧人

石成璧 山東德州人

張昌祚 號竹鹿鄖陽人

楊宇柱 雲南姚安人

國朝

吳希轔 臨湘人由貢士順治五年任

鄧起鳳 黃梅人由貢士順治七年任

鄒璧明 隨州人由貢士順治十年任

劉士洸 黃陂人由貢士順治十二年任

胡江 孝感人由貢士順治十六年到任

李登甲 郴州人由貢士康熙五年任

楊昌言 安陸人由貢士康熙八年任

師儒列傳

伍福字天爵江西臨川人景泰間以舉人任學問浩博爲文敏贍俊逸頃刻數千言令人靡靡忘倦其教躬範物先惓惓誨迪先是學舍未備祭器簡畧福請於當道增補修葺煥然一新屢典文衡悉稱得士至朔望課試飲射之儀皆義定允當不爲虛文可謂經世之才矣

劉秩江西萬安人正統間任教諭其教人先行後藝一日三進諸生於前諄諄不倦平時衣冠不去身嘗患痢疾幾危諸生問安乃引冠帶上覆中有岸巾者曰某禮樂不可斯須去身是何禮也諸生悚然越數年如一日屢典文衡士子至今稱慕

王慶崑山人博物洽聞律身清介尤惇信誼不侵爲然諾成化戊子分教咸邑將行亞卿葉盛謂曰焉文簡咸先正也而廟貌不稱無以棲神

舉于其圖之慶頓首曰諾會武昌同知馮立通
判陳琳皆爲慶作私第慶曰亟卿葉公有成言
矣能欲復宅而愛身乎即撤私第之材翔之已
又復金蓮池之侵於閭右者大節凛凛有古烈
士風督學陳方爲文紀之見藝文

萬邦俊貴州銅仁人萬曆壬辰以舉人任英姿
秀發倜儻多大節爲文雄渾古雅訓士表裏洞
達多士信之文名蔚起見重當道聘典南畿文

衡拔呂克孝爲榜首有藻鑑之稱嘗拜武昌篆
定經界剖數十年不决之訟人稱神明立碑紀之

論曰國家之建師儒所以興賢育才廸德考
藝也故三物有典矣而禮樂絃誦職綦勤哉
明初特重司鐸博士員或典文衡或晋内翰
非經明行修之士莫授也以故嚴訓廸時考
課正誼明道端已格物子衿嗣音郁乎斌斌
矣乃後而稍凌夷也以儲英蓄德之區塞嘆
名哭貧之歎俎豆空陳誦讀寥寂廪餼虛靡
德藝荒落而欲菁莪棫樸之淡聊文此實難
矣哉

國朝隆興儒術慎簡教鐸所望端重之才不自
菲薄卑比横經敬典敷教於以循胡氏蘇湖
之規樹朱子鹿洞之的使春風滿座化雨盈
池儒效其丕振乎人倫師表頗宜欽厥職哉

卷七終

咸寧縣誌卷八

邑　人　王禹錫　纂修

知咸寧縣事何廷韜　鑒定

仕籍

序曰國家懸爵祿以待士非使自顯庸也蓋亦有耆生之望焉讀嵩高諸什慨然思憲邦補袞之賢何功名之甚盛也維咸山川秀蔚風氣攸鍾瑰瑋特達之士遥遥勒名鼎彝垂休史册至文學起家天下已任者多繼矣云

唐

李善　有傳

李邕　有傳

李鄘　有傳

李栻　附鄘傳

李磎　有傳

李沇　附磎傳

宋

馮商　有傳

馮京　有傳

按舊郡志自李善至馮京多載入江夏以咸寧地在唐宋皆隸江夏故也自分設咸寧後考諸賢族衍里居與山川舊蹟俱屬咸境自應收入咸志以爲咸重芳踪可據固非妄爲紀附也

陳偉　康民父

陳康民　宋進士父子俱附見求道傳

陳求道　有傳

王曄　有傳

元

李鵬翔　有傳

胡可仕　有傳

王謁　字朝舉辟丁拜應仃力

馮良卿　文簡公之曾孫歷浙路同知
馮昇之　良卿子爲楚藏府王參謀
李祥　有傳
葛仲庸　本籍金城鄉人明春秋經澧州路學教授

明

甲科

陳智　有傳
登永樂丙戌林環榜

秦榮祖　有傳
登永樂丙戌林環榜
馮敏　文簡公馮京之裔由江西辛卯舉人
登永樂乙未陳循榜宦成歸籍有傳
鮑時　有傳
登永樂甲辰邢寬榜
方洙　有傳
登宣德丁未馬愉榜

王子成　號芝湖任廣東瓊州府知府
登成化丙午毛澄榜
黄表　有傳
登正德辛巳楊維聰榜　庚辰帝在大同至辛巳始殿試
周家慶　未殿試卒
登正德庚辰會元張治榜
唐時舉　有傳
登嘉靖丁未李春芳榜

程沂　有傳
登隆慶戊辰羅萬化榜
王煥　有傳
登隆慶辛未張元忭榜
顧問　有傳
登隆慶辛未張元忭榜
孟養浩　有傳
登萬曆癸未朱國祚榜

趙邦柱　有傳

登萬曆己丑焦竑榜

趙嗣芳　有傳

登萬曆丙辰錢士升榜

國朝

鄭邦相　號又僑見任江西饒州府鄱陽縣知縣

登順治戊戌孫承恩榜

鄭之譔　號野硃邦相子見任弘文院檢討加一級

登順治辛丑馬世俊榜

鄉科

明

方嵩　洪武庚午科第三名有傳

鮑琮　洪武庚午科第八名有傳

劉忠　洪武丙子科任南京大理寺評事字以賓

張誠傑　洪武丙子科任雲南都司斷事

潘奇　字彥器永樂己卯科任江西永豐知縣

彭敬　字汝敬永樂乙酉科任交址新安司知

陳智　永樂乙酉科

秦榮祖　永樂乙酉科

秦侁　字楚蘭永樂戊子科

樊謙　字克讓永樂戊子科任江西上饒教諭

鄒郁　字尚文永樂辛卯科任四川達縣教諭

魯諒　字信之永樂甲午科任江西大庾縣教諭

李榮　字茂實永樂甲午科任四川南溪縣訓導

鄒福　字永壽永樂甲午科任陝西都司斷事

唐　震[illegible]

[illegible]察司僉事致仕

陳以志　永樂[illegible]子科

方　洙　高子永樂庚子科第二名

任　廣　字大用永樂甲午科任[illegible]

鮑　琦　永樂[illegible]科

王　質　字孟[illegible]思恩永樂癸卯科任[illegible]州府

鍾　鉉　字[illegible]宣德丙午科

王　綸　字秉彝正統丁卯科解元任知縣

李九思　字一[illegible]之子景泰庚午科任四[illegible]

方　杲　字[illegible]輝洙子景泰癸酉科任九江府[illegible]

陳　漢　字朝宗[illegible]之任景泰癸酉科任安慶府潛山訓導

陳　寶　字大用[illegible]

俞　[illegible]　字勉學天順壬午科

王　綸　成化乙酉科有傳

余艮佐　成化甲午科任[illegible]官

汪子成　禴子成化丙午科

方　琮　杲子弘治壬子科任知縣

王　祺　號一庵弘治壬子科任江西袁州府同知

徐　馨　辛酉科任知縣

樊　立　號金山弘治壬子科任知縣

錢　珊　號鶴汀辛酉科有傳

余　珂　正德庚午科任四川瀘州知州

黃　表　正德丙子科有傳

周嘉慶　正德己卯科

姚　亨　號谷山嘉靖甲午科有傳

何楚鍾　號洪崖嘉靖甲午科前鳳翔推官歷平京府靜寧州知州晉階一級

余　讓　嘉靖丁酉科任四川瀘州知州

吳　鏜　嘉靖庚子科任知縣

程　沂　嘉靖癸卯科解元

唐時舉　嘉靖丙午科第二名

王　煥　棋孫嘉靖辛酉科

顧　問　隆慶庚午科

劉　止　號艮所中北京庚午科

趙邦柱　萬曆丙子科第三名

趙邦梅　號太和萬曆己卯科任江西安黃知縣

孟養浩　萬曆壬午科第五名

廖學易　萬曆辛卯科第六名有傳

陰朝陽　號養吾萬曆甲午科任廣東瓊州學正

趙嗣芳　萬曆庚子科解元

余　蛟　號潮中萬曆庚子科任廣東廉州府同知

王維愛　號盧白萬曆癸卯科任江西泰和知縣有傳

王珍錫　號太凡萬曆癸卯科任叅北京戶部主事

陳所問　號象懸萬曆己酉科第十名任南國子監博士

余應昇　號景隆萬曆壬子科任黃岡教諭

孟應乾　號伯陽萬曆戊午科第七名有傳

李　玉　號他山天啓甲子科有傳

郭翹中　號貞吉崇禎庚午科北直鄉試有傳

國朝

鄭邦相　順治辛卯科

鄭之讓　順治庚子科

人物列傳

唐

李善

善字次遜其先揚州人徙居鄂州之永安郎今咸寧唐名永安縣有雅行淹貫今古而不能屬辭人號爲書簏顯慶中兼沛王侍讀爲文選注敷析淵洽表上之居汴鄭間講授諸生四遠至傳其業號文選學

李邕

邕字泰和善子讀書鍾臺山中早有名重義愛士杜少陵嘗有贈江夏李公邕詩既冠見特進李嶠自言讀書未遍願一見秘書嶠曰秘閣萬卷豈時日能習耶邕固請授以直秘書未幾辭去嶠驚試問與篇隱帙了辨如響異張廷珪同薦之拜左拾遺俄御史中丞宋璟奏侍臣張昌宗有不順之言請付法斷則天初不應邕進曰璟言事關社稷望陛下可其奏則天色解始允之或謂邕曰子名位尚卑若不稱旨禍且不測何爲造次如是邕曰不願不狂其名不彰邕始以與張柬之善貶富州鉉宗初又貶崖州後召還爲戶部郎中爲姚崇所嫉貶部州司馬起爲陳州刺史鉉宗東封閒邕謁見於汴獻詞賦稱旨頗自矜衒爲張說所惡邕素輕說遂發陳州贓事抵罪會赦免貶欽州後於嶺南從中官楊

思勗討賊有功轉括渭淄三州刺史上計京師邕少有名累被貶逐後進不識京洛聚觀以爲古人或傳眉目有異衣冠望風尋訪中使臨問索所爲文章爲李林甫所忌出爲汲郡北海太守時稱李北海又號翰林六絕謂文章書翰過人杜甫謂碑板照四裔是也初盧藏用謂邕曰君才如干將莫邪難與爭鋒但虞缺折耳天寶初柳績有罪下獄邕遺績馬故吉溫使引邕嘗

以休咎相語陰行賂遺竟杖死北海郡其在北海與杜甫往來贈詩尤多自邕知名長安死天寶初四十年可謂獨步矣代宗朝賜秘書少監

李鄘 附子李拭

鄘邕從孫舉進士累官淮南節度使吐谷承璀嘗爲監軍薦之召拜同中書門下平章事鄘不喜由權倖進固辭以太子少傅致仕卒子拭仕歷宗正卿宗京兆尹河東鳳翔節度使以秘書

監卒

李磎 附子李沇

磎字景望拭之子太中末擢進士累遷戶部郎中分司東都黃巢陷洛磎挾尚書八印走河陽時留守留光章爲賊脅遣人就磎索印信拒不與光章悟亦不臣賊高駢受僞命磎苦諫入爲中書舍人翰林學士乾寧中進禮部尚書同中書門下平章事崔昭緯素嫉磎諷劉崇魯掠其麻哭之言磎懷姦不可相翼日下遷太子少傅昭宗素所器遇決意欲用之李茂貞等上言深詆其非帝不獲已又罷爲太子少師於是茂貞及王行瑜韓建擁兵闕下列磎罪殺之於都亭驛行瑜誅有詔復官爵贈司徒謚曰文磎好學家有書至萬卷世號李書樓所著文章及注解諸書甚多子沇字東濟有俊才亦遇害於李茂貞王行瑜贈禮部員外郎

宋

馮商

商字式之一名式本宜州隴水人（即今廣西宜山縣）游寓江夏（即咸寧金城鄉）爲著作郎壯歲無子將如京師其妻授以白金數笏曰君未有子可以此爲買妾之資及至京師買一妾立券償錢矣問妾所自來涕泣不肯言固問之乃曰吾父居官因綱運欠折鬻妾以爲賠償之計商遂惻然不忍犯

遺還其父不索其錢及歸家妻問買妾安在具
告以故妻曰君用心如此陰德厚矣何患無子
居數月妻有娠將誕里人皆夢鼓吹喧填送狀
元至馮家即京也京初就家塾商取書筆之曰
荆南節度判官馮京書宋殿元例授是職卒如
其言後以子貴累封至宣徽南院使太子少師

馮京

京字當世居咸寧相山下宋仁宗皇祐元年鄉

試至廷試皆爲舉首時年十八姿容秀美學問
該洽嘗與祖無擇學士同舍無擇欲議徐氏婚
徐必欲相其人祖貌寢因諭媒妁俟京出則給
徐曰此祖學士也徐見而喜遂定婚不知其爲
京也時張堯佐以京未娶負宮掖勢欲娶以女
擁至其家束之以金帶曰此上意也頃之宮中
持酒殽來直出奩具目示之京笑不視力辭後
富弼娶以女再娶晏殊女人有言曰兩娶宰相

女三魁天下元先是京秋試於鄉主司堅欲黜
落已而綴之榜末特擢倅高宫誠監試當折封
大不平力主之遂主魁選明年廷試第一除荆
南倅誠遷長沙倅京以詩賀誠曰嘗思鵬海隔
飛翻曾得天風送羽翰恩比丘山何以報心同
金石欲移難經年空嘆音書絶千里常思道義
寬每向江陵訪遺跡邑人猶指縣題看（江陵縣劉高宫誠書）
還直集賢院判吏部南曹同脩起居注畀充

殿論溫成皇后追冊事出知高郵京疏充言是
不當黜劉沆請併斥京仁宗曰京亦何罪但解
其諫注旋復之試知制誥避婦父富弼當國嫌
拜龍圖閣待制知揚州改江寧府以翰林侍讀
學士召還糾察在京刑獄爲翰林學士知開封
府數月不詣丞相府韓琦語弼以京爲傲弼使
往見琦京曰公爲宰相從官不妄造請乃所以
爲公重非傲也出安撫陝西請城古渭通西羌

瑞氏州木征官以斷夏人右臂除端明殿學士知太原府神宗立復爲翰林學士改御史中丞王安石爲政京論其更張失當累數千百言安石指爲邪說請黜之帝以爲可用擢樞密副使河東蕃府豐三州城壘兵械不治官吏皆受譴京以先帥本道上章自劾曰使諸路帥臣知其人辭一時脫去後能使竊名位者猶必行法將不敢復偷惰曠職優詔不聽進參知政事數與王

安石論辨又薦劉攽蘇軾掌外制安石令保甲養馬京謂必不行會選人鄭俠上書言時政薦京可相呂惠卿因是譖京與俠通罷知亳州未幾以資政殿學士出知渭州茂州夷叛徙知成都府蕃部何丹方寇鷄棕關聞京兵至請降議者遂欲蕩其巢窟京請于朝爲禁侵掠給稼器餉糧食使之歸夷人喜爭出犬豕割血受盟願世世爲漢藩惠卿告安石罪發其私書有曰勿

令齊年知齊年謂京也與安石同年生帝以責安石爲欺復召京知樞密院京以疾未至帝虛久呼左右語曰適夢見京入朝甚慰人意乃賜京詔有渴想儀刑不忘夢寐之語及入見首以所夢告焉頃之以觀文殿學士知河陽哲宗即位拜保寧軍節度使知大名府又改鎮彰德於是范祖禹言京再執政初與王安石不合後爲呂惠卿所傾其中立不倚之操爲先帝稱挹且聰

陵學士獨京一人存若付以樞密必允公論時京已老乃以爲中太一宮使兼侍講改宣徽南院使拜太子少師致仕紹聖元年薨年七十四帝臨奠于第贈司徒謚文簡始京鄉薦受恩南宮誠道貴以鄉恩官其子嘗過外兄朱适出侍妾詢知爲同年進士妻亟請而嫁之其爲鄆守諸縣公事至郎歷究之苟與縣牘合而處斷麗丁法者呼法吏決罪不以付獄報下捷疾一然

塾滯人服其斂所著文集奏議三十卷宋朝進士自鄉舉至廷試皆第一者纔三人王曾宋庠爲名宰相京爲名執政可謂不愧科名矣女一適宰相蔡確之子懋

陳求道附兄陳倬陳康民

求道字得之康民之子元翰林學士危素作補傳云陳求道鄂州咸寧人也其叔祖名倬字思立有腴田五千畝兄之田止一千畝倬愛其兄

之賢頗同業或曰以五千腴田就其寡不亦愚乎倬曰人生飽食煖衣之外何以多田爲其後兄子康民登進士第官至大中大夫是爲求道之父求道字得之宋元符間爲鄂州通判其兄弟爭田持券簿訟之求道大書勸戒之詩至今人誦之靖康間爲朝諫大夫都水監使者金人犯汴京大括民間金帛屬王時雍括東北壁徐秉哲括西南壁求道與金人約爲受納官轉付

金人奉朝旨徽宗出郊請和樞密馮澥請尤切求道力以爲不可不聽欽宗謂康王兵衆求道請以元帥加之緩急可爲聲援遂遣蠟書賫者八人皆遇害惟求道所薦劉定致書康王而還金人擅立張邦昌下令京官不赴者皆死衆懼莫敢枝梧求道獨涕泣曰國亡不能存主辱不能死忍北面而事賊乎遂稱疾吐血累日邦昌以開封尹召之竟不能屈嘗以二帝蒙塵爲恥

欲自殺救得免高宗即位陳留河決四十日漕運不通京師大恐留守宗澤命求道治之七日河盡復故道父老懽忭詣府請顯用建炎四年命爲鄧襄隨郢鎭撫使以奏兵食不給待命不報遂歸自咸寧挈家就食嘉魚値兵亂乃之蒲圻寓龍堂寺未幾招撫劉忠叉數千人一夕掩至驅求道家還嘉魚茗山逆旅具麵食尊求道爲主欲擁逼南之湖湘求道正色厲辭遂殺求

道妻蔡氏及其子符洎淦必欲從己求道罵賊不已遇厲賊斫其口拔其舌斷之獨符子顥竄山谷得免賊退始得求道尸瘞于興陂（興陂在蒲圻縣二四都今墓存）自求道罷官而四州賊勢日熾居民廬舍殘燬無遺追思求道保障之功哭聲震野曰陳得之若在豈使賊寇至此求道嘗著仁説曰仁者天下之公理私欲害之公理亡矣求道之死殺身成仁於戲難矣

王洋

洋字日華宋樞密副使襄敏公韶之孫也宋末元兵南下衆心危懼無倚洋乃集少壯數千爲結一棚以保一邑咸寧之民賴之以安

元

李鵬翔

鵬翔字時起元進士至正初累官至翰林學士世居梓山之下文章德業爲時稱重以疾終于官塋木里黄板橋墓額尚存

李祥

祥字從吉元進士洪武元年任中軍都督府斷事轉中書省陞尚寶司少卿復陞浙江按察使洪武六年遷陝西西安府知府丙辰陞四川布政使司右布政使後養病而歸卒于家祥爲人識度明雅威儀壯肅上素重其爲人親爲詰詞極其褒美墓在下好橋山麓

明

李廣

廣鵬翔子從明太祖平定豫章授江西等處行中書省參議與參政陶從善招袁州路官軍委自宜武劉忠征進有功洪武二年告老歸卒于家墓在黄岡畈子李瀟字德清治書經洪武十年選貢任南京刑部主事

劉維

貓字紀之居本邑金山之下從明太祖經營治
定洪武元年授工部尚書妻封夫人

葛素

素字叔繪身長八尺音如洪鐘洪武十四年貢
授工科給事中丁毋憂服闋赴京時楚府侵斧
頭湖爲鳧鴈池校尉横甚民有觸者立見笞掠
素以計縛其用事者十人欲與詰闕王恐遣使
請和還所侵湖於民咸民至今頼之

方嵩

嵩字中山金城鄉人受學於前元解元胡可仕
遂春秋之學中洪武庚午科鄉試第三任松江
上海縣教諭轉成都不泉教諭邵武府學教授
丙戌主考浙江得楊復甲午主考江西得陳循
各置第一人服其藻鑑秩滿改除江津教諭所
至師道自重嚴立教條學優德厚遠近欽崇有
聲儒者之風子弟出其門登顯仕者甚衆年七
十致政于家以子洙貴封監察御史墓在金山
後

鮑琮

琮字禮夫本縣三都人弱冠與同里方嵩受學
於前元解元胡可仕明三傳之旨中洪武庚午
科鄉試第八名任台州府學教授轉瑞州府學
教授再轉吉安府教授古心古學所至以身率
人非獨言辭文字之習少師楊文貞公爲文以

贈稱其夙夜盡心奬率訓誘故學者知自勵賓
興得人多門下士而顯宦尤衆後年耄辭弟子
留居吉之安福以子貴贈員外子孫今爲安福
人

陳智

智字孟機治書經中永樂乙酉科鄉試丙戌登
進士歸省明成祖賜勅諭褒勉及寶楮爲程途
費乘驛歸鄉俾成德業以榮桑梓戊子召赴京

授北京道監察御史明年丁毋憂起復乃溢烏臺出按八閩閩郡有書生張姓者繫獄獄成待決公至詳審辭色可疑遂緩獄以温言詢之生曰父在時家有資產鄰居王姓者亦殷富約爲婚姻不意生父毋早逝家貧妻父欲背盟而妻執義不允密遣婢先致簡期以某夜於某處以金幣資爲婚禮某得簡以告同舍楊生楊止之再三因不果往是夕不知何人將妻偕婢俱殺

之事發疑我執訟於官某不勝考掠遂承其罪公嘆曰生既與妻有親愛之情詎忍殺乎彼殺人者吾得之矣乃擒楊生至責曰爾殺友之妻而圖其財不招何待楊色變即伏其辜閩人傳頌至今不置及巡按蘇松修范文正公祠追復義田時文正公參知政事誥忠宣拜相誥皆爲勢力者所得悉爲追還其子孫其在蘇松發姦擿伏有如神明特陞陝西憲使數年召赴闕奏

勅之四川採石青石綠踰年得四萬九千九百餘斤洪熙元年入覲夏官尚書奏以馬給朝覲官照例歲納一駒智上章以爲上新即位御官員領馬孳牧甚非美事仁宗嘉納之宣宗即位智入覲例授本身誥命乃抗疏讓封於父是年秋父卒奔喪而歸廬于墓側三年服闋仍莅乎陝在陝前後凡十六年節操爲天下憲長第一宣德五年上以江西政務繁劇必得智往遂陞

右布政使右任六年庶事雲舉豪猾屏息正統元年春陞左布政使六月召赴闕陞行在都察院右都御史平反大獄甚有陰德四年廷試進士掌讀試卷賜内醴官羊寶鈔二百錠恩寵極隆六年誥封祖式銘父原貞俱資政大夫都察院右都御史祖毋張氏毋彭氏妻鄧氏繼室嚴氏俱封夫人正統十一年卒行實詳載吏部尚書泰和王公所撰神道碑

秦榮祖

榮祖字顯宗治書經中乙酉科鄉試登丙戌科進士第太宗賜勑褒勉及鄉力賫鈔俾榮歸積學六年欽取赴京授安慶府潛山縣知縣三載丁內艱起復調順天府固安縣知縣卒于官

方沬

沬字思濬治春秋嵩子中庚子鄉試第二刊文小錄宣德丁未登進士第任廣東道監察御史

贈父如其官母王氏繼母柯氏妻熊氏繼室管氏俱封孺人

鮑時

時字時溥治春秋鮑琮子申癸卯鄉試第五永樂甲辰登進士第任禮部清吏司員外奉勑贈父如其官母妻俱封宜人正統四年陞山西布政司參議子孫今占爲安福人

王綸

綸成化乙酉鄉試授河間督馬通判虜寇犯邊司馬余子俊總督軍務命畿輔各推廉能官督運糧餉至大同闔府推綸往踰月事果竣秩滿將報政郡縣父老相率詣撫按衙門乞留綸懇辭歸杜門不出宗族鄉里有貧者推所有以周之故舊之家杖履親造年八十卒璡瑾用事尤致其罪罰米五百石遂破其家子孖成成化丙午鄉科弘治癸丑進士仕終瓊州府知府

黃表 舊志多誤且世次缺考今爲之補傳益子澄之有後也

表字一屛革除中輔臣黃子澄之後也子澄諱湜以字行江西分宜人洪武乙丑會元廷對第三累官至太常正卿文皇靖難以子澄爲誅首九宗皆赤株連蔓引分宜一縣幾遍幼子仲眞與義子文富抱其骨瘞于蒲之郭家潭潛居咸之瀠湖易姓去共爲田名中直生達頻頻生秩仁宗登極褒揚子澄之忠錄用其後秩得復姓

賜陝西苑馬寺少卿生璣字齊軒以明經任邳
州同知陞開封知府累遷參政表其子也生而
穎異日記千言夔州太守王子成奇之娶以女
丙子舉人辛巳進士授工部主事都下諸公喜
子澄之有後且奇表才俟者履滿世宗郎位與
費宏張璁等議興獻禮稱旨將大用之以父艱
歸上旋驛召抵淮安卒求竟厥用云弟金以明
經授溧陽教諭生員光燦其裔也

馮敏　前志失編今爲之補傳不敢沒文簡公之裔也

敏初姓劉名智永文簡公裔孫也曾祖馮良卿
爲廣西路同知祖馮昇之爲楚威順王參謀元
末避紅巾亂始遷居江西永豐父伯淳幼孤鞠
於劉氏因冒劉姓洪武中以通星曆見徵生敏
領永樂辛卯江西鄉薦登乙未進士榜奉命賑
饑河南擢南京兵部武選司主事改北京禮部
儀制司主事仁宗臨御嘗以奏牘進帝嘉其儀
度遂洒宸翰更名敏少傅楊溥字之曰欽訓轉
員外郎得封贈其親乃請於朝復姓爲馮歸籍
咸寧後陞浙江紹興知府卒于任學士王直有
墓誌銘

唐時舉

時舉號省庵父毓明經有子三獨器重舉分産
齎與昆季謂舉曰汝不藉此也家貧歲除無資
僅穀數篚曝階下舉方負暄讀書妻命護之時舉

俛誦不顧穀爲群豕食盡妻怒投其書舉徐拾
之笑曰奈何爲五斗稻棄我千鍾粟乎天下名
義果非婦人所知也癸卯鄉試以父艱不與闈
程沂掄元乃驚嘆曰吾爲此揣摩十五年伊乃
先鞭咸稱邑諄能連發乎丙午以麟經魁楚丁
未會魁除會稽令爲政簡易周悉民隱獎拔寒
士首得陶望齡人服其冰鑑行取大理評左遷
嚴嵩獄起株連頗濫舉多所平反未幾卒於官

㒵惜未究厥用云陶望齡有墓銘

姚亨

亨字嘉會號穀山英敏絶倫日記寸卷家貧不多得書持數金就書賈貸廿一史閱之賈曰史卷累積匪經歲不能遍亨請三月爲期未踰時誦記已周學士廖道南敬服之推爲八斗才方伯胡一鶚延以塾賓訓二子皆登進士亨慚請踰於藍薜去鶚德之以千金檄邑令爲築室爲

以明經中嘉靖甲午鄉榜任戶部主事歷員外奉命賞邊還致政歸槖蕭然惟圖書數卷餘俸十金而已子民親號望谷瀹雅有父風而才名益著徵文者屨滿日不給夜猶就牀褥口授之隱居教授甥通政趙邦柱孝廉邦梅與司農孟養浩咸出其門云

王維受

維受號虛白萬曆癸卯舉人任江西永新縣典任戶部主事王珍錫同榜共人孤介不苟居官新復餉鹽見重於吉水鄉南阜縣令所大雜血

王煥傳

公諱煥號鍾白午槐其字世自浙淳安至高祖諱祺登明弘治壬子鄉薦亞魁豫章宸濠之變佐郡實有功德於民事陽明先生爲所器識以理學聞煥其長孫也公車十載中辛未甲第承理學緒業性孝友讀書攻苦過寒士筮仕初選江南嘉定改任江西永豐調高安籍籍有同名王奐之頌入覲鄉諸大老餞送詩云江水清清

江月明酌杯江水送君行此情非是從京薄公與江流一樣清藍使首累薦剡因觸忌勢宦改部管理夏鎮閘河病告檢槖有二百金犯足疾叫苦聲吟病鶴追家人投諸河詫爲累身物也蕭然圖書幾束載花石數塊淮撫姜公素慕風節手書聯贈趙清獻公旦晝所行必告天知司馬溫公平生所爲可對人言可謂相期古人蓋弘且遠矣公性朴澹不治生產家居養兩尊外

衣褐蔬食其田廬屬封君一官之遺者悉讓昆季不附勢不畏强出江陵之門避臺省不居初爲令絕倚勢不軌如李膺擊張讓弟人望之噬指而退雖所理繁劇而迎刃多暇手編未輟刻教家錄攝生正理太上感應諸書行世當辛未初第之日也詩寄封君頗有雙親庭訓久平生溫飽豈爲謀之句志操自矢如是惜天奪景畧之速遂以病告季長男維城弱冠例選遊兩雍

累致副榜志不輕仕仲子坊治麟經有聲丁酉幃以房卷數蒲而失寒暑篝燈罕涉世故三男培濼髮食餼破產讀書與尊川壽昌漢上諸名人一時旗鼓壇坫刻漢上新言武昌十二子王生七問諸義竟沉淪貢監禹其孫也以明經宦山左歸續輯今志云

趙邦柱

邦柱字安甫號觀一年十九以尚書中鄉試二名己丑進士授戶部主事監崇文門稅課九門鹽法薊州賞遷秋毫不入私槖改吏部主事以母病告歸未至母逝父鶴繼卒哀毀踰禮時閣部不協大學士張以事憾吏部諸曹郎陽爲處分以擠排異己調南曹十餘年宗伯葉向高深器重之改南京吏部文選郎中冢宰曾見臺力

薦於朝晉光祿寺少卿陞通政司右參議故事諸中貴指銀臺爲外府所請乞詞訟以百數動至破產柱痛抑之中貴大窘會上疏至嚴廷璫環誶語柱持刺詣北寺皆竄去舊轄王府揭誣臺省柱露章劾之士類韙焉銀臺吏胥舊有指稱割換等弊柱懸木牌門屏許受害者自言弊遂絕廷推右通政未下乞差歸里卒柱丰采凝峻氣度清遠自通籍至膴仕手不釋卷所著有

廉遊草悠然齋尺牘納言愚得行於世墓在呉
山之陽大宗伯郭正域有銘子嗣瞻光祿丞
贊曰嶷嶷巖石秀挺特峙朝野儀型没世名
稱

顧問

問號相山隆慶辛未張元忭榜進士初授三原
縣丹憂補任丘縣行取考刑科給事中轉戶科
吏科後歷浙粵籓臬廉憲回籍權居省垣寺望

典型彈劾骨鯁諫議有聲不愧隆萬名臣林下
十數年侍養封翁顧春陽年九十問年七十疾
衣綵舞慶歡極盡子顧九德安慶別駕卒於任

程沂

沂號春野嘉靖癸卯解元隆慶戊辰進士初任
江西樂平循良有聲行取以卓異賜宴花幣授
戶部主事督餉山西卒於任子程應達太學生

錢珊

珊號鶴汀中弘治辛酉鄉科任四川崇寧知縣
執法廉平涖任五年丁艱歸止取俸銀十捌兩
補廣東增城縣琴堂兩任田不增畝屋未增椽
誠古清白吏也兄玠以明經任四川高縣潛心
理學著有性道録

廖學易

易號淵石萬曆辛卯科第六名古學清嚴有爲
有守諸生時画粥籌燈毋積金剖以給諸子而

易讀書不輟毋金不以入懷其品識過人遠矣
科名良無愧云

孟養浩

養浩字義甫號五岑父機好義樂施歲大祲穀
貴減價以惠貧人復捐租千石煮賑有司議旌
以棹楔機辭曰吾爲義非爲名也浩性孝友早
有文名壬午秋父制未闋督學金公召試之取
冠一府士遂以壁經中第五名癸未成進士授

行人擢兵科給事中辛卯改戶科右時寵妃亂
政國本幾搖閣臣累請册立則諭三王並封繼
定章請豫教復推來歲一時言者率重譴落籍
自是廷臣不敢復諫浩典試閩省首策明倫益
諷諫云事竣陞戶科左毅然曰此吾報國時也
急具疏諫曰皇子爲天下根本豫教之請爲根
本慮至深皇上不惟不聽且從而咎之誰復更
以此說進是皇上坐忍皇子失學而敝帝宗社

也一不可長幼定序明旨森嚴天下臣民亦既
曉然讀皇上之無他矣然豫教册立原無兩事
既可册立奈何不可豫教今日既遲疑於豫教
來歲又安能慨然於册立是皇上欲使天下人
信而先令天下人疑非所以昭示臣民也二不
可父子之恩根諸天性世豈有父而不愛其子
者愛子則凡人之言無益於其子者杜之有益
於其子者聽之豫教之舉有益皇子甚明而皇
上怒之罪之愛耶非耶非所以敦一體之恩而
示曲成之義也三不可疏上神宗震怒擬勿立
閣中救內豎廷杖一百杖十輒報報輒劍斫閣
柱深寸許浩大呼高皇帝者三遂昏絶不復省
斃而復蘇削籍爲民然東宮自是得册立矣比
歸過采石舟將覆榜人恐且泣浩笑曰高皇不
死吾於杖寧死吾於水乎卧咏石介渡淮詩抵
家杜門謝客日與仲季觴咏著景行編見志尤

好形家言問山尋壑不怠士大夫高其名乘傳
過咸者競欲得一見之浩亟引避去家居三十
年庚申光宗立起南少常晋南僉都御史提督
操江甫視事遼左失守浩切留京根本之慮日
簡車蒐卒厲器繕堞不浹旬壁壘皆變熹宗即
位陞南戶部右侍郎未任而卒上以浩有功國
本破例廕子應祥入監遣官祭葬墓在茅壇晋
江刑部尚書蘇茂相有銘應祥端樸靜默不彝

人世機械有懷葛風妻父少參李若愚稱爲一佛出世孫遵聖學聖俱補庠生

贊曰川嶽間鍾亶縱孝受諫草青蒲典制並流盛名莫繼弘奬臺斑相山之下風韻徃追金錫圭璧久而可師

趙嗣芳

嗣芳字用韞號存琰通政邦柱從子也父邦楫以明經高尚芳弱冠掄萬曆庚子第一人丙辰登錢士升榜將館選僉推芳才會泚筆同事敗神宗怒罷選授戶部主事監榷滸墅辛酉典試關中嘆曰秦文多蜀氣有車鄰駟鐵之風國家而無平福也秦其苦事矣遷西安太守不就補山東登萊海防以商瞿憂少日解綬歸先是邑有西河渡孔道要津前令架木爲梁山水率衝潰行人病涉芳捐千金甃石爲橋邑人德之號趙公橋焉癸酉起川南憲副始舉手喜曰吾事凡矣闕後羈宦千里爲乃謝政年六十三卒於家芳美姿容尚廉隅思以文章名家不樂煩劇故薄宦輒歸所著有百遲齋集雜文三十卷弟嗣蕙沖澹恬粹博雅多才文無愧元方而數竒一第以明經候銓長安齋志旅卒子拱宸等俱庠士

孟應乾

乾號伯陽萬曆戊午科亞魁司農猶子生而頴異弱冠覽書文近蘇韓詩在晉魏風韻雋遠望之瑩人性篤孝色笑如孩友諸弟怡然同氣著三閭草倦帙詩溪菴四刻行世惜淵年不永志未獲騁云子佐盛攻苦世業賢其有後云

贊曰人固不可無年李賀玉樓毋乃其然

郭翘中

翘號貞吉崇禎癸酉北闈舉人壯氣正骨不安小蘇燕邸焚舟名成毋負

論曰惟楚有材振古其如茲乎蓋山川勃窣
鬱爲國楨郎蘋溪一匯甲第固蟬聯也如所
紀名賢自次遞而下若北海之奇節文簡之
貞亮得之之精忠園忌以張吾咸矣而勝代
如孟機之矯矯骨鯁面冷寒鐵五岑之嶽嶽
批鱗日夾虞淵欽訓一屏快宜孟之有後鍾
自觀一追清獻之芳蹤又寧非川嶽清淑之
氣于焉攸鍾者乎乃今則世德濟美或覩草

木天或出宰專城龍騫鳳翥後先輝映人文
之盛夫寧有艾也哉

卷八終

咸寧縣誌卷九

邑人王禹錫纂修
知咸寧縣事何廷韜鑒定

詩

序曰詩以理性情而實政事所關風化存焉
故太史採風先陳詩則詩在朝廷爲諷諫在
草野爲詠吟如名公鉅卿登高作賦屬事閎
評美善砥淬詞之嚴也義之正矣至於高人

韻士征人游女逞逞隨物致詠幻不傷雅離
不雜經里語巷言攸箴咸備之則因詞可以
玩意因意可以玩事彼一詠一歌盡一法一
戒所以正人心防世道紀盛蹟表軼事誠有
補於經傳之所未詳者也故孔父刪十五國
之風雅者自雅頌者自頌無相奪倫則詩非
僅爲理性之書而卽經世之皇極也後盛於
唐精於宋此子美子建樹幟詞壇而介甫東

坡鼓吹藝苑他如一邑之小山川有載風土有别人物有殊凡經標題洵堪物色實所關於政事風化者良匪淺也余以志之

寄謝鄂倅南宮成　宋　馮京

常思鵬海隔飛翻曾得天風送羽翰恩比丘山何以報心同金石欲移難經年空歎音書絶千里相思道義寬每向江陵訪遺跡人猶指點縣題看

發咸寧行松徑至蘆子　宋　黄廷堅

咸寧走蘆子終日喬木陰太丘心酒落古松韵清溪聊持不俗耳靜聽無絃琴非合胡部律而獨可人心

謁馮文簡公祠　鍾　瓘邑令永豐人

曾看事業著青編今謁遺容尚儼然天下文章推徒筆斗南人物讓先鞭江山勝槩無今古風雨殘碑有歲年臨境仰嗟興感歎亨衢咫尺五雲連

咸寧感懷　僉憲　顧　英華亭

狀元祠外帶寒林曙色郊關散曉陰賦稅不教愁地薄芻樵儘得利山溪頹殘黄菊時猶美叅錯丹楓變不禁徒馬路平行日午靜中幾處木高吟

咸寧懷古次韻　僉憲　張　宏

馮相祠堂隔遠林咸中山畔鎖輕陰三鬼事業

浮雲過一代文章綠艸深祟象已無賢衍繼儀形空有夕陽侵平生攀仰高風久敬弔先生灑淚吟

咸寧署壁　工部尚書　吳廷舉嘉魚

節鉞非三顧犁鋤老一丘無心思管樂抱膝笑伊周

石門寺　王獻策邑諸生

地僻人行少山幽趣更多花香風蝶舞竹响雨

倚過古樹含煙碧清泉吐石波凭闌無箇事時聽白駒歌

白沙寺　工部王煥 邑人

白雲深鎖洞還賒最是幽閒景色嘉隔斷塵埃孤梵夢放開懷抱老僧茶風弄雅韻鳴山鳥雨後清香帶晚花偶得舊遊因問酒漫尋山外野人家

夜浴溫泉　張仁 邑諸生

瀉自雲根景莫儔渾如烹沸向甕漚天涵水面光輕躍月浸波心氣尚浮濯足泠泠思孺子浴沂落落見賢修覺來爽透詩腸澹霜滿山限攬敝裘

九龍山　吳鳴鳳 邑諸生

因得餘閒入勝遊諸山無過此山優蒼龍倒掛懸崖靜碧玉斜飛轉壑流雲逐馬蹄天外遠月涵嵐氣望中浮詩堪摘入成圖画沽酒呼朋漫唱酧

金龍洞長篇　舉人郭翹中 邑人

大泉有洞名金龍白雲千載秘爲封傳說唐時之仙翁兄弟七人並飛空至今丹竈懸其中仙踪去後洞濛朧羽衣何人日參窮隻身直欲扣龍宮金龍未睡將其髮佊倆山魈不敢逢期予買屐遥相從峭崒扶揺入萬崧信足踏來全不用掛樹懸崖如駕虹路通一線造化工登高仍

欲礙鉉崇洞外朗朗崎且洪地如平掌蓋如蓬俯覷諸山若兒童洞内傴僂一俯躬漸使窺見日曈曈石丈寶獅復伏熊有田幾畝曲如弓道人種之卧磨㯋那管人間歎與豐喜爾詠茆見高踪丹竈仍吹復飛紅

唐嶺行　李玉旭 舉人

三月前行苦竹嶺刺客及交韓琦頭三月後行大墓山韓琦身在五雲間大墓山與唐嶺連唐

嶺嶺螃桃花尖吾家先達北海舍猶有殘碣鎖寒煙苦我山行月復月不待雪霜敗華髮山中人樸甚尊賢朝昏禮數無遺缺伊人曾讀半行書菲薄君親似胡越登嶺一望長咨嗟罄竹難數伊人罰伊人伊人扳何爲竟無抔土藏爾骨

弔比干墓　錢栴窓 邑才媛

天步商家事已傾老臣肝膈最艱辛佯狂不肯爲奴態抱器鄘堪去國情七竅丹衷懸日烈千

年青史照人新停車欲把忠魂奠南澗無因得藻蘋

遊三峯寺　唐𨥙 貢生

訪僧移日譚多爲景晋連山色屏屏畫松聲曲曲絃月來窓寫竹風過砌梳茎更玩龍溪水忘機我亦仙

文昌閣　邑令 何廷韶 閩東

奕奕魁華映紫薇悠然高閣

儲天府日月光浮擁帝畿遶檻河流曲似帶羌簷峰矗秀如圍五雲多處三台近雅步仙風黙繡衣

奎星樓　何廷韜

星聯紫閣逼奎光翼我文明刻漢章景入山河供勝眺棟如閬苑接奇芳青雲路指樓頭月册桂花傳殿上香鰲首翹然誇獨步新猷從此著台郎

退思堂　何廷韜

郎官百里羨鳴絃護信才優政事先撫字勞心閔問月廉明居位敬承天無懈夙夜冰爲案有補農桑花作縣出入戴星勤益勉凜然嘗賦退思篇

乙巳秋新遷觀德亭於北郊堤外率諸子校射漫詠　何廷韜

漫將壁壘倚城邉觀德非徒戎馬先射以鄉名

弧矢利武同文事 國恩全虎頭燕頷應投筆猿臂將軍豈讓賢古道于今歌雅化還驚祖逖着先鞭

遊溫泉　　前人

山環水帶石嶙峋展畝艱難不易巡龍氣氤氳消積雪雲蒸滚沸瀑如銀清流自見東齊飲暖凨還同黍律新民隱不於田際問憑誰語入眞披陳

觀射奉和　　學博　胡　玨　孝感

金風新爽快城邊百步穿楊誰是先漫說來觀嬰堵盛猶驚追復古風全封侯雀印推家學校士鷹揚並昔賢
垂拱太平銷鏃日相如弩矢任揮鞭

東高九日　　前人

振衣恍覺與天通指點星辰渾岱嵩最喜斗山頻俯仰還看雲霧撥藤蘿孟嘉帽可重宜落叔子裘輕別有風作賦吹噓高歷歷登臨千古政難逢

淦川八景

書臺月色　　何廷韜

由來勝蹟首書臺玉露遙承玉鑑開當世文章輝岱嶽至今星斗列科才經邃燦若冰爲案草閣光浮翠[illegible]萊應作元燈分桂影夜隨藜照共相猜

黌泮金蓮　　何廷韜

濟濟俊骨自天然金字題名是此蓮唯濯春風飄玉屑故翻芹浪躍文鴦齊錢疊水才堪選緑蓋籠陰香正傳科發溪荷栽植力至今花挿聖人前

東皋樵唱　　何廷韜

崇巒秀出扣城闉望表神皐勝最眞雲自東來旋紫氣風從山半發新聲謳如仙子清簫下與

與牧童短笛生空谷餘音傳雅韻相逢都是負荷人

相嶺閉雲　何廷韜

相約凌峰天半間峯頭常帶碧雲閉朝朝捧獻仙人掌疊疊巧粧玉女顏爲雨爲霖看出處從龍從虎任飛還由來間氣鍾靈嶽故扮天衣點石斕

西河漁火　何廷韜

鷗繫芳洲柳繫船漁燈浮水水啣天光隨星影往來驟煙泊蘆汀次第然掩映河干波面潔吹嘘浪渚岸容娟錦帆盪出艷如綺湘月盈盈白滿川

北郊堤柳　何廷韜

綠陰冉冉遍郊堤城影遥看列翠微玉帶臨風嬌欲乳蘿衣篩月皎而肥輕翻蝶粉飄猶韻巧梛鶯梭織不稀種植足供彭澤勝芳姿綽約有餘暉

長湖煙雨　何廷韜

蘋川瀲灔壯城居萬頃蒼茫一鑑湖蘆葦凝煙迴遠浦龍魚帶雨躍飛鳧水容潛抹輕陰淺雲氣重蒸浮態無氤氳溶成天一碧此間勝景巳堪圖

福刹曉鐘　何廷韜

萬籟靜時何處鐘聲聲轉出梵音同驚回蕉鹿

飛鬧夢報徹雞人幾許逢大地山河歛正醒個中消息響無窮城煙欲放東方向翻入禪鈴一偈通

潛谷温池　何廷韜

雲護潛巖別有天到來仙谷火爲泉氣蒸五色赤龍伏水漾一泓黄石慾孺子濯纓和自洽冰人解凍暖依然稚川辟穀丹成後温徹寒潭奉不偏

渡橋虹影（即西河橋） 何廷韜

長河如帶遶西涯疊石鞭橋驛路賒幾渡夕陽馳旅道一騎梛色逐鶯花梁輿巳濟問津客舟揖應横破浪搓頻眺水光雲影動郤疑鷗浦綴虹霞

登高亭 何廷韜

閒雲飛繞筆峯頭曉夜文光天際流父老爲余稱往勝都人快我劵先猷觀成彩煥金蓮色眺

遠風高月殿秋大抵斯文應再造故教星宿望中浮

北堤樓 何廷韜

如弓如帶復如虹一枕當流屹塋中北斗祥光環几案南山佳氣入簾櫳都緑物理同元運豈盡人官奏巧功最喜夏來河朔飲風翻荷緑梛陰芃

治庭古栢 何廷韜

古樹倉庭翠𤁋奇挹秀華萊公遺愛遠召伯賦情奢松結不凋侶栗傳分社芽一天新雨露勝植河陽花

中秋夜雨 邑人 王禹錫

艮宵未許不容豪剪燭僧堂劍氣遭老子那容興復淺羣公自是醉忘勞何嫌雨妬銀河悄共挹更長玉露高豈有王褒才可重漫將搦管着同騷

乙巳秋相山懷古 邑諸生 余希聖

年年衰草夕陽紅鐘鼎文章一色空弾指人問彌畏代舉頭懷抱逼高崆丈夫龍變驟如雨山面雲卿會有風擊劍遺聲臺畔古不堪夜月悵城東

秋城晚眺得清字 邑諸生 王命旦

炯圖深古砌晏堵見城消槐自銑疎碧菊堪問落英徘徊秋爽足懸吊舊庭更歷落孤心遠鴉

聲條淡生

東高九日　孫備業 邑諸生

際勝借辰得共攀重螺疊髻萬山間師臨友聚清風逸菊粲茱萸綴色斑皂蓋能忘看鶴放舟旌近逼乘雲還風流一往名無盡步武前賢塗永滌

資福寺夜坐　胡鳴鸝 邑諸生

古寺蒼凉半有僧一龕塵隔對青燈青螺夜爍

螢窓共白雪文成玉案增季子何嫌裘敝久范公政自弼堪勝六街語歇山同靜坐聽鐘鳴萬慮澄

賦得秋水長天　趙拱辰 邑諸生

淡宕平湖野色收碧空遠引快輕鷗波光萬頃銀甌靜爽氣千廻雪浪浮漢使槎隨機石月楚襄夢度曉雲秋漁翁釣罷唯高卧任是人間無盡流

飲金塘寺　黃應元 邑諸生

奕奕冊旌好共徘相忘野外直追陪誰能退食高河朔自是烹鮮醉傳杯暑以使君氷雪瀑香吹古佛蓮珠開虛舟泛盡愁猶劇乘興何容不一詠

鳳凰山　李鳳翔 邑諸生

地勢騰空若鳳凰凭高俯瞰藐層岡書臺曉月舒翎翮潛洞丹砂點翠妝靈鶩不隨河雁落巍

鸞登共越雞翔山川本為明王瑞應使嘉名列職方

桃花尖　邑人 王命爵 常德教

振衣一望幾千尋紅浪層層春自深若箇筆鋒懸洞口爛斑五色見文心

蘋溪八景

東高曉望　鄭邦俞 邑諸生

秀凌東壁小群山聯眺宜翔衆仞剩出岫晨煙

迴北閾連城曙色泊南寰數聲野笛來天外一
碧晴峯入望間興乘登臨曬岱岳嶙峋高步有
餘閑

西河暮興　崇寧知縣錢珊邑人

一曲清流夜景㝎百年孤興渾稱奇魚翻水急
鷺新留蟬帯殘聲脫舊枝明月正當溪淺吐瘦
笻横起萬千詩悠然疑是無人處隔岸誰歌孤
鶩飛

石嶺樵歌　教諭吳錬新城人

採薪山畔夕陽過嶺外歸休樂事多風月担頭
挑幾許一聲嘹喨出烟蘿

梓潭漁唱　知縣丘魁

沿湖散步桂青藜蘆荻漁舟兩岸迷一段生涯
秋水裏數聲欸乃夕陽西微茫遠景誰能畫搜
剔枯腸我欲題不覺流連歸去晚昏鴉亂點上
林棲

相嶺晴嵐　通判張撒邑人

山以人傳時維樞密陵谷靡遷流芳共挹虛巖
挹綠候於清旦晴則嵐飛雨或霧散

溫泉虹影　前人

浡沸湯泉潛巖之渥陶冶鴻鈞地之㽞鑊火藏
水宮秋影垂虹匪影之爲虹其氣鬱葱

潛巖丹竈　前人

九還在冶鍾臺之東真仙羽化丹竈雲封其丹
伊何勾漏之砂世今俗古鷄犬桑麻

古道蒼松　前人

松之蒼蒼先哲之芳攢雲翳日複道長廊龍肆
於遠饋發其陰遺愛勿剪吉士同心

前題　邑人王晉錫學博

皇路清夷擁節紛誰堪攬勝誦傳閒单車古道
遺高韵按轡沉吟有使君裒柳隨堤煙漠漠青
松楚雨翠沄沄盤根不恤風霜老還共泰封映

紫雲

前題　孟應衡 邑諸生

嶭路掩煙帶遠岑紆迴隊列萬松森槐聯複道休誇綠柳搆長廊不羨陰映月蕤招一鶴舞鶖風時作老龍吟一般傲骨撐天地萬國征車仰庇臨

又滏川八景

書臺月色　唐范瑛

案頭燈火杖頭烟博得銀蟾此夜圓風雨似逢新法日光華直吐熈寧年只今寂寞荒臺靜尚見娟娟素影懸帝鑒千秋猶未倦如何安石反妨賢

前題　李元楷 邑諸生

銀漢無聲籟悄然讀書臺上月娟娟波侵玉藻香含素彩徹金蓮氣欲鮮自是冰操輝百代豈徒桂影耀中天漏深更覺光無限散入平湖白滿川

前題　孫可儀 邑諸生

相傳地勝有名人遺此臺空誰是鄰白月山前堪倚玉青燈影落政如銀環城碧草烟春合四野荒郊景色埋執政自同金石永何嫌夜月透寒燐

前題　鄭邦遇 邑諸生

散步書臺人亦仙中宵靜對碧輪圓文章氣吐

山河曉事業榮崢星斗懸影拂苔陰籠雪案光搖石砌逼經筵當年閣上藜光迥應作元燈共月傳

黌泮金蓮　少司農　孟養浩

宋代金蓮綠玉堂千年池沼尚遺芳朱華已吐文章色碧蓋翻擎雨露香自以虛中依鳳德不求欹坐擁獅王含葩正値群芳歇菡萏參差媲鷺行

福剎曉鐘　前人

嚴城漏斷月微朦隱隱疎鐘度碧空正覺豈緣聲響入梵音寧逐往來風淒清葉底寒蛩合悲壯樓頭曉角同却憶當年長樂曙風塵羸馬倦西東

西河漁火　前人

城頭暮角引微涼楊柳蒹葭共渺茫幾點寒光明極浦數聲短笛破滄浪熹微不辨流螢色髣

髴初驚過雁行莫遣寒山鐘夜度有人愁對滿天霜

前題　鄭邦梓邑諸生

西河環帶鎖城坰幾樹斜楊泊釣船鷗渡歸飛栖皓月龍溪迅發迭平川燐燐夜火吞湖碧歷歷漁歌响暮絃雉影滄然沿岸出蘋花亂點水中天

東高樵唱　知縣　王元梲

躡足攀蘿上翠微烟光嵐氣濟朝暉野樵結伴知何去豎子行歌興欲飛拍手爲嘲山簡醉含情應送薛譚歸悠然絶勝釣天響豈必林花點伎衣

北郊堤柳　胡虞賓邑諸生

紫陌紅塵柳浪平隋堤一望自情生幾迴緩步鶯雛燕百囀初教奏乳鶯愁緒溟溟官柳織忘機落落海鷗清閒雲隔岸頻邀與合芳郊日

縱横

長湖烟雨　孟養浩

萬頃平湖駭浪奔瀟瀟風雨濕龍冤虛疑天外青山失底是沙頭白鳥喧縹緲歸帆迷遠浦淒其斷雁落孤村最憐小艇漁綸者箬笠簑衣對酒尊

相嶺閑雲　王綬邑諸生

相傳臺畔勝難孤鶴去還來嶺上無特贈誰堪

多領畧徘徊我自一招呼雪將好侶常爲件月亦因閒與共娛螳樹環城連曉霧高浮疋練影如鋪

八景合詠　孟佐盛 邑諸生

天開圖畫四時濃結侶尋芳勝蹟逢峻嶺雲移臺畔月長堤柳襯道傍松樵歌半落金蓮沼漁籟偏和曉寺鐘任是桑麻偏綠野也都作態綴山塘

前題　李贊中 邑諸生

臺高月湧讀書聲鳴節雲時捧相衡東嶇凌皐星可摘沙堤種柳鳥常迎池開荷碧弘文麗鐘落山腰曉籟清漁棹西飛烟樹遶青來湖上水容平

卷九終

咸寧縣志卷十

邑人王禹錫纂修

知咸寧縣事何廷韜鑒定

藝文

序曰大人虎變其文炳君子豹變其文蔚則文章所著都人士之雄才偉畧具焉其大者載之經傳作述功高其散者寄之歌韻被之詩章登高擅賦艷西晉之風流遇物能銘羡

東都之人傑野有博物君子邑多集古名卿因人以傳文家乘與國書共載即文以考獻新裁與古製同編故太史陳詩必採十五國之謠西園積墨博觀廿一史之備則茲貞珉之勝蹟非侈鉛華惟是紀亭之名篇盡符玉尺詳羲哲之所未詳才旣優於著作綴時英之所必綴美更媿於譔修信紀可傳允矣此邦之憲弘文甚夥居然

上國之珍考同風於藝苑標令甲於詞林追前
徽之未遠慶斯文之在茲

馮文簡公祠堂記　提學道陳　方廬陵人

古之有功德於世者不得祀於國猶得祀於鄉
聊崇報也苟當祀而廢則失之慢不當祀而興
則失之諂慢與諂夫豈禮哉宋樞密使馮文簡
公名京字當世世居楚咸寧相山之下其先君
宣徽南院使太子少師贈司徒式之有陰德遂

生公既長傳學有大志仁宗皇祐元年鄉試至
廷試皆居首選時稱馮三元尋倅荆南後擢修
起居注出知益州民皆安之神宗即位以為御
史中丞上疏論王安石新法之失安石指為邪
說請黜之神宗不允擢為樞密副使未幾參知
政事居政府數與安石論辯不合及呂惠卿議
罷制舉公力爭以為不可惠卿啣之因誣以罪
出知亳州熙寧九年復召為同知樞密院事元

豐三年拜樞密使四年罷卒鄉之士以宋進士
三試皆第一僅三人公在其一誠可謂科甲中
豪傑士也公再歷外寄兩入政府民被其澤王
信其忠雖奸回屢排而中立不倚其節操誠可
以乖世範俗也德之所及功之所存仰諸天俯
諸人復何愧怍哉國未有祠實宋闕典也至元
初鄉之後進因立祠于相山之旁春秋祀之入
國朝祠就蕪廢故址雖存而無能續創者成化

戊子崑山王慶分教咸寧受職之初禮部亞卿
葉公謂曰馮文簡公咸寧人也公為宋名臣而
祠祀久廢作興之責其在子乎夫教之所施忠
孝是先文簡公之盡心於宋忠矣今其祠宇蕪
廢若此甚非所以崇報功德於昔而激勸士習
於今也慶曰諾暨至咸寧適武昌同知馮章通
判陳琳以督賦繼至為慶措辦材木作私第慶
曰私事在所緩公事在所急且亞卿葉公之命

予既諾之先巳而後彼獨不內愧乎特移私第之材以創之有司嘉其志即爲剪荊棘闢故址材不足增之用不給補之命工役力建祠三間繚以周垣揭以高門通歷月日凡幾而祠告成後慮祠雖成歲祀無征祠旁舊有金蓮池若干畝久沒于閭右慶啚復之以池歲所樹藝之利用給常祀之費而計可經久慶之心亦勤矣哉誠不負亞卿葉公之命而俾文簡公之節行益

昭示於悠久也嗚呼教人以言人雖聽之而未入之深導人以行人雖見之而自然使之感感寧文簡公之鄉其世德之厚節操之堅故老猶有傳誦之者今復因是祠而使之知崇報之典興禮義之心又惡知無若文簡公之出于其間乎是則文簡公之節行必有待亞卿葉公而後著葉公之心似有待於慶而後克成其美也用書此記諸石庶將來有考云

重修相山書院記　主事廖漢蒲圻人舉士道南之父

大造者之巧于造人也有元神以爲之幾有英氣以爲之會有貞脈以爲之息契其幾以參二五之化丁其會以相國家之宜運其脈以立吾身綱常之柱監節義之標則天與我之意不孤矣予常觀之紫微自左右樞而上尉次之衞次之丞轉又次之而天極則宰乎其中華蓋其羽葆也故德星見則賢相出而六符明焉客星入

則諫夫倡而三台涸焉此非大造者之元神問游八法流盎六虛而氣脈之凝萃以昭示于人者耶宋自太祖都汴其位爲天惟撫圖御極肆于真仁和氣郁蒸歛羅禮孽天禧辛酉德星入翼十二度識者以爲有異人生焉夫翼鄂之分也德貝之象也以數推之其年馮文簡公適誕其期至皇祐巳丑有祥雲繞華蓋星官曰鬱鬱芬芬登賢氣也而馮簡以是年首天下士甚乎

天之所予人罔弗違而況其神之聚氣之完脉之儲者乎文簡名京字當世其初宜山人先世祖徙居南郡之咸寧文啇官太子少師宅心遹德君子多之京以畯才煥發磨淬神鋒而豪曹湛盧雷歘霆變舉莫與之京始播績于荆藩繼驄芳于益郡而孤憤赫然聳動寰宇尋召爲御史中丞則應天之左右丞而剛風勁氣披于縉紳人無敢訾議之者後遷爲樞密則應天之左

右樞新法抗疏安石變色政府雄辯惠卿吞聲降王威以褫奸魄再入爲院使而挽屯旋姤利社稷之功居多及罷政而歸乃偃仰嘯歌于東高之上與雲物爲朋徒至今顔其山曰相山夫群邪側目之秋固非齷齪庸瑣者之所能立而雍容黄扉以亮天極必英邁卓犖脱然萬物之表者能之公也契其㐫丁其會而又運其脉焉豈非參大造之巧而獨造者乎然公之名在天

下而其神則不死于斯邑故祀之者有厤烈焉我明成化戊子分教王慶肇創祟基以祀公提督學校廬陵陳公方爲文以鋟之迨正德十有二祀丁丑涌川張公邦奇奉命提督如陳而剛明則過之每經望相山之墟盱然嘆息于塒閭郡丘侯魁適會其意乃與司教曹伯恩趙文璣李玠典史陳恩庠生萬悦樊孟芳等謀之卜協于相之麓廼鳩厥工廼繩厥規廼啟厥宇以爲

公神依邦之人曰丘侯宰我也煦沫我也剗奸以喆逐濶以朴而悃愊無華無徃不事事是役也其無乃非嘉惠也乎予猶以爲文簡之心曠百世而相感則其元神散而復聚英氣盪而復完貞脉乳而復儲安知金山之靈淦水之精有不融結醲暢如德星之見者乎他日動閎璇宿而插耀紫宫將不爲祥雲之繞華蓋者乎奮精忠以衛王室將不爲之秉正嫉邪與孝先公字

相爲軒輊者乎邦人矍然曰請記之遂爲之記

西河橋記

孟養浩

朱廷立曰咸寧要邑邑治之西爲西河渡益要津云山水時發勢洶湧民病涉焉先令勤齋蕭子立業浮舟爲橋民利之繼令節里謝子崇栢議井石不可久工方興而去嘉靖己酉今令濵西橋張子時舉至明年舉是役謂非足費不可成出俸助之且以爲倡已則邑人之士夫耆老出貲應之費寖以足乃號募僧海鷂曰紀所入

毋或逸乎號董役者張良弼潘洪楊遇春曰慎所出毋或濫乎號諸工曰必實必固寧遲毋遷就乎衆曰諾於是伐石爲墩架木爲梁基之隱隱跂之隆隆橫之坦坦功之成也歲爲甲寅鼓峯朱子献箴嘗助是舉者向余索記余曰西河之不可無橋也余爲童時聞之矣今始成邪西橋子亦猶夫古之吏矣夫樂爲其所易而無樂爲其所難急其督責之所及而不急其督責之

所不及此中材之恒情今之所謂吏也孰知事恊於義罔擇於難易義以行政無假於督責庶其無忝於其職如古之爲吏乎徒杠輿梁王政弗後也然而事難而效遲亦旣爲恒情所無樂矣矧當道所督責者不及是河之無梁宜此渡哉西橋子亟亟然力爲之弗罷誰督責之邪君子觀焉謂其知義方始議也落落難合乃今望之如彩虹履之如平地執後議者始自知其爲

非是也功濟行路惠流諸遠君子觀焉謂其知政知義斯知政知政斯可無忝於其職故曰西橋子亦猶乎古之吏也始至而爲橋橋成而平陽别駕之命至豈其適邪嗟乎後之來者盍曰前人視此爲巳事也有所宜補葺者吾曾視爲他人事哉則可矣

重修西河橋記

孟養浩

西河之有橋自張令君始而人知有橋之利而不虞河之害則今二侯之伐云蓋咸孔道也南通舜梧北指堯栁東西日月出入之所靡不有車轍馬跡焉而咸介其中西河之水偪於城不數武而近上合衆流之衝而下滙爲湖廣袤數十里粘天浴日時闌入爲河患春夏之交猛旱善潰洶湧砰礚望而魄悸所從來矣曹侯甫下

車輙延見邑父老問民所疾苦僉曰善哉大夫之言邑孰有甚河患者往張侯舉之而中廢是固大夫事豈惟咸夲冠蓋之往來實式靈之矣曰唯唯乃捐俸爲資伐石於山誅材於麓拮据其間寢食幾廢邑幕何公復畢智佐之未朞月功告成輿者忭於途轅者頌於逵繈負者舉手加額慶也而侯適以遷寧國丞去今令君周公覩而嗟異焉益駭其成功之易而憂其拮据之

難也其所爲覆而餙之奠而樋之孜孜焉殫心力而圖之者視曹矦有加焉而磆之功遂以不朽嗟難矣哉諸生吏民迫欲得余之一言以示永永以無隳大夫之烈余惟大役之難兢而功之不易成也捌之者難也匪翃之者難振前人中廢之業而有其成功之難也夫張矦始磆西河不中道而蹶後來者呫嚅喝噤不出片語及磆西河事豈盡物力詘哉自愛其才欲無受勞

民傷財名寧袖手民之魚鱉而莫之拯恤耳而侯甫弭節而力肩艱鉅不煩水衡一錢司農斗粟閱數月而告成事平礚硍之洪浪弱陽矦之洶涌援千百之命於波臣齮齕之餘而置於平原逵路間官無廢政民不知役是皆山川之所效靈精神之所凝注振前人中廢之業而有其成功奈何泯默無述也語曰前事之不忘後事之師夫磆能成而河不能無潰張能得之兩矦

而兩矦不能得之異日有如暴風雨潦竭力以攻吾橋而患苦我父老子孫則矦之方策在矣侯若曰毋滋波臣寔偪處此以與我父老子孫爭此磆也是後之君子事也余二人將有賴焉不佞邑人從父老後則竊聞袞衣章甫之謠而述其大致如此

方閎堂記

明　祭酒　湯賓尹　宣城人

方閎堂在楚湙山中蒼蒼茫茫不可得而見也從來評楚如氣蒸雲夢波撼岳陽擊碎黃鶴踢翻鸚鵡而方閎堂蒼蒼茫茫仍不可得而評也葢余乍見孟公湘巖而一時儼楚山川穆然而靜夫湘巖豈但一閎人哉閎在天不能必之於人亦有時在人不能必之於天閎在世不能得之於心亦有時在心不能得之於世才高而別

功名力徤而完婚嫁可以爲幸不可以爲閎湘巖三十年前不廢五嶽之遊開園建閣不下輞川之勝猶然百畝未荒一經授子閎者固不可測乎安驃騎於泉石心若氷壺借風鶴於兒郎神如賭墅避盛名而不居撫癖美而重晦不可謂不閎也牛衣長卧犢鼻高懸減飡虀灞陵之妻執手見敝貂之子碧巘可居黃金不惜不閎而能之乎今一旦登龐老之堂入維摩之室酌曹溪之杯水唱西歸之好音栩栩蘧蘧洋洋浩浩偶爾拈梔子於中庭不復問名山於四壁夫湘巖何芴言閎也生死如環草生花落刹那世界沙刼光陰一念未終萬緣猶在立遼東之華表詠石上之精魂撒手不來真當勇猛湘巖豈但一閎人哉須彌十笏未免問路漁郎胥樂向平不過標月一指九年壁下五葉江頭無義那可泣不須煩他月山中奇語予所爲穆然而靜

不敢評楚山川者則湘巖實進之也想方閎一片地如山陰道上其雲皆無心其鳥皆忘機其花皆如高士如美人其月皆可吹笙騎鶴其水皆可洗耳流胡麻其樹皆丈夫皆可封大夫其石皆能點頭其人皆是羲皇皆不知有漢魏蒼蒼茫茫僕皆能誌之終不敢賦溪聲山色令湘巖擯予門外耳不識君家東野乃欲詠青山礙作塵也

新建堤樓記　顧問

余往令任丘見唐令子方築堤以捍九河之水延袤蔽野當時任民豈不難其事哉而至今田廬賴之號爲唐堤云百世廟祀太史公曰非常之原黎民懼焉及臻厥成天下晏如也咸邑故無城有城自葛侯始藩屏闤闠厥功偉矣而城大半枕湖直通金口匈江水漲發竟逼城下加以春夏霪雨浹旬百川洊潰合勢滔天城不沒

者亟如晋陽之版而狂風迅浪擊撞嚙漱一決咸之民魚鼈矣其可懼孰甚周侯以壬辰進士來令茲土臨城而嘆曰有邑而無城猶無邑也有城而無堤猶無城也吾可不急爲之所而區區案牘刑名問乎迺條築堤便宜狀上之兩臺司府悉報曰可侯乃禮請鄉士大夫與衆父老郭外履畝荒度堤基畫地而授之里計里而授之地令下百姓欣然荷鍤畚虆舉謳歌鼓舞十有三日而堤成若如神助其力者侯命各役樹柳兩傍蓊鬱夾道清風徐來沿堤池水於牣魚躍遊人騷客結駟錯趾侯喟然曰有堤若此可無樓以便省觀哉迺捐俸資須材鳩工豎建岑樓翼以兩廡繚以圍墻立儀門以啓閉設堤夫以巡守侯乘暇登眺其上八窗洞開舉目萬家煙柳而前有層巒疊嶂秀入雲表登阜排塔於左冊鳳昂霄於右北望平湖千頃水光一色鳧

鴨交飛直與赤壁黃鵠爭奇儼然河陽一大觀也嗟夫是役也議之百年人謂落落難合今侯不費水衡一錢不取民間一粟迺役之堤而堤亟成役之樓而樓咼建城垣厝于磐石歲省修築之勞保障屹于花封世享奠安之利其功與唐子方比隆民亦號爲周堤立像祟祀于勿替矣夫侯何以得此於民哉原侯德禮長者心源潔白無愧神明百姓信之而約已省事與民休

息誠同慈毋之保子故子來趨事悅而忘勞也大工甫竣欽召適至非常之原若與非常之報兩相待者而矦爲吾咸幹旋地脉大開景運尚亦有明徵哉而縣治面實背虛藉此捍蔽拱護其關係甚鉅豈直爲城計久遠已也後之令此者遊斯堤也則思經營之難而時緝之登斯樓也則思締造之難而時新之銘念甘棠勿翦勿傷則矦烈地之脉雖千百年如一日可也是又

矦千百年於此之心也僉請鑴之貞珉以垂不朽遂爲記

吾洞永安石橋記　趙嗣芳

劉江蒲東西偏乃有咸距鄂城二百里而遥輸蹄轍午之兩粤之滇之黔之蜀之衡常荆岳靡不借徑城之西爲河灌湖遮江實扼孔衢之衝以石柱木梁成橋前有張令爲之旋圮萬曆間曹令復爲之越數歲至莘令擬增石先撤木迓延期春雨淫淋并石漂没矣嗣是民不逢年邑屋蕭條誰圖非常之原浮舟爲梁冬春差可夏

秋汎漫片筏而涉頻困競渡郎以輶軒蔽途難免停驂問水予積懷愴惻莫卜所稅有大夫覺翁曹公卒斂敢任予屬焉郎劍季子袁緡百曰三年需得千金以請大夫喜浮大白不給吾捐助庸委諸予復昌言橋梁編木易漶抉石可久爰下令鳩工庀材諏日卜度以天啓三年三月肇始至天啓五年臘月告成而大夫遷貳慶陽將西去屬予記予攷古雨畢除道水涸成梁非

石也石爲椅杓軒徙廢定非橋也泰渭水貫都象天河横橋南渡象牽牛掌以都水令於時藉籃萬乘猶靡尚方將作水衡少府金錢不貲大夫不上白公家下征里胥父老術術而長虹亘如能過昔人遠矣橋舊名西河予意咸在宋前爲永安鎮因以名橋亦取泰山磐石之意焉是役也經紀三年計貲三千餘兩督鄉者李一奇等多方募勸苦心區畫乃克有成厥爲艱哉

九龍洞禱雨有應記

楊邦佐 邑人

縣南三十里舊名寓仙洞石門高深叵測寒氣侵骨六月如冬白石若幕滴乳結成龍蛇狀正德己卯夏都御史吳廷舉率官吏禱雨有應命鑿石爲像更名今名

正德己卯夏五月不雨禾將槁都憲東湖吳公奉命賑濟湖南駐節吾邑憂形於色爰命邑大夫吳侯伯乾遍禱山川命羽流設神位於城隍

祠步禱三日不雨公曰月令仲夏大雩周禮因大旱率巫舞雩諸生告曰邑南三十里有寓仙洞正德甲寅邑令上官儀率衆禱雨乃應公聞之翼日四馬命佐偕唐生景瀛相行時將四鼓雨下數點出南薰門至小龍潭曙光掩映吳侯稟業師趙先生天儀李先生國器遣幕陳君朝惠俱馳至遥見漁舟鱗次公騎既遠恐隨之不及急呼舟子渡之至蔣師泉雲霧起山間人馬

莫辨直抵桃樹嶺公徒步登山吳侯與二師督余六七累肩而上至絕頂睹諸山培塿在下允爲天下奇觀循嶺蒼懸松下涼風徐來萬籟有聲佐竊嘆曰是風其伯夷之謂歟何清人之若是也吳侯二師聞而哂之又行三里僧以壺漿來迎羽流於洞中擊鉦鼓響應山谷公坐九龍梵刹口授佐錄文以告公廼更衣詣洞洞戶敞然石室若可容百人公祈神畢方入洞令鄉民

熟於遊者東燎前導既下聞人聲如雷鳴視洞側則有仙人蓑由石竇鞠躬以進水冷冷出其下必甚險又數步乳滴成幕乘燎光細視之皆龍蛇狀及深入則洞中黃泥嶺也行百步水自石龍首點滴石池有聲池甚邃而形類捲雲公首飲之次吳侯次二師又次及佐等清冷入骨毛髮悚竪亦不知爲盛暑隨出以歸薄暮至縣少焉雲隱隱自西北起倏忽四合雨下如汪濆

艾泡塘溢禾蔚生官民胥慶噫今之任民社者於民利病若秦越人之視肥瘠悲焉不加之意視公之憂勤寧不內疚中庸曰致中和天地位焉萬物育焉蓋天地萬物之位育孰有不本於吾之心正氣順歟況民吾同胞物吾與也任宗子家相之責者能以民物之心爲心則吾心之天在是感應之速固其所也公文章鏗金石事業滿天下清風高節披拂士林以此而格天信

乎其易易也說者謂公屢遭逆境百折不回方之李忠定官居二品家猶食貧方之寇萊公持節救荒全活甚廣方之富鄭公彈擊不避貪汚斂迹方之趙清獻服此豸綉來蒞鄉邦方之韓魏公在公皆不爲多歲丁卯公居清洪佐幼且愚不獲一謁今得隨之視公之所爲甚有矜式夫禱雨一事耳因紀之以見公爲民之盛心吾徒遭逢之不偶焉洞舊名寓仙公更名九龍云

是年五月十九日謹記

應宿樓記

廖道南 翰林學士 蒲圻人

應宿樓成，文學海涯叢君告諸内史氏鉉柔子曰：勤齋蕭公之尹咸也，朞月而政行，凡厥咸之士庶罔弗象其則焉；又三禩而績成，凡厥王人之有事于咸者罔弗被其烈焉。是役也，民之父老歌于途，士之乂髦須于黌，王人之監司書于臺。子夙職史事，其紀諸。鉉柔子曰：曷謂也？海涯君曰：台聞諸父老云：古者辰角見而雨畢，天根

見而水涸，草木節解而備蓄焉。是故周之王府、漢之武庫，示有蓄也。勤齋建茲役以衞吾民，將以豫大蓄焉爾。于是乎伐木於山，厥材孔良；鑿石于巖，厥制孔堅。而又司晨啓扉，司理詰姦，損上益下，民說無彊。詩有之：庶民攻之，不日成之。鉉柔子曰：於乎，可以徵澤矣。昔者趙文子身退然如不勝衣，言吶然如不出諸口，而其舉管庫也，生不交利，晉人稱之，其無乃非文子之遺澤

也乎海涯君曰台聞諸父老云古者築靈臺以望氛祲作矩觀以司闓闕樽櫨周遭而營樓焉是故魏之麗譙越之飛翼亦有觀也勤齋建茲役以興吾士將以豫大觀爾於是校藝于庠從者如雲校射于圃觀者如堵而又飾其館舍沸其絃歌賡謙錫賁士征若棄詩有之成人有德小子有造鉉素子曰於乎可以徵則矣昔者蘇文忠公好賢若將加諸膝愛民若將恫瘝身而

其創黃樓也久而彌堅徐人稱之其無乃非文忠之遺則也乎海涯君曰台聞諸監司云古者王人導利以布上下郎官應宿以司牧長法象炳煥而成章焉是故庫樓繫于角宿藏府象于離珠示有章也勤齋建茲役以敷王人之政將以豫大有為爾于是乎上思衛國以充外帑下思裕民以杜後艱而又南有和薰東有體元西有廣惠以翬中極詩有之維其有章矣是以有

慶矣鉉素子曰於乎可以徵烈矣昔日蕭文終侯盟泰山以若礪誓黃河其如帶而其應昴宿也為世元勳漢人稱之其無乃非文終之遺烈也乎海涯君曰建樓三徵既聞命矣予孟終言鉉素子曰天人之際其幾甚微其理則一古者聖人觀天文以察時變觀人文以化成天下夫道一而已矣堯命羲和授四時舜察璿璣齊七政而四岳九官十二牧各奠厥居以修六府以

和三事以敘九功凡以為國為民而已乃若周禮保章以星野占灾祥冢宰守令以布政教修人以合天奉天以應人上下交修天人相感應宥之時義大矣哉洪惟皇祖著天體循環之論而敬哉有土午宗表天元曆數之書而微于有位皇上茂選循良修劉黎元而雨暘必祈軌締必察視古帝王憲天圖治其揆一也勤齋乃能亦體聖衷簡卹民隱凡厥[illegible]勤中情在登[illegible]

樓也北望台斗則馳情宸極南瞻翼軫則加意楚野東眺相山則登崇俊艮西瞻金川則霑潤疲困爲上爲德爲下爲民道不在茲乎繇是衍澤以紹文子之勳樹則以砂文忠之績懋烈以媲文終之休又將斟酌元氣彌綸鉉化而獨觀其淡已若夫父老之歌父髦之頌王人之書罔弗畢集而應宿之精蘊不亦可徵矣乎故曰應宿之時義大矣哉海涯君作而曰詩有之倬彼

雲漢爲章于天媚茲一人應侯順德勤齋公觀星章以應順德蓋其負宿望者允有徵矣嗣是西蜀節里譙君來尹茲邑以慈恕臨民以明哲教士蓋有孚于應宿之象而文明昭布焉者請勒諸石以竢夫後之登斯樓者於是乎書勤齋名立業泰和名流節里名崇栢庶凫華冑也

重修關聖祠記

汪桂　崇陽進士

關聖之香火萬禩也以忠義其夐絕三國也以破黃巾黃巾代不乏人後關聖而卓立者亦代不乏人如日者呂巖陸梁與江北流醜遙爲聲應不獨鄂郡十屬強半魚肉即江南五嶺三吳俱岌岌乎隣震矣十屬中苦焚刼者則咸邑人士爲最何也咸於武爲犬牙地武之冠先禍咸猶泰之冠先禍豫也幸咸有賢令君陳父毋習

溟膽沉勿怵勿躁厚爲備以圖撲滅之舉累木匝月而王師至有事者延道包公祖際霞守道袁公祖臨侯奉命兼理延道而赤巢滌蕩者則撫室二琬余公祖所寄閫之劉遊擊也群在露布敘傳中當入樞府之功宗太史之記汪矣先是劉公未帥時狼奔豕突官兵亦屢失利人心惴惴欲求有制之將一旦起宿靡之兵難乎哉公則用田單狄青法决猶豫於神明而以縣東關

外闃聖禡封牲陳辭之日神降鑒特甚忽有巨鹿角出冢東跟西跳如追如逐須臾被健卒捉生以獻陳令君揚盃賀曰呂祿其能免乎一軍皆躍淡旬而峽黨洗閡月而呂魁膾矣江北之大搶小搶聞焉魂驚魄裂咸士民先諸屬而唱鐃歌樂社酒兇夫策功告馘朝廷之報公望公者豈其微歟乃公則謀及所以報神者捧中金七十兩付陳令君新其祠令君忻然受託復增

費以大其事進夏張諸生與父老子弟而諭之曰不佞稽諸志乘自有此縣便有此祠嘉靖間曾有重建之者迄今百餘年方就敝矣神之靈弗昧感劉公而更翊國其破張梁縛呂布先劉公而作則然非忠心義質英英弗泯胡以香火徧華夏乎胡以庶民攻之不日成之再見於今日乎祠成列碣徵文於桂桂不善古文辭姑直述其始末耳是役也其規天時察地利出奇畫

以佐成績者敝年兄李玉實周旋之玉口不言功杜因附及以詒將來居間與者常思明則禮樂幽則鬼神慎無忘維桑與梓之雅云

下妬磚記　　黄[illegible]

縣治東去三里有小溪南指通崇以上爲[illegible]
折北轉于西河秋冬細流不絶春夏水[illegible]
爲湖在昔有石橋梲其上水小則利水大[illegible]
突然將無以自利也弘治甲子閩之王君[illegible]
邑越明年政通人和百廢具舉乃捐俸命僧[illegible]
浩因故址甃石爲橋架木爲宇負土而堤引[illegible]
而柳功遂倏成橋堤相通高接𨓜勢低挹溪[illegible]

形狀延峻漫不可寫已而四山[illegible]日[illegible]光奮[illegible]
遠樹蘢翀陰氣觸目[illegible]虹雲而[illegible]
橋堤大觀也凡西時行[illegible]同[illegible]花[illegible]
其可以[illegible]以風[illegible]之[illegible]之走柯正
而衆之[illegible]之[illegible]城皆橋堤之變幻不可名狀
着宦[illegible]走絡繹于斯旗旗導前騎卒擁後輿
畢于百人[illegible]衍而來湘碳又馳導之所助也彼
載沙塡路自[illegible]郭榮則[illegible]矢轍不渡

渺際中華以通窮島大則大矣止於修飾榮而
無裨于庇萬姓之實快雄心而空殘中國地形
之脉非盛德事予所不取予聞丁人語民謂今
之橋堤雖甚便若歲蕩之以水則前功可計時
而圮民得今日之便固父毋王君之所錫也然
而戴德之心不可使忘於歲易湮没之後乃立
石以繫永思予述民心而爲之記

陳求道後傳　何槐孫蒲圻人副使思登達祖

至正四年五月經筵檢討危先生時來四明余忝鄉梟事暇日相與汎論古今人物先生語及宋建炎之亂鄂州咸寧縣陳公求道罵賊不屈賊拔其舌而死先生嘗爲作補傳且以殺身成仁贊之嗚呼若求道之死視唐顔平原無愧矣余家蒲圻距咸寧嘉魚各百里而龍堂寺又在縣北門外其事不聞諸長老不見諸乘志豈

歲久遠遂湮沒而無傳歟以是見爲臣死忠爲子死孝爲婦死節不幸而無傳者豈特求道哉求道之忠義雖湮没於鄉里乃顯白於四方又得仁人君子爲叙述之亦不可謂不幸矣余他日歸訪其子孫謀諸父老告諸令長求其墓而得焉爲表之曰故宋忠臣求道陳公之墓且刺先生補傳於後求道有知生氣當勃勃矣

周侯去思碑文　孟養浩撰

周侯蒞咸六閱歲而政成兩臺使者累以治行高第聞於天子天子下璽書襃侯請闕下既祖道父老率諸子弟泣卧攀轅車不得發者久之已乃相率詣不佞請曰噫侯去矣接羽翼黄昜爲理而難爲繼是安所得皭然冰潔如吾侯者乎侯性至儉於物澹無所好嚴征羨餽遺之禁纖毫罔入私若浼焉去之日蕭然琴書一篋而

形狀延峻漫不可寫已而因山勢日[illegible]其[illegible]遠樹蘢蔥陰氣觸目[illegible]紅雲[illegible]橋堤大觀也凡西[illegible]異可[illegible]之[illegible]之走柯正而象之[illegible]之城垣橋堤之變幻不可名狀者[illegible]走絡繹于斯旗旗導前騎卒擁後雖累千百人[illegible]衍而不湘碗又馳導之所助也設載沙填路[illegible]郭縈則蒙矣轉石渡

不以屬侯爰書填委吏苦腕欲脫侯往往以片言得情眉睫間蓋所平反脫於死戍若髡鉗城旦舂者幾四十餘解網之仁不深於此矣又曰安所得深計遠慮爲吾咸萬世規如侯者乎咸西北枕湖秋夏之交魚鱉舞於櫓堞侯懼以堤請於上官而畚鍤之夫鱗集受事不浹旬而堤就咸始享城之利而歲無修築之勞矣又曰安所得至誠格天爲咸百姓請命如吾侯者乎往

者祝融煽虐民惴惴重足立侯齋心默禱一言泣數行下夜既半有光熠熠閃爍隱隱起樓櫓間入雲中如流星焉邑人自是不復苦火矣肥𧕿徵咎鄰郡邑暴尫焚巫無虛日侯素服步禱膝行十餘里而雷電集澍雨如注應若影響焉何神異也夫侯美政未易更僕數論其著者如此古豈功茂績必勒貞珉以志不忘公獨無意乎余再拜謝不敏乃曰公等所稱說侯得其用

而未得其體也以余觀於侯殆古廩廩德讓君子哉其才解牛斲輪而出以悃愊惻怛其廉懸魚塵甑而靡所矯飾其遇事圓斂如珠走盤而中所執持若漢冑千鈞萬夫不拔蓋侯之學本乎誠者也誠生明明生公公生廉廉則無所虧而不當矣水之源潔也可以載舟可以鑑物可以決重堤之障而轉千仞之石侯往矣且將立交戟之下與天子獻可替否爲寓內蒼生造福

無量爾父老沐侯恩見侯顏色尚有日余所爲述爾言而鐫之石俾爾子若孫世世往來其下而歌咏追慕之因以想見其祖父遭遇之奇而徘徊乎蔽芾之陰滂沏乎峴山之側則此石固將藉侯以不朽夫石烏能不朽侯也侯名曰庠撫之臨川人壬辰進士

附救李邕下獄疏　聖裔孔彰　唐人

臣彰上言竊惟明王御宇捨過取能舉材棄朽烈士抗節勇不避死見危致命晋用林父豈念過乎漢用陳平豈念行乎膺息殞身豈惜生乎北郭碎首豈愛死乎向若林父死陳平棄百里奚不用晏嬰見逐則晋無赤狄之利漢無皇極之遵秦不兼西戎齊不表東海矣臣伏見淄州刺史李邕學成師範文堪經國剛毅忠烈難不

苟免遭者張氏弄權人畏其口而邕折其角韋氏恃勢言出禍應而邕挫其鋒雖身受謫屈使姦謀中折然則邕之有造於我國家也大矣前宋璟毎厚遇之豈徒以才重抑以其忠于國者奇今聞坐贓醜敗厥行且斯人所行者拯孤恤救窮乏賙患難積而能散家無私聚陛下下吏訊之聞諸道路執法者將加之以刑臆天之將喪斯文死在朝夕永辭聖代臣聞生無益于國不若殺身以明賢臣彰願朽株腐材輪轅無取徒歎視負息雖生何爲况賢爲國家之寶社稷之衛若喪國家之寶失社稷之衛哲人云亡邦國殄瘁將若之何是臣所以痛惜矣臣願以六尺之軀甘受膏斧以代邕死臣之死所謂落一毛邕之生有足照千里然臣與邕生平不款臣知有邕邕不知有臣是不逮邕明矣夫知賢而舉仁也代人任患義也臣獲二善而死死亦不

朽則又何求陛下若以臣之賤不足以贖邕雁門縫腋有不足效矣伏惟陛下寬邕之生速臣之死令邕率德改行全林父之功使臣得瞑目黃泉附范郭之跡臣之大願畢矣陛下若以陽和之始難於用斧鉞候天成命敢忘伏劍豈煩大刑然後歸死皇天后土實鑒臣之心昔吳楚七國叛周亞夫得劇孟以爲寇不足憂矣夫以一賢之能能敵七國之衆伏惟陛下赦含垢之

道存棄瑕之義違恩劇孟延取李邕豈惟成德
帝之寬實以副天下之望臣先君孔子曰鄉人
皆惡之未可也况大禮之後天地更新捨之弗
論人誰無罪惟明主演思之臣聞士爲知己者
死且臣不爲死者所知而甘於死者豈獨爲[illegible]
邕之賢亦以成陛下矜恤之德惟明主圖之

附紹興知府馮君墓誌銘　王直撰

宣宗皇帝在位之九年厲精爲治最重郡守之選有缺則詔大臣三品以上舉賢而任之於是馮君自禮部儀制員外郎出知紹興君儀觀偉然而才氣英邁其志亦欲自立於世到郡適大旱君曰民病豈有大於此者卽躬走羣祀致禱焉弊精竭神冀有以慰民望踰月以疾卒初民知君之愛己也亦莫不愛戴君而竟未及有爲

此其可惜也馮世家武昌蓋宋太子少師贈司徒文簡公京之裔廣西路同知良卿威順王參謀昇之贈禮部主事伯淳則君之曾祖祖父也元末昇之避亂居永豐之秋田以卒伯淳幼孤鞠於劉氏因冒其姓君貴得封贈其親始復姓馮初伯淳以通星曆被徵來京師君在侍予時濫官翰林以鄉郡故數過伯淳已奇君而君方從丁季恒受易永樂辛卯領鄉薦明年壬辰禮

部會試予專考易卷而君中敎官選予自恨失之然君亦不肯就請卒業太學乙未春太宗皇帝親策士予備員讀卷殿廬得君所對策而次第進之君遂成進士去奉命賑河南饑民措置有法人無殍死者擢行在兵部武選主事以親老求往南京理武臣勳籍以便養遂以父喪歸服闋來朝會大舉北伐擇能臣督軍資後期者死君當往大名而給事中與期促君廷辯之詞理俱勝仁宗皇帝在東宮監國是其言命吏之

事如期而集改禮部儀制主事丁內艱起復職如故尚書毗陵胡公敬愛君奏以爲員外郎宣德癸丑少保黃公與予奉旨考禮部會試士君蒞事其間朝夕勤甚然以舊故欲予去取公平庶幾遠怨予用其言然知其才達識明非予所及也其在儀制久於禮文之事無不知時有建議欲武人子弟皆就學君曰是使知忠孝之

道也力贊胡公請行之又欲輯今所制禮請頒中外未遂而有給與之命以君之才使得永年亦將何所不至哉而止於四十六葢以洪武巳巳六月二十三日生宣德甲寅七月十九日卒也妻安人喻氏生子皆不育以兄子棫爲後女一尚幼君好學能詩篤兄弟之誼與人交克盡其心居官以淸慎爲本其名見稱於士大夫君初名智安仁宗臨御日在朝列嘗以奏牘進嘉

其儀度遂親洒宸翰更名斂少傅西昌楊公字之曰欽訓欲其祗念不忘也今宸翰尚存而欽訓不可作矣嗚呼惜哉棫將以某年某月某日奉葬於某之原託其姻家刑部員外郎陳虬淵淸以禮部儀制主事劉球求樂所爲狀請予銘予重淵潛不得辭乃爲序而銘之銘曰有隆焉宗自宋顯江夏疏源澤彌衍同知奮武襲纓冕曳褫參謀克舒卷儒茲郎官實淸選七兵五禮

縱繼踐鄴章煌煌佩鞘鞘潁川渤海諒并遠哉
朝懷奇覓莫展陰陽晝夜遁迴轉刻銘貞石示
悠緬

咸寧縣志　卷十　藝文　四十三

卷十終

咸寧縣誌卷十一

邑人王禹錫纂修

知咸寧縣事何廷韜鑒定

文昌閣

序曰邑有祀典奉社稷以安人民宰職也然淫祠必斥狄公之直節猶存聖道是尊昌黎之正氣如在所以君子必重反經大人尤先敬典稽古至治之世其間日星呈瑞川岳效

咸寧縣志　卷十一　文昌閣　一

靈鍾之在人或爲忠臣或爲孝子或爲天民或爲義士其文章事業在一時而精氣靈爽自昭千古此皆帝心簡在世道攸關者矣如學宮重地祀

聖人也而文昌實式享之寧非以所司者文衡而所掌者天祿乎則文昌之教聖人之道也崇之以閣棲神主也況乎喬奎璧以昭天象敦孝友以餙人倫春秋之祀不亦宜乎

巡撫湖廣等處地方兼理糧餉工部右侍郎兼都察院右副都御史林天擎

題咸寧縣 文昌閣扁

功裨菁莪

湖廣等處承宣布政使司布政使劉顯貴

題 文昌閣扁

翊文翼教

湖廣湖北督理糧務驛傳塩法道布政使司叅議加一級王孫蔚

題 文昌閣扁 恩文麗天

丕千百載光華之運斗緯奎經燦燦輝生藜閣

司十五國教學之宗文江藝海巍巍功翊杏壇

湖廣等處提刑按察使閻廷謨 題

文德薦馨

提督通省學政僉事加一級魏學渠

題 文昌閣扁

星燦鐘臺

對聯

星占北斗規魁柄常昭大文聿啓人文之有象

化顯南離凜璧衡不爽神道運翊師道於無窮

題 文昌閣扁

湖廣武昌府知府張璠

題 文昌閣扁

文昌司命

維
某年某月某朔越祭日某湖廣武昌咸寧縣
某官等敢昭告於
九天開化北極文昌梓童帝君之神曰惟帝至
仁大孝聖武神文躔奎璧而庇下土司禍福
而廣嗣衍書憲萬古德澤生靈今茲仲秋春禮
宜崇祀謹以牲帛醴齍粢盛庶品式陳明薦
尚饗

文昌閣記　李仙根

嘗觀奎璧之英儲為天象嵩嶽之秀蔚為人文其間上列乎天下感乎人燐燐炳炳苞鍾英毓秀之精以扶泰運翼文明而闡揚聖教變化盡神者惟文昌之司命為最著也考天文誌文昌六星在北斗魁前為六府其權統乎圖書之秘其神廣乎嗣衍之祥掌仙籙注鸞書福國和民禦災捍患與躬膺民社者同

一勵扶同一燮理其功用至無窮也昔周禮春官以禋燎祀司中司祿昭盛典也原其初精儲張宿誕毓為張氏子世授大夫篤以孝友此又詩書所載尤較著焉嗣是而精爽昭曠上祀居歆三楚之間多列於學校以崇秩之薦明德也凡以對越天地自然之文章爾咸於先世建祠以祀但歲久時湮按之前誌則備其文而詢之祠謁則廢其址愴像返太

虛俎豆蓁莽能不重當事者之愴懷乎乙巳
歲奉諸
上臺檄纂誌書正我　侯承
簡命來治咸之二年也維侯孝友根於天性
慈和達之躬行於治民事神之道悉本至誠
爲感格矣嘗編誌之日揀正祀傳讀之不勝
喟然嘆曰咸之山川祀典無文不秩何獨文
昌有缺享焉誠守土者之責也然厪於念矣

而詘於貲遲之又久一夕夢神人語侯曰君
之弗祿道矣嗣徹優矣俾爾純嘏爲予居之
績矣侯覺而奇之謂是文昌閣之建予雖不
贍於力而未敢不勉於項也爰進紳衿耆父
老而謀之謂是可新乎僉曰唯遂捐俸庀材
營基於邑之西經方定位直覽乂河如帶縈
筆凌空形勢天然彷彿閬苑瀛洲之境以庚
戌孟春三月鳩工視事閱月而報成丹楹碧
甍絢日披霞而尨莊嚴帝範翼以奎星天象
垂而人文燦一邑之觀不藉是以稱勝乎閣
成而侯之功成矣侯之功成而侯之明德與
天地自然之文章俱一成而不易矣邑之都
人士徵言於余以爲記在昔余奉　使安南
經侯治親侯教知侯固卓異中之表表者也
今董事詞林屢捧侯之叙録方欲以侯之見
拔於　方伯特紀於

臺輔交薦於賢書者上而獻之
天子得見循良中如侯治咸之蹟其心清而恕
其才廉而敏其政復寬厚而和平有如是之
紀録不次也意者帝君默誘其衷俾侯以代
君宣化者爲之代天宣化乎自是榮膺内擢慶
錫嗣麟則福及乃身者福及世世而福及一
邑者行將福及天下矣侯寧苐以一閣傳哉
然侯不僅以閣傳而閣實以侯傳也余將以

傳侯之不僅傳者與都人士慶曰侯惟得於
治民者深故其事神者益至焉則侯之祿位
名壽不卽與帝君之參贊事業上下同流乎
因紀其事以勒諸珉　侯諱廷韜字毅菴文
林郎三韓瀋陽人

文昌閣題聯　何廷韜

朗誠直達紫微垣星象盡昭回天象
泰運太開黃道日神機將翼贊文機

又　何廷韜

旛飈寶華凡居仍出蓬萊景
天開文運高閣還臨太乙星

退思堂題聯　何廷韜

退食自公政拙催科思補過
求粥恐後心勤撫字頌酬恩

應甯樓題聯　何廷韜

棟逼星辰宇宙八荒供笑傲
簷垂河漢山川九嶽伴登臨

二堂題聯　何廷韜

五六十里封疆視古爲子男之國
百千萬人寄命賴予作父母之官

二門對聯　何廷韜

舉首是青天念凛四知直與神明無愧
凝眸皆赤子慮週萬全方爲父母求誠

大堂對聯　何廷韜

田疇非沃土里逅不滿百八唯在賑恤週疾苦
軒車若流水錢賦僅止七千能以撫字寓催科
何憚三分軍七分民乎
焉用二月絲五月穀也

察院對聯　翼城　上官鉉

入境觀民𤰈野耕耘卽是治
過疆問吏萬家樂業便爲良

察院扁　上官鉉

道德太平　文武爲憲

桂花堂對聯　何廷韶

撫紫瑤琴傳雅韻徵招角招調出曲中民事
臨軒丹桂挹天香日照月照移來化裏菁莪

內衙五聖前對　何廷韶

祐錫全衙神澤遠
康流闔境聖恩多

登高亭對聯　何廷韶

陵巒千盤望煙嵐杳靄岩樹紛[illegible]美牧笛樵唫
謾自尋芳勝日
振衣萬仞喜翠嶂疊屏碧流縈帶倩嶺雲臺月
長陪對岫觴歌

北堤樓對聯　何廷韶

公餘散步長堤任覽物四時柳綠桃紅秋月寒
梅不數西湖千古勝
政暇探風高閣儘凭欄十里雲收雨霽波光山

色好看舊蹟一朝新

奎星樓　何廷韶

聯輝紫極好看彩筆生花爰文光直射斗墟呈
五色
獨步青雲已占金鰲一第喜奎耀特臨郎宿列
三台

桂花堂自賦　何廷韜

余任咸事閱六載於今矣求其上以報
朝廷之知下以答蒼生之望者端在敬脩職業焉
而余何以敬之脩之亦唯是戴星出入兢兢以
勤民政也哀矜折獄兢兢以平民訟也役書不
作兢兢以寬民力也優恤耕耘兢兢以阜民財
也季課士子兢兢以重民教也數年之間廢者
興之圯者葺之利者因之弊者革之四郊樂桑

麻之布十室傳絃誦之聲雖未敢侈爲富教之
無加也而實不媿乎牧民之循吏矣嘗聞之潘
岳種河陽之桃李其花滿縣予則培咸治之官
桂其花奚止滿堂乎蓋以退食之餘有時携清
風邀明月相與酬酢主賓區劃庶政忽領天香
自雲間來其艷繽繽然其氣芬芬然如贈我以
蟾宮之枝余因思古有以槐名庭者懷其明德
之遠也古有以栢名府者百世留其惠愛之澤

也則余當此風晨月夕之際猶得袖惹名香淸
新馥郁其無負於簿書中之仙吏可知矣乃援
古人因物題名之意以顏其堂曰桂花堂因爲
賦曰膺
簡命以撫全咸兮理煩劇而舒揚礪勁節以
樹清操兮秉日月而輝光屢懷以覺民憂兮
期綱舉而目張鞠躬以任
君事兮頑物阜而人康治必移風易俗兮山

川蔚蔚其在望化惟遂生復性兮婦子嬉嬉
而徜徉振文德以歌棫樸兮表特達之珪璋
奮武功以壯干城兮誇繼美之鷹揚予心實
憔勞兮整飭固已多方予心實劬瘁兮締造
亦復無疆忽領仙風之飄臨兮快綠綸其世
掌應郎官之列宿兮頌一人之元良拭日澄
清江漢兮余方步月以寫於桂花之堂

似之故樂山令夫水周流無滯惟智者通達事理似之故樂水陳侯好古博學仁知合德推之愛民者其厚重不遷歟施諸理物者其周流無滯歟居斯樓也脫陋而遊高明情曠神怡目領心解境會理得高而峙者吾心之山也孰得而搖奪乎湧而動者吾心之水也孰得而滓渣乎然則所謂環翠將不在山水而在吾心矣故居之而安非耽嗜風景而溺宴安也吾心安而理

得也樂孰大焉將見咸寧之山川由茲樓而增其高深侯之清譽益傳頌於悠久矣所謂地因人而勝者也客以予言不謬請書爲記俾後之覽者亦將有感於斯

卷十一終

藝文續編

咸志舊序

方沐 邑人御史

古之言地理者有圖以知山川形勝之要而志則載地土風俗之詳是蓋關於政令風教之大者後世郡邑或有志無圖或以圖合志甚者志與圖俱失文獻無徵識者貽譏咸寧邑小俗厚地僻多賢唐宋以來於今益盛然自元季兵革之變圖志亡逸我朝永樂景泰間雖兩經修纂圖志不過粗具大畧山川形勝土俗人物紀載

因未能詳且覈也紀載不詳何以示後臨川天錫伍先生來掌咸寧校事具載予嘗過先生偶論吾邑李太和馮當世之爲人先生出唐宋書觀之二公出處之詳備載罔遺予因歎曰吾邑舊志簡畧如此安得先生重爲之修不獨有以知山川形勝土俗人物之實而後世庶乎文獻

足徵也慨然曰志書之修政令所關風教攸係吾分內事惡乎辭先生詢諸鄉人故老本之聖朝制度紬之經籍子史窮搜博采紀載詳悉類分八卷不越月書成予得而閱之其事要凡例則依原降定式每書一事必自述攷証於後其纂集所據而備其議論有所本而精措詞簡嚴立意正大誠得勸誘警策之旨信乎有關於風教政令之大非徒資於汎覽而已嗟乎自國初

迄今仕吾庠者多矣圖志蓋□纂而修矣孰若先生用心仁且密哉蓋先生出臨川衣纓世家發身賢科年富志銳究極羣書其才弘才其學博學其識卓識備此三長是稱良史豈特志小邑哉然則吾邑鄉人子弟抑何幸而得覩是書也哉兹聞邑大尹陳侯將鋟梓以貽久遠予故喜而為之序

咸志舊序

趙邦柱

冊之墨子曰吾觀百國春秋蓋國不乏史云自秦罷侯置守令而郡邑之志與家國二史並垂國史善誣家乘善溢夫其經緯天地原本山川苞孕民物恩者不得譽而怨者無所修其郄則郡邑之志戛戛乎難矣今言史者徧寓內十室之邑靡不緗袠爛焉而吾咸獨否天順間學博臨川伍君嘗掇為之稱具草耳旋亦就剥蝕不

復可句學士大夫橫經而閱八紘問以邑事莫置對也往予為吾友義甫言古人尚友先自其鄉杞宋之事孔子慨焉不可以吾黨於此而邑乘闕如令後世窺見咸也義甫笑弗荅居久之闔中王侯進諸生知邑志湮佚狀爰謁義甫請焉義甫唯唯乃檢舊志什一益以耳目所覩計彙為六卷踰月而告成事于是王侯發青走使白下而屬叙於予予㬂然起曰吾志也而大夫

咸之邪君今之世志古之道所以自鏡也咸地褊小割江蒲東西偏而邑之蒞之以令尉董之以師儒一邑之山川民物夭喬蠉動恠瑋之態具焉觀政則餘澤猶芬考德則高山在望嬍行微言星列滿目迹其遺事想見其爲人無乃倜然而有企心而仰止思齊以庶幾昔人於今日則是編之大有造於咸也昔王仲宣記英雄欲以其時重於古荆楚傳先賢欲以其地重於天

下春秋云遒陵陸巳遷而二書之存猶若琬琰其色而傳之嚮子桓氏云文章不朽誠非虛也矧一邑鉅典千秋鴻業賢師帥實執牛耳而鄉之名卿偉人奉槃盂從之組繡其舌金石其指以畱寫人紀明章天化爲萬世規有不美愛可傳流麻千禩者乎不佞浮沉郎署匏繫白門未由搦管從義甫後效千慮之一視是編怦怦然心動焉夫自是而咸之人知有其鄉與天下之知有咸也則是編在矣王侯諱元柄陜之蒲城人義甫姓孟氏諱養浩邑人

咸志舊序

孟養浩

咸故無志天順間博士伍君嘗屬草焉今百五十年矣磨滅漫漶不復可識薦紳先生難言之萬曆甲辰關中王侯來蒞咸甫下車即詢邑志慨文獻之無徵毅然身肩其任而以載筆屬予予最款啓乏三長不嫻於史顧以邑人習邑事義不得辭也乃稍檢舊志參之楚史證以老更所誦説彙爲六卷各千萬言夫志郡邑之史也

史以綜天下之故而志以摭一隅之實皇華遣使周爰咨度太師陳詩觀釆風謡太史奏而記之以存往蹟鏡方來陳得失之林昭懲勸之公志尤史之權輿胡可廢也咸地褊小才當子男三之一又其建最後唐宋而上無聞焉孔子不云乎吾猶及史之闕文也夫信信信也疑疑亦信也吾徵其信者而闕其疑焉故於宋元而畧也吾不敢誣也於明而獨詳也吾不敢佚也是故仰瞻天度俯察地宜形著於下象見於上精祲相摩氣類相召天人之際如鼓答桴無不應也熊繹受封子紅胙鄂罷侯置守分領併隷爲鎮爲縣詘信代謝譬之奕棋不常所治我是以有星野方域之表山厚象仁川虛象智灝氣盤鬱炯光浩渺地紀人文其致一也王公設險與民守之乘輿濟人君子譏焉向明出治非壯麗無以示威興賢育才虞庠周雍不見異物而遷

斯爲士矣我是以有山川城池津梁公署學校之籍厥土塗泥火耕水耨呰窳偷生民鮮積聚承流之使冠蓋相望置郵如綫疲於奔命我是以有田賦郵傳之紀法施於民以死勤事非此族也不在祀典聖哲之變仙釋間出緇衣黄冠其麗不億青牛白馬之談猶河漢而無極也我是以有壇祠之録豈弟君子德音不遐召棠故在峴淚堪揮高山仰止典刑猶存我思古人雖

自世之上僾然如將見之矧生同其地者乎我是以有宦蹟名賢之傳惟鄉三物論定後官四夫有善可得而舉也里選既湮科貢斯闢射覆爭奇得雄者王士生斯世即莘巖有側注進耳我是以有仕籍之考江漢化行莫不靜好柔嘉維則聖善之儀雖鉉堂既闕而彤管猶芬我是以有淑媛之述在則人亡則書識大識小惟愛則傳媚竈諛墓之詞不足存也我是以有藝文

之輯孔子有言吾志在春秋彼隱桓之際則章定哀則微爲其有所刺譏也夫褒諱挹損之文吾何敢知要以抉其幽微正其譌舛芟其繁蕪增益其所未備闡前喆之清徽俟後人之可信則知我罪我有斯志在矣夫王侯蒞咸未閱月嚴保甲清積蠹諸善政且次第畢舉余拭目俟之而茲獨先其大者是可以觀志云

德新堂銘

教諭方杲（本邑人）

上帝降衷是曰太極無臭無聲既鉉且㮚吾人秉之是謂懿德大而彝倫微而事蹟遵而行之怡然有得真知允蹈行之不息曰新又新表裏洞徹明德既新乃見天則斯須不謹利昏欲錮靈臺一蔽前功俱失雖曰降衷天理斯匿明德既昏愚闇同域貿貿紛紛欲往何適嗚呼戒之敬之脩之克之去昏復明如鑑之拭塵翳不留

光彩方射人欲靜盡天君司職往聖維師成湯是式

環翠樓記

學博伍　福　蠡人

咸寧邑治面山而背湖廳事後邑大夫居第在焉然地勢稍迫故廨宇亦卑淺景泰甲戌春東嘉陳侯來令茲邑越明年政通人和百廢具舉侯乃即所居撤其最敝者易以重屋於後質樸不華高明亢爽居之以安爲夏四月哉生魄侯退食自公與客登而樂之當斯時也薰風徐來八窻洞開遠近山光凝青積黛爭奇獻巧映帶

如畫而湖水新漲浮光耀金動彩湧照魚鳥翔泳鏡天上下一碧千頃指顧周覽光景萬態舉在目前信可樂也客有前監察御史方公思濤舉爵飲侯請以環翠額茲樓且志侯之淸風雅度在乎山水之間也侯既曰宜衆客懽忻僉謂余文宜記事嗚呼樓以環翠名詎非得趣於山水乎然人知環翠者山水也而弗知山水於人有理寓焉今夫山厚重不遷惟仁者安於義理

□興孟子曰豪傑之士雖無文王猶興百世下豈無興之者如東湖而士之猶興豈無此豪傑者乎東湖公功被天下者不可勝紀此學之一事亦觀之首務也是宜記焉歲在正德辛巳之七月適嘉靖龍飛之始四月也江夏木鄴鹿遷氏記

咸寧縣誌卷十二

邑　人　王禹錫　纂修
知咸寧縣事何廷韜　鑒定

修學 藝文

序曰學校者明倫宣化興賢育才之重地也古者臨雍莅頖尊儒重道悉視此矣然國學三代攸共而鄉學則以時異名雖有異名曾無異制而制必具備始能彰一王之法荅

先聖之靈則崇尚文教即以厚培國運而廟制之輯寧不因時加意歟如咸學之設其來舊矣前此之修餙未乏其人但相沿故迹鋪揚帀美幾何而不飄搖於風雨頹令其蓁蕪俎豆茂草宮墻已也韜莅任之始慇然廑念不憚以課民者課士而並以修政者修教首爲捐俸庀材𣸋新模增舊制非侈觀成之盛也惟玆聖域優崇振勵人才之會云

何侯重修學記

鄭之詒

葢自學宮之設前以崇重　先師而學宮之制乃以教育人才咸自有學而隨其典代不乏人著過邑賢大夫不傳舍其官津津以興學育才爲治之要如人過廟興哀仁孝自不容已今咸得　侯以翩翩弱冠之年雄才卓犖前無古人後無作者自蒞咸之日事無艱難巨細胸有成竹迎刃而解一時百廢具興而學宮修餙葢其

始務百倍乎前人者不獨捐俸鳩工而經營之提直本獨裁由殿廡櫺星啟聖明倫賢祠官舍階牖環垣別搆一觀於茂草中舉宋三元焉文簡公頹椽起而新之仍配以明季孟中丞公俎豆重輝積三月事不勞而規度弘遠工落成侯乃仝學博李君率諸弟子員暨僚屬一二告廟之日適不佞子假方歸欣瞻廟貌所謂崇重敎育賢大夫之不傳舍其官者以其首見之也

學案者一語不共勒瑱珉云更爲頌曰咸作學
宮在邑之東維學崇隆運敂人弘臧賭捐俸庀
材鳩工文明重地樂只泮泓永晋不朽式歌鼓
鐘

修學記

鄖縣知縣　王廷傑撰

學建於國又建於鄉所以崇　先師而大文教也一時廢興世道人心胥繫之豈渺也哉世讀聖賢書無不知尊聖賢者第兵興後衿子埋首山徑黌宮鞠爲茂草而長吏輩又以戎馬紛紜拮据供應昕夕弗遑則談維新於今日誠戛戛乎其難之淦邑　聖廟夙號恢宏自罹兵燹頹毀過半兩廡尤根椽片瓦靡

有存者前人一再爲之未見厥功至今不無遺憾幸邑侯周公起敝維衰百廢振舉而其於　聖廟尤凜乎有餘恫今年夏正念修葺會余來署咸庠至之日即與之謀余唯唯任之不辭遂屬與庠友陳生璧唐生開虞黄生應鉉孫生旦董其事蠲吉鳩工捐貲庀材謀其所以修者正殿崔巍虛敞風雨易頹則東西頂壁鋸板裴釘榱桷椽瓦宜易者易　聖

座朱卅四配如之宜新者新崇[illegible]
美也兩廡祤作東西各三楹諸賢牌[illegible]
一一安置悉有法翼如也戟門高[illegible]
墁乃三扉拱樹儼中正可象也類有[illegible]
石砌淤者深注忽如泉侯快之命[illegible]
釆蘋奠澗也外列屏與墻周循構[illegible]
高垣聳其望也內外前後左右俱設門[illegible]
入彜堂四壁新庭除治以及禮門森然[illegible]

亦茂不嚴翼改觀君子履而小人[illegible]
可矣侯曰未也棟宇飾而祭器不[illegible]
何於是討故實而簡之置供[illegible]
七造帛匣八諸如爵豆等缺者補[illegible]
不周察而完具衆曰可矣侯曰猶未[illegible]
居矣祀事沿陋規神其吐之乎吾[illegible]
謂何而可草草也牲必具儀[illegible]
自稽豐盛精潔且告誠再三務種種致其誠

敬而後即安以故祭之日博士弟子貞靡不
洗心易慮奉厥事惟謹一時上下皆有嘉德
而無遠心也是又數百年之所未見者侯之
功若德直與宮墻俱高血食並永矣余暨司
訓公與諸生輩先後心侯心以共竭其心矣
公矢勤矢恪不特舉前所屢作未克者一旦
而襄之成且盡前所相習不敬者一旦而革
之力幸矣廟貌新吾道興祀事肅大典光矣

自茲以往履斯門登斯堂進退趨蹌肅乎如
有所見愾乎如有所慕雍雍穆穆皆知重本
知重本則知嚮化知嚮化則敦詩說禮型仁
講讓可毋即於偷則此一役也豈惟　先師
之為邦大有裨於名教也維時工成告廟祀
畢舉觴相與慶而序之　侯諱文華字在中
號尹公山西翼城人時以卓異聞於
上寵賜袍服其最績纍纍不槩述而茲特舉其

修學之一端如此

大成殿記

伍福　邑人舉人撰

東嘉平陽陳侯公遠之來治咸寧也不二三年政用有成上下輯睦平易不撓民安於無事尤以學校爲務而究心焉時學之禮殿門廡神厨齋舍歲月既久日入敝壞侯每周覽嘆曰予自垂髫游歌庠序讀聖賢書發軔郎官例令内朝清明外無繁令正予崇報之時學校之修非吾事而誰事於是視棟梁榱桷之腐者撤之瓦甓

之缺者驅之象設采色之黯者易之而惟新是圖梓人陶人攻金攻木各色之工執藝待事者雲集首搆禮殿高踰三丈視舊有加而廣如其舊以及門廡神厨齋舍諸屋次第而舉增露臺於禮殿之前完以枵埴塗塈之堅漆以丹艧柦楹之飾南面之象倚食之容衣裳冠屨儼然有别經始於景泰七年冬十二月訖工於天順改元之夏僅及半載煥然一新稱其觀美而工費

之需處之有方故敏於就事民不知勞賢矣哉陳侯之用心得以攄其圖報之忱矣於戲治教之休明爭專在於璧室之美哉聖人之道如日中天敦叙彝倫推明至理修齊治平之方裁成輔相之道本末具舉萬古不易然而簡陋不治則無以行典禮而隆教養何學校之云乎惟其費不可闕乃修而崇之固爲政者之當務然往往視爲緩而不切亦復何限陳侯出右族敦説

問學內剛明而外循雅審事宜而達政化飭躬蒞民已收功於踐履斯舉也誠可謂知所本而善推其所爲矣予故喜而紀其顛末刺諸麗石後之蒞政者能不有讀斯文而心侯之心者乎是爲記

重修廟學碑頌

副使魏裳　蒲圻人

夫子以孔子之道師天下使郡邑立學世所稱賢公卿大夫何嘗不遵孔子之業也傳言郡邑長吏崇化以厲賢才治行著若於庠序之事未皇亦淺之乎其治矣漢殷褒修起學宮布文明之化晋范甯興學勸士後世多其作人當時少府用度躬自省約崇儒抑俗潔已先之非誦法孔子然耶劉大夫爲咸邑始下車存問邑中耆

老恤民瘼加意拊循逾年治成文教興郎漢晋二千亡讓已一日進學弟子曰國家功令多士習之吾所職者豈直校文藝給稍養哉孔子之廟不飭謂有司何乃命工程材新棟宇修泮池及學官弟子舍皆治始壬申冬至今夏卓有成功文學畢君則使趙生鶴屬余言竊以褒甯有聲漢晋間其所用者大也乃所臻治理之效則自作人致之予觀大夫治行豈不庶幾古昔哉

載稽往牒咸自朱慶曆始爲學人才盛馮京陳求道皆當世所謂賢人才士論成名高第也京入政府危言抗節忤安石惠卿求道不屈邪昌至拒劉忠以死精忠偉烈天下至今高之豈非學之效乎大夫泮宮作士子衣冠俎豆其中由聖人之道以垂令名不朽大丈夫由是蓋賢已乃爲頌曰今　上御宇文治中興魯侯穆穆明命祗承鞠躬履方既令儀德居今行古棣棣其則

惟民康乂多士作孚昭闡革濁入易其趍豫章榮陽名非虛立佐王寵靈君師無斁豈弟君子邦國之光一言于石泮水之章

重修儒學碑記

孟養浩

今上申布功令廣厲學官廟祀吾夫子唯謹數仍之墻擬千乘王宮而咸日就圯敝廊廡堂奥鞠爲榛莽非所以宣上意振起儒林也辛卯秋余奉使歸覲之喟然太息稍稍從史視篆張公公業首肯未幾公去余亦北上事遂寢曹侯下車之明日祗謁先師廟周視而嘆者久之多士頓首前曰二三子將有請也亦唯是以先師之

靈徼惠於大夫侯曰諾甚盛舉吾將爲若請於中丞侍御藩臬郡大夫之庭而後有以籍手也已牘上中丞李公侍御李公藩臬郡大夫以下皆報可侯以示多士無不人人色喜者是時咸方苦旱又西河功并舉諸父老或難之而侯毅然捐俸鳩工掄材伐石大木千章椐椐疆疆日夜受事於儆儒越三月文廟成而侯適以寧國命解縣事去今邑侯周公首詢其事而成其

志益堅節之初百冗蝟集而未常一念不在學宮兩侯協心先後一轍譚者嘖嘖稱異焉而後殿堂門廡輪奐一新堦級垣墉黝堊冊漆令觀之者目駭心悅計度支可千金不費縣官一錢也侯謂余邑人屬余記成事余義無辭乃諗於衆曰美哉侯功庇多士矣顧侯所屬意多士詎寧止是咸蕞爾小邑固宋馮文簡公里也文簡公科名鄭重世所羨慕其昌言亮節力折權奸

耿耿乎揭日月而昭雲漢夫寧獨以文章取世資耶魯人之適岱岳必先東山吳人之適滄溟必先震澤蓋其取法也近則其觀摩也深邑有先正安得引車避之而曰乃所願則學孔子乎多士彬彬仲尼之徒清廟明堂惟所用之是不難工呫嗶取青紫求一當於世唯是闡揚經術抗節致身出入不倍所聞以思無負主上無負生平無負中丞侍御藩臬郡大夫之意而稱曰文簡公里人是則二侯拳拳意也若乃乎廟貌之隆崇堂舍之精麗而遂謂此足庇多士乎彼三氏之琳宮紺室鏤壁輝金非不睟然稱盛矣胡吾徒掉臂過之而且咄咄吐之也是役也始於孟夏之朔卒於季冬之望二侯姓字里貫暨諸執事名氏悉附碑末不具述云

新置學田記

廩生王維培撰

咸寧楚孔邑邑庠之冠儒冠而誦鄒魯者無三四百人士勝衣以上一唔咿其間卽復其身以別於編氓文學稍稍優又予之廩餼以足其衣食夫如是而業不精名不顯者非夫也然士已去編氓勢不得躬耒耜而農之務荒士病廩餼之所及者有限餘皆必謀之室內或跳之他境他邑爲里塾師甚或之商之賈其尤者袖券謁

財虜之門而士益病或士用明經孝廉膺爵躋膴者固不乏人然以三元闢運至今馳驟青雲翺翔藝圃猶不能中視名郡巨邑坐是故耳文所局矣初來首詢學政始徹其圮壞而新之犁然改觀既而閱掌故咤曰咸故有學田奈何士貧若是豈積猾之乾沒抑亦有司者之玩褻之得田一百一十八畝有零復諭生員阮憲王維墱方遷義民方晤樊銀芳等輸田八十三畝有零合之有田二百二畝夫田必佃之農農收其息之五國收其息之三鼠耗胥漁又去其息之一所及士者無何侯乃發豪民之隱射者若而人總其米若而石卽以充學田之糧學有田而無糧田之入盡以實學之帑士之不能冠婚喪祭者藉於是士之糟糠不厭裋褐不完寒乏炯而衣露脛者藉於是月課有饌公禮有費藉於是政成勒石垂不朽而不佞屬操觚之役余惟

三代之治教養并重故既富方穀士穴處而蘊奇出則翊皇紘維帝軸社食以此長世是舉也崇右文之典於經綸之先施不測之仁於陶鑄之內五年間文學彬彬人人芥視甲第異時文章德業後先繼美菁莪棫樸之盛余且持左券以竢非侯今日所注厝而貽之者耶若日久弊生利歸私橐秦瘠二三子非侯今日意也侯名曰庠號文所豫章臨川人萬曆壬辰榜進士其

美政實績道路有口碑閭閻有家乘行且載循良傳中咸之士民將尸而祝之社而稷之茲不具記記其置學田并尚義捐田姓名者若此

義助公田碑記

朱峻霄咸寧縣知縣撰

余令咸四載而寧州命下行將解維去矣閱學中諸務獨義田一事是不可無記夫義田之立非昉于余而事刑名倜儻有大節則曾君其最著也君壯仕西粵廉平不苟晚歲倦遊雅尚儒術教其子侄蜚聲鴻序將來事業殊未有量也一日曾君至學見義田有碑喟然嘆曰此甚盛舉也丈夫生平當有偉績可書余叨有青衿子

侄獨不能爲若舉乎於是以用價五十金原買田地悉捐以充學帑按其地一汪家畈一白木畈總其數田三十四畝今丈二十三畝七分三厘五毫地一塊一分九厘而歲入之額則二十六石六斗有零庶幾其無乾没乎事奉學道本府批示清丈入册以爲優劬之資製文勒碑以垂示久夫君之重義崇儒視俗之尚佛教金璧輝煌者相去天淵矣余邑事倥偬不能爲地方

畫便宜可尸而祝之社而稷之者獨擬其顛末若此

咸嘉社學記　　趙遷（江夏知縣）

社之有學夏商周三代庠序校之遺意卽古之所謂小學者是也古之士八歲入小學十五入大學由小學而升諸大學學非有小大也蓋小學則學之始大學則學之成是故三代之上非後世之所可及以學之有漸也惟我大明御極歷數世聖化之久學宮遍天下而鄉社亦在在有之人文之盛與三代而匹休猗歟盛哉湖廣

武昌郡之屬邑有咸寧嘉魚相接壤而學之在社尚有闕焉正德歲之巳卯副都御史東湖吳公適奉璽書有事於此惻然念後學之士不可不教於蒙而得養正之地也乃謀諸鄉耆士大夫卜諸二邑之交山幽而水清得涵養本源之趣市材鳩工命有司董其役廼撤其所自爲屋而立爲正廳廳之後爲書舘各三間禮夙儒而主之東爲號舍凡六間以棲諸生西爲厨房三

間以便炊爨繚以周垣垣之外雜植松竹鬱然成陰大門左爲賓館以接賓客之遠至者仍置田一頃七十畝與民佃耕歲除稅外取所餘穀五十石爲師束脩費及子弟之貧而願學者悉以周之噫公用心仁矣事旣落成咸令尹吳君聰蒞令尹陳君文儒議於咸庠司訓李君玠走書丁寧於遷謂遷志楚史宜記斯社學之顛末也夫天下之事莫重於始社有學以養蒙所以

教成人之始也始之不教正本失矣曷以望其成邪君子之作事謀始東湖公之是舉也吾知二邑之士他日彬彬禮樂底於大成或足以踐功名以善達天下或足以踐道德以善達聖賢漸有成效伊誰之力歟東湖公建學之力也雖然二邑之先孰不有是舉孰不有是心之同然者哉久而玩玩而愒愒而弛焉勢也吳李諸君礱石以記得此心之同然將不獨一時之士可

以興孟子曰豪傑之士雖無文王猶興百世之下豈無興之者如東湖而士之猶興豈無此豪傑者乎東湖公功被天下者不可勝紀此學之一事亦政之首務也是宜記焉歲在正德辛巳之七月適嘉靖龍飛之始四月也江夏木峯趙遷氏記

破呂賊露布　　孝廉李　玉邑人

葢聞片羽遇鵬風不識掃歸何處衛鸓鶵子早知化作微塵事無逆而弗傾勢有全而必勉況以赫赫天朝虎貔百萬堂堂全楚麟驥八千何蟻聚之能容豈蠅籌之足展山賊呂某者族非呂祿勇愧温侯老相國家丁之家丁陳廷讓部曲之部曲稍慕梁山泊義氣便效新市里狂謀若龔遂早來豈敢帶牛而佩犢惟虞詡後至故

能鼠竊而狗偷兼之衣冠中禽獸某秀才結爲腹心科第裹豺狼某縣官資以羽翼然後大張梟吻遠吐鯨涎可憐林震裹梓澤墳刻烟銷最慘吳孟長竹林須臾血濺洗湘陰之庫藏白晝視爲兒戲入崇陽之城郭侵晨假作流氛納叛招亡掠男鹵女監利謝都堂不減于重逢孔賊景陵魏憲副恰便是獨遇平林截斷江上行舟拘集湖中漁艇公然黄蓋全隊紅巾百里内十里外家愚半入其群武之西浉之東良善多瀕于死居則黄相二等謀議出則萬濟水等衝鋒而又令陳震陽亂咸寧柯立子擾大冶犄角爲援以至于李將官赴湯火郭緝捕蹈天牢剝膚可畏豈知鬼神弗逞士庶僉同官兵雨驟弱臂爲可當車大姓雲屯逆鱗自當胃網一鼓作前軍馬是馬步是步奮勇先登河畔人人失色連營攻各寨俘者俘焚者焚長驅乘勝關前户户

寒心不三日而直搗賊巢詎多岐而偶遺戎首畢竟天網四張地雷百出潮廣與江合力青衿共白挺交讙萍浮水魅一蕩何存草竊山魈萬種俱寂田宅没官方使人心極快妻孥賞士始知天道好還嗚呼劉千斤可稱險隘尚就誅夷陳友諒何等富強猶然殄滅皆三楚之股鑒胡衆醜之蹤行幾年作惡仍將肉飽烏鳶千里攫獸不免骨饞狗彘聞者哀之告髏從勿徒黄[illegible]鞭屍臠之晚矣戒爾習莫待白刃臨頭

重修三元𣑽樓記　余希聖

樓之名楚者四而三元不與焉狹其制也予謂黃鶴岳陽表飛僊壯洞庭已耳仲宣竹樓紀作賦明清讌已耳傑搆名都故足與齊雲落星並傳若夫三元之建僻在下邑制雜闤闠然而標昔賢之美俾後人則而象之其義有進焉矣惟其義斯不惟其制也蓋是𣑽於唐爲⿰女永宋以後一易朱紫再易今名乃以文簡稱而樓其上則

自別駕王蔓始歲深頹廢民無所感興　何父令咸之明年政無弗舉人和歲稔乃剏斯樓而新之浹月落成率師生觴其上萬姓環𣑽以觀酒一再行予爲登邑人而颺言曰父老知　賢矦新斯樓之意乎蓋望人以司徒公之爲也維司徒式之陰德格天發祥厥後乃生文簡以異才掄三魁夫文簡不易爲也若司徒公之行則固人人勉者也爾不觀之於釣乎剖粒爲餌獨繭爲繹則所得者陽鱎耳若夫合絲爲綸餌之犗肩則所引者盈車之魚彼夫于閭王槐皆能弋所獲於天而司徒公則得全全昌者耳父老勉乎哉能自存心至於積行隨力所可及慕仁彊義無求人知則子孫必有興焉者矣大小之報又寧或爽歟今試與升樓以望彼迤然而漢秀者非潛山乎是文簡之所藏息也近耽書臺風霏月映當年吚唔聲猶忽忽在耳巍然崒嶫

者相山也比執政之日峻節端亮壁立千仞之槩殆如是邪俯視惠安直蟻子封耳而涓涓文漣馥馥荷風其蓮沼與何歸政後之孤標逸韻久而彌芳也詩曰高山仰止父老於此能無所慨慕於中也邪慕於中則則而象之勉其所可爲以俟乎不可爲天表之應猶昔也予用是知賢矦之新斯樓不第昔之望雲物資遊覽者耳固爲咸俗德與賢之大觀也矦聞言燕喜以余

予善發其志使引一大白而記之

九龍洞記

孟應乾

崇禎己巳八月中秋後二日蒲圻友人周大春仝遊過仙洞去邑山行三十里許按轡裹腹而至九龍有仙洞猶鍾臺有桃花洞與寺不數武洞劈石屏十數丈巖藿綿濛峭壁相望臨高降深抵寺前與大春必入寺選僧鉢緣可共連日齋廚之累也大春放脚輒一往作阮步兵哭絕又如唐周朴與來得句橫行叫舞不休洞處山

僻遇康樂萬齡物色絕少其石澗石塘龍眠豹息蓑衣白鬚纍纍下垂白者潑乳噴錫巧者鐫玉鏤晶少深入則石膩漆爐與遠莫可測聲出而響應聲稍放霧自內騰水從上滴灑清寒可畏予不欲盡險而涉呼大春援石磴一線一徑而出返洞門方縱步釣橋桃樹二嶺萬松幽邃如絃如沸可坐可臥吾鄉周南野處士穿石為室傳周子望親臺更進訪榜山山與寺連雲奔

[illegible]驟登峯造極泠泠凴虛御風振衣千仞之意很無殘碑片石可觀耳僧於嶺上一烟盦起蓋煑茶待焉予共作詩十首有山尋各自分深淺之句明日返城居送大春還肅有歸衫尚濕峯藹雨别影猶分洞裏烟一詩而别

皂袍井記

唐范瑛

皂袍井者西城橫街東井也去黃家衖井可十三四丈許去西河亦不過三十丈雨晴潮汐氣相達也河水淸漣衖水甘冽以炊以飲以浣以浴無朝暮不鱗次者獨此井介兩水之中汲而炊則白者以赤人愈不敢飲焉汲而浣則素者以蒼人愈不敢浴焉故老傳聞或謂頗宜染色而咸俗樸陋無黼黻之華無繪繡之飾染坊晝

肆皆愚人又不解辨其色察其性宜何所施宜何如配製而奇士之能鑑别此水者既無所事於咸亦不得過而存之是以此水頗反辱於閭里販豎傭丐之手噫掘井九仞而不及泉洵爲棄井今掘及泉矣而性不諧於俗又不忍作風波以動人易曰井渫不食爲我心惻可嘆也夫假使遇良工宿之丹秫以縣其所漬合之藍蒨以觀其所就吾見其耀山龍而映火藻也金瓶

素綆轆轤銀牀之側者豈不並受福哉抑又聞古服餌家以丹砂佈井底俾人飲之率多壽考時有僊去者夫安見此水不即丹砂之所融液飲之而久又安知其不壽且僊也悠悠千年必有能品此者舊誌且逸其名吾是以慨悲此井之不遇而猶懼來者之無聞也作小記以傳之

温泉記

孟佐盛

五行之性不必皆一火至炎也而有凉燄水至寒也而有湯泉以至炎洲之火鼠峩眉之雪蛆產於酷烈凝沍之中皆其變焉者也如鄂郡之温泉有三一在蕁川之五洪一在桃溪之東而吾咸則觱沸于潜山之麓流入蘋溪其熱可以瀹鷄瘡瘍浴之輙愈水有硫黃氣愈濯愈沸其氣秋冬則白春夏微紅間考温泉之出本于丹

砂者十之一本于白礬者十之三其餘皆硫黃也茂先博物志云水有石硫黃則温而王褒温湯銘云白礬上澈丹砂下沉曾不一實其地若長公所記匡盧汝水尉氏驪山以及鳳翔之駱谷渝州之陳氏山居凡六處而以驪山為最若溪所紀凡入處升菴所見南中温泉凡十數處而以安寧為最云清澈見底其竅間出丹砂巖郡黃山温泉亦如之至季氏三秦記則云始皇

與神女遊忤其旨神女唾之生瘡始皇怖謝乃出温湯滌除之後人因以爲驗或又謂南州地性酷烈山谷有此竊意鳳翔驪山諸處地在正西而南州餘水未必皆熱地性之説疎矣至茂先硫黄之論頗爲近理然以硫黄置水中未必能温若三秦所云尤爲虚誕始皇登處處與神女遊邪惟唐子西謂温泉在天地間自爲一類受性本然不必有待而後温也凡物各求其類

而水性尤耿介得其類則雖千萬里伏流相通非其類則雖横絶徑過十字旁午而不相入故他泉與湯泉不能容尋常而炎凉特異譬之吹氣爲寒呵氣爲熱而同出于一口此説近是予故並記之以俟遊觀者之詳考焉

附請卹典疏

監察御史陸師贄

奏爲忠諫有功國本勞績茂著江防乞賜破格卹錄以慰先帝之心以勵致身之節事竊聞忠無不報人臣委質事主丹衷無愧職業克修者均之可以言忠至有不憚捐軀以維大本不惜性命以勤綢繆者此非常之忠也在臣子有非常之忠而朝廷無非常之報亦非所以風有位已若今新陞南京户部右侍郎孟養浩者臣等

之舊堂官坐院僉都御史也忠義天植藎臣性生所稱社稷之忠臣非耶慨昔寵妃亂政先帝以承祧主鬯之長子請册立則并封三王有議請豫教則屢推來歲舉行至以册立豫教請者幾同仗馬一鳴則斥於時朝陽希聲國本幾危養浩憂之適由大行選給諫曰此報國時也主試閩中策以五倫諷諫不悟乃焚香草疏甘爲龍比臚列三不可疏上皇祖怒甚杖一百爲民

雖棄其身而三王并封之議頓止豫教册立之典次第舉行夫養浩以一身生死爲商山羽翼天地祖宗實式憑之比歸唯閉户讀書雖鄉人罕覩其面三十年如一日也先帝繼內出震即起太常少卿改陞操江廵撫下車以來以察吏安民爲兢兢一聞遼變寢食不遑念根本重地東南半壁視此以爲安危日簡營軍而操練之汰老弱募勇敢修舟楫備戰具數月拮据勞苦

備極至二豎爲灾猶然力疾視政故地卿之命曾不數日枕未伏而箕尾乘矣勞忘其勞以致于死檢櫜洗如衣棺之費幾無所出留都吏民無不流下沾衣臣等看得孟養浩才雄三楚氣塞兩間彩筆捵天蚤傳臚于青瑣宏詞倒海遂専對而皇華晋秩掖垣諫草幾篇真動鬼神之泣典試閩省倫理一策嘿驗父子之情念青宮毓德之時乃宗社靈長之寄遲久未立猜疑横

生于是矢捐七尺之軀以行四皓之策疏成聖怒不測旨下廷杖爲民梧垣之籍削矣而東宮之座稍安養浩之身去矣而皇祖之心漸轉故雖蓄不執之陰計難揺有主之宸衷卒正大名以安國本居然定策國老偹矣夾日虞淵去國只半榻琴書無復承明之夢居家唯一簾風月不聞長樂之鐘杜門謝客聡投刺以千人漱石枕流懶求田而問舍豹隱巳深雀羅弗啓邇者

先帝登極詔書首頒亟錄社稷之功隨下賜環之詔一晋常少再擢中丞節鉞建鐘山之阜吏肅民懷鎻鑰嚴天塹之防波恬浪静當兵戈久弛之日値遼陽失守之警手不停批身不貼席問江之要害遍設斥堠察地之險夷慎固封守蒐車練卒日無一刻之閑置器築城時廢三飧之節旌旗動色壁壘改觀原因被杖血氣枯而不榮一値憂勤膏肓伏而不治家徒四壁幾

無易簀之資檢點只空囊猶須麥舟之助蹇蹇孤忠允符死勤王事之謚迢迢旅櫬洵爲鞠躬盡瘁之臣三品以上例有祭葬贈廕如養浩者例外加厚可也至于易名之典常人待查待訪如養浩者不止以忠諫安國本以匪躬固豊鎬自大行以至今官由鄉評以至朝議終始不變窮達如一粹然無議者恐于今不多見焉給之以謚誰曰不宜大臣䘏典多係子孫自行陳乞

養浩二男未及舞象煢嫠俱在壯年待其自陳必至廢而不舉臣等山斗之仰向已得之風聞茲且親炙其休光目擊其行事屹然山嶷嶽峙藹然霽月光風言不激而行不隨澄不清而撓不濁可勝泰山梁木之感爲之流涕而嘆息也用是合詞上請伏乞勅下該部查爲題覆議祭議葬議贈議廕議謚毋稽盛典近來恩予太濫臣等方欲裁抑以絶倖竇而於養浩輒欲破例優恤所謂臣子有非常之忠不可無非常之報者此也旌忠貞而報幽冤端有望於朝廷之特典矣臣等無任顒天祈祝之至齋捧謹奏聞伏

候勅旨

論曰藝文有志以徵獻也一方之風化視乎人文往哲之建樹托諸竹素昔人所稱不朽盛事非邪北海諸君子風流藻采映徹山川而舊志鮮徵予甚惜之今其存者自當世而下若詠歌若著述或勒勝蹟於貞珉或摹風光於觴詠古質典茂有先民之遺風無浮績之近習因其文以想見其人固尚論者之所孔懷也末附近作聚腋續貂於以彰

當代人文之所崇又曷可廢乎夫王者考風問俗必陳詩徵文以觀一邑之貞淫覽茲篇章而政教風習於焉悉睹又豈特俾文獻不同于杞宋已哉此志之以藝文終也

捐修東嶽殿宇聖像記　楊兆傑

士大夫之身民社所攸賴之身也身治一邑而治天下之理同焉其所以治一邑與同於治天下者不外乎百姓安之百神享之而已　何侯莅咸始而整綱肅紀繼而講讓型仁不數年而諸弊革諸利興起視田疇子弟皆農安於養士安於教則　侯之深仁厚澤已馴洽於人治之中矣卓異褒嘉雖龔黃諸君子奚多讓焉此傑

備員司馬時得讀　侯之廉能叙錄因以想見侯之爲人其氣靜以悠其才英而斷而其造福於咸者不啻厝磐石如泰岱之安耳戊申秋傑奉
敕使安南道經　侯治入其境則見欣欣相告者盡安居之父老也蔚蔚相望者皆秀麗之山川也邑有異政必自異人爲之故茲風景文物翠藂交輝及策轡城東又見擢星映碧書臺流

用舉蒐僻尤封迻同錦城花縣其規摸剏造隨在皆手澤焉瞻顧之間忽覩旃檀香靄華幢飄空詢之輿人僉曰東嶽第一山也我　侯捐俸百金庀材搆其棟宇建十殿於兩廊奉普陀地藏於上方沙門則異其舊制禪院則别以静居一邑之觀於斯稱勝傑固知　侯能以忠君者享帝以治民者事神矣方俟登之奏牘以當採風之盛適士民以　侯之德誌屬文傑尤

不勝同聲賡颺之慕焉則在　侯之以身爲民社寄者不獨於撫字之中流其恩澤亦且於對越之地昭其至治之馨香焉已傑敢出一言以頌曰維咸之東泰嶽爲宗天齊仁聖表鎮岱峯侯治清廉神明在躬捐資搆造望秩攸崇惠我黍稷奠我疆封陰陽爕理考伐鼓鐘禄位名壽世世生生爰鐫之石以頌　侯德之無窮

[illegible]登高亭記　何廷韶

[illegible]咸寧里許有峰巋然稜折而升路轉磴迴與文筆書臺對峙是名登高相傳晉孟嘉之遊屐在焉按萬年從桓司馬登高風吹帽墮孫盛作文嘲之事屬龍山茲胡以名蓋是山爲萬年故壘風流可慕宇山者能不藉之以重邪予始至咸偕僚博弟子員間一登之鐘臺白塔排左堆青紫瀰黃塼右望巷靄以暨陂田蒼莽溪練縈

與俯瞰萬類攬不盈掬肆意劉覽觸難給賞蓋咸邑之勝於斯集焉已顧故有亭遡所自廢父老都不記何年噫萬年而後登是山者不知凡幾悠悠千載豈無一解作山川主人而顧使勝蹟久湮貽山靈之誚乎越明年搆亭其上中崔四楹環宇際磚甃之以扞風雨四門洞開視雲煙皆展履間物復雜植竹樹而蔭焉於是簿書之餘率僚博弟子員相與兕觥其上覺豁然[illegible]

光蒼薦蕭爽岫外白雲卷舒天際一鶚點
耳目頓納懷抱於淸泠爾迺周章四望幽乎邈
遐曹圯湖自而慕永畏壘嶽嶽桃峯我翼翔翥
湖自而名峙天壤以及潛巖册竈傘麓神壁蔚
自而霞餐物外噫嘻山靈之啓我者至矣寧直
遐勝具抒遠矚已耶若乎春雨農蠶秋風折穫
無事循陌度阡而躬勸歷歷在目更可不勞而
省也後叔子流連[illegible]峴長公增勝九曲楚人[illegible]

今瞻眺之未云以妨政也予今第舉前人之已
廢安咸俗之淳簡而樂與斯民以休以游又烏
可少茲亭也哉繼予而登者其尚知予懷之
慕云

退思堂自叙　何廷韶

予奉
簡書蒞任咸土一邑之社稷人民以身臨之實
以其心臨之者也朝乾夕惕日無暇晷豈曰政
事優理哉亦惟盡敬天勤民之職無負所司斯
已爾當甲辰受事之始民物未習風土未嫻其
勞我經營調劑者不一其制不一其法予固多
方以懷之柔之撫之字之求與衆相安于治而

始無憾也雖官署傾撟中庭欹敧未遑計矣無
何制已舊者棟將折如環翠樓之創於東嘉陳
侯也自景泰之甲戌始飄零風雨之餘一木安
支倘籍庀材鳩工之舉勞小民爲也予心所不
忍也遂因仍數年始具詳請而重搆焉寸木片
石皆捐俸以易之他若應宿樓則因其頹而增
輯其制內之靜閣園廊亦隨在以布其規度焉
至易樓而堂額弁退思者誠非狹小前模以艷

新功正念膺民社者有誠求傑赤之思庶足報
朝廷分命之榮若舉一樓而環其翠邑不下百
里耳翠安繼乎余退而思之思我之奉
君恩者此堂有退見天顏之對焉思我之敬
天命者此堂有左右帝監之臨焉思我之求民
瘼者此堂有先憂後樂之象焉退思之名起而
退思之心益切矣將予所持以治一邑者在是
不僅持以治一邑而究同於一邑之治者亦在

是嗣予而守是土之 君子能致念作者之勞
爲之弘遠其規模焉予且愛之慕之願且暮樂
得而過之云敢以現制者列於後
一察院公署內宫房三間重修二堂三間重修
監書房二間重修厨房一間重修又書房一
間新建大堂三間重修新建左右墻壁
東西皂隸房各一間新建東西皂隸亭二間
新建二門三間新建頭門外旗吹房二間新建

圍墻屏墻新建
一縣治新制
申明亭一間新建旌善亭一間新建頭門三
間譙樓重修東寅賓館三間重修西土地祠
三間重修總舖三間新建儀門五間新建戒
石亭新建東西六房各五間新建架閣庫發
二科新建東西儀仗亭二間新建大堂三間
重修有額有對圓堂三間新建有額有對庫房二間重修倉儲

五間原有二間新建三間桂花堂四間新建有額有對有詩退思
堂三間新建有額有對有記應宿樓一座重修有額有對有詩住
廳五間新建東西平房各三間新建東廂房
四間新建內東書房三間新建五聖處書房
二間重修西邊馬廐三間新建
對聯
豈視官舍爲傳舍棟桷維新種種經濟竹頭木
屑有用不費民間一粟

由於宦業等世業閣門洞開㧙㧙朗照鶴唳風
清無塵洵遺手澤千禩
邑治山樵王禹錫具艸

應宿樓小額自咏

命卿百里播皇猷撫字慇慇期政優按俗巡
方懸豸珮自公退食咏羔裘靜衣氷署鶴循
瘦清八梅軒琴更悠知我郎官土列宿功名
莫負古伊周

桂花堂小額自咏

倚簾靜賦牧民章筆底花生一苑香蕸覆田
疇舒夏緑冊移螃府蔚秋黃奇葩荷露培新
色勁節臨風試異芳唯楨菁莪留淥野勝於
南國蔽甘棠

何侯捐修九政碑文　陳㙉

嘗爾古之有民社之寄者往往豐功懋績勒之
金石載諸冊鉉非僅恃有大過人之才爲其有
澤及士民之德而因以留夫千百世不朽之心
也先是　邑侯何父滋咸初下車偏咸諸事草
創之餘縱目遊覽見夫城池之弗完也堂宇之
弗新也館署之祗候未備杠梁之徒涉堪虞與
所在諸神聖法像之播蘽塵土也一切游刃更

張之或補綴舊蹟或興建新功絲毫皆捐貲費
俸絕不問民間一力一財不春月而厥功落成
其時萑苻無警堂署改觀梵刹傳燈民鮮病涉
矣　侯曰未也學宮蓁蕪歟疇裨向化典型遐
佚歟疇景芳躅德音未宛歟疇探風謠弓矢櫜
櫜歟疇獻武功是皆余不佞涖有土者之責也
更復捐貲創建鳩工庀材爰詢衿子飭賢庠而
鼓鐘泮水於樂辟雍矣問有向之鞠爲茂草者

者爰駕東山建新亭而指顧書臺三元接踵矣問有昔之荒碑零落焉否而且文事修者必有武備因為立射圃於西河而比德量力焉斯則斷跳弗逞而寸長必録矣問有頹靡不克振者否而且政暇覽風採方省俗因為建堂沼於北堤而種荷植椰為斯則河陽興歌而甘棠比詠矣問有庶民不子來者否當斯時也有履學宮而勤風勵者皆以為會稽之二千石復出而贊

矦教澤直與廟貌並新有登東山而切仰止者皆以為廬陵之醉翁再遊而　贊矦吟咏直與宋蹟並傳有懷央拾而思樂只者皆以為虞詡借寇坡仙復生而　贊矦德威眞不讓乎矍圃蘇堤之下然則何以頌　矦之才之德之心乎乃為之歌曰衿子青兮文教興兮幬令式化誕矦嶽生又歌曰耕食鑿飲日獲我所　矦之令德俾無尤吿民也樂利士也親贊馨香至治感格罔天　矦功不刊億萬斯年

卷十二終

何老爺遺愛堂四字記

題曰遺愛二字何義不朽不忘自爺爺始　爺自到咸甲辰之歲迄今柒年俗和風美　父母吾人神君我里慈愛廉明恩威兼及執法無私施恩莫計決訟持平人無不是皎月寒潭氷壺秋水淡薄自甘一毫不取捐俸修隄工歌民喜戒曰堅修高岸濶址容其隄防以備傾圮自東而西延袤數里爲咸外城鞏衛屏

蔽保障金湯培植風水滔亦如之種荷植李栽柳成陰沿堤蔽芾春可以遊夏可以息建堂於中遍植花卉黃菊吟秋梅花綴薹於仭池魚臨溪釣鯉煮酒烹鮮村醪亦醉樂哉

爺爺棠陰召矣舉邮恩酧荅無已欲綴以文字不曉義欵賦以詩音不諧律分屬子民智識愚昧稱詩稱文抑且非体不過口碑傳頌而已此堤此堂世世無毀仁愛遺芳德澤留芙頃祝公侯千秋萬禩

康熙九年季夏吉旦　邑人陳璧代鄉老書頂

荊楚文庫

〔同治〕咸寧縣志

〔清〕陳怡　沈寶枏　等修
〔清〕雷以誠　纂

《荆楚文庫·方志編》編纂組

組　　長：賀定安　陽海清（執行）

副 組 長：劉傑民（執行）　王　濤　謝春枝　范志毅（執行）

參編人員（以姓氏筆畫爲序）：

王　濤　李云超　宋澤宇　范志毅　柳　巍　馬盛南　陳建勛

梅　琳　張　晨　張雅俐　陽海清　彭余焕　彭筱瀓　賀定安

劉傑民　謝春枝　嚴繼東

編　　審：周　榮

顧　　問：沈乃文　李國慶　吴　格

前言

《〔同治〕咸寧縣志》十五卷首一卷，清陳怡、沈寶枏等修，清雷以誠纂，清同治五年（一八六六）刻本。牌記鐫：『同治丙寅年重修咸寧縣志淦川書院刊訂。』

陳怡，字心臺，清浙江會稽（今紹興）人，官武昌知府，攝理咸寧知縣。沈寶枏，字粟香，浙江嘉興人，同治二年（一八六三）進士，由翰林院庶吉士，任咸寧知縣。雷以誠，字鶴皋，邑人，道光十年（一八三〇）進士，歷任左副都御史、刑部左侍郎、江漢書院山長，有《雨香書屋詩鈔》等。

邑志始於明天順，續修於萬曆，再修於清康熙四年（一六六五）。其後二百年内，咸邑屢遭兵燹，文獻淪亡，而舊志藏本剥蝕。曾有邑人胡崑欲新修志書，因經費不足而未果。同治初，省志毁於兵燹，清廷令下屬府州縣趕修志書，以備重修省志之用。時任邑令羅琳遂倡議捐資，開局修志，並延請名宿鄉紳分任編纂。然而羅琳不久即殉難，其事中斷。同治四年（一八六五），陳怡上任，以原班人馬繼續修志。志稿初成，陳怡即離任而去。同治五年（一八六六），沈寶枏繼任，將舊志郵寄至省，請雷以誠觀覽，並委以修志之事。雷以誠遂於陳怡所修志稿基礎之上，與衆人復加蒐討，終成志書十五卷，同年付梓。

志分八綱：疆域、學校、建置、食貨、秩官、人物、藝文、雜志，卷首有聖諭廣訓、舊序、舊姓氏、新序、新姓氏、凡例、目録。是志以康熙志爲藍本，對康熙志有目無綱的體例加以改進，仿江西《奉新縣志》分綱，諸目各附其下，使全志綱目井然有序。部分綱下第一子目有序，其後部分子目有論。内容有沿襲舊志者，如公署、壇壝、廟宇等毁於兵燹者，照舊志録入，『而又必註明已廢者』，以存古制而徵實事。又如人物前賢者、藝文等，舊志所載一律照録。新增者有康熙志以來二百年内忠孝、節義、仕宦、科甲、人物及藝文等，又因舊志有文無武，是志收入武舉等相關史實，以示文武並重。其纂修原則爲『有疑必闕，確信乃書』，收録内容有證於通志及鄉先輩藏書者入正類，無據者另列補遺，而『雜志』門下删削怪誕不經之事，以期『實而有據，信而不誣』。

據《中國地方志聯合目録》，是志藏於國圖、上海、天津、南京、武大等館。本次據清同治五年（一八六六）刻本影印。（彭筱澂）

目録

同治丙寅年重修

南甯縣志

淦川書院刊訂

世宗憲皇帝御製

聖祖廣訓序

書曰每歲孟春遒人以木鐸徇於路記曰司徒修六禮以節民性明七教以興民德此皆以敦本崇實之道爲牖民覺世之模法莫良焉意莫厚焉我

聖祖仁皇帝久道化成德洋恩普仁育萬物義正萬民六十年來宵衣旰食祇期薄海內外興仁講讓革薄從忠共成親遜之風永享昇平之治故

特頒上諭十六條曉諭八旗及直省兵民人等自綱常名教之際以至於耕業作息之閒本末精粗公私鉅細凡民情之所

習皆

睿慮之所周視爾編氓誠如赤子

聖有謨訓明徵定保萬世守之莫能易也朕纘承大統臨御兆人以

聖祖之心爲心以

聖祖之政爲政夙夜黽勉率由舊章惟恐小民遵循奉行久而或怠用申誥誡以示提撕謹將

上諭十六條尋繹其義推衍其文共得萬言名曰

聖諭廣訓旁徵遠引往復周詳意取顯明語多直樸無非奉

先志以啟後人使羣黎百姓家喻而戶曉也願爾兵民等仰體

聖祖正德厚生之至意勿視爲條教號令之虛文共勉爲謹身節用之庶人盡除夫浮薄囂凌之陋習則風俗淳厚家室和平在朝廷德化樂觀其成爾後嗣子孫並受其福積善之家必有餘慶其理豈或爽哉

聖諭十六條

第一條敦孝弟以重人倫

第二條篤宗族以昭雍睦

第三條和鄉黨以息爭訟

第四條重農桑以足衣食

第五條尚節儉以惜財用

第六條隆學校以端士習

第七條黜異端以崇正學

第八條講法律以儆愚頑

第九條明禮讓以厚風俗

第十條務本業以定民志

第十一條訓子弟以禁非爲

第十二條息誣告以全善良

第十三條誡窩逃以免株連

第十四條完錢糧以省催科

第十五條聯保甲以弭盜賊

第十六條解仇忿以重身命

聖諭第一條

敦孝弟以重人倫

我

聖祖仁皇帝臨御六十一年法

祖尊

親孝思不匱

欽定孝經衍義一書衍釋經文義理詳貫無非孝治天下之意故

聖諭十六條首以孝弟開其端朕丕承鴻業追維

往訓推廣立教之思先申孝弟之義用是與爾兵民人等宣示之

夫孝者天之經地之義民之行也人不知孝父母獨不思父母愛子之心乎方其未離懷抱饑不能自哺寒不能自衣爲父母者審聲音察形色笑則爲之喜啼則爲之憂行動則跬步不離疾痛則寢食俱廢以養以教至於成人復爲授家室謀生理百計經營心力俱瘁父母之德實同昊天罔極子欲報親恩於萬一自當內盡其心外竭其力謹身節用以勤服勞以隆孝養毋博弈飲酒毋好勇鬭狠毋好貨財私妻子縱使儀文未備而誠慤有餘推而廣之如曾子所謂居處不莊非孝事君不忠非孝涖官不敬非孝朋友不信非孝戰陣無勇非孝皆孝子分內之事也至若父有冢子稱曰家督弟有伯兄尊曰家長凡日用出入事無大小衆子弟皆當咨禀焉飲食必讓語言必順步趨必徐行坐立必居下凡以明弟道也夫十年以長則兄事之五年以長則肩隨之況同氣之人乎故不孝與不弟相因事親與事長並重能爲孝子然後能爲悌弟能爲孝子悌弟然後在田野爲循良之民在行間爲忠勇之士爾兵民亦知爲子當孝爲弟當悌所患習焉不察致自離於人倫之外若能痛自愧悔出於心之至誠竭其力之當盡由一念孝弟積而至於念念皆然勿尚虛文勿略細行勿沽名而市譽勿勤始而怠終孝弟之道庶克敦矣夫不孝不弟

國有常刑然顯然之迹刑所能防隱然之地法所難及設罔知愧悔自陷匪僻朕心深爲不忍故丁甯告誡庶爾兵民咸體朕意感發興起各盡子弟之職於戲聖人之德本於人倫堯舜之道不外孝弟孟子曰人人親其親長其長而天下平爾兵民其毋視爲具文焉

聖諭第二條

篤宗族以昭雍睦

書曰以親九族九族既睦是帝堯首以睦族示教也禮曰尊祖故敬宗敬宗故收族明人道必以睦族爲重也夫家之有宗族猶水之有分派木之有分枝雖遠近異勢疏密

異形究其本源則一故人之待其宗族也必如身之有四肢百體務使血脉相通而疴癢相關周禮本此意以教民著爲六行曰孝曰友而繼曰睦誠古今不易之常道也我

聖祖仁皇帝既諭爾等敦孝弟以重人倫即繼之曰篤宗族以昭雍睦蓋宗族由人倫而推雍睦未昭即孝弟有所未盡朕爲爾兵民詳訓之大抵宗族所以不篤者或富者多吝而無解推之德或貧者多求而生觖望之思或以貴淩賤而勢利汩其天親或以賤驕人而忿傲施於骨肉或貨財相競不念祖先之情或意見偶乖頓失宗親之義或偏聽妻孥之淺識或誤中讒慝之虚詞因而詬誶傾排無所不至

非惟不知雍睦抑且忘爲宗族矣爾兵民獨不思子姓之衆皆出祖宗一人之身奈何以一人之身分爲子姓遽相視爲塗人而不顧哉昔張公藝九世同居江州陳氏七百口共食凡屬一家一姓當念乃祖乃宗甯厚毋薄甯親毋疏長幼必以序相洽尊卑必以分相聯喜則相慶以結其綢繆戚則相憐以通其緩急立家廟以薦蒸嘗設家塾以課子弟置義田以贍貧乏修族譜以聯疏遠即單姓寒門或有未逮亦各隨其力所能爲以自篤其親屬誠使一姓之中秩然藹然父與父言慈子與子言孝兄與兄言友弟與弟言恭雍睦昭而孝友之行愈敦有司表爲仁里君子稱爲義門天下推爲望族豈不美哉若以小故而驕宗支以微嫌而傷親愛以倨慢而遠遜讓之風以偷薄而虧敦睦之誼古道之不存即爲國典所不恕爾兵民其交相勸勵共體祖宗慈愛之心常切水木本源之念將見親睦之俗成於一鄉一邑雍和之氣達於薄海内外諸福咸臻太平有象胥在是矣可不勗歟

聖諭第三條

和鄉黨以息爭訟

古者五族爲黨五州爲鄉睦婣任恤之教由來尚矣顧鄉黨中生齒日繁比閭相接睚眦小失狎昵微嫌一或不誠

淩競以起遂至屈辱公庭委身法吏負者自覺無顏勝者人皆側目以里巷之近而舉動相猜報復相尋何以爲安生業長子孫之計哉

聖祖仁皇帝憫人心之好競思化理之貴湻特布訓於鄉黨曰和所以息爭訟於未萌也朕欲誠和萬民用是申告爾等以敦和之道焉詩曰民之失德乾餱以愆言不和之漸起於細微也易訟之象曰君子以作事謀始言息訟貴絶其端也是故人有親疏概接之以温厚事無大小皆處之以謙沖毋恃富以侮貧毋挾貴以淩賤毋飾智以欺愚毋倚強以淩弱談言可以解紛施德不必望報人有不及當以情

恕非意相干當以理遣此既有包荒之度彼必生愧悔之心一朝能忍鄉里稱為善良小忿不爭閭黨推其長厚鄉黨之和其益大矣古云非宅是卜惟鄰是卜緩急可恃莫如鄉鄰務使一鄉之中父老子弟聯為一體安樂憂患視同一家農商相資工賈相讓則民與民和訓練相習汛守相助則兵與兵和兵出力以衛民民務養其力民出財以贍兵兵務恤其財則兵與民交相和由是而箪食豆羹爭端不起鼠牙雀角速訟無因豈至結怨耗財廢時失業甚且破產流離以身殉法而不悟哉若夫巨室耆年鄉黨之望膠庠髦士鄉黨之英宜以和輯之風為一方表率而奸頑好事之徒或詭計挑唆或橫行嚇詐或貌為洽比以煽誘或假托公言而把持有一於此里閭靡甯鄉論不容國法具在爾兵民所當謹凜者也夫天下者鄉黨之積也爾等誠遵

聖祖之懿訓尚親睦之淳風孝弟因此而益敦宗族因此而益篤里仁為美比戶可封訟息人安延及世世協和徧於萬邦太和蒸於宇宙朕與爾兵民永是賴焉

聖諭第四條

重農桑以足衣食

朕聞養民之本在於衣食農桑者衣食所由出也一夫不耕或受之饑一女不織或受之寒古者天子親耕后親桑躬為至尊不憚勤勞為天下倡凡為兆姓圖其本也夫衣食之道生於地長於時而聚於力本務所在稍不自力生受其困故勤則男有餘粟女有餘帛不勤則仰不足事父母俯不足畜妻子其理然也彼南北地土雖有高下燥濕之殊然高燥者宜黍稷下濕者宜秔稻食之所出不同其為農事一也樹桑養蠶除江浙四川湖北外餘省多不相宜然桔麻種棉或績或紡衣之所出不同其事與樹桑一也願吾民盡力農桑勿好逸惡勞勿始勤終惰勿因天時偶歉而輕棄田園勿慕奇贏倍利而輒改故業苟能重本務雖一歲所入公私輸用而外羨餘無幾而日積月累以至身家饒裕子孫世守則利賴無窮不然而舍本逐末豈能若是之綿遠乎至爾兵隸在戎伍不事農桑試思月有分給之餉倉有支放之米皆百姓輸納以散給爾等各贍身家一絲一粒莫不出自農桑爾等既享其利當彼此相安多方捍衛使農桑俱得盡力爾輩衣食永遠不匱則亦重有賴焉若地方文武官僚俱有勸課之責勿奪民時勿妨民事浮惰者懲之勤苦者勞之務使野無曠土邑無游民農無舍其耒耜婦無休其蠶織即至山澤園圃之利雞豚狗彘之畜亦皆養之有道取之有時以佐農桑之不逮

庶幾克勤本業而衣食之源溥矣所慮年穀豐登或忽於儲蓄布帛充贍或侈於費用不儉之弊與不勤等甚且貴金玉而忽菽粟工文繡而廢蠶桑相率爲紛華靡麗之習尤爾兵民所當深戒者也自古盛王之世老者衣帛食肉黎民不饑不寒享庶富之盛而致教化之興其道胥由乎此

聖祖仁皇帝念切民依嘗刋耕織圖頒行中外所以敦本阜民者甚至朕仰惟

聖諭念民事之至重廣爲詮解勸爾等力於本務余一人衣租食稅願與天下共飽煖也

聖諭第五條

尚節儉以惜財用

人生不能一日而無用即不可一日而無財然必留有餘之財而後可供不時之用故節儉尚焉夫財猶水也節儉猶水之蓄也水之流不蓄則一洩無餘而水立涸矣財之流不節則用之無度而財立匱矣我

聖祖仁皇帝躬行節儉爲天下先休養生息海内殷富猶兢兢以惜財用示訓蓋自古民風皆貴乎勤儉然勤而不儉則十夫之力不足供一夫之用積歲所藏不足供一日之需其害爲更甚也夫兵丁錢糧有一定之數乃不知撙節衣好鮮麗食求甘美一月費數月之糧甚至稱貸以遂其欲子母相權日復一日債深累重饑寒不免農民當豐收之年倉箱充實本可積蓄乃酬酢往來率多浮費遂至空虛夫豐年尚至空虛荒歉必至窮困亦其勢然也似此之人國家未嘗減其一日之糧天地未嘗不與以自然之利究至啼饑號寒困苦無告者皆不節儉所致更或祖宗勤苦儉約日積月累以致充裕子孫承其遺業不知物力艱難任意奢侈誇耀里黨稍不如人即以爲恥曾不轉盼遺産立盡無以自存求如貧者之子孫並不可得於是寡廉鮮恥靡所不至弱者餓殍溝壑強者作慝犯刑不儉之害一至於此易曰不節若則嗟若蓋言始不節儉必至嗟悔也爾兵民當凛遵

聖諭繹思不忘爲兵者知月糧有定與其至不足而冀格外之賞孰若留有餘以待可繼之糧爲民者知豐歉無常與其但顧朝夕知貧窶之可憂孰若留貽將來爲水旱之有備大抵儉爲美德甯以固陋貽譏禮貴得中勿以驕盈致敗衣服不可過華飲食不可無節冠昏喪祭各安本分房屋器具務取素樸即歲時伏臘斗酒娛賓從俗從宜歸於約省爲天地惜物力爲朝廷惜恩膏爲祖宗惜往日之勤勞爲子孫惜後來之福澤自此富者不至於貧貧者可至於富

安居樂業含哺鼓腹以副朕阜俗誠民之至意孝經有曰謹身節用以養父母此庶人之孝也爾兵民其身體而力行之

聖諭第六條

隆學校以端士習

古者家有塾黨有庠州有序國有學固無人不在所教之中專其督率之地董以師儒之官所以成人材而厚風俗合秀頑強懦使之歸於一致也

聖祖仁皇帝壽考作人特隆學校凡所以養士之恩教士之法無不備至蓋以士爲四民之首人之所以待士者重則士之

所以自待者益不可輕士習端而後鄉黨視爲儀型風俗由之表率務令以孝弟爲本材能爲末器識爲先文藝爲後所讀者皆正書所交者皆正士確然於禮義之可守惕然於廉恥之當存惟恐立身一敗致玷宮墻惟恐名譽雖成負慚衾影如是斯可以爲士否或躁競功利干犯名教習乎異端曲學而不知大道鶩乎放言高論而不事躬行問其名則是考其實則非矣昔胡瑗爲教授學者濟濟有成文翁治蜀中子弟由是大化故廣文一官朕特飭吏部悉以孝廉明經補用凡以爲興賢育才化民成俗計也然學校之隆固在司教者有整齊嚴肅之規尤在爲士者有愛惜身名之意士品果端而後發爲文章非空虛之論見之施爲非浮薄之行在野不愧名儒者在國即爲良臣所係顧不重哉至於爾兵民恐不知學校之爲重且以爲與爾等無與不思身雖不列於庠序性豈自外於倫常孟子曰謹庠序之教申之以孝弟之義又曰人倫明於上小民親於下則學校不獨所以教士兼所以教民若黌宮之中文武並列雖經義韜略所習者不同而入孝出弟人人所當共由也士農不異業力田者悉能敦本務實則農亦士也兵民無異學卽戎者皆知敬長愛親則兵亦士也然則庠序者非爾兵民所當隆重者乎端人正士者非爾兵民

所當則效者乎孰不有君臣父子之倫孰不有仁義禮智之性勿謂學校之設止以爲士各宜以善相勸以過相規向風慕義勉爲良善則氓之蚩蚩亦可以禮義爲耕耘赳赳武夫亦可以詩書爲甲冑一道同風之盛將復見於今日矣

聖諭第七條

黜異端以崇正學

朕惟欲厚風俗先正人心欲正人心先端學術夫人受天地之中以生惟此倫常日用之道爲智愚之所共由索隱行怪聖賢不取易言蒙以養正聖功以之書言無偏無陂

無反無側王道以之聖功王道悉本正學至於非聖之書不經之典驚世駭俗紛紛藉藉起而爲民物之蠹者皆爲異端所宜屏絕凡爾兵民誠謹淳樸者固多間或迷於他岐以無知而罹罪戾朕甚憫之自古三教流傳儒宗而外厥有仙釋朱子曰釋氏之教都不管天地四方只是理會一個心老氏之教只是要存得一個神氣此朱子持平之言可知釋道之本指矣自游食無藉之輩陰竊其名以壞其術大率假災祥禍福之事以售其誕幻無稽之說始則誘取資財以圖肥己漸至男女混淆聚眾爲燒香之會農工廢業相逢多語怪之人又其甚者奸回邪慝竄伏其中樹黨結盟夜聚曉散干名犯義惑世誣民及一旦發覺徵捕株連身陷囹圄累及妻子教主已爲罪魁福緣且爲禍本如白蓮聞香等教皆前車之鑒也又如西洋教宗天主亦屬不經因其人通曉歷數故國家用之爾等不可不知也夫左道惑眾律所不宥師巫邪術邦有常刑朝廷立法之意無非禁民爲非導民爲善黜邪崇正去危就安爾兵民以父母之身生太平無事之日衣食有賴俯仰無憂而顧昧恆性而即匪彝犯王章而干國憲不亦愚之甚哉我

聖祖仁皇帝漸民以仁摩民以義藝極陳常煌煌大訓所以爲世道人心計者至深遠矣爾兵民亦仰體

聖心祗遵

聖教擯斥異端直如盜賊水火且水火盜賊害止及身異端之害害及人心心之本體有正無邪苟有主持自然不惑將見品行端方諸邪不能勝正家庭和順遇難可以成祥事親孝事君忠盡人事者即足以集天庥不求非分不作非爲敦本業者即可以迓神慶爾服爾耕爾講爾武安布帛菽粟之常遵蕩平正直之化則異端不待驅而自息矣

聖諭第八條

講法律以儆愚頑

法律者帝王不得已而用之也法有深意律本人情明其意達其情則囹圄可空訟獄可息故懲創於已然不如警惕於未然之爲得也周禮州長黨正族師皆於月吉屬其民而讀法大司寇懸象刑之法於象魏使萬民觀之知所向方今國家酌定律例委曲詳明昭示兵民俾各凜成憲遠於罪戾意甚厚也

聖祖仁皇帝深仁厚澤洽於兆民而於刑罰尤惓惓致意朕臨御以來體好生之德施欽恤之恩屢頒赦款詳審爰書庶幾大化翔洽刑期無刑又念爾爲民者生長草野習於顓蒙爲兵者身隸戎行易逞強悍每至誤觸王章重干憲典因之特申訓誡警醒愚頑爾等幸際昇平休養生息均宜循

分守禮以優游於化日舒長之世平居將頒行法律條分縷析講明意義見法知懼觀律懷刑如知不孝不弟之律自不敢爲蔑倫亂紀之行知鬬狠攘奪之律自不敢逞囂凌強暴之氣知奸淫盜竊之律自有以遏其邪僻之心知越訴誣告之律自有以革其健訟之習蓋法律千條萬緒不過準情度理天理人情心所同具心存於情理之中身必不陷於法律之內且爾兵民性縱愚頑或不能通曉理義未必不愛惜身家試思一蹈法網百苦備嘗與其宛轉呼號思避罪於箠楚之下何如洗心滌慮早悔過於清夜之間與其傾貲蕩産求減毫末而國法究不能逃何如改

聖諭廣訓　咸甯縣志　十五

惡遷善不犯科條而身家可以長保倘不自警省偶罹於法上辱父母下累妻孥鄉黨不我容宗族不我齒即或邀恩倖免而身敗行虧已不足比於人數追悔前非豈不晚哉朕聞居家之道爲善最樂保身之策安分爲先勿以惡小可爲有一惡即有一法以相治勿以罪輕可玩有一罪即有一律以相懲惟時時以三尺自凜人人以五刑相規懼法自不犯法畏刑自可免刑匪僻潛消爭競不作愚者盡化爲智頑者悉變爲良民樂田疇兵安營伍用臻刑措之治不難矣

聖諭第九條

明禮讓以厚風俗

漢儒有曰凡民函五常之性而其剛柔緩急音聲不同繫水土之風氣故謂之風好惡取舍動靜無恆隨厥情欲故謂之俗其間澆漓厚薄難以強同奢儉質文不能一致是以聖人制爲禮以齊之孔子曰安上治民莫善於禮蓋禮爲天地之經萬物之序其體至大其用至廣道德仁義非禮不成尊卑貴賤非禮不定冠昏喪祭非禮不備郊廟燕享非禮不行是知禮也者風俗之原也然禮之用貴於和而禮之實存乎讓子曰能以禮讓爲國乎何有又曰先之以禮讓而民不爭使徒習乎繁文縟節而無實意以將之

聖諭廣訓　咸甯縣志　十六

則所謂禮者適足以表其浮僞滋其文飾矣夫禮之節文爾兵民或未盡習禮之實意爾兵民皆所自具即如事父母則當孝養事長上則當恭順夫婦之有倡隨兄弟之有友愛朋友之有信義親族之有款洽此即爾心自有之禮讓不待外求而得者也誠能和以處衆卑以自牧在家庭而父子兄弟底於肅雍在鄉黨而長幼老弱歸於親睦毋犯囂凌之戒毋蹈縱恣之愆毋肆一念之貪遂成攘奪毋逞一時之忿致起紛爭毋因貧富異形有輕視之意毋見強弱異勢起廹脅之心各戒澆漓共歸長厚則循於禮者無悖行敦於讓者無競心藹然有恩秩然有義黨庠術序

相率爲俊民農工商賈不失爲湻樸卽韜鈐介胄之士亦被服禮樂詩書以潛消其剽悍桀驁豈非太和之氣大順之徵乎書曰謙受益滿招損古語又曰終身讓路不枉百步終身讓畔不失一段可知禮讓之有得而無失也如此

朕願爾兵民等聆

聖祖之訓而返求之於心身爾能和其心以待人則不和者自化爾能平其心以接物則不平者亦平一人倡之衆人從之一家行之一里效之由近以及於遠由勉以至於安漸仁摩義俗厚風湻庶不負諄諄誥誡之意哉

聖諭第十條

務本業以定民志

朕惟上天生民必各付一業使爲立身之本故人之生雖智愚不同强弱異等莫不擇一業以自處居此業者皆有本分當爲之事藉以有利於身藉以有用於世幼而習焉長而安焉不見異物而遷焉此孟子之所謂恒産卽

聖祖仁皇帝之所謂本業也維兹本業實爲先務凡爲士農爲工商以及軍伍業雖不同而務所當務則同也夫身之所習爲業心之所向爲志所習旣專則所向自定書曰功崇惟志業廣惟勤蓋業與志本相須而成也但恐日久而生厭舍舊而圖新或爲浮言所動或因際遇未逼一念游移半途而廢作非分之營求生意外之妄想究之朝夕營營不恆其德資生寡策歷久無成而志遂以荒而業遂以廢矣夫業毎荒於嬉而必精於勤志貴奮於始而尤勵於終朕樂觀爾之成不忍見爾之廢也爲士者謹身修行砣砣窮年服習詩書敦崇禮讓退爲有本之學進爲有用之才爲農者春耕秋斂不失其時撙節愛養不忽於度先時以備水旱如期而輸稅糧使地無餘利人無餘力工則審四時飭六材日省而月試居肆而事成商則通有無權貴賤交易而退各得其所務體公平勿蹈欺詐若夫身列行陣行陣卽其業也弓馬騎射操練之必精步伐止齊演習之必熟屯田則事墾闢守汛則嚴刁斗備邊則險要之宜知防

海則風濤之宜悉庶幾無負本業矣夫天下無易成之業而亦無不可成之業各守乃業則業無不成各安其志則志無旁騖毋相侵擾毋敢怠荒甯習於勤劬勿貪夫逸樂甯安於樸守勿事乎紛華熙熙然士食舊德農服先疇工利器用商通貨財兵資捍衛各盡乃職各世其業上以繼

祖宗之傳下以綿子孫之緒富庶豐亨遊於光天化日之下仰荅

聖祖誥誡之殷懷以克副朕休養之至意顧不共享其福歟

聖諭第十一條

訓子弟以禁非爲
從容教萬民訓子弟黨正族師月吉讀法歲時校比師田
行役則合卒伍而簡兵器朝夕誥誡人知自愛不敢偶蹈
於非休哉何風之隆歟我
聖祖仁皇帝臨御六十一年弘保赤之仁廣教家之治深恩厚澤
休養生息以至於今朕纘承大統仰體
聖祖子惠元元之心無日不以爾百姓爲念尤無日不以爾百姓
之子弟爲念也人生十年曰幼學二十曰弱冠血氣未定
知識漸開訓道懲戒之方莫切於此大凡子弟之率不謹
皆由父兄之教不先所恃爲父兄者啟其德性遏其邪心

廣其器識謹其嗜好至於愛親敬長之念人所固有爾父
兄誠能明示其訓俾知父子有親君臣有義夫婦有別長
幼有序朋友有信以端其本則大倫明而干紀犯分之咎
自鮮矣夫士農工商各有傳業軍世之家世習技勇其人
之淑慝邪正必自爲子弟之日始語云少成若天性習慣
成自然民間非爲之事漸積成風或游手好閒博弈飲酒
或結納匪類放辟邪侈往往陷溺而不悟甚者罹法網犯
刑章爾爲父兄者獨能晏然而已乎與其追悔於事後孰
若嚴訓於平時蓋行莫重於孝弟力田心必存乎禮義廉
恥可模可範以身教之耳提面命以言教之使子弟見聞

日熟循蹈規矩之中久之心地湻良行止端重可以寡過
而保家即可以進德而成材也且庭訓素嫻子弟克肖則
國家賓興令典自致顯揚既光大爾門閭又垂裕爾後昆
父兄俱與有榮焉即使愚魯不敏而服教安化刑辱不及
於厥躬鄉黨咸稱爲良士一家之休祥孰大於是況今日
之子弟又爲將來之父兄積善相承誨廸不倦將見戶興
禮讓人敦孝義自通都大邑以至窮鄉僻壤太平之象與
國俱長庶不虛朕殷殷期勗之至意矣夫好善則閭閻子
弟可致尊榮苟不善則公卿子弟流爲貧賤義方之教切
磋之功可不豫嚴於蒙穉之年乎爾兵民其敬聽之毋忽

聖諭第十二條
息誣告以全善良
國家之立法所以懲不善而儆無良豈反爲奸民開訐告
之路而令善良受傾陷之害哉夫人必有切膚之冤非可
以理遣情恕者於是鳴於官以求申理此告之所由來也
乃有奸宄不法之徒好事舞文陰謀肆毒或揑虛以成實
或借逕以生波或藉訐以報宿嫌或移禍以卸己罪顛倒
是非混淆曲直往往飾沉冤負痛之詞逞射影捕風之術
更有教唆詞訟者以刀筆爲生涯視訟獄爲兒戲深文以
聳其巧中搆釁而圖其重酬鄉里畏之名曰訟師因而朋

比協謀黨惡互證有司或一時受蔽致使善良之輩不能自白桁楊在前箠楚在後鍛鍊之下何求不得縱至事明冤雪而拖累囹圄小則廢時失業大則蕩產破家善良之被誣可憫而兇頑之誣善良尤可痛恨也

聖祖仁皇帝矜恤下民重懲其弊

頒示訓諭有曰息誣告以全善良夫誣告有反坐之條令甲煌煌乃敢作奸犯科而不畏者利慾熏心澆薄成性方且恣其含沙之毒僥倖於法網之寬殊不知無情之辭一經審察莫可逃避造釁以傾人究之布阱以自陷亦何利之有嘗聞古人或認牛而不辯或奪禾而不爭卒開愧悔之誠翻成禮讓之俗若斯之風誠可嘉尚爾兵民所當景效焉且尋繹

聖諭不曰禁而曰息誠與其治之以法不如感之使自化也蓋官吏之見聞或疏疏則猶煩揣測鄉鄰之耳目最近近則素所稔知爲之抉其根株窮其黨類出於無心者緩語以曉之成於有意者危言以懲之彼善良之家素行足以質之里閭而無愧而誣告之人言辭既非情實逭於公論則不敢誣捏諸本心亦不忍誣凡前此之陰謀秘計一旦恍然改悔如冰消霧釋兵不誣兵而兵之善良者全民不誣民而民之善良者全兵民不相爲誣而兵民舉全不至赴官

終訟兩造俱傷庶幾從風慕義胥天下而歸於無訟豈不休哉尚其咸諭而凜遵焉

聖諭第十三條

誡窩逃以免株連

朕撫臨億兆合四海爲一家聯萬姓爲一體中外旗民本無異視第以國初定制八旗人員在內則拱衛京師在外則駐防各省如有不奉使令潛往他鄉者即爲逃人例有嚴禁逃人所至之地兵民人等不行覺察擅自容留者罪並及之按匿逃情弊大約不外兩端凡在逃之人意氣言辭必多巧飾爾等或受其欺妄不辨爲逃人而率意容留者有之或利其財物明知爲逃人而通同隱匿者有之夫主僕之間乃大義所在逃人背主蔑義窩逃者黨不義而藐王章逃者特匿者以爲之藪也法安得恕故順治五年之例窩逃者問擬大辟並籍其家鄰佑十家等皆徙邊遠康熙十五年定例凡窩逃之正犯流徙尚陽堡兩鄰十家長罪止杖徙此皆我

聖祖皇帝矜惜愚民罪疑惟輕故改從寬典也又屢年恩詔將逃人事件概行赦免國家施法外之仁寬督捕之罰無非欲爾兵民革薄從忠遷善改惡使蓬門蓽戶出入優游共享太平無事之福爾兵民等其仰體

聖祖告誡之慈懷與朕諄諭之至意謹身率教循禮奉公不交游
手無籍之徒不爲行險僥倖之事毋狥私情而干國憲毋
貪微利而忘身家如此則井里晏然四鄰安堵胥吏不擾
雞犬無驚而國家刑期無刑之化亦可以覩厥成矣倘因
法網既寬復蹈故轍營私受賄藏慝養奸自取其辜何能
曲宥況夫逃竄之人性既冥頑又無生理所爲種種不端
大而盜賊小而賭博一經發覺皆犯科條容留之家又安
能脫然事外不罹罪譴耶周易曰比之匪人不亦傷乎晏
子曰居必擇鄰所以避患也可知奸猾浮蕩之徒皆足爲
善良之累朕願爾等父誡其子兄誡其弟隊長誡其行伍

鄉約誡其比閭祇奉訓辭各遠非義則地方甯謐俗厚風
淳又何患株連之偶及哉

聖諭第十四條

完錢糧以省催科

自昔畫野分州任土作貢而賦稅以興凡國之五禮百度
輸用出入皆賴焉此君所必需於民下所宜供於上古今
通義未之或改且以制官祿所以治我民以給兵餉所以
衛我民以備荒歉所以養我民取諸天下還爲天下用之
人主之倉廩府庫豈厲民而以自養耶我朝自定鼎以來
賦額悉準經制且横徵私派一切革除未嘗絲毫多取於

民溯我
聖祖仁皇帝深恩厚澤涵養斯民六十餘年時以閭閻豐裕爲念
所蠲免錢糧何止百千萬億遐邇之霑被固已淪肌浹髓
矣夫緩徵薄斂加惠元元君之德也以下奉上先公後私
民之職也屬在兵民宜喻此意勿惰而嬉荒其本業勿奢
而費耗其貲財勿逡巡觀望冀邀賜復之殊恩勿轉委輸
將致被豪猾之中飽依限而納毋待追呼然後以其所餘
養父母畢婚嫁給朝夕供伏臘縣庭有卧治之官村巷無
夜呼之吏俯仰無累妻孥晏然其爲安樂莫踰於此倘不
知國課之當重國法之難寬或有意抗違或任情遲緩有

司追奏銷之限不得不嚴追比胥役受鞭撻之苦不得不
肆誅求剝啄叩門多方需索無名之費或反浮於應納之
數而究竟所未完者仍不能爲爾寬貸不知何樂而爲此
夫供胥役之侵漁曷若輸朝廷之正供爲抗糧之頑戸曷
若爲守法之良民人雖至愚亦必知之況乎上好仁而下
好義情屬一體爾試思廟堂之上所日夜憂勞者在於民
事水溢則爲防堤旱魃則爲虔禱蝗蝻則爲撲滅幸不成
災則爾享其利不幸成災則又爲之蠲租爲之賑濟如此
而爲民者尚忍逋賦以悞國需問之於心亦何以自安譬
人子於父母分産授業以後必服勞奉養庶盡厥職乃父

毋忽勤顧復不遺餘力而爲子者自私其財欲甘旨而違色養尚得謂之人子乎朕用是諄諄告誡但願爾兵民上念軍國下念身家外有效忠之名內受安享之實官不煩而吏不擾何樂如之爾兵民清夜自思其咸體朕意

聖諭第十五條

聯保甲以弭盜賊

從來安民在於弭盜摘發守禦之法必當先事而爲之備故緝捕有賞疎縱有罰諱盜有禁違限有條而最善者莫如保甲十家爲甲十甲爲保甲有長保有正設立簿冊交察互警此卽井田守望之遺制所以

堵澄本清源

聖祖仁皇帝上諭曰聯保甲以弭盜賊誠欲使四海九州閭閻安

聖慮實爲周切矣第恐遵行既久遂至因循吏則徒稽戶籍民則僅置門牌而於聯比糾察之法未見實心奉行以至勾引窩藏之弊種種而生鄰舍失事竟有如秦越之相視富豪被刧反指爲悖出之當然甚且假公濟私藉盤詰之虛名滋無厭之誅求汎防因而騷擾胥役緣以生奸有保甲之名無保甲之實有保甲之累無保甲之益此盜賊之所以難弭也夫良法之有利於民在奉行之必求其實嗣後城市鄉村嚴行保甲每處各自分保每保各統十甲城以坊分鄉以圖別排鄰比戶互相防閑一甲之中巨室大戶僮佃多至數百此內良否本戶自有責任若一廬一舍之散布村落者有業無業或良或否里正保正得以微窺於平素一出一入得以隱察其行踪遇有不務恆業羣飲聚博鬭鷄走狗夜集曉散以及履歷不明蹤跡可疑者皆立爲糾舉不許暫容甲內其荒原古廟闃肆叢祠尤易藏奸更宜加謹防察至汎地兵丁務必晝夜巡邏一體查詰毋借端生事毋挾仇陷害毋受賄賂而狥縱毋惜情面而姑容協力同心輪流分派則盜賊無容身之地軍民享安靜之樂矣查昔人禦盜之法村置一樓樓設一鼓一家有失擊

鼓爲號羣起而守其要害盜賊將安所逃所謂寓兵法於保甲中也若夫江海出沒之區有未可以保甲行者舟楫往來烙號聯腙彼此互相稽查匪類亦難藏匿皆在實心奉行先事而爲之備若視爲具文怠忽從事至於被盜者失財連坐者受累不惟負朕息盜安民之至意亦甚非爾等保身保家之良策也

聖諭第十六條

解讐忿以重身命

朕惟人道莫大於守身民之有身所以務本力田養父母而畜妻子兵之有身所以嫻習技勇資捍衛以報朝廷身

爲有用之身則皆當自愛乃生人氣質之偏不能變化往往血氣用事至一發而不可遏激怒祟朝竟成莫解互相報復兩敗俱傷其起甚微而爲害甚大不念爰書抵罪一定之律雖國家法網甚寬亦不能爲殺人者施法外之仁

聖祖仁皇帝訓諭十六條而終之以重身命誠哀矜悱惻之至意也夫天地以好生爲心而惘惘之倫不自顧惜人君以愛養爲政而蚩蚩之衆每至輕生非釁起於夙昔之仇卽禍生於一朝之忿強者恃膂力之剛殺人亡命弱者希抵賞之罪赴水投繯忿以成仇仇而益忿原其致此之由固非一端而兵民所易犯者尤多於縱酒蓋酒之爲物能亂人

心志使失其故常或賓主酬酢始以合歡而俱入醉鄉則一言不合至操刀而相向或睚眦之怨本可氷釋及酒酣耳熱則一發難忍若不共之深仇每見刑曹命案相傷於酒後者十有五六噫置身縲絏家破人亡甚至累及妻孥禍延鄉黨而後拊心自悼悔何及矣自今以往皆當敬聆

聖諭時時提醒思仇與身孰重毋追既往之仇而昧將來之患思忿與命孰輕毋快目前之忿而貽事後之悔縱人或以非禮相加似難含忍然一念夫身命攸關則從父兄訓誨聽親友調和無不情恕理遣至酒之爲害尤宜深戒古之人既立之監或佐之史蓋惟恐載號載呶亂籩豆而起爭端

也其可沉湎荒腆致陷身於刑戮乎語有之忍之斯須乃全爾軀故解去仇忿則全身保家之道胥在於此養其和平消其亢戾不待排難解紛而凌競之習自然悉化何其風之醕也孔子曰忿思難孟子謂橫逆猶是此亦妄人也已矣聖賢之遺訓與

聖祖仁皇帝之明諭固千古同揆也凡爾兵民凛遵毋忽則閭閻相保營伍相安下以承家上以報國優游盛世共躋仁壽之域非解仇忿之明效與

咸甯舊徵誌檄

維咸楚巖名區縣分翼軫武昌屬郡地接江蒲金城聳乎四鄉延袤亘以百里其閒山川秀躍人物祥符蘋溪傳比海之雄文潛石留稚川之仙籍山名相嶺人傑出於地靈水號帶河秀流夾乎腋潴眺梅坡而念丹陽懿範步書臺而仰文簡元風至若孟機之清憲忠定之諫垣雲漢爲昭日星共耀緬懷往蹟幸際今休然玉麗山輝珠潛川媚必紀載資於博物方著作協夫同文獨念華故伊邇稽古維艱卽家有藏書未免哲封綠字及圜湮方策奚由雲護金滕欲校罔章之罔闕實求文獻以可徵用詢故老傳聞無

嫌夫珠遺滄海確拔先民典則衎合夫日燦中天藉是搜羅必悉庶幾考核宜詳郵民牧攸寄邑宰是司技慚刻鶩才愧雕蟲適承 憲轄

王會之圖特飭郡守方輿之志采故本以續新筌於今爲烈索前徵以彰軼事曠古莫逢時移而物未改作述恒闕聖明古往而今自來守待應分先後雖方言野史明若蓍占卽家乘稗官燎如犀照凡我先達士夫崇文碩彥世代藏優柢秘不妨示我考求前人給有囊珍允望賫予采緝先型是式後學有徵夫金山淦水之區皆人文淵藪而鐘臺掛榜之地盡理學宗工汪望同人欣襄共事咸標綳虎之

心裁各擅雕龍之巧螢氷紋製錦用能藻繪於縹緗玉屑分硎豈徒工飭於鉛槧法太青之紀事石室堪傳倣文穀之遺書瑯函特勒釋疑存信考古卽以證今就簡芟繁維風宜能訓俗方物既多載乘太史具有明徵惟冀士林之彌纂上備

彤管之撰修敢布名鄉聿勷盛典

昔

康熙乙巳四年季秋月　咸甯令何廷韜識

咸甯縣志舊序

夫居今而卓然具千古之識能斷然衡千古之事者誠賴文有傳事獻有傳人也文獻傳而故典備故典備而一代

之史彰矣史以實錄傳世

國書也國書之成成於郡邑之誌夫邑統於郡郡統於省省統於

京師斯大一統者

聖天子事書全盛之模而守庶邦者牧伯師尹宣化中外之職也則自省郡而下凡屬邑之隸在附庸者其於誌書不可不詳其爲故一邑之誌一邑之書也所係者重必參以野史方言之紀載故老隱碩之傳聞輯而爲書徵信也信則公公則於邑爲誌於

國爲史誌之與史不其相表裏乎翰於甲辰秋九月奉
命任咸事方兢兢飲氷茹蘗脩政和民與咸之薦紳士庶相安於忠孝廉義風土產物之常甫及一朞而一邑之中庶務交脩百廢具舉習於農者樂其田疇習於教者澤以詩書翰得持其以咸治咸者上報
聖天子此固宰職然也退食之暇取邑之往誌讀之覺宋元以前有傳人因有傳事惟明萬歷乙巳而後暨我重熙累洽之世凡六十餘年之事蹟畧焉未著翰忝之司牧是可黙黙已乎夫十室雖小邑其間山川排設有自然之輿形也士習民風有自然之禮教也人官物曲有自然之輔相也

至於戶口田賦又有自然之生聚自然之輻輳也守是土者本自然之心行自然之政則一邑自然之志胡不可博稽而纂輯焉翰心竊向慕之而仍未敢私附編琯之役也適奉　上臺飭續三楚全誌徵書於咸則向以纂輯爲心者今且以纂輯視事矣翰方幸成其書執以上之　太守樂觀郡史之明備也呈之　方伯樂觀會典之藩宣也達之　臺輔樂觀邦憲之屏翰也獻之
彤廷樂觀起居之著作館閣之編撰穆穆皇皇成
國朝一統之史乘也翰躬逢其盛慶何如耶由是殫思竭力謀之載籍考之見聞得邑中薦紳先生及諸弟子員集議公堂出其邑誌互相叅校期於弗謬每錄一事必錄其事之信而無疑甄一人必甄其人之名而當實如前志之當因者因之非以蹈沿狥舊跡也前誌之未備者備之非以增飾炫新華也閱三旬而成編登之梨棗以示信從將前可以監往後可以彰來雖職方所掌其貢採固有成憲而都邑所記其叅考俱係公評則咸之有誌無徒曰一邑之書也更可出而公於世以爲天下後世之書翰猶得俟諸有識者訂千古之同心焉

康熙乙巳　知咸甯縣事瀋陽何廷翰序

邑志舊序

余栖遲咸學宮可謂星霜飽歷廡楹之下山川風土相習而深學數武面相山則執政當世故墟也遠挹乎蒼蒼鐘臺白望則北海父子書籠舊址也唐宋名公鉅卿留遺在目而元明兩代忠孝偉望猶其近覩抵掌諸士懷古盱衡未嘗不感慨夫邑志之詳而可攷也春秋百國各有書蕭何入關盡收圖籍丙吉東曹考業邊瑣由此觀之古人致治圖籍之功斷未容泯志可昔有而今無與僉云咸當江蒲地未割一鎮也元祐間始益以縣在宋元有志至明天順時獲學博伍君手更編輯洎司農孟公復續編於萬歷乙巳首尾百年賢有司得以居今知昔斟酌物產裁制壤

則相風土順天時志所由作也兵燹散佚留心者僻余聞此方悵然才不逮伍君第願執鞭弭以俟君子之至斯也蓋六年於兹適値關東何侯奉

簡書毗甲辰臨越今乙巳慨然首商邑志與予約徵邑耄士刻期續編積三月志成較詳於前乙巳備同於昔之伍君而相成此不朽者甚盛典也予坐臥廡楹日支頤相山樽綜於唐宋元明之間俯仰於車書一統人文物産之麗庶無負此星霜云云何有序余不敏願僭以書諸左

康熙乙巳　　咸寧縣儒學訓導胡玒撰

邑志舊序

天文有分野地輿有疆域封建之制變爲郡縣其間或百里或數百里阻山距河語言物類紛殊不一豈非天地有自然之排設而隨時因革人特爲之輔相裁成者與山川之氣民物生焉有樸有偽有頁有悍而士之肥瘠俗之善淫靡不隨氣化以相感非有廉明之吏與端謹之士夫以倡明教化維持風習則樸者順者皆不可恃以爲理而況望其有忠孝節義之士孕育而起者乎此人之所以與天地參也邑有人而邑治猶之國有人而國治天下有人而天下治也賢人者衆人之則也前人者後人之師也文獻不足邑典闕如其何以矩矱百世開風與起也與此志之不可已也咸志始於天順間學博臨川伍君搜之繼萬歷年間邑侯譚元炳王公領之而先達鄉先生養浩孟公纘緝成卷余生也晚不得覩其人復不得稽其籍滅沒數十年縱父老傳聞疑信相半其間士之仁者大夫之賢者愚夫愚婦之節烈名儒碩彦之理學才臣傑士之忠義勳名間不乏人而竟無傳焉主持風教誰之責與咸之民樸魯而耕耨故兵凶不至於走險咸之士愨謹而詩書故衿肘不及於城闕咸之宦溫儉而鮮驕侈故科名間作不敢爲墨吏所由然者星川之氣鍾之者和受之者正而又有良牧休養艱育于其間風純俗美殆斯人之力也甚矣志之

不可已也美而弗彰孰爲之前盛而弗傳孰爲之後故千百年之聖蹤賢跡四海九州之名山大川搜之輿圖燦若列星而況在戸牖里巷之間乎邑之有志以彰前也以訓後也以示凡爲吏者不可不聚生齒而愼賦役而凡爲世祿者不可不尚忠孝而羞淫侈也此脩誌之義也余有意未逮卽授鄒令仕優則學竊自勉焉乃吾弟走書饒陽盛稱邑侯何公新任廉明而惠邑人咸之以修輯咸志請序將不以簿書吏視予也而曷敢辭焉若夫著述之詳畧是非之眞贋三代遺直父老存焉去浮就實討古論今立不朽之言照垂典則所望諸君子敬斂以勷厥成矣

康熙乙巳四年

賜同進士出身江西鄱陽縣知縣　邑人鄭邦相序

邑志舊序

洪濛既闢清甯位分岳瀆之精上應列宿星野之區下配八極條理燦著遂古而然矣載籍以來九州形制詳於禹貢十五國風備於魯詩繼此而方輿山海之經三都兩京之作人物風土之記紛然雜出故以域中之大赤縣神州而廣凡名山大川之阻距古聖前賢之出處珠璣百實之興藏草木禽魚之方產靡不展卷燎然若揭日月而行中天矧閭里之近眉睫之間故典不彰文獻莫考往者湮滅

來者無傳豈非士夫之責也耶甚矣邑不可一日無誌也何也一邑之志一邑之史也山川之美惡必書風俗之貞淫必書民情之悍樸必書戶口物產之繁簡必書忠孝廉節之行實必書名賢羽仙之遺蹟必書故讀志可以觀風觀風可以知樂知樂可以察禮察禮可以考政於以寓勸懲而移風易俗在此也志所係豈微哉咸志始於宋元明天順中取而輯之者學博伍君福也萬歷中詳而編之者前邑侯元炳王公鄉先達養浩孟公也煨燼之餘廢缺無存三紀以來目不覩是書矣邑侯何公毅菴于治咸之明年遍索民間始得殘編命邑中諸君子纘輯成書余適以省覲來歸問叙於余余備員史館方學楊子雲日懷鉛提槧向使者問外國事況先輩芳型景仰在望所樂覩也麗藻遺文所樂讀也幽貞逸節所樂道而闡揚也附名不朽復何辭焉夫後之視今亦猶今之視昔若覽是志者知所興起教行而俗美士端而民純山川毓秀人文蹍作使志不以地重而以人重則李北海之高標馮文簡之芳模如邑乘所紀者庶乎其不墜云

康熙丁未六年

賜進士出身內翰林宏文院檢討　邑人鄭之謀序

邑志舊序

郡應垣也邑百里專城應宿也邑長令比宅南向坐奉君令以臨民也君應極日東出躔十有二皇建而人民會歸於極長令上應列宿一邑休徵戾氣罔不係於身而人民會於長令豈常人任也前志謂咸初為永安南唐割江夏地而以咸甯名至宋元祐益以蒲圻地編十六里版圖田賦歲入禹服武郡屬縣有九州有一咸壤地犬牙山可界也界之水可界也界之遠而兩粵西蜀滇黔罔不取道於咸而其繁疲時與會城等從來長令有負衆才有中人之資有愚戇獨勝皆父母也下車日五方風土不同而山川城社形勢戶口壤賦時代人物遠近所產不一左右豈堪

備禎問而父老子弟烏容源源備舉而進耶夫邑志以供
覽也前志明天順間博士伍君屬草字漫漶板漶餬不可
讀而於萬歷乙巳歲關中王侯舉與先達孟公商訂而復
輯成全卷此萬歷乙巳夏也歲紀元會一週適關東何侯
蒞咸之年亦以甲辰秋侯將種而文吏也負洛陽賈誼之
才仿終軍弱冠之姿道傍聚觀舉手加額相慶一望而知
爲慈父母也夫不知侯孝友天植奉母隨任慈命是禀錫
類之廣應格豚魚亡何索詢邑志鼎革後志湮滅斷簡侯
於乙巳夏首徵禹於歸田山僻更進子衿十餘士於輻輳
偃室時舉前王侯乙巳所輯今乙巳復廣而輯之殆有進

焉矣侯論定卜吉大集貲謁立編志館公餘退食簡騎從
短葛簡袍日一視事禹彰厥高深用告同軌自禹而外職
編次蒐討分任各執一事事有不實不詳禹不敢筆凡編
次蒐討微有未合諸友未嘗輒許也是志更有進焉不但
叅之前乙巳遡而上伍君屬草以及元志更搜郡邑之備
名公鉅卿山人韵士詩歌以雅以南以頌合是編取焉不
謂有進焉不可一體侯之誠切志其一端爾乃若三載興
續自有
彤管書之可拭目以俟禹其渾汗屬草研墨成文

康熙乙巳四年　邑山人王禹錫序

咸誌舊序

聞之星日之垂耶諸古史覽物之槩寄在方聞攷咸邑舊
誌明以來號差備矣明之季兵火流離典文散失以鄂淦
風物人文之盛而載籍泯關逸美弗彰君子觖焉璧操刀
學劄槧賦歸來徒勞與寐寔云有志而未逮也偶值當事
者有脩舉三楚通誌之舉檄下於邑邑何公毅菴欣肩任
之一日集諸紳士採諸名宿慨然詢其事於余以爲諸士
倡璧又何知焉然遡厥前乙巳修志於今越六十年凡山
川風俗戶口壤賦星紀災祥名宦人物與夫忠孝節義廉
潔孤尚有關名教者不論缺簡殘篇間吟一得悉得採取

而編錄之於焉廣搜旁覽分類成書而顯微闡幽小善必
錄未一月而邑志成蓋以其耳目之所常覩記者共紀其
事所聞所見必確必公不襲浮稱不爲溢說以是而詳達
於　上臺視誌曰善矣以是而質諸鄰封傳之四境亦皆
曰庶乎可以有光於此典矣夫邑載家乘各具名山之勝
流連觀覽仍同拱璧之珍後之採風茲士者一開卷而恍
然見吾邑山川人物之盛見吾邑山川人物之盛而何侯
撫字苦心其德業之達及者千百載後如或親見璧亦籍
是以與爲不朽何典之隆也語云莫爲之前雖美勿彰莫
爲之後雖盛勿傳於是乎贈之以言即不覺其欣幸之極

而忘其言之爲贅也以是爲序云　邑人陳壁序

咸志舊序

聞之墨子曰吾觀百國春秋盍國不乏史云自秦罷侯置守令而郡邑之志與家國二史並垂國史善陋家乘善溢夫其經緯天地原本山川苞孕民物恩者不得譽而怨者無所修其郄則郡邑之志戛戛乎難矣今言史者偏寓內十室之邑靡不細衮爛焉而吾咸獨否天順間學博臨川伍君嘗剏爲之稱具草耳旋亦就剥蝕不復可句學士大夫橫經而闕八紘問以邑事莫置對也往予爲吾友義甫言古人尚友先自其鄉杞宋之事孔子慨焉若任邑乘闕

如何以令天下後世知有咸也義甫笑弗答居久之關中王侯進諸生知邑志湮佚狀爰謂義甫請焉義甫唯唯乃檢舊志什一益以耳目所覩討彙爲六卷踰月而告成事于是王侯殺青走使白下而屬敘於予予蹶然起曰吾志也而大夫成之耶居今之世志古之道所以自鏡也咸地褊小劃江瀨東西偏而邑之蒞之以令尉董之以師儒一邑之山川民物夭喬蝡動惟瑋之態具焉觀政則餘澤猶芬考德則高山在望讖行讖言星列灊目迹其遺事想見其爲人無乃僩然而有企心而仰止思齊以庶幾昔人於今日則是編之大有造於咸也昔王仲宣記英雄欲以其

時垂於古荆楚傳先賢欲以其地重於天下春秋云邁陵陸巳遷而二書之存猶若琬琰其色而傳之嚮子桓氏云文章不朽誠非虛也矧一邑鉅典千秋鴻業賢師帥實執牛耳而鄉之名卿偉人奉槃盂從之組繡其舌金石其指以圖寫人紀明章天化爲萬世規有不美愛可傳流庥千禩者乎不佞浮沈郎署匏繫白門末由搦管從義甫後效千慮之一覩是編怦怦然心動焉夫自是而咸之人知有其鄉與天下後世之知有咸也則是編在矣王侯諱元炳陝之蒲城人義甫諱養浩邑人　前明邑人趙邦柱序

咸志舊序

咸故無志天順間博士伍君嘗屬草焉今百五十年矣磨滅漫漶不復可識爲紳先生難言之萬歷甲辰關中王侯來蒞咸甫下車卽詢邑志慨文獻之無徵毅然身肩其任而以載筆屬予予最欵啟乏三長不嫺於史顧以邑人習邑事義不得辭也乃稍檢舊志叅之楚史證以老更所誦說彙爲六卷各千萬言夫志郡邑之史也史以綜天下之故而志以摭一隅之實皇華遣使周爰咨度太師陳詩觀采風謠太史奏而記之以存往蹟鏡方來陳得失之林昭懲勸之公志尤史之權輿胡可廢也咸地褊小才當子男三之一　及其建最後唐宋而上無聞焉孔子不云乎吾猶

及史之闕文也夫信信也疑疑亦信也吾徵其信者而闕其疑焉故於宋元而畧也吾不敢誣也於明而獨詳也吾不敢佚也是故仰瞻天度俯察地宜形著於下象見於上精祲相摩氣類相召天人之際如鼓答桴無不應也熊繹受封子紅旂鄂罷侯置守分領併隸爲鎮爲縣詘伸代謝譬之奕棋不常所治我是以有星野方域之表山厚象仁川虚象智灝氣盤鬱烟光浩渺地紀人文其致一也王公設險與民守之乘輿濟人君子譏焉向明出治非壯麗無以示威興賢育才庠序周雍不見異物而遷斯爲士矣我是以有山川城池津梁公署學校之籍厥土塗泥火耕

水耨呰窳偷生民鮮積聚承流之使冠蓋相望置郵如綫疲於奔命我是以有田賦郵傳之紀法施於民以死勤事非此族也不在祀典聖哲之變仙釋間出緇衣黄冠其麗不億青牛白馬之談猶河漢而無極也我是以有壇祠之録豈弟君子德音不遐召棠故址峴淚堪揮高山仰止典型猶存我思古人雖百世之上慨然如將見之矧生同其地者乎我是以有宦蹟名賢之傳惟鄉三物論定後官匹夫有善可得而舉也里選既湮科貢斯闢射覆爭奇得雄者王士生斯世卽莘巖有側注進耳我是以有仕籍之考江漢化行莫不靜好采嘉維則聖善之儀雖鍼堂既闕而彤管猶芬我是以有淑媛之述在則人亡則書識大識小惟愛則傳媚寵諛墓之詞不足存也我是以有藝文之輯孔子有言吾志在春秋彼隱桓之際則章定哀則微爲其有所刺譏也夫褒諱挹損之文吾何敢知要以抉其幽微正其譌舛芟其繁蕪增益其所未備闡前喆之清徽俟後人之可信則知我罪我有斯志在矣夫王侯蒞咸未閱月嚴保甲清積蠹諸善政且次第舉舉余拭目俟之而茲獨先其大者是可以觀志云　前明修志邑人孟養浩序

舊志跋語

聖人受命其一代之星雲皆爲動色山川皆爲改觀民物皆爲洗心滌慮故福祥以應人材以盛風俗以美登之野録則輝映瑶圖傳爲

國書則照耀簡策是以羅泌國名史乃稱路王充宣漢論始爲衞古之君子處中輓之代猶思追美曩王無文獻之徵尚欲網羅放失矧際

熙朝鼎新之日值賢侯虎炳之時薦紳先生揚鑣金馬譽髦斯士振響雲璈鴻文在

國名彦在鄉而或者猶取往代之殘編以當　上臺之物色無廼羞

朝廷而辱當世之士耶茲不佞所以讀斯志而喜喜斯志而

又讀也雖康樂和親之書有待而報忠孝節義之行有待而顯文章道德之士有待而興旂常鐘鼎之勛有待而成而

國家生聚教訓之仁與循良水火寬猛之義已具見於篇端矣禍祥之應人材之盛風俗之美猗歟休哉由此其始也抑愚猶有進焉君子睹其應則必思其感喜其盛則必懼其衰嘉其美則必防其敝觀夫前乙巳之所編定與今乙巳之所增修六十年間滄桑倏易陵谷頓遷俯仰興廢感慨何極則凡所以正誼明道整躬率物反澆俗於純古者豈徒縣父母之任抑亦吾鄉諸君子之責也後之觀斯志

者尚喟然而歎與矣乎是爲跋

康熙乙巳四年　邑恩貢士唐范瑛跋

舊修邑志姓氏

明天順志教諭伍　福修

明萬曆志知縣王元柄邑人孟養浩修

國朝康熙志

鑒定

知縣何廷韜

參閲

訓導胡　珏

纂修

邑人鄭邦相　王禹錫

參訂

邑人鄭之諶　陳　璧

按輯

邑人張　檄　唐范英

校閲

邑人王貴錫　闞　畢　沈建昌　李旭白

趙拱乾　錢有年　佘希聖

邑人孫可儀　鄭邦命　季立楷　胡康賓

孟應衡　孟佐盛　趙拱宸　李贊中

黄應元　孫瑞業　同校

重脩縣志序

古者列國皆有史官掌紀時事至秦廢封建爲郡縣志乘以作其義例權輿於龍門班范而考核則惟

大清一統志爲最精後有作者弗可及也邑舊志書創自前明天順間續脩於萬歷間逮我
朝康熙六年有毅菴何君渡纂訂而蒐討之頗稱完善即今所謂舊志也第二百年來兵燹攙殘簡編剝蝕有待於補苴掇拾者甚多怡於同治四年夏承乏斯篆办理善後之暇接見耆人士議脩志事深愜余懷良以有人

心而後有風俗有觀感而後有人心況斯邑爲聲明文物之區顧坐視缺文殘幽光遏鬱無論非士大夫桑梓敬恭之誼抑亦非守土者維持風化之心也怡

爰竭心力以竣厥事並訪延名
宿暨公正紳耆分任纂脩采訪
稽覈釐分野辨疆域之沿革
表揚志士仁人之大節以及貞
媛烈婦之懿衷分三才而爲篇

一額加之農田水利以興養邑
學文章以興教條者備敘總目
令人心風俗之觀感在茲乎
意在斯乎至若山川名勝博雅
士能言之固不必侈談重山塗水

竹嶺梅坡鯤鯤然拔藤攜華吟
風嘯月也適因瓜代之期未遑
蒇事始先錄其大旨尚希續纂
於志者博采旁披以匡未逮是
則怡之厚幸也夫

旹同治五年丙寅季春
欽加知府銜即補同知權咸甯縣篆
南漳縣知縣會稽心台氏陳怡撰

重修縣志序

士人讀書先四子六經次歷代綱目以及
大清一統志與廣輿記諸書皆宜備覽周知何則讀古書鑑古人也覽今書審今事也嘗有

皓首窮經文章自命一行作吏而未能措施裕如者泥古而不知準今也憶予生自江浙長於山左承先君子訓朝夕稽考以道光甲辰舉於鄉同治癸亥南宮報捷晉庶常

館越乙丑改職牧令丙寅三月奉
簡命來宰斯土欲悉民風先觀邑志乃知咸甯立縣最遲在宋元無書可考至前明天順臨川伍學博始纂輯以成書萬

歷間官紳王孟二人續修逮
國朝康熙六年前賢何毅庵偕邑紳王禹錫又修距今二百年有奇雖有是書而藏之者鮮卽徵諸世胄間獲一二緘而編殘簡斷揣合殊難因嘆

邑志之修也亟甚況下車伊
始正值
憲札催辦之時方惴惴然懼
無以應命適有同年生陳君
愚溪張君介農等編志稿呈
政於予僉懇予備文呈政於

上憲予於公暇逐句逐字詳
閱細審見其星野輿圖學校
建置與夫食貨秩官人物藝
文諸類綱著爲八卷成十五
條分縷晰詳不厭冗簡不病
遺謂可以鐫巳爰命召梓人

覓梨棗剞劂成書以備郡志
省志之採因以備
一統志之採至邑中山川之勝風
土之宜詩書科第之迭興忠
孝節義之競爽一開卷而朗
若列眉固不必贅以誇美之

詞焉是爲序
同治丙寅仲夏上浣
賜進士出身翰林院庶吉士知
湖北咸甯縣事
桐鄉沈寶枏粟香氏撰

重修邑志序

邑之有志原以載山川險要城郭溝池祠廟衙署户口
賦稅風尚土物人文科第以及忠孝節義並流寓釋道
隱逸方技莫不條分縷晰用備郡志省志採擇以成一
統志之盛予幼時讀書不出户庭及應小試水陸所經
見有挂榜銅鼓尖小龍潭蘋花溪潛山寺石洪温泉等
處聞皆志書所載也比入邑城東門見高樓屹立有指

稱曰此宋馮文簡公讀書臺舊址也又有鍾臺山聞係
唐李北海讀書處石案卧榻尚存洞中予未得至其所
此皆吾邑古來人傑之見於前史者意其文章事業邑
志或能較詳且聞前明人才炳蔚仕宦頗多迨我
朝國初自鄭野謀前輩晉詞館後竟有皓首窮經以得一
賢書為難中間如張公異峯宗崑胡公理齋章皆以進
士得官均未聞有談及邑乘者家大父北軒公藏書頗
富而獨無邑志詢之咸好亦鮮存此書是用耿耿道光
癸未予成進士由刑部郎官出使閩浙隨轉監察御史
升禮科給事中曾致書吾邑學博胡崑白璧華同年浼
其訪覓舊志商之同邑紳耆重新編纂終以經費無出
不果行其後予歷任内閣太常大理奉天府丞兼學政
復升左副都御史出使南河旋升刑部侍郎
欽差幫辦軍務忽被議遠戍西羌到配未久即蒙
恩起用還都今乃罷職歸來計筮仕四十年所歷地方往返

奔馳約三四萬里足迹幾半天下席不暇煖且值吾邑
屢經發匪竄擾典籍淪亡不復能酬修志夙願也茲官
秀峯爵相制府以吾楚漸次肅清省志已成灰燼文憲
無稽諭前任方伯厲伯符札令各府州縣赶修志乘前
任邑侯羅液池先行倡捐並請兩學博偕邑紳剛議設
局興修事未舉而羅公忽因潰勇謀逆殉難續經陳邑

侯心台仍延原辦諸公力成此舉嗣陳交卸赴南漳新任沈公粟香實授前來相繼督修並將覓得舊志郵寄到省予反覆披讀始知邑志肇自前明天順中輯之者學博伍君也萬歷中詳而編之者邑侯王公與鄉先達養浩孟公也逺

國朝康熙乙巳歲邑侯何公毅菴與邑紳王公禹錫捃殘纂輯內翰鄭之諶撰序即今所存舊本也第閱歲已久

鼠耗蠹蝕紙頁破綻不免亥豕訛謬若不及早重加釐正將圖籍日就湮沒故老無存後雖有心欲再修舉必至無可徵信矣今諸君子合力同心肩任其事以舊志爲程式攷訂詳核酌理衡情不參私見可因者因之缺者補之復旁搜博訪凡有關風化者徧採而登記之洵足信今而傳後俾邑之中有所觀感士食舊德農服先疇相與敦品力學樂業安居將見人才輩出於以黼黻

皇猷光我家

國而凡蒞茲邑者亦皆以循良相勸勉德教行而禮俗成舉於斯志基之矣乃忽走伻肅函丐予一言列之簡端予自維前以主講黄州河東書院時適值漢皋戒嚴吾邑方在攷試以故不能赴局今春復受聘訂定江漢書院掌教未遑懷鉛握槧與諸君子晨夕蒐討身在事外掠取美名靦顏可愧然既承不棄謭陋屈指首及予會

逢其適遇茲盛舉近則伯仲諸君遠則繼伍孟諸先賢之後並傳不朽不可謂非生平之幸云

雷以誠鶴皋氏謹撰

今修邑志姓氏

總裁

欽差大臣太子太保文華殿大學士兵部尚書閣爵湖廣總督部堂世襲一等果威伯官　文秀峯

太子少保頭品頂戴兵部侍郎湖北巡撫部院一等威毅伯曾國荃沅浦

欽命翰林院侍講湖北全省提督學院加十級紀録十次孫家鼐鼎臣

主修

欽命湖廣湖北武昌等處承宣布政使司布政使總理軍需捐輸牙釐各事務隨帶加二級何　璟小宋

欽命二品頂戴湖北等處提刑按察使司按察使統轄全省驛傳事務唐際盛蔭雲

欽加三品銜湖北全省督糧道加十級軍功隨帶加四級紀録十六次丁守存心齋

欽加鹽運使銜督理湖北全省塩法分守武昌道兼管水利加五級紀録十次盛　康旭人

鑒定

欽加鹽運使銜湖北武昌府正堂加三級隨帶加二級卓異加一級紀録二次黃昌輔虎卿

武昌清軍同知

武昌糧捕通判

知府銜攝理咸寧縣事陳　怡心台

同治癸亥科翰林院庶吉士知咸寧縣事沈寶枏粟香

道光辛丑科進士署咸寧縣事陳秉信虔堂

奏札議修知咸寧縣事羅　琳液池

協議興修訓導周輝藻春溪

總理采訪

教諭張　鼎梅丞

訓導夏應霖雨人

督刊

典史陳　炳吉生

纂修以後均係邑人

前刑部左侍郎江漢書院山長邑人雷以誠鶴皋

道光甲辰科舉人前任天門縣教諭邑人陳國正愚溪

協修

道光甲辰科副舉人候選直隸州州判邑人張應惇介農

前任河南寶豐縣知縣佘光斗印如增貢

候選訓導吳廷選棣生

邑優廩生何運珍聘臣

采訪

郡庠生盧允恭　邑庠生楊全恕　邑庠生辛大坤

邑庠生葉啟忠　邑廩生陳興本　副舉人童文樞

邑廩生王汝霖　監生錢振聲　邑庠生周繼濂

邑庠生朱煥南　邑庠生方景山　武舉洪以芳

監生張寶鏞　邑庠生黃仁壽　邑廩生毛鴻儀

邑廩生樊鳳起　邑庠生石輝玉　邑庠生章兆奎

監生胡馨　邑庠生孫福田　邑庠生陳瑞麟

監　生施春華　邑庠生余作賓　監　生甘鶴林
郡廩生余逢吉　邑庠生余文品　監　生萬澄清
孝　廉江意揮　邑庠生韋黼臣　縣丞銜周承元
邑廩生周福元　邑庠生王道東　邑庠生夏錫疇
郡庠生袁定河　邑庠生蘇松濤　副舉人蔡文偉
邑庠生董鳴盛　邑庠生張庭輝　邑庠生程先民
邑庠生梅鳳鳴　邑增生陸寶文　郡庠生劉德馨
邑庠生鄭啟猷　邑庠生伍兆霖　邑庠生余華柏

校閲

國　子　監　上　舍　邑　人　張慎先 惕夫 稚農

邑　增　生　劉之均 溥田
邑　庠　生　張嗣先 喆生
邑　庠　生　周命鈺 兩如
邑　文　童　鄭緒洸 經四
邑武生朱楚英

繪圖　邑　人闕增倫 振綱 弁繕稿

經理刊刷樊川職員葉桂軒 丹五

今修邑志凡例

一倣舊如公署倉廒壇壝廟宇一切兵燹後率多頹廢猶必照舊志備録者存古制也録之而又必註明已廢者徵實事也

一增新自康熙乙巳至今二百餘年忠孝節義仕宦科甲旁捜徧訪隨類補註不敢遺亦不敢濫

一舊志有目無綱今謹倣江西奉新縣志分綱爲八諸目附焉俾閲者覩綱見目覩目見事開卷了然

一舊志有文無武今國家多故彼効力忘勞以博一官何可偏泯故撮其確而最顯者録之以勸忠勇科甲則自

進士以至武舉皆録之以昭文武並重之意

一人物前賢照舊志備録近今則憑各鄉采訪間亦竊附己之見聞或采訪所未及耳目所未周懿行嘉言不無滄海遺珠之憾

一志以志事而藝文亦附焉前志所有者照前志録刊不擅爲去取亦不擅爲點竄前志所無者公同撮録庶免繁冗鋪張之病

一循良傳人物傳均隨本人名下直註俾閲者見其名卽悉其事因其事益想其人

一凡采訪到局註以通志及鄉先輩家藏抄本有憑者註

入正類無據者另列補遺以備參考

一彙卷有以一類爲一卷有以數類爲一卷者挨次編輯期免陵躐蒙混

一分行有用雙行者有用單行者詮釋總期明晰初無成見

一崇正除災祥仙釋外凡怪誕之事不經之談不敢攙入流爲惑世誣民之弊

一有疑必闕確信乃書附會游揚非所以昭鄭重也參以衆人之識斷以一理之歸衷期實而有據信而不誣

目錄

咸甯縣志卷一

疆域　星野　輿圖　歷代沿革　疆界　鄉里　山川　湖𤅼　泉洞井　街衖鎮市　古蹟　墳墓附　風俗　節序附

知咸甯縣事陳秉信慶堂　鑒定

邑人　雷以諴鶴皋　陳國正愚溪　纂修

星野

序曰自周禮以星土辨九州之分野左氏善誣康成强附學者多疑之及觀裨竈梓愼之言靈憲法象之志因是以辨其土因分以察其變未或爽也葢地有是形天有是星形之所凝天象昭焉在朝象官在野象物在人

象事精氣相盪無足異者咸甯古楚子之國江夏之域也自范蠡鬼谷張良諸葛亮譙周京房張衡並云翼軫楚之荆州而江夏入翼一十二度嗚呼以天下覩楚以楚覩咸如黑子之著面曾足於天象哉是不然萬家之邑精物亦大矣雩而雨火而反風凡以令身自有之也夫郡邑之長有君道焉今之邑長古之子男則休徵戾氣豈盡不相感召者耶抑亦可思也已

紫微垣北斗玉衡星主楚按春秋緯文耀鉤布度定紀分州定象北斗七星主九州大别以東至雷澤九江荆州屬衡星

太微垣上台第二星主荆揚按論語摘輔象兗豫屬上台荆揚屬下級

天市垣西垣第二星主楚按天文圖兩垣共二十二星東垣首宋終魏西垣首韓次楚

五星熒惑星主楚按漢書吳楚之疆候熒惑二十八宿屬翼星按晉書江夏入翼十二度

十二次舍屬鶉尾按周禮疏鶉尾楚也史記天官注云翼二十二星軫四星皆爲鶉尾在吳楚之分左傳襄公二十八年歲淫於鉉枵裨竈知楚子將盡且曰歲棄其次而旅於明年之次以害鳥帑周楚惡之鳥帑尾也故鶉尾屬楚

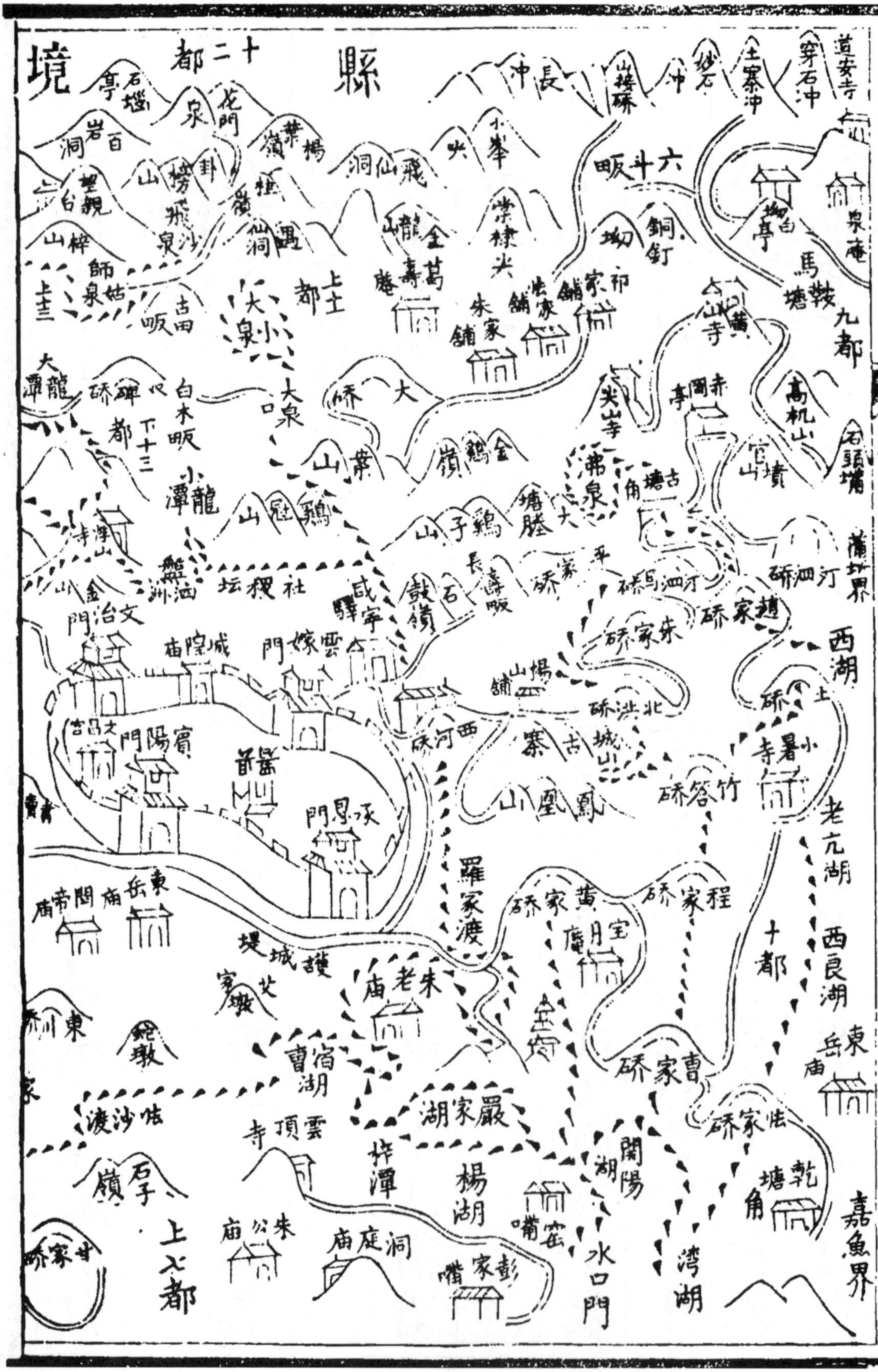
十二都
縣境
石燈亭
百岩洞
花門泉
楊葉嶺
小峯尖
飛仙洞
長沖
銅釘坳
道安寺
穿石沖
馬鞍塘
九都
金龍山
葛壽庵
大泉口
金雞嶺
雞冠山
雞子山
大塍塘
小龍潭
大龍潭
下十三都
白木畈
社稷坛
咸寧驛
文治門
城隍廟
賓陽門
承恩門
東岳廟
關帝廟
護城堤
朱老廟
羅家渡
黃家硚
程家硚
寶月庵
曹家硚
嚴家湖
法家硚
乾塘角
嘉魚界
十都
西良湖
西湖
小暑寺
鳳凰山
古寨
北洪硚
西河硚
趙家硚
朱家硚
蒲圻界
高枧山
尖山寺
古塘角
雲頂寺
梓潭
楊湖
朱公廟
洞庭廟
彭家嘴
水口門
湾湖
上七都
甘家硚
石子嶺

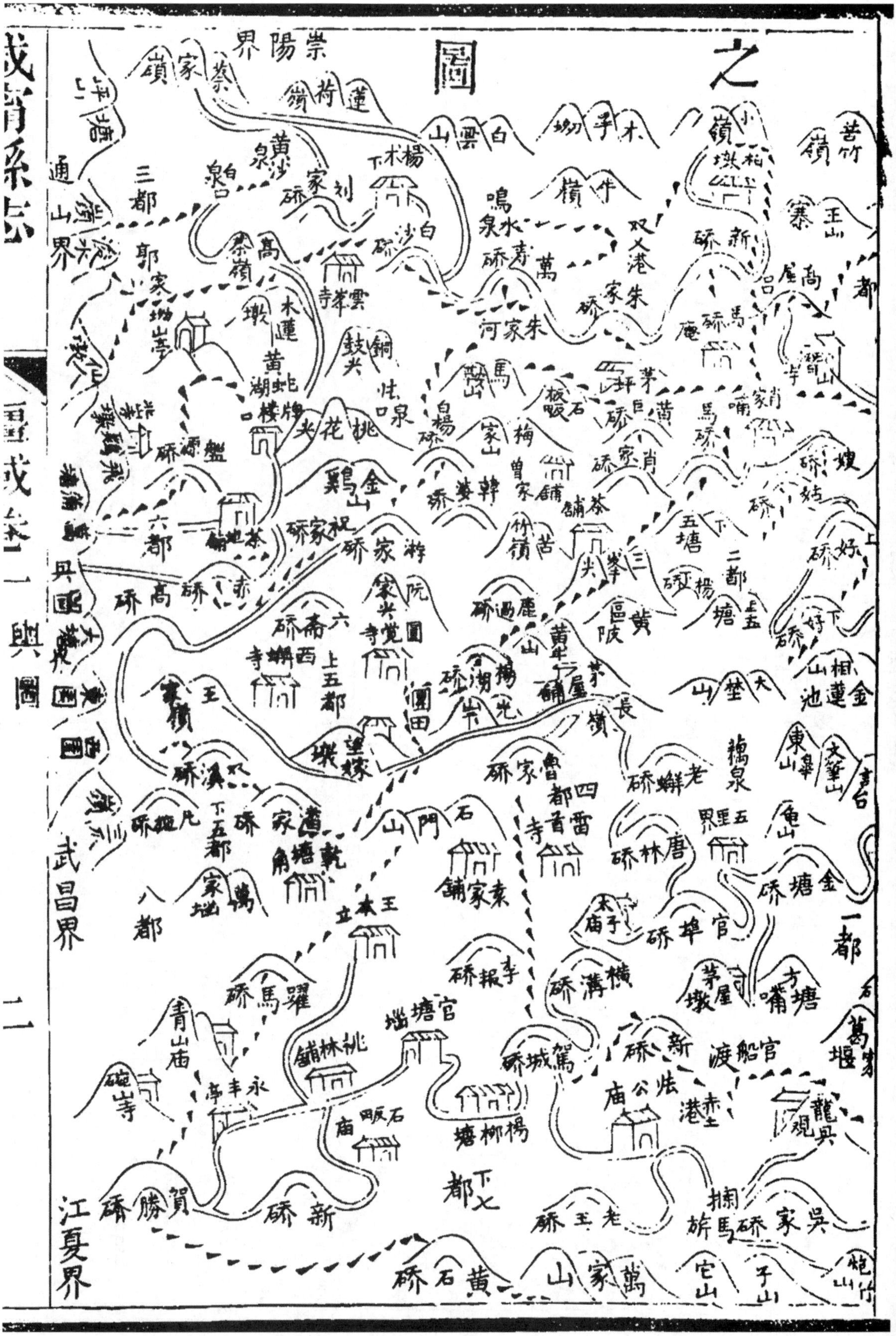
之
圖
崇陽界
通山界
武昌界
江夏界

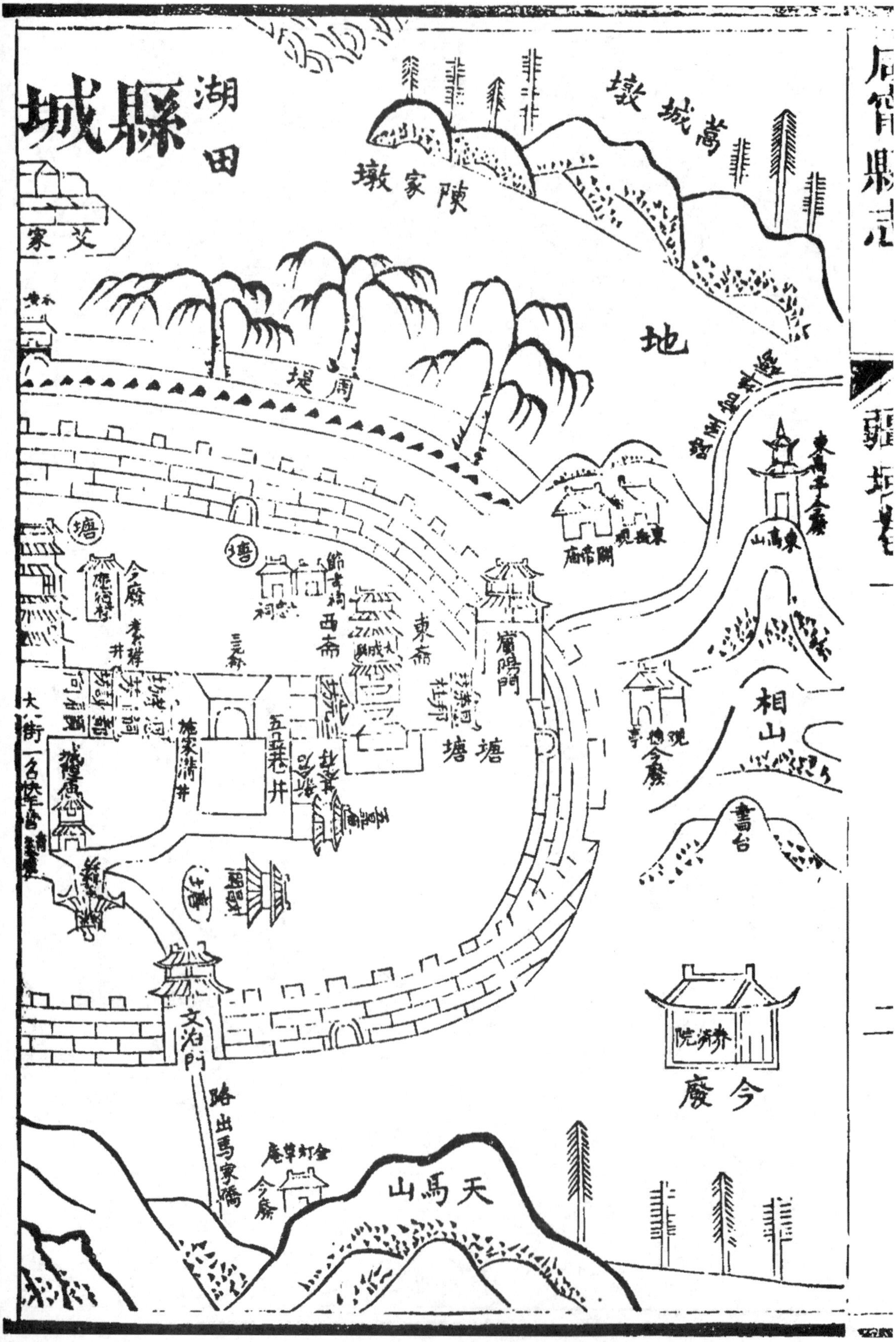
湖田
縣城
艾家
陳家墩
蒿城墩
地
周堤
塘
東岳觀
關帝廟
東高寺今廢
東高山
觀音亭今廢
相山
書台
養濟院
今廢
東齋
西齋
五花巷井
文治門
路出馬家橋
金釘草庵
今廢
天馬山

武昌縣志 疆域卷一 輿圖 三

縣署

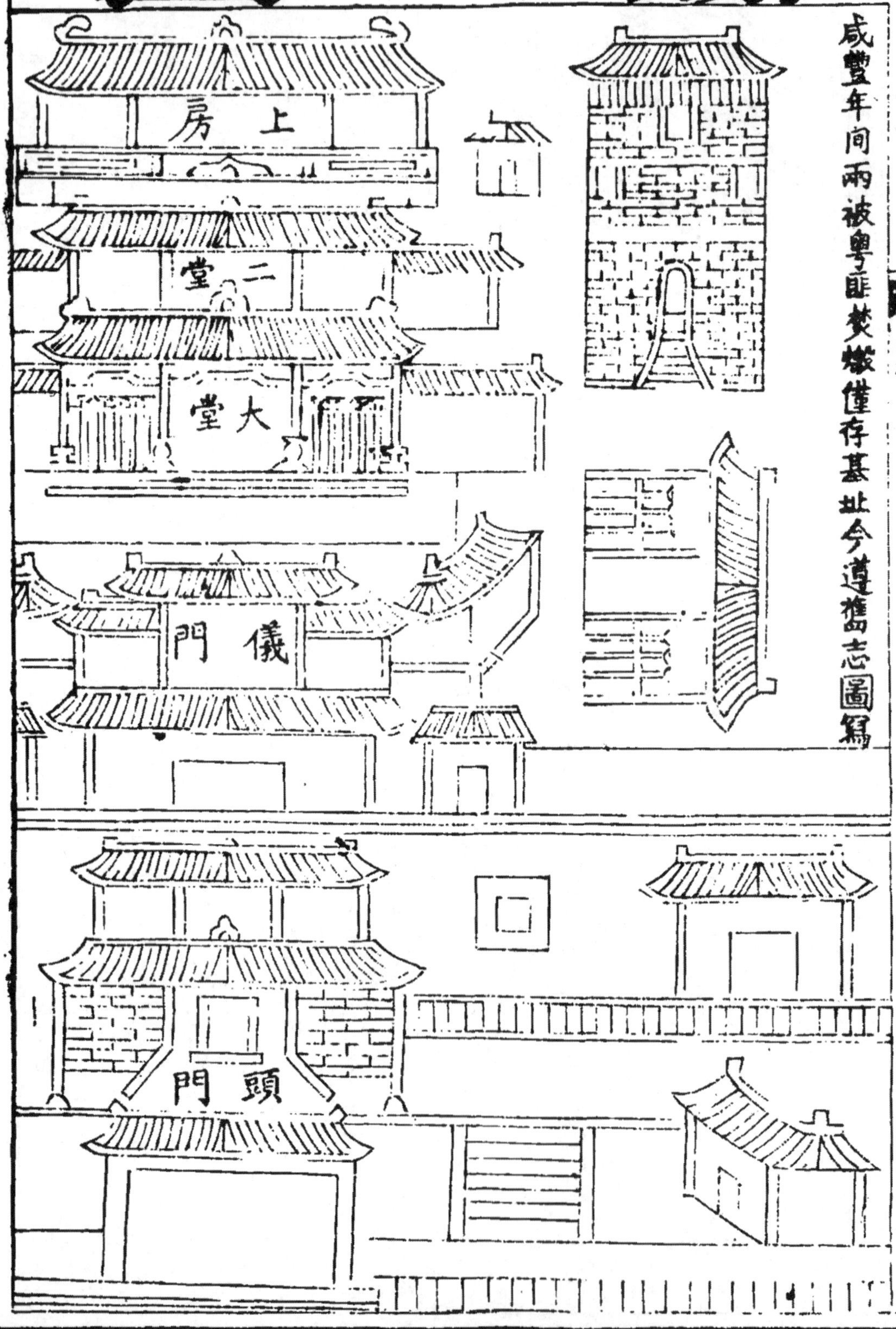

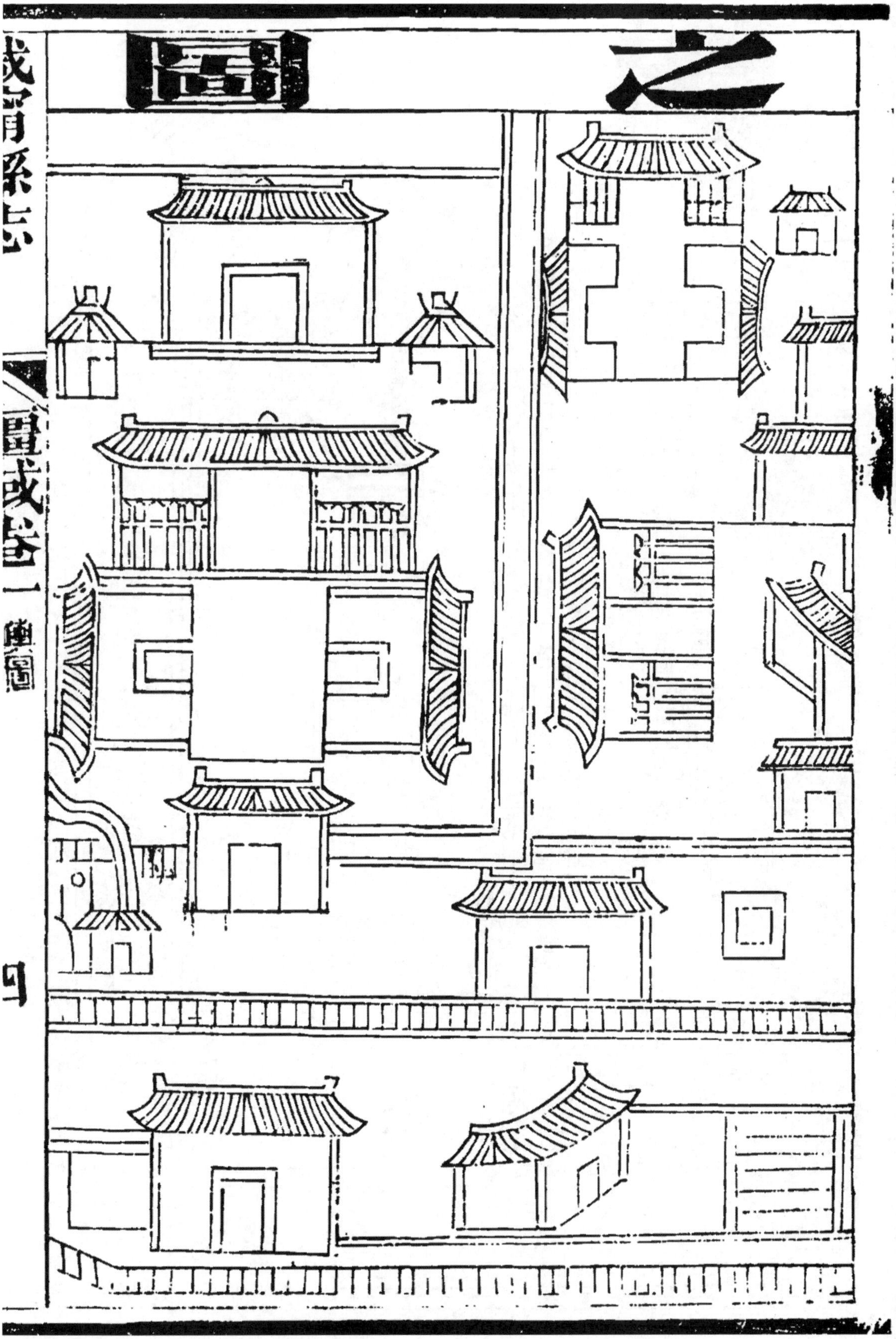
之
圖

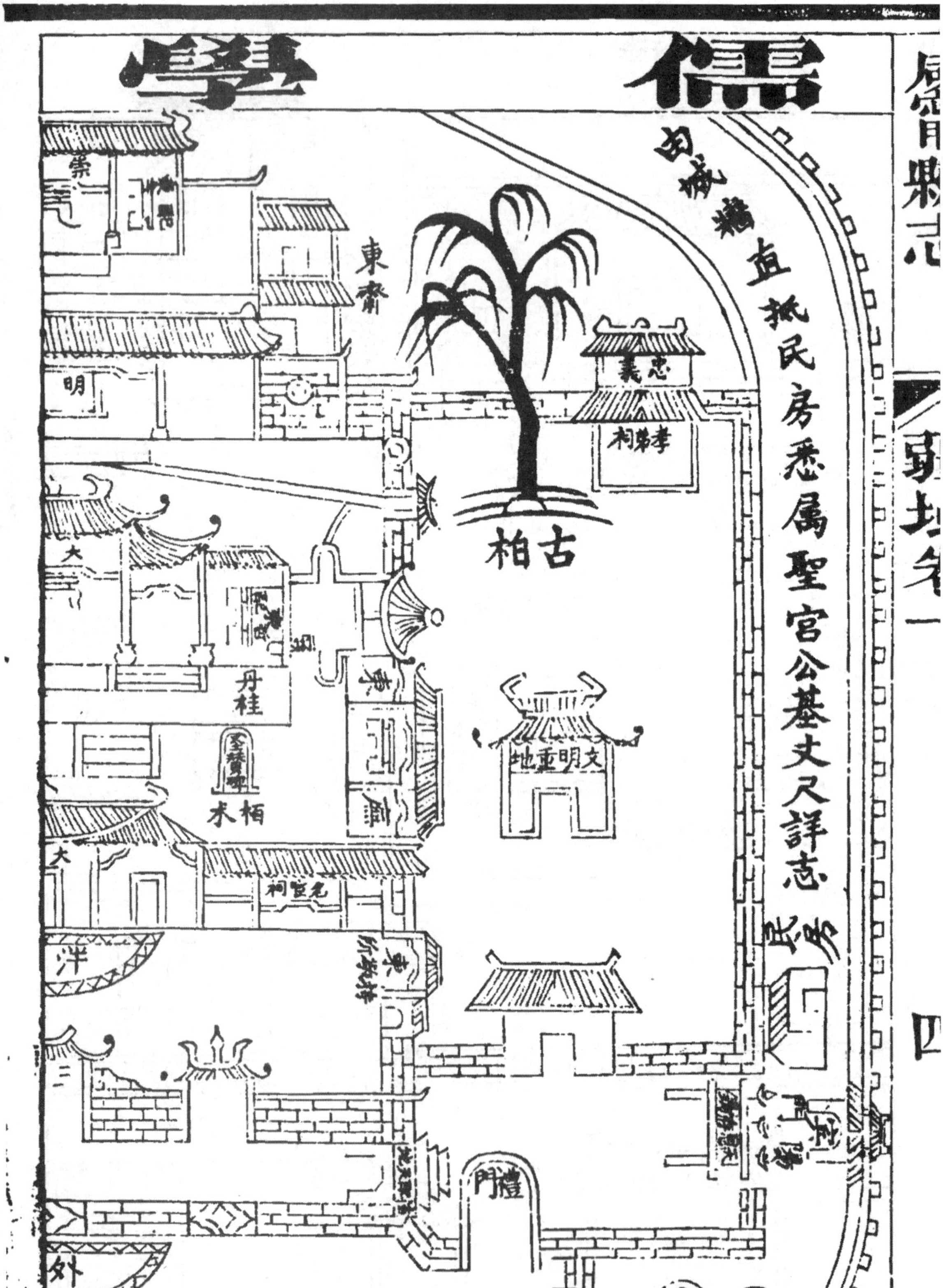
儒學
由城牆直抵民房悉屬聖宮公基丈尺詳志
東齋
古柏
忠義孝弟祠
文明重地
丹桂
名宦祠
禮門
塘
塘
泮
外
咸寧縣志
卷一
四

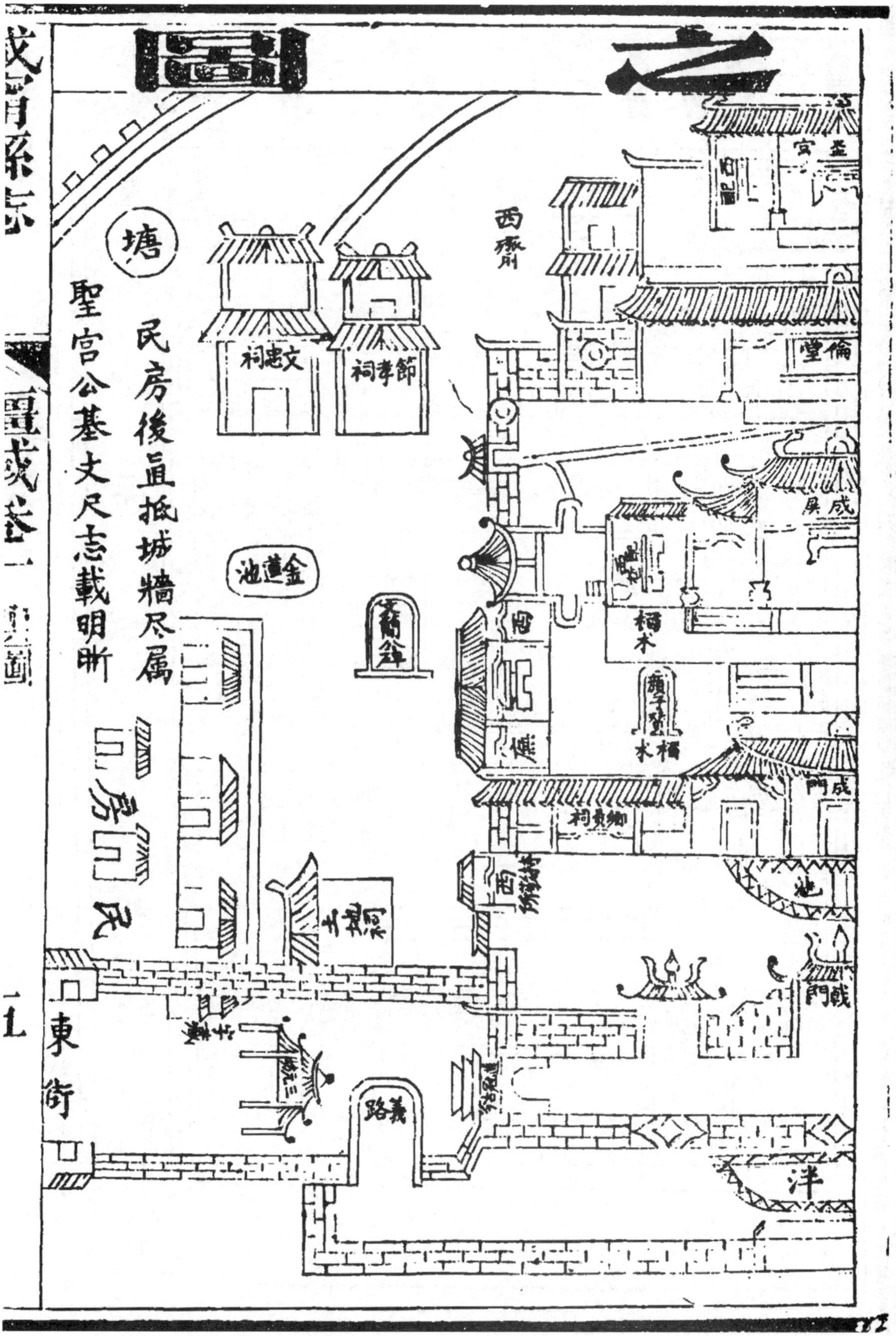
之
塘
民房後直抵城牆盡屬
聖宮公基丈尺志載明晰
文忠祠
節孝祠
西齋
倫堂
金蓮池
成殿
鄉賢祠
成門
戟門
民房
東街
義路
泮

文昌閣圖

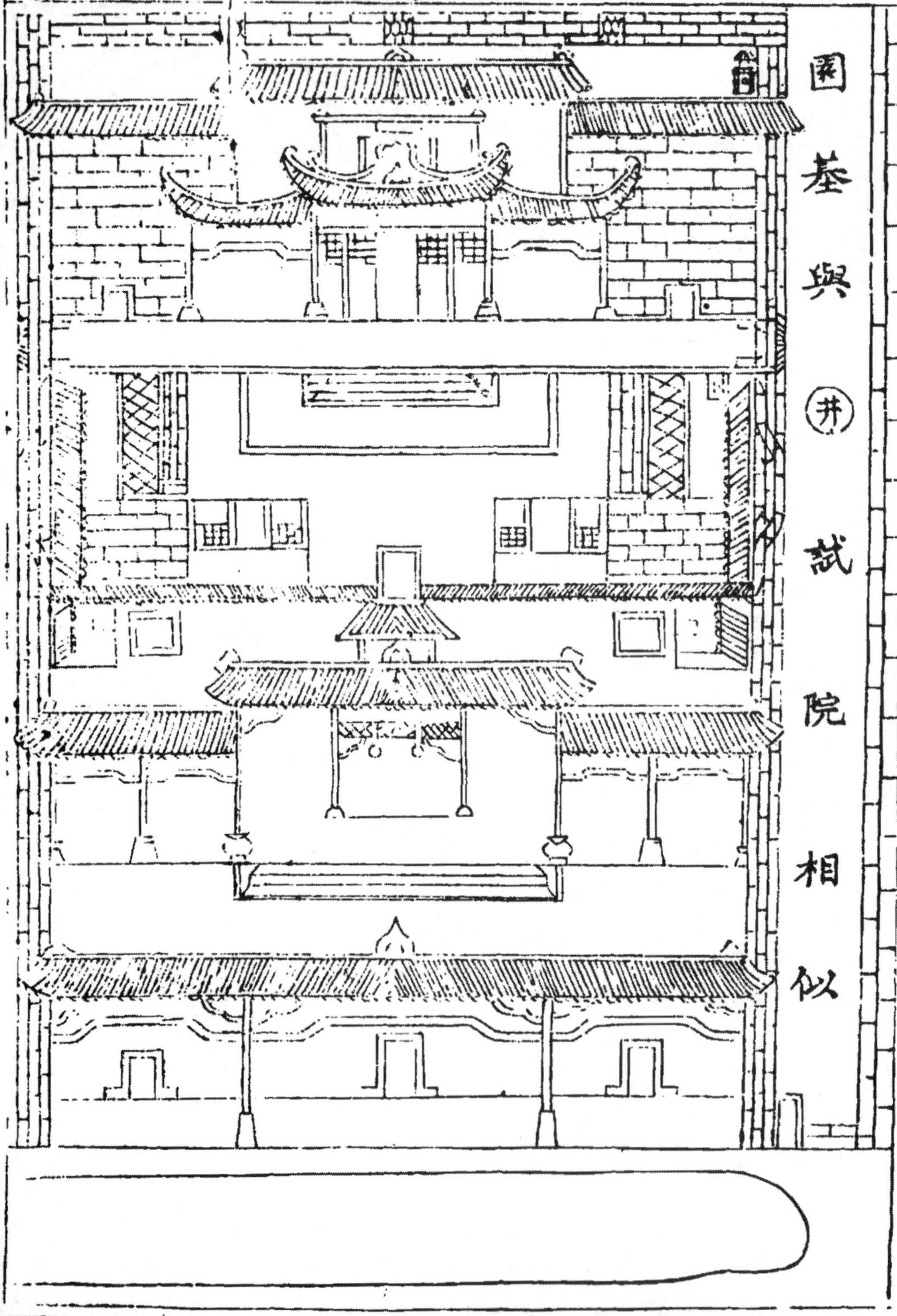

試院之圖

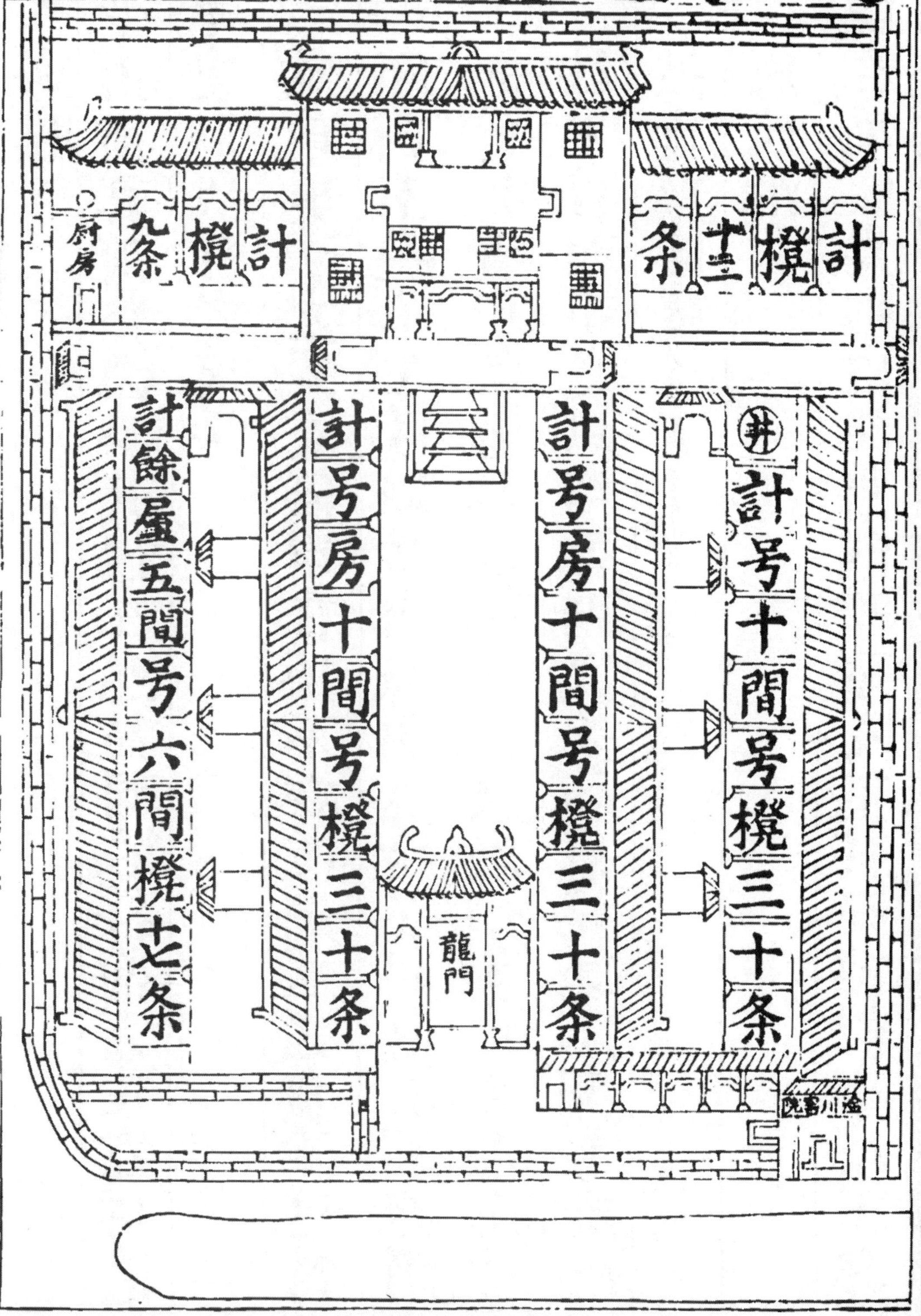
計櫈九条
厨房
計櫈十二条
計餘屋五間号六間櫈十七条
計号房十間号櫈三十条
計号房十間号櫈三十条
井
計号十間号櫈三十条
龍門
涪川書院

卷一　形勝　六

形勝

金山横其前紫潭滙其後左連昌國右接蒲嘉達黔粤之要途爲武鄂之前屏

論曰吳子之對文侯曰在德不在險矧咸之無險可恃耶西南幾萬里陸路必由咸出寔衝邑也要在司邑者調停郵費申設遞所以蘇其困又以仁義爲金湯忠信爲甲冑而本之以浴德則民安盜息桴鼓不聞詎非屹然真形勝哉

歷代沿革

咸在禹服爲荆州史記鬻熊子事文王其孫熊繹事成王繹

孫渠甚得江漢民和伐庸蕩舅至於鄂乃立中子紅爲鄂王漢置江夏郡黃祖始於沙羨置邑吳置武昌郡晉咸和中立汝南郡南北朝爲郢州爲北新州隋爲鄂州唐天寶仍爲江夏南唐保大十三年始割江夏南境三鄉地置永安縣宋開寶初改爲咸甯縣屬鄂州哲宗元祐元年又割蒲圻長樂鄉以益之元屬武昌路明改路爲府咸甯屬焉

國朝因之編戶一十六里

疆界

東西廣八十里南北六十里延袤一百里

東行小路五十里至大塘岡本縣上五都抵興國州界

西行鋪路三十里至汀泗橋抵蒲圻縣界

南行小官路五十里至淺水嶺抵通山縣界

北行鋪路四十五里至賀勝橋抵江夏縣界

東至興國州三百里

西至蒲圻縣一百里

南至通山縣九十里

北至本府小路紙坊一百八十里東湖街大路二百四十里

東北至武昌縣二百四十里

西南至崇陽縣一百二十里

西北至嘉魚縣一百里

水路至南京二千三十里陸路一千七百一十五里

水路至北京五千四百七十五里陸路三千零六十里

水路由斧頭湖出金口至本府三百里

論曰傳曰國無小不可易也千里專城百里應宿所謂其地足容其民足守者矣咸雖小且瘠豈有裔民哉長吏者時其疾苦而噢咻之卽廣狹可無問也

鄉

金城鄉　宣化鄉　豐樂鄉　長樂鄉

都

一都金城鄉　二都金城鄉　三都金城鄉

四都豐樂鄉　上五都豐樂鄉　下五都宜化鄉

六都金城鄉　上七都宜化鄉　下七都宜化鄉

八都宜化鄉　九都長樂鄉　十都長樂鄉

上十一都長樂鄉　十二都金城鄉　上十三都長樂鄉

下十三都長樂鄉

論曰古者萬二千五百人爲鄉咸之有四鄉其古制歟曰非也特紀其鄉土之名耳金城宣化豐樂三鄉割之江夏西偏者也長樂一鄉益以蒲圻東偏者也合四鄉以爲邑又析每鄉爲四都凡十有六蓋都者亦里之名

非周禮之四縣爲都也秦制十里一亭十亭一鄉漢以鄉屬縣迄宋明因之又按唐九州志一萬戸以上爲望縣七千戸以上爲緊縣五千戸以上爲下縣今咸十戸爲一甲十甲爲一里十有六里計戸僅當下縣三之一玆非邑之最小者歟

山川

相山　在縣治東南數百步與儒學相對宋參知政事馮京讀書其上故名其下舊有相山書院　書院今廢

東皋山一名登高　在縣東城外與相山并峙爲一邑之鎭臨眺則湖光山色宛在襟帶間晉孟嘉嘗游焉明知縣陳灝

建亭其上康熙年間知縣何廷韜重建　亭今廢

金山　在縣南二百步與天馬山接一名金燈山晉善輝禪師任錫夜有光如燈至曉乃散山之陽爲金山寺後遷城內改名資福寺遂以遺址爲山川壇順治初禪僧如是圓寂有塔　塔今廢

天馬山　去城半里其麓建金燈閣爲明孝廉孟應乾讀書處　閣今廢

鳳凰山　在縣西三里以形得名

熨斗山　在縣西四里俗名風火斗

笏山　在縣南五里巍峯卓立自應宿樓望之秀聳天際爲縣治外案號笏插青雲俗名搨帚山

鷄子山　有二一在縣南十里山嘗有鷄潔如玉飲啄林際故名上有玉岐林明隱士孟養蒙築方閒堂於其下又一在縣東四十里

埜山　在縣東三里山勢連亘嶂列爲縣龍少祖

龜山　在縣東四里其形若龜

浮山　一名湖山在縣東八里卓峙塘中若浮上有太子祠歲旱禱雨輒應

潸山　在縣南二十里形如展旗　入古蹟卷

桃花尖山　在縣東六十里高出萬峯卽鐘臺山　入古

蹟卷

金鷄山　在縣東南五十里高數十丈峯頂有巨石上有竅如碗可受二升有清水四時不涸疾人飲之輒愈試取其水旣盡頃復如故鄉民建廟其上今爲寺

大墓山　在六都東原爲咸興分界世傳唐李靖母墓在焉　一云眞人張道清母墓人犯之則致風雷湖廣省龍咸甯縣龍俱此發脈

輞山　在縣東四十里突起平陽聳秀圓曲如車輞一石宛若神駿上有祠相傳明末賊兵犯境王聯父子三人率鄉兵禦之阻河爲固獲勝一方得全士人德之因祠

其上弁名礄爲賀勝以誌功焉下有古雲菴明孟司農
讀書之所
石門山　在縣東四十里石門天成行人往來其間
香爐山　在縣東四十五里以形似名其陰有泉港寺
黄牛山　在縣東二十里下爲元解元胡可仕舊宅
阮家尖山　在縣東四十里
銅鼓尖山　在十二都雄峙峭立紅巾之亂土人避其上
賊不能窺下有張口泉
黄茅山　在縣南三十五里上有膏腴田地居民耕種其
利甚溥

横山　在縣南三十里山横而秀故名
尖山　在縣南十五里
小尖山　在縣西南二十五里
禪臺山　在縣南三十里其形峭直上至三里許有地平
坦僧寺在焉傍有天泉四時不竭泉中有蒲草人動草
則水縮僧以香茶滲之水復出
掛榜山　即洪崖山在十二都崖壁峭削方叠横亘如榜
每科試之年崖石崩則應科第
馬鞍山　在縣南三十里下有泉春夏出秋冬則不出
白望山　在縣東南六十里屹然獨立望極江夏白湖故

名
斧尖山　在縣北三十里其狀類斧又謂斧頭
牛鼻山　在縣東八十里以形似名山下有潭深百尺四
面青蘿緑竹可觀
棠梨山　在縣南三十里上有仙人跡
金龍尖山　在十二都去縣東南五十里有金龍洞
常輪山　在十二都其下爲寓仙洞
紫山　在縣北二十里
鸛巢山　在上十一都大橋如鸛形上有侍御唐震書院
坵壠

仙人墩　在三都上有仙人跡
龍溪山　在二都
碧泉山　在四都有龍池四時不涸海龍寺在其下
梓山
石屋山　在上十三都去縣南二十里崖下凹折深敞如
屋几榻俱存可蔽風雨
長嶺　在縣東二十五里官埠港發源
雙嶺　在縣南十里一嶺至潛山一嶺至通山
石鼓嶺　在縣西三里有石如鼓
土賽嶺　最高南下蒲之洋泉畈通蒲崇之大路

蓮河嶺　在縣西南五十里與崇陽縣分界

泉洪嶺　山有廟界蒲亦崇路出入

淩水嶺　在縣南五十里與通山縣分界

苦竹嶺　在縣西南五十里與崇陽縣分界

朱潭腦　在縣西北河朱老廟後元末縣署爲紅巾賊所燬遷治於此遺基尚存明甲辰仍遷舊治

旗鼓腦　在縣南十五里相傳爲曹操治兵處

銅盤堤　在縣南四十里堤有四門各廣二丈古蠻獠保聚於此今名銅門城

望親臺　在十二都寓仙洞嶺上

水港

咸之水其經流曰淦川支流曰官埠港赤口港北洪港皆從淦水滙爲紫潭曰馬礄河汀泗河出西良湖曰桃林港賀勝礄河入黃塘湖而與紫潭諸水瀦於斧頭湖通金口入於江在東境者曰東水東北入武昌高家河出樊口入於江

西河淦水 淦文從金從水以邑有金山而河水經焉故名說文水入船中爲淦於義無取 其源有二　一出淩水嶺及白崖泉數里至白沙礄西北流與鳴水泉合流而爲雙汊港過洪崖山名蘋花溪至於高寨　一出桃花尖之桃花泉過白楊礄歷三峯寺出黃鉅礄與蘋溪合流至馬家礄西折抵潛山溫泉入焉北出爲石洪名大龍潭經白茶畈西流爲小龍潭白木畈水入焉過青林北出爲盤泗洲下好礄水入焉廻爲茅潭南過掃帚山北出洞口至金山名淦川爲西河渡經縣治西北城下有洲曰游龍灘曰洗馬潭曰浸木又折而西北至鳳凰山下爲羅家渡過朱老廟又折而東南至縣治後名立寨溝復東西縈折如帶五曲至官寨官埠赤口二水入焉爲小港口過雲頂寺乃滙爲紫潭湖湖以北之水入焉至白公潭北入於斧頭湖

官埠港　發源長嶺北流三里至團塘礄五里至王大人

礄七里至鼓樓礄四里至官埠礄下達官船渡與赤口港合而西流至張沙渡達官寨入於淦水

赤口港　一名株樹港發源九嶺北流至鶴城鋪西折達新礄橫溝水入焉過赤土坳至官船渡與官埠港水合

北洪港　發源長壽畈西出平家礄北流至北洪礄迤邐歷商家礄王家礄北入紫潭湖

馬礄港　發源沸泉出彭陂至馬礄西北流入西良湖

聶家港　西接蒲南通崇大路北流達汀泗礄

丁泗礄港　發源洋泉歷土寨經方小與滿圻水合流過丁泗礄至米埠西北入西良湖

桃花港　出桃林舖迤北至黃石磯北入於黃塘湖

赤金港　在上七都出魚聚客流入紫潭湖

賀勝磯港　由孟家衝發源經冠山流入黃塘湖

東水　水有二　一發源石坑出黃牛山陡石口至楊湖磯經團田畈出舒鐵口過石門山東北入武昌高家河　一出桃花尖之陰過金鷄山至祝家磯下流與石磯小賽畈水合流歷游家磯東北入武昌大港達高家河滙於東艮子湖出樊口入於江

湖瀦

宿曹湖　在立寨灘北曹操宿兵於此因名居縣治之後

一曰後湖又曰咸甯湖下與紫潭湖連涂水縈帶其中夏秋水漲儼然巨浸

紫潭湖　在雲頂寺左潭水甚深即大旱不涸

關陽湖　在十都東

谷口湖　與關陽湖接中有洲渚鳧鴈聚焉

天井湖　在七都北與江夏連界中有五泉龍多蟄其中旱可取水

西艮湖　與蒲嶔連界中有倪家泉歲旱巫者每投入深淵探泉穴取水焉

泉水湖　在下七都隆萬閒其水日兩潮至夏青磯與海信無異

官埠湖　在縣東北

黃塘湖　在縣東北三十里接江夏界

大龍潭　在縣南十里即石洪

小龍潭　在縣南八里

白公潭　在縣北二十五里與斧頭湖連界

茅潭　在縣南三里

論曰周官云兩山之閒必有川焉咸之港即咸之川實同而名異耳流之深者爲潭流之滙而爲湖自紫潭以東夏秋易汛冬春多涸一歲中大槪如斯至於恒雨恒暘成澇成旱又不可以尋常拘也特紀之以爲施政之

一鏡云

泉

按爾雅水本曰源源曰泉易蒙之山下出泉詩公劉之觀其流泉泉固在在有之咸多祟山峻嶺泉之所出不一今志載無幾姑紀其河流所出者耳

蘆葦泉　在縣東南二十里相傳邑苦旱禱雨方擇所禱忽遇三白衣童子曰本縣高梐山石晶嶺有泉可禱叢蘆爲識如其言禱之果得雨　府志作蘆花泉

溫泉　在潛山麓其水如湯浴之可愈病有硫黃氣　按

張華博物志凡水源有石硫黃其泉則温詩瓢唐子西又謂温泉在天地間自爲一類受性本然不必有待而後温云

三十六人泉　在縣南六十里相傳三十六人祈雨救旱泉水忽湧山雲並興片時遂得甘霖故名

沉泉　在縣西五十里源出蒲圻境入縣界數里下注大石竇中聲如萬鼓遂伏流之不見

飛沙洞泉　在縣南四十里洞口有仰山廟龍王廟鄉人遇旱禱雨輒應明崇禎年間僧指宗修靜於此後出自火化塔在西河寺傍其水出白木畈

鳴水泉　在縣南四十里與寓仙洞相通瀑聲潺湲流入雙汊港

黃沙泉　在上十一都棠棣尖東邊山腰其水夏冷冬温逢旱有禱必應

白巖泉　在縣南四十里爲西河之源

桃花泉　在縣東南五十里流出黃鉅礄入蘋溪亦爲西河之源

沸泉　在縣西南二十五里流爲馬礄河

大泉小泉　在縣東南苦竹嶺下

蔣師泉　在縣南二十五里旱可取水

廖家泉　在縣南四十里一名張口泉

石潭泉　在縣東四十里

洞

九龍洞　在縣南三十五里常輪山下舊名寓仙懸岩峭壁既入洞門高廣有龍王祠久廢洞傍有門門內深黑高低莫測秉炬而行二里上有白石若幕滴乳結成龍蛇狀水涔涔出其口下有石盆盛之寒氣襲人雖六月如冬明宣德甲寅知縣上官儀率衆禱雨有應正德己卯夏都御史吳廷舉賑濟湖南駐節在縣因旱率官民詣洞爲文以告其雨如注仍命鑿石爲龍象祠龍王於此更今名洞前石礎有千手塔

石龜洞　在黃茅山下洞門甚狹既入輒寬平石盆石床上有石狀如龍首水自中吐出石盆禱雨得石龜者即驗今名石燕洞

白崖洞　在十二都深窅莫窮歲旱禱雨有應

蔣師洞　在上十三都洞門凹折入數十武豁然宏敞一水內流窅不可測崇禎末男婦於中避流寇者數萬計賊攻之不克其上爲黑山寨

金龍洞　在金龍山中入數武石間隔之人不能越彼岸有柳眠生爲橋以渡內列石田溝塍皆具巖石險仄直

仙七人修煉其中白日冲舉丹池存焉明崇禎間道人一微棲此辟穀於洞門絶壁懸搆有樓後一微至順治中亦自火化去

論曰國語云山之爲言宣也含澤布氣調五神也易云潤萬物者莫潤乎水夫水出於山其源一也吾邑依山阻水層巖峻嶺盡列東南而西北諸川滙爲巨浸晴暘初照瞰彩映射異峯奇巒爭姸獻秀璅琣萬狀舯艋之舟萬斛之艘鼓陽侯之巨浪出沒煙雲之中百里一息目不及瞬亦鄂渚之大觀也夫地紀既章人文斯賁名鄉喆輔毓秀鍾靈不可誣也騷人才士抒奇拔藻則山

川之助爲多若乃物產之豐殖魚鼈之孕育商賈之輻輳上供之取給有土者能無節宣愛養之思乎

井

義井　在縣治東相傳昔有人掘地得泉以濟行人故名

文昌閣左井　在園內

文昌閣右井　在考棚東號舍內相傳　文昌閣係鴈地二井即鴈目云

五通井　在黃家巷

淦川井　在五顯巷

儒學井　在啟聖宮前

大街井　在中明亭前

別俗井　在資福寺內其水甚甘異於他井

皂袍井　在横街西此水獨宜染色白衣滌之則淄白米煮之則赤

利民井　在縣驛西側

槐花井　在殺雞巷側

金雞井　在金雞山

論曰予稽鴻烈解伯益作井世本云黃帝正名百物始穿井爾雅井一有水一無水爲瀱汋易改邑不改井以不變爲德者也井泥不食謂久不渫治者也井甃無咎

謂宜修其壞也井冽寒泉食謂水清也羸其瓶凶謂幾至而覆也井之時義大矣故生齒日繁比戶而居必有井以便日汲今爲舉其概以見其餘

街衢

中街一名快手營其南名青雲門　前街

後街　橫街

小街俗名施家溝　黃家巷在後街

虎樹巷在縣前街　社稷巷一名姜家巷在馬驛廟傍

五顯巷在東街皂角塘前　永豐巷在三元橋側

石壇巷在北門雲路祠前　殺雞巷

冷舖巷在市西富庶橋側　屠鐵巷

鎮市

官埠橋東去縣十里　横溝橋東去縣十九里

汀泗橋西去縣三十里蒲圻界　馬家橋東南去縣二十里

高橋東去縣五十里武昌界　賀勝橋東北去縣四十五里江夏界

黄石磯東北去縣三十里為客舟聚泊之所　茅屋墩東北去縣十里為客舟聚泊之所

論曰置都立邑必有街市街者四通之衢市者貨物之聚街者出入之便徑也咸雖小亦有闤闠以通交易為政者體通商之意明治市之法無重徵以致其難有寛恤以便其用則商賈願藏而王化行矣

古蹟墳墓附

序曰人物之鍾英皆川陵之毓秀雖前後之崛起不同而世代之傳聞必備詩有云高山仰止景行行止雖不能至心竊向往之彼鍾臺以北海著名潛山以文簡著聲金光之所蜕化洪崖抱樸之所歸眞名卿碩士之所游息鄒湛所謂聞望當與此山並傳者非耶乃陵谷滄桑浮沉靡定荒煙迷草形幻不常欲訪其遺事而故老已湮舊章散佚矣徒漠然於山阿水湄俯仰興懷能不動當事者之太息歟雖然人傑地靈山川固以人重而品類繁興瑞應非一安知山川又不以物重乎倘前美弗彰遺貽與靈之媿是知勝蹟之必歷久而名乃益著也惟其古也是以傳也已

讀書臺　在相山傍宋馮京讀書處有碑

筆峯寶塔　在北門外四里許羅家渡之北道光戊戌年夏憩亭方伯令咸時率邑紳建下有夏屋時襄陽拔貢甲午科舉人單懋德任咸教諭有記有憩亭時黄州舉人胡璧華任咸訓導亦有記俱載入藝文　單後登辛丑進士　胡後任至知州

永安樓　在周堤上周曰庠建樓據湖山之勝孟養浩題聯云高閣俯平川聽菱歌漁笛起滄波泠泠身世憑虛

後樂先憂鄂渚樓臺思范老新堤環曲沼見樹色煙光迷遠眺歷歷溪山捲畫潑粧濃抹西湖楊柳羨蘇公又趙邦柱題聯云飛閣嶙峋引曲岸修堤際日摩空遥瞻砥柱千尋井邑陰陰隆保障崇臺峥嶸擁重湖疊巘含煙吐靄平連水天一碧郊坰鬱鬱壯奇觀

國朝　康熙四年知縣何廷韶重建　今廢址存

鐘臺山　即桃花尖在縣東南六十里上有石室石鐘石臺鐘或時自鳴舊有修靜寺李北海讀書其中杜工部屢有詩寄之

潛山　在下十三都宋馮京年方弱冠讀書臺上戲與同

人竊寺僧犬食之僧訟之令令一見知其非常人謂曰汝作偷狗賦佳即貰汝公援筆立就中有警句云僧惟不靜狗亦當偷團飯引來喜掉續貂之尾索綯牽去驚回顧兔之頭令擊節歎賞延之上座曰此彫龍才當大魁天下明年果首選令知人若此可謂氷鑒志佚其名惜哉按公未遇時作詩其座右云豐年足酒容身易世路無媒着脚難琴彈夜月龍魂冷劍擊西風鬼膽寒膾炙人口皆得之潛山云公登第後築精舍於寺上遺址猶存

葛僊巖　在潛山抱樸子葛洪煉丹其上石竈猶存

蘋花溪　洪崖先生煉丹其中嘗有老姥采蘋於此問之曰吾鮑姑也忽不見

金蓮池　在相山下即馮樞密居第遺址京以太子少師致仕池中植蓮因以爲號今廢爲儒學稻田　舊志

成山古寨　在縣西五里周廻十餘里可容數千人四面壁峭惟一逕可入宋建炎間民聚糧保守賊不能窺

墳墓附

宋樞密使參知政事文簡公馮京墓　在鳳凰山下去縣三里今蕪沒或曰江夏靈溪鄉有馮樞密墓又據馮譜墓在大冶縣南三十里

宋忠臣朝奉大夫都水監使陳求道墓　在蒲圻興阪畈教諭黎公弁因旱致禱墓下有應今神道碑在縣西河礄東

元王曄墓　在縣南山

王朝卿墓　在十二都宋襄敏公部之孫曄之子捍寇有功元朝列大夫張術撰碑文按王諱字朝卿爲樞密副使生於龍口葬於白沙其後裔猶能言之　舊志

翰林學士李鵬翺墓　在黃板礄

明工部尚書劉維墓　在東山之麓

奉政大夫四川右布政使李祥墓　在下好礄

江西行中書省參議李廣墓　在黃岡畈

贈文林郎監察御史方嵩墓　在金山後

資政大夫都察院右都御史陳智墓　原葬官埠礄後賜葬祭改扦下好礄山吏部尚書王公爲撰墓表

文林郎監察御史方洙墓　在十二都白沙灣月山

北京都水清吏司郎中王煥墓　在一都梅家塝

通議大夫南京戶部右侍郎孟養浩墓　在茅壇奉賜葬祭刑部尚書蘇茂相爲撰墓誌

奉政大夫通政司參議趙邦柱墓　在馬礄烈馬山

中憲大夫四川川南道副使趙嗣芳墓　在茅壇孟墓

左

孝廉李玉墓　在躍馬礄山莊祠前

孝子劉從鳳墓　在上五都

孝子楊遇春墓　在二都

論曰墓者人之終也諸君子先朝名臣閒氣攸鍾或執朝政或衛國本或掌邦憲或分鎖鑰或殉節捍難俱行成名立而終矣顧百年坵隴漸就蕪沒化長松之千尺藏狐貉與鼯鼪收豎樵子樵刈其上亦誰復知泉下人豐功偉節有如此耶志諸邑乘無替厥美

附百鳥護葬之墓

萬歷中民黄美金每於冬雪煮食以飼饑鳥後一日夫婦無疾同卒羣鳥遠宅徹夜哀鳴及出葬萬鳥繞棺盤飛隻前導如鴈行至壙填翠滿穴葬畢仍聚塚數日乃散歲時朝之鄉人刻石紀異焉今墓在金山嶺孫應鉉應元等俱庠士

風俗　節序附

郡志云火耕水耨魚稻爲業猶有楚之遺風　又士齊民貧俗尚商賈家絃戸誦士競科名

節序

立春　前三日縣正檄合貿易者各視古傳奇書已事選俊俏兒童粧飾肖像共三十餘抬演春前一日俱集東嶽觀起牛鑼鼓笙簫遠近與孺雜沓歡呼競觀爲樂曰迎春老農羣視土牛顏色以占水旱高下宜種視勾芒幘鞋以占閒忙各官宴畢導入縣署前詰朝鞭牛如制

正月　是日男婦夙興盛服祀家神畢視歲吉所向提火拜廟神日出方啟門時各以爆竹聲占利否歸始闔門而拜幼者拜尊長以次爲差鄉里親故交拜或款盛饌或榼酒以致椒盤屠蘇之瑞五六日方止比戸以爆竹聲角勝至村中道遠則不拘也村中人必致羔相餉俗曰年滋是月多有爲唪玉經會者

人日　荆楚歲時記翦綵事今不行惟以果食爲羹薦祖先羣視是日陰晴以占疾病

穀日　以陰晴占歲豐歉前此如初雞二犬之說亦以陰晴驗之

上元　前三日翦紙爲燈綴以五綵好事者彫刋之細如米工楮葉以張技巧稍有力者或繪紗或料絲或羊鞹或鰲山或屏或額以勝相尚或架綵横掤於衢而垂燈其下或藏詩謎以試推測或集族爲龍燈或披鎗爲獅貌或鼓吹導之自十三夜十四夜爲試燈十五夜爲正燈粧飾故事簫鼓相答火樹互角竟夜爲懽至十九夜

方止
晦日　古制今略
二月社日　鄉各為社會以祀社曰祈穀
花朝　女郎穿耳年十二三以上者留髮及納采問盟多以是日為吉
三月三日　各視社為醮曰賀祖師成道
清明　是日採柳枝供家神亦或插於鬢俱醮先塋曰迎來盈月方止
二十八日　為東嶽誕辰城市及村廟咸修禊以壽
四月八日　各為浴佛會於寺廟或亦為女郎穿耳問盟

午日　造龍舟角黍以弔屈原俗誤為禳時令故斂貲以醮後則聚飲方散女未字者壻家送花幣果羹曰賀節女家酬亦如之然先數日舉行不拘午日也本日則採艾供家神餘蓄之採菖蒲及雄精滲酒家大小俱飲仍邀集賓好小兒則塗雄於額耳以辟時氣
十三日　為關壯繆會城中演劇以賀村則醮
伏日　荊楚歲時記曰進湯餅為辟惡今略惟好事者多製六一散香薷引以却暑
七夕　荊楚歲時記曰七夕婦人結綵縷穿七孔針或以金銀鍮石為針陳瓜果於庭中以乞巧有喜子網於瓜上則以為得　今略
中元　家俱備冥錢羹酒祀祖先僧道募作盂蘭會費至不貲或有為三元會者
八月　醮塋如清明制自朔日起先後不拘曰送往
中秋　家設月餅瓜果讌集曰賞月亦或彼此相餉
重九　士大夫採茱萸攜酒登高同侶嘯咏亦或製羔相餉多就籬培菊花好事者累至數十本種多而佳者為勝貧亦分植數本是日造酒
冬至　官相慶賀士夫家今略
臘月八日　家以果餅為粥以祀佛或亦為女郎穿耳問

盟
小除日　夜半祀竈神以飴餅生茗亦具細草數莖豆少許於盆中曰為竈神芻馬
除日　具羹飯庶饈香燭以祀祖先姻黨合家分餽為羹男女姻家綵幣禮及親好餽遺與午日同貼桃符春聯與諸方無異夜則家人行辭年禮置酒守歲簫鼓爆竹聲不絕

咸甯縣志卷二

學校

學制　教職　生徒　廟制　祀儀　祭器　祭品　樂章　樂器　舞譜　舞器　崇聖祠　崇祀　魏蘇祠　節孝祠　封爵　序齒　匾文　哲廡姓氏　名宦姓氏　鄉賢姓氏　官舍　學基　學田　書院　試院附　小學附

邑人　雷以諴鶴皋　陳國正愚溪　纂修

知咸甯縣事陳秉信慶堂鑒定

學宮在東皋峯之下宋仁宗慶歷四年詔天下州縣立學咸甯有學自此始元因之陳友諒兵起殘燬無遺明洪武三年開設學校知縣馮觀卽舊址草創之天順間知縣陳灝重建大成殿戟門櫺星門及聖賢塑像宏治中知縣施逵重建明倫堂正德中知縣王介重修兩廡先是歷代廟中祀孔子爲大成文宣王塑像服袞冕四配封兗國郕國沂國鄒國公十哲從祀皆爵侯伯列像於旁嘉靖九年允輔臣張璁議正孔子祀典改大成文宣王爲至聖先師孔子四配爲復聖顏子宗聖曾子述聖子思子亞聖孟子從祀及門弟稱先賢左邱明以下稱先儒去塑像設木主罷公侯伯諸封爵改大成殿爲文廟大成門爲廟門璁又請別立祠祀齊公叔梁紇稱啟聖孔氏以無繇點鯉孟孫氏配稱先賢珦松元定從祀稱先儒於時知縣施信奉旨改設木主瘞神像於東皋山之麓創啟聖宮於文廟之西崇

禎中署篆王元英重修櫺星門

國朝順治初知縣周文華重加修葺濬泮池得古銅象罇犧罇罍鐏各一康熙間知縣何延韶重修乾隆五十八年重修大成殿嘉慶十八年知縣王希琮全修文廟有記載藝文類道光四年邑紳胡克椿捐建節婦祠道光八年闔邑紳耆重修崇聖祠明倫堂并創建忠義孝弟祠同治四年因兵燹毀壞并蟻蝕朽蠹闔邑紳耆醵金重修

學制

明倫堂大廳一座　存　左右厢房三間

東齋三間　西齋三間

東號房三間　西號房三間

饌房三間　厨房三間

卧碑一座　存　學房一間

教職

宋職有學正學諭直學學儀學訓五員　今無

元職有學正學長學諭直學學訓五員　今無

明職有教諭一員訓導一員崇禎三年裁革訓導一員

國朝設教諭一員訓導一員康熙四年裁革教諭一員十五年復設　見今有復設教諭一員訓導一員

生徒

廩膳二十名

增廣二十名

附學生（原額每屆取八十二名道光三年學政楊懌曾因文盛額少奏請加廣文額三名咸豐八年因捐輸議敘加文武各一名同治元年加文武各三名四年加文武各四名永遠定額每屆取入文生二十三名武生二十名）

論曰古之教者家有塾黨有庠術有序國有學無地而非教也州長糾其德藝黨正敷其法令大司樂訓之中和大司徒掄其俊秀無人而非教也一年視離經辨志三年視敬業樂羣五年視博習親師七年視論學取友無歲而非教也是故使民與賢出使長之使民與能入

使治之葢役之則為民教之則為士官之則為吏均此人也秦漢以來儒與吏異趨政與教殊途於是官所以治其民與師所以教其弟子者兩不相謀而所用非所教所教非所用矣士方習讀則詩書禮樂及進登仕版則期會簿書視向日之學術皆筌蹄國家之學宮皆芻狗已何自而見先王之治哉又況榮途捷徑旁午雜出未嘗由學而升者比比也我

世祖章皇帝宏奬儒術特隆學校之選今

聖天子復正文體詳八股策論之式誠欲化學究為有用俾伏而酌古準今揆時度務即出而明習典故通達國體也濟濟多士其當如范文正公為秀才時便以天地民物為己任先憂後樂期於執賢希聖庶幾明體達用於以黼黻

皇猷霖雨蒼生乃不負

聖朝樂育人才之意耳

廟制

大成殿　東廡三間　西廡三間

戟門三間（設二前元陳子厚故物今廢）　櫺星門

神厨三間　宰牲房三間　泮水池石碕一座

啟聖宮三間　名宦祠三間　鄉賢祠三間

以上戟門池泮俱前知縣何廷韜修

祀儀（初志紀於學宮續志改列秩祀今復改遵初志以明聖人之祀有特重也）

時日　順治二年定每歲以春秋仲月上丁日致祭如遇有事改次丁日或下丁日十五年定時辰用上丁日子時

齋戒　雍正十年定前期執事人等各於家致齋二日

省牲　乾隆四年頒定前期一日承祭官至文廟觀樂畢具朝服上香行三跪九叩頭禮畢至省牲亭香案前獻爵奠酒揖宰牲取血執事生捧送各壇供奉承祭官俟安設畢一揖退（按會典云凡省牲前期二日宰牲前期一日牲四等曰犢曰特曰太牢用牛一

羊一豕一曰少牢用羊一豕一其牛色尚騂或騮

儀節　乾隆四年頒定正祭日承祭官暨分獻官陪祀各官俱集陰陽生報鼓三次贊引生引至臺下立通贊唱樂舞生就位執事生各司其事分獻官陪祀官各就位唱畢贊引生贊就位承祭官就拜位立分獻及陪祀各官隨後立通贊唱瘞毛血執事生奉毛血盤出瘞畢通贊唱迎神樂奏咸平之章樂作贊引生贊跪叩興承祭官分獻官陪祀官俱行三跪九叩頭禮興樂止通贊唱奠帛行初獻禮樂奏甯平之章樂作贊引生引承祭官詣盥洗所盥洗畢詣酒罇所司罇者舉冪酌酒贊引生

贊陞壇引承祭官由東堦上進殿左門贊引生贊詣

至聖先師孔子位前承祭官至案前立贊引生贊上香跪承祭官跪贊獻帛司帛生捧帛跪進承祭官受帛捧舉獻畢贊引生贊獻爵司爵生捧爵跪進承祭官受爵捧舉獻畢贊叩興承祭官叩首興贊引生贊詣讀祝位承祭官至讀祝位立讀祝生至案前捧祝版立於案左樂止贊引生贊跪承祭官讀祝生分獻官陪祀各官俱跪贊引生贊讀祝文讀祝生讀畢捧祝版至

正位案前退樂作贊引生贊叩興承祭各官三叩頭興贊詣

復聖顏子位前承祭官就位立贊上香跪承祭官跪贊獻帛司帛生捧帛跪進於左承祭官受帛拱舉獻畢贊獻爵司爵生捧爵跪進於左承祭官受爵拱舉獻畢贊叩興承祭官一叩頭興贊引生贊詣

宗聖曾子位前獻帛獻爵如前儀畢贊詣

述聖子思子位前獻帛獻爵如前儀畢贊詣

亞聖孟子位前獻帛獻爵如前儀畢其

十二哲分獻官陞壇獻帛爵俱照承祭官行禮

兩廡分獻官亦照承祭官行禮畢贊引生贊復位承祭官分獻官各復位立樂止通贊唱行亞獻禮樂奏安平

之章樂作贊引生贊陞壇獻爵如初獻儀畢贊引生贊復位承祭官分獻官各復位立樂止通贊唱行終獻禮樂奏景平之章樂作贊引生贊陞壇獻爵如亞獻儀畢贊引生贊復位承祭官分獻官各復位立樂止通贊唱飲福受胙贊引生贊詣飲福受胙位承祭官至殿內立司酒胙二人捧酒胙至

正位案前拱舉至福胙位右旁跪接福胙二人在左旁跪贊引生贊跪承祭官跪贊飲福酒承祭官受爵拱舉授接爵者贊引生贊受胙承祭官受胙拱舉授接胙者贊引生贊叩興承祭官三叩頭興贊復位承祭官復位

立畢行謝福胙禮贊引生贊跪叩興承祭官分獻官陪祀官俱行一跪三叩頭禮興通贊唱徹饌樂奏咸平之章樂作徹畢樂止通贊唱送神樂奏咸平之章樂作贊引生贊跪叩興承祭官分獻官陪祀官俱行三跪九叩頭禮興樂止通贊唱讀祝者捧祝司帛者捧帛各恭詣望瘞位承祭官退至西旁立俟祝帛過仍復位立通贊唱望瘞樂奏咸平之章樂作贊引生贊詣望瘞位引承祭官至瘞位立視帛焚半贊禮畢退

興事官　康熙四十九年定同城武職俱照文職一體入廟行禮雍正五年定每歲春秋仲月上丁日正印官率

領屬員照典制行禮

文廟獻官　正獻令主之分獻教諭訓導主之

文廟執事　通贊二人贊引二人讀祝一人監洗濯二人監宰一人收支祭物一人監庭燎瘞坎二人陳設一人司帛五人司爵五人司盥一人司帨一人司香燭一人瘞毛血六人司酒胙二人

誕日　雍正五年定每歲八月二十七日

至聖先師孔子誕辰恭值此日文武各官致齋一日不理刑名禁止屠宰

崇聖祠祀儀

時日　順治二年定每歲致祭日期與　文廟同

齋戒　與　文廟同

儀節　乾隆四年頒正祭日承祭官及執事人等俱集通贊唱執事者各司其事承祭官就位分獻官就位承祭官就拜位立分獻官就位立通贊唱迎神贊引生贊跪叩興承祭官分獻官俱行二跪六叩頭禮興通贊唱奠帛行初獻禮贊引生贊陞壇承祭官入殿左門贊引生贊詣

肇聖王位前承祭官詣位前立贊引生贊上香跪承祭官跪贊引生贊獻帛獻爵獻畢贊叩興承祭官一叩頭興

贊引生贊次詣

裕聖王位前次詣

詒聖王位前次詣

昌聖王位前次詣

啟聖王位前奠帛獻爵如前儀畢贊引生贊詣讀祝位承祭官詣讀祝位立讀祝生至祝文案前捧祝版立於案左贊引生贊跪承祭官分獻官皆跪贊引生贊讀祝文讀祝生跪讀畢捧祝版安於案上退贊引生贊叩興承祭官分獻官俱三叩頭興贊引生贊詣

先賢孔氏位前次詣

先賢顏氏位前次詣
先賢曾氏位前次詣
先賢孔氏位前次詣
先賢孟氏位前獻帛爵俱如前儀其
兩廡分獻官陞壇獻帛爵俱照承祭官行禮畢贊引生
贊復位承祭官分獻官復位立通贊唱行亞獻禮承祭
官獻爵如初獻儀畢復位立通贊唱行終獻禮承祭官
獻爵如亞獻儀畢復位立通贊唱飲福受胙如　文廟
禮畢行謝福胙禮一跪三叩頭畢通贊唱徹饌送神贊
引生贊跪叩興承祭官分獻官俱行二跪六叩頭禮興

通贊唱司帛者捧帛司祝者捧祝各詣瘞位立祝帛
焚半贊引生贊禮畢各退

祭器 此照舊志備錄今查器多遺失數亦未能盡符不必拘也

文廟香案二　朱紅桌八張　燭臺六隊
鐵香爐九箇　兩廡香案二　鐵香爐二
酒罇桌三張　盛帛篚桌二張　盥洗架二
籩計一百五十箇　豆計一百五十箇
簠八十二箇　簋八十二箇　錫爵一百五十箇
酒罇三箇　注酒壺八箇　篚九箇
大小盤　高低燭臺　毛血盤八箇

牲匣連蓋二箇　滌牲大桶四箇　宰牲大鍋四口
和羹碗十三箇 即鉶　大羹碗五箇 即登
齋戒牌一面　齋戒古銅香爐一箇
花瓶一隊　桌一張　省牲香爐一箇
桌一張　牌一面　燭臺一隊 今俱廢臨期措辦

祭品

先聖位祭物

酒罇三 先聖一四配一十哲一皆設殿前東　爵三
登一 盛大羹　鉶二 盛和羹
籩八 實鹽藁魚棗栗榛菱芡鹿脯　豆八 實韭菁芹筍等菹醓兔醢魚醢鹿醢

簠二 實黍稷俱潔淨素炊烹盛於前案　簋二 實稻粱與黍稷同製
篚二 盛帛一色白長一丈八尺　羊一
豕一 用牲匣盛置位前羊左豕右

四配祭物

爵三　登一 盛大羹
鉶二 盛和羹　籩六 實鹽藁魚稷棗栗菱鹿脯
豆六 實菁筍芹鹿醓兔醢魚醢　簠簋各一 實黍稷同前
篚一 盛帛同前　酒瓶一
羊豕各一 四位共用解作四分用木盤盛置於案
東哲六位 設祭物於前別於中總設小案置香燭獻爵二

鉶一盛和羹　籩四實鹽棗栗鹿脯
豆四實菁菹筍菹鹿醢兔醢　簠簋各一實黍稷同前
篚一盛帛同前　爵五
酒瓶一　豕一分作五分
西哲六位祭物與東哲同
東廡從祀祭物於東廡中間總設香案一置香燭獻爵中門外設酒罇一獻爵三階下設盥盆
每四位共一桌祭物每位各用爵一臨祭時注酒分獻於中總奠一
籩二實鹽鹿脯　豆二實菁菹鹿醢
簠簋各一實黍稷同前　篚一盛帛同前
酒瓶二　豕一解作五十分

西廡從祀祭物與東廡同但豕一解作五十五分
祝文
維某年月日某官某等敢昭告於
至聖先師惟師德隆千聖道冠百王揭日月以常行自生
民所未有屬
文教昌明之會正禮和樂節之時辟雍鐘鼓咸恪薦於馨
香泮水膠庠益致嚴於籩豆茲當仲春秋祗率彝章肅展
微忱聿將祀典以
復聖顏子漢永平十五年祀七十二弟子顏子位第一魏晉祀孔子均以顏子配唐貞觀二年以孔子為先聖顏子配饗

述聖子思子宋大觀二年從祀端平三年升列哲位咸淳三年配饗
宗聖曾子唐開元八年從祀宋咸淳三年配饗
亞聖孟子配尚饗宋元豐七年配饗
以上配位宋以前皆稱封爵元至順元年贈顏子兖國
復聖公曾子郕國宗聖公子思子沂國述聖公孟子鄒
國亞聖公明嘉靖九年改稱復聖顏子宗聖曾子述聖
子思子亞聖孟子
國朝因之
樂章
迎神樂咸平之章　無舞

大四太哉工南
至尺林聖上仲道四太德上仲尊尺林崇上仲維工南持尺林王上仲化四太斯尺林
民上仲是合黃宗四太典合黃祀四太有上仲常尺林精工南純尺林並四太隆
上仲神合黃其工南來尺林格上仲於尺林昭上仲聖合黃容四太
初獻樂甯平之章　有舞
自四太生上仲民尺林來上仲誰四太底合黃其上仲盛四太惟工南師尺林神
上仲明四太度合黃越上仲前上仲聖四太粢上仲帛四太具上仲成尺林禮合黃
容四太斯尺林稱上仲黍四太稷工南非合黃馨尺林維工南神尺林之上仲聽
四太
亞獻樂安平之章　有舞

大 四太 哉 上仲 聖 合黃 師 四太 實 工南 天 尺林 生 上仲 德 四太 作 上仲 樂 四太 以 上仲 崇 尺林 時 上仲 祀 四太 無 尺林 斁 上仲 清 合黃 酤 工南 惟 上仲 馨 上仲 嘉 尺林 牲 上仲 孔 合黃 碩 四太 薦 四太 羞 工南 神 合黃 明 尺林 庶 工南 幾 尺林 昭 上仲 格 四太

三獻樂景平之章　有舞

百 上仲 王 工南 宗 尺林 師 上仲 生 尺林 民 上仲 物 四太 軌 合黃 瞻 合黃 之 工南 洋 尺林 洋 上仲 神 尺林 其 上仲 甯 四太 止 合黃 酌 四太 彼 合黃 金 尺林 罍 上仲 惟 工南 清 尺林 且 四太 旨 上仲 登 上仲 獻 四太 惟 尺林 三 上仲 於 合黃 嘻 工南 成 尺林 禮 上仲

徹饌樂咸平之章　無舞

犧 上仲 牲 四太 在 上仲 前 尺林 豆 四太 籩 上仲 在 合黃 列 四太 以 上仲 享 工南 以 尺林 薦 上仲 既 上仲 芳 尺林 既 四太 潔 上仲 禮 合黃 成 四太 樂 上仲 備 四太 人 工南 和 尺林 神 上仲 悅 四太 祭 合黃 則 四太 受 上仲 福 尺林 率 合黃 遵 工南 無 尺林 越 上仲

送神樂咸平之章　望燎同

有 四太 嚴 工南 學 尺林 宮 上仲 四 合黃 方 四太 來 上仲 崇 四太 恪 合黃 恭 工南 祀 尺林 事 上仲 威 工南 儀 尺林 雝 上仲 雝 四太 歆 上仲 茲 尺林 惟 工南 馨 尺林 神 上仲 馭 四太 還 尺林 復 上仲 明 合黃 禋 工南 斯 尺林 畢 上仲 咸 工南 膺 尺林 百 上仲 福 四太

樂器

麾　金鐘　玉磬　鼓　搏拊

柷　敔　琴　瑟　排簫

笙　簫　笛　塤　篪

舞譜

初獻

自 稍前向外開籥舞　生 蹈向裏開籥舞

民 合手蹲朝上　來 起辭身向外高舉籥面朝

誰 兩兩相對蹲東西相向　底 合手蹲面朝上

其 正揖　盛 起平身出左手立

惟 兩兩相對自下而上東西相向　師 稍前舞舉籥垂翟

神 中班轉身東西相向立惟兩中班十二人轉身俱東西相向

明 舉翟三合籥　度 稍前向外垂手舞

越 蹈向裏垂手舞　前 向前合手謙進步雙手合籥

聖 回身再謙退步側身向外高手回面向上　粢 正蹲朝上

帛 稍舞躬身挽手側身向外呈籥耳邊面朝上　具 正揖

成 起辭身挽手復舉籥正立　禮 兩兩相對交籥兩班俱東西手執籥

容 正揖　斯 向外退挽手舉籥向面朝上

稱 回身正立　黍 稍前舞

稷 正蹲朝上　非 左右垂手兩班上下俱雙垂手東西相向

馨 起合手相向立　惟 左右側身垂手向外開籥垂手舞

神 右側身垂手向裏垂手舞　之 正揖朝立

聽 躬而受之躬身朝上拱籥而受之三鼓畢起

亞獻

大 左右進步向外垂手舞　哉 左向裏垂手舞

聖 向外落籥面朝上　師 退向正身立

實 正德　天 起身向前轉身外舞

生 向裏舞　德 合手謙進步向前雙手合籥存謙

作 兩兩相對自下至上兩班相對舉籥東西　樂 上下俱垂手惟兩中班上下十二人俱垂手轉身東

西相向　以 轉西東西相向立

崇 稍向立兩班上下以翟相籥　時 稍前舞蹈兩班上下俱垂手相外

祀 向裏垂手舞　無 合手謙進步向前垂手合籥

斅 回身再謙兩班上下東西相向合籥立　清 稍前舞向外開籥翟

酤 向裏舞　惟 雙手平執籥翟開籥翟

馨 合籥翟朝上正位　嘉 側身垂左手兩班側垂手向外舞

牲 躬身正揖　孔 雙手舞籥翟躬身

碩 躬而受之躬身朝上拱籥受之一鼓而起　薦 一叩頭舉右手叩頭

羞 舉左手叩頭　神 復舉右手叩頭

明 拜一鼓畢即起躬身二鼓平身　庶 三舞蹈舉籥向左躬身舞

幾 舉籥向右躬身舞　昭 舉籥復向左躬身舞

格 拱籥躬身而受之

三獻

百 向外開籥舞　王 向裏開籥舞

宗 側身向外面朝上　師 朝上正位

生 兩班上下兩兩相對交籥　民 合手朝上正揖

物 側身向裏落籥　執 合籥朝上正立

瞻 向外開籥舞　之 向裏開籥舞

洋 開籥朝上正立　洋 合籥

神 向外開籥舞　其 向裏開籥舞

甯 進步向前雙手合籥　止 回身東西相向手謙

酌 向外開籥舞　彼 向裏開籥舞

金 開籥朝上正立　罍 合籥朝上正立

惟 向外垂手舞　清 向裏垂手舞

且 朝上正揖　肯 躬身而受之

登 躬身向左合籥舞　獻 躬身向右合籥舞

惟 躬身復向左右籥　三 合籥朝上拜一鼓便起身

於 側身向外垂手舞　嘻 側身向裏垂手舞

成 朝上正揖　禮 躬身朝南受之三鼓畢起身

舞器

節　羽　籥 以上樂章樂器舞譜舞器照通志錄存以待與者

佾舞生三十六名　糾儀官二名

樂工五十二名　禮生十名

崇聖祠 雍正元年追王五代改啟聖祠爲崇聖祠

肇聖王木金父公正中南向

裕聖王祈父公東一室南向

詒聖王防叔公西一室南向

昌聖王伯夏公東二室南向

啟聖王叔梁公西二室南向

東配

先賢孔氏孟皮 國朝咸豐七年配饗

先賢顏氏 名無繇唐開元二十七年從祀明嘉靖九年配饗

先賢孔氏 名鯉宋咸淳三年從祀明嘉靖九年配饗

西配

先賢曾氏 名點唐開元二十七年從祀明嘉靖九年配饗

先賢孟孫氏 名激明嘉靖九年配饗

東廡

周輔成 惇頤之父明萬歷二十三年從祀　程珦 顥頤之父明嘉靖九年從祀

蔡元定 沈之父明嘉靖九年從祀

西廡

張迪 載之父國朝雍正二年從祀　朱松 熹之父明嘉靖九年從祀

崇聖祠祭品

帛一　爵三　羊一

豕一　簠簋各二　籩豆各十

四配東西各帛一　爵三

猪二　簠簋各一　籩豆各四

廡東西同

祝文 乾隆九年頒定　維某年月日某官某等致祭

於

崇聖公孔氏曰惟

王奕葉鍾祥光開聖緒盛德之後積久彌昌凡聲教所覃

敷率循源而溯本宜肅明禋之典用申守土之忱茲屆

仲春秋聿修祀事配以

先賢孔氏

先賢顏氏

先賢曾氏

先賢孔氏

先賢孟孫氏尚饗

崇祀

名宦祠

鄉賢祠

忠義孝弟祠

節孝祠

名宦祠鄉賢祠祭日同　文廟陳設祀儀俱同小祀

論曰朱邑有言後世子孫烝嘗我不如桐鄉之民之祀我也故卓異神君循良衆母始興歌於來暮旣頁珉於去思終遺咏於蔽芾社而稷之烏容已乎若乃名儒耆德著刑珂里茂烈偉閒流光枌社斯禮所稱鄉先生歿則祠之於社者也嗚呼名於宦遺澤如新賢於鄉可與勸善尸祝寄棠陰之思庚桑高畏壘之化遊祠下者能無所景慕與

忠義孝弟祠祭日同　文廟陳設祀儀俱同小祀

祝文　乾隆九年頒定　文曰惟靈秉賦貞純躬行篤實忠誠奮發貫金石而不渝義問宣昭表鄉閭而共式祇事懋彝倫之大性摯莪蒿克恭念天顯之親情殷棣萼模楷咸推乎懿範綸恩特闡其幽光祠宇維隆歲時式祀用陳尊簋來格几筵

節孝祠祭日陳設祀儀俱同忠義孝弟祠

祝文　乾隆九年頒定　文曰惟靈純心皎潔令德柔嘉矢志完貞全閨中之亮節竭誠致敬彰閫內之芳型茹冰蘖而彌堅清操自勵奉盤匜而匪懈篤孝傳徽絲綸特沛乎殊恩祠宇聿垂於令典祇循歲祀式薦尊醪

至聖歷代封爵　照舊志錄

漢平帝元始元年封孔子十六世孫孔均爲褒城侯以奉孔子之祠　安帝己酉三年祀孔子及七十二弟子於闕里　孝文帝稱文聖宣父　元魏文成帝勅有司行薦享之禮　後周稱鄒國公　隋文帝稱宣師尼父詔州縣學以春秋二仲月上丁釋奠　唐太宗貞觀二年尊孔子爲先聖　二十年稱先聖先師　高宗乾封元年尊孔子爲太師　武后封道隆公　宏宗諡文宣王　開元二十七年尊孔子爲文宣王　宋太祖建隆三年詔廟門立戟十六　眞宗咸平中尊孔子爲元聖

文宣王尋避諱改稱至聖　祥符四年詔州城立孔子廟　仁宗景祐元年詔釋奠用登歌　徽宗崇甯四年詔文宣王冕十二旒服九章　大觀四年詔先聖執鎮圭廟門用戟二十四　金大定十四年加服十二章繅旒九就　元成宗大德十一年加孔子號曰大成　文宗至順元年加先聖父母封爵　明洪武三年定釋奠祭器各爲高案其籩豆簠簋悉代以甆器　五年詔天下稱大成至聖文宣　十七年勅每月朔望郡縣以下詣學行香　嘉靖九年改稱至聖先師孔子去像易木主

國朝因之

國朝序贊及四配贊　照通志録

御製至聖先師孔子序合贊

蓋自三才建而天地不居其功一中傳而聖人代宣其蘊有行道之聖得位以綏猷有明道之聖立言以垂憲此正學所以常明人心所以不泯也粤稽往緒仰遡前徽堯舜禹湯文武達而在上兼君師之寄行道之聖人也孔子不得位窮而在下秉删述之權明道之聖人也行道者勳業爛於一朝明道者教思周於百世堯舜禹湯文武之後不有孔子則學術紛淆仁義湮没斯道之失傳也久已後之

人而欲探二帝三王之心法以爲治國平天下之準其奚所取衷哉然則孔子之爲萬古一聖人也審矣朕巡省東國謁祀闕里景企滋深敬摛筆而爲之贊曰

清濁有氣剛柔有質聖人參之人極以立行著習察舍道莫由惟皇建極惟后綏猷作君作師垂統萬古曰惟堯舜禹湯文武五百餘歲至聖誕生聲金振玉集厥大成序書删詩訂禮正樂既窮象繫亦嚴筆削上紹往緒下示來型道不終晦秩然大經百家紛紜殊途異趨日月無踰羹牆可晤孔子之道惟中與庸此心此理千聖所同孔子之德仁義中正秉彝之德根本天性庶幾夙夜勗哉令圖遡源洙泗景躅唐虞載歴庭除式觀禮器摛毫仰贊心焉遐企百世而上以聖爲歸百世而下以聖爲師非師夫子爲師於道統天御世惟道爲實泰山巖巖東海泱泱牆高萬仞夫子之堂孰窺其藩孰窺其徑道不遠人克念作聖

康熙二十八年

御製四賢贊

顔子贊

聖道早聞天資獨粹約禮博文不遷不貳一善服膺萬德來萃能化而齊其樂一致禮樂四代治法兼備用行舍藏王佐之器

曾子贊

洙泗之傳魯以得之一貫曰唯聖學在茲明德新民止善爲期格致誠正均平以推至德要道百行所基纂承統緒修明訓辭

子思子贊

於穆天命道之大原靜養動察庸德庸言以育萬物以贊乾坤九經三重大法是存篤恭慎獨成德之門卷之藏密擴之無垠

孟子贊

哲人既萎楊墨昌熾子輿闢之曰仁曰義性善獨闡知言

養氣道稱堯舜學屏功利煌煌七篇並垂六藝孔學攸傳

禹功作配

國朝題

至聖先師匾文

萬世師表康熙二十三年頒行

生民未有雍正四年頒行

與天地參乾隆三年頒行

聖集大成嘉慶四年頒行

聖協時中道光二年頒行

德齊幬載咸豐　年頒行

聖神天縱同治三年頒行

東哲

先賢閔子唐開元八年從祀

先賢冉子唐開元八年從祀

先賢端木子唐開元八年從祀

先賢仲子唐開元八年從祀

先賢卜子唐貞觀二十一年以經師從祀開元八年以十哲從祀國

先賢有子唐開元八年從祀國朝乾隆三年升列哲位

西哲

先賢冉子唐開元八年從祀

先賢宰子唐開元八年從祀

先賢冉子唐開元八年從祀

先賢言子唐開元八年從祀

先賢顓孫子唐開元八年從祀宋咸淳三年升列哲位

先賢朱子宋建炎四年生慶元六年卒年七十一淳祐元年從祀國朝康熙五十一年升列哲位

以上哲位宋以前皆稱封爵明嘉靖九年改稱先賢

某子

國朝因之有子朱子升列哲位從一例

東廡先賢

先賢公孫僑左傳魯襄公八年始見昭公八年卒　國朝咸豐七年從祀原西廡撥移東廡

先賢林放唐開元二十七年從祀明嘉靖九年改祀於鄉　國朝雍正二年復祀原西廡撥移東廡

先賢原憲唐開元二十七年從祀

先賢南宮适唐開元二十七年從祀

先賢商瞿唐開元二十七年從祀

先賢漆雕開唐開元二十七年從祀

先賢司馬耕唐開元二十七年從祀

先賢梁鱣唐開元二十七年從祀

先賢冉孺唐開元二十七年從祀

先賢伯虔唐開元二十七年從祀

先賢冉季唐開元二十七年從祀

先賢漆雕徙父 唐開元二十七年從祀

先賢漆雕哆 唐開元二十七年從祀

先賢公西赤 唐開元二十七年從祀

先賢任不齊 唐開元二十七年從祀

先賢公良孺 唐開元二十七年從祀

先賢公肩定 唐開元二十七年從祀

先賢鄡單 唐開元二十七年從祀

先賢罕父黑 唐開元二十七年從祀

先賢榮旂 唐開元二十七年從祀

先賢左人郢 唐開元二十七年從祀

先賢鄭國 唐開元二十七年從祀

先賢原亢 唐開元二十七年從祀

先賢廉潔 唐開元二十七年從祀

先賢叔仲會 唐開元二十七年從祀

先賢公西輿如 唐開元二十七年從祀

先賢邽巽 唐開元二十七年從祀

先賢陳亢 唐開元二十七年從祀

先賢琴張 唐開元二十七年從祀

先賢步叔乘 唐開元二十七年從祀

先賢秦非 唐開元二十七年從祀

先賢顏噲 唐開元二十七年從祀

先賢顏何 唐開元二十七年從祀明嘉靖九年罷 國朝雍正二年復祀

先賢縣亶 國朝雍正二年從祀

先賢牧皮 國朝雍正二年從祀原西廡擬移東廡

先賢樂正克 國朝雍正二年從祀

先賢萬章 國朝雍正二年從祀

先賢周敦頤 宋天禧元年生熙寧六年卒年五十四淳祐元年從祀

先賢程顥 宋明道元年生元豐八年卒年五十四淳祐元年從祀

先賢邵雍 宋大中祥符四年生熙寧十年卒年六十七咸淳三年從祀

西廡先賢

先賢蘧瑗 左傳魯襄公十四年始見卒年無考史記定公十四年孔子猶主蘧伯玉家其卒後於公孫僑益三十餘年唐開元廿七年從祀明嘉靖九年改祀於鄉 國朝雍正二年復祀原東廡擬移西廡

先賢澹臺滅明 唐開元二十七年從祀原東廡擬移西廡

先賢宓不齊 唐開元二十七年從祀

先賢公冶長 唐開元二十七年從祀

先賢公皙哀 唐開元二十七年從祀

先賢高柴 唐開元二十七年從祀

先賢樊須 唐開元二十七年從祀

先賢商澤 唐開元二十七年從祀

先賢巫馬施 唐開元二十七年從祀

先賢顏辛唐開元二十七年從祀
先賢曹卹唐開元二十七年從祀
先賢公孫龍唐開元二十七年從祀
先賢秦商唐開元二十七年從祀
先賢顏高唐開元二十七年從祀
先賢壤駟赤唐開元二十七年從祀
先賢石作蜀唐開元二十七年從祀
先賢公夏首唐開元二十七年從祀
先賢后處唐開元二十七年從祀
先賢奚容蒧唐開元二十七年從祀

先賢顏祖唐開元二十七年從祀
先賢句井疆唐開元二十七年從祀
先賢秦祖唐開元二十七年從祀
先賢縣成唐開元二十七年從祀
先賢公祖句茲唐開元二十七年從祀
先賢燕伋唐開元二十七年從祀
先賢樂欬唐開元二十七年從祀
先賢狄黑唐開元二十七年從祀
先賢孔忠唐開元二十七年從祀
先賢公西蒧唐開元二十七年從祀

先賢顏之僕唐開元二十七年從祀
先賢施之常唐開元二十七年從祀
先賢申棖唐開元二十七年從祀
先賢左邱明唐貞觀二十一年以經師從祀
先賢秦冉唐開元二十七年從祀明嘉靖九年罷國朝雍正二年復祀
先賢公明儀國朝咸豐三年從祀原東廡擬移西廡
先賢公都子國朝雍正二年從祀
先賢公孫丑國朝雍正二年從祀
先賢張載宋天禧四年生熙甯十年卒年五十八淳佑元年從祀
先賢程頤宋明道二年生大觀元年卒年七十五淳佑元年從祀

以上先賢位宋以前從祀者皆稱封爵明嘉靖九年
改稱先賢某子周張程邵五子嘉靖時稱先儒崇禎
十五年改稱先賢位在七十子之下漢唐諸儒之上
國朝俱稱先賢不稱子

東廡先儒

先儒公羊高子夏弟子唐貞觀二十一年從祀
先儒伏勝秦博士唐貞觀二十一年從祀
先儒毛亨年無考受詩於荀卿以授毛萇按史記楚考烈王二十五年荀卿廢居蘭陵距漢興三十二年太平御覽引毛詩正義云荀卿授漢人魯國毛亨則是秦漢間人國朝同治二年從祀
先儒孔安國漢武帝時為博士侍中唐貞觀二十一年從祀原西廡擬移東廡

先儒后蒼漢宣帝時爲博士明嘉靖九年從祀
先儒鄭康成漢永建二年生建安五年卒年七十四唐貞觀二十一年從祀明嘉靖九年改祀於鄉　國朝雍正二年復祀原西廡擬移東廡
先儒范甯晉咸康五年生隆安五年卒年六十三唐貞觀二十一年從祀明嘉靖九年改祀於鄉　國朝雍正二年復祀原西廡擬移東廡
先儒陸贄唐天寶十三年生永貞元年卒年五十二　國朝道光七年從祀
先儒范仲淹宋端拱二年生皇祐四年卒年六十四　國朝康熙五十四年從祀
先儒歐陽修宋景德四年生熙甯五年卒年六十六明嘉靖九年從祀
先儒司馬光宋天禧三年生元祐元年卒年六十八咸淳三年從祀原西廡擬移東廡
先儒謝良佐宋元豐八年進士生卒年無考與楊時同稱程門四先生　國朝道光廿九年從祀

先儒羅從彥宋熙甯五年生紹興五年卒年六十四明萬歷四十二年從祀
先儒李綱宋元豐六年生紹興十年卒年五十八　國朝咸豐元年從祀原西廡擬移東廡
先儒張栻宋紹興三年生淳熙七年卒年四十八景定二年從祀原西廡擬移東廡
先儒陸九淵宋紹興九年生紹熙三年卒年五十四明嘉靖九年從祀原西廡擬移東廡
先儒陳淳宋紹興二十三年生嘉定十年卒年六十五　國朝雍正二年從祀
先儒真德秀宋淳熙五年生端平二年卒年五十八明正統二年從祀原西廡擬移東廡
先儒何基宋淳熙十五年生咸淳四年卒年八十一　國朝雍正二年從祀原西廡擬移東廡
先儒文天祥宋端平三年五月二日生元至元十九年卒年四十七　國朝道光二十三年從祀
原西廡擬移東廡
先儒趙復生卒年無考以宋端平二年至北庭當爲元儒之首　國朝雍正二年從祀

先儒金履祥宋紹定五年生元大德七年卒年七十二　國朝雍正二年從祀原西廡擬移東廡
先儒陳澔宋景定二年生元至正元年卒年八十一　國朝雍正二年從祀原西廡擬移東廡
先儒方孝孺元至正十七年生明建文四年卒年四十六　國朝同治二年從祀
先儒薛瑄明洪武二十二年生天順八年卒年七十六隆慶五年從祀原西廡擬移東廡
先儒胡居仁明宣德九年生成化二十年卒年五十一萬歷十二年從祀
先儒羅欽順明成化元年生嘉靖二十六年卒年八十三　國朝雍正二年從祀
先儒呂柟明成化十五年生嘉靖二十一年卒年六十四　國朝同治二年從祀原西廡擬移東廡
先儒劉宗周明萬歷六年生　國朝順治二年卒年六十八道光二年從祀原西廡擬移東廡
先儒孫奇逢明萬歷十二年生　國朝康熙十四年卒年九十二道光八年從祀原西廡擬移東廡
先儒陸隴其明崇禎三年生　國朝康熙卅一年卒年六十三雍正二年從祀原西廡擬移東廡

西廡先儒
先儒穀梁赤子夏弟子唐貞觀二十一年從祀
先儒高堂生秦末漢初人唐貞觀二十一年從祀
先儒董仲舒漢武帝初年對策爲江都相元至順元年從祀原東廡擬移西廡
先儒毛萇漢河間獻王博士當武帝時唐貞觀二十一年從祀
先儒杜子春漢永平初年年九十唐貞觀二十一年從祀原東廡擬移西廡
先儒諸葛亮漢光和四年生建興十二年卒年五十四　國朝雍正二年從祀原東廡擬移西廡
先儒王通陳至德二年生隋義甯二年卒年三十五一作開皇二年生年三十七明嘉靖九年從祀
原東廡擬移西廡
先儒韓愈唐大歷三年生長慶三年卒年五十七宋元豐七年從祀

先儒胡瑗宋淳化四年生嘉祐四年卒年六十七明嘉靖九年從祀
先儒韓琦宋大中祥符元年生熙甯八年卒年六十八國朝咸豐二年從祀原東廡擬移西廡
先儒楊時宋皇祐五年生紹興五年卒年八十三明宏治八年從祀原東廡擬移西廡
先儒尹焞宋熙甯四年生紹興十二年卒年七十二國朝雍正二年從祀
先儒胡安國宋熙甯七年生紹興八年卒年六十五明正統二年從祀
先儒李侗宋元祐八年生隆興元年卒年七十一明萬歷四十二年從祀原東廡擬移西廡
先儒呂祖謙宋紹興七年生淳熙八年卒年四十五景定二年從祀原東廡擬移西廡
先儒黃榦宋紹興二十二年生嘉定十四年卒年七十國朝雍正二年從祀
先儒蔡沈宋乾道三年生紹定三年卒年六十四明正統二年從祀原東廡擬移西廡
先儒魏了翁宋淳熙五年生嘉禧元年卒年六十國朝雍正二年從祀原東廡擬移西廡

先儒王柏宋慶元三年生咸淳十年卒年七十八國朝雍正二年從祀原東廡擬移西廡
先儒陸秀夫宋端平三年十月八日生祥興二年即元至元十六年卒年四十四國朝雍正二年從祀
先儒許衡宋嘉定二年生元至元十八年卒年七十三皇慶二年從祀
先儒吳澄宋淳祐九年生元元統元年卒年八十五明正統八年從祀嘉靖九年罷國朝乾隆二年復祀原東廡擬移西廡
先儒許謙元至元七年生後至元三年卒年六十八國朝雍正二年從祀原東廡擬移西廡
先儒曹端明洪武九年生宣德九年卒年五十九國朝咸豐十年從祀原東廡擬移西廡
先儒陳獻章明宣德三年生宏治十三年卒年七十三萬歷十二年從祀
先儒蔡清明景泰四年生正德三年卒年五十六國朝雍正二年從祀

先儒王守仁明成化八年生嘉靖七年卒年五十七萬歷十二年從祀原東廡擬移西廡
先儒呂坤明嘉靖十五年生萬歷四十五年卒年八十三國朝道光六年從祀
先儒黃道周明萬歷十三年生國朝順治三年卒年六十二道光五年從祀原東廡擬移西廡
先儒湯斌明天啟七年生國朝康熙二十一年卒年六十一道光三年從祀原東廡擬移西廡

以上先儒位明嘉靖以前從祀者皆稱封爵嘉靖九年改稱先儒某子

國朝稱先儒不稱子

名宦祠姓氏

明知咸甯縣事嘉興馮公諱昶先生

侯官王公諱介先生

正江林公諱和生先生

沙縣上官公諱儀先生

平陽陳公諱灝先生

新俞蕭公諱立業先生

明原任咸甯儒學臨川伍公諱福先生

萬安劉公諱秩先生

國朝湖北省學政蔣公諱永修先生

總督湖廣等處地方李公諱蔭祖先生

丁公諱思孔先生

吳公諱琠先生

李公諱煇祖先生

石公諱琳先生

郭公諱世隆先生

顏公諱倫武先生

劉公諱兆麟先生

劉公諱殿衡先生

楊公諱宗仁先生

湖北布政使司張公諱聖猷先生

劉公諱珩先生

湖北通省學院潘公諱宗洛先生

鄉賢祠

唐秘書少監太和李公先生諱邕

宋贈司徒式之馮公先生諱商

宋司徒文簡公當世馮公先生諱京建三元祠專祀

宋處士思立陳公先生諱倬

宋忠臣朝奉大夫都水監使得之陳公先生諱求道

元翰林院學士時起李公先生諱鵬翔

元御進士解元本學胡公先生諱可仕

明資德大夫工部尚書紀之劉公先生諱椎

明文林郎廣東道監察御史中山方公先生諱嵩

明通議大夫都察院右副都御史孟機陳公先生諱智

明敕封總巡監察御史文川方公先生諱洙

明員外郎禮夫鮑公先生諱時

明奉政大夫通政使司參議觀一趙公先生諱邦柱

明誥封兵科給事雲岩孟公先生諱機

明通議大夫戶部右侍郎義甫孟公先生諱養浩附三元祠合祀

明外翰河南隋州學教諭思獻楊公先生諱贊

明奉直大夫戶部員外郎谷山姚公先生諱亨

明奉直大夫桂林府推官菊庵余公先生諱良佐

國朝誥授奉直大夫滁州知州又僑鄭公先生諱邦相

國朝誥授承德郎翰林院侍讀野謀鄭公先生諱之謙

官舍

俱明末賊燬

教諭宅　在明倫堂東側　景泰五年建　後廢　康熙九年何廷韜重建　復廢　道光年間重修

正屋兩重連三間　東廂房一間　廚房一間

訓導宅　在明倫堂西側　兵燹廢　同治五年重修

正屋兩重連三間　西廂房一間　廚房一間

馮文簡公祠　初祠於相山書院成化間訓導王慶重修萬歷中兵巡道馮應京改祠於啟聖宮之西崇禎以少司農孟養浩配祀今名文忠祠康熙五年知縣何廷韜重建

學地塘

學後左右菜園地十畝　學前圍地二十畝

池塘二口（在學官西）　魚池二口（一在三元祠前一在三元祠西）

聖宮前後左右餘地界址

儒學頭門左邊墻外餘地橫過五尺直進七丈再進橫直

均抵城墻

戟門右邊墻外至櫺星門右邊墻外餘地橫過二丈二尺

直進一十二丈五尺（福神祠在界內）

西廡墻外餘地橫過九丈二尺直進後抵城墻（節孝祠文忠祠并祠前魚池一口均在界內）

禮門義路圍墻外餘地禮門左自趙坊南邊墻外橫過五

尺直抵城墻

義路右自三元坊南邊墻外橫過五尺直抵城墻

學田

獻田人戶姓名

生員方遷子方晤一十二畝二分

王維堤六畝八分　鄉約阮玉武二十八畝五分

劉顯陽七畝　劉堯三畝三分

萬天朝二畝四分一厘　曾學孔一畝二分

劉科二畝四分　聶大元一十五畝

張問仁四畝　李密三畝三分五厘

余執二十三畝五分三厘

民婦周氏同男樊銀(金)芳二十四畝四分七厘

唐學聖六畝二分八厘　黃萬化三畝八分三厘

劉孟高一畝二分八厘

周國玉袁國五二畝五分　程自獻一十七畝三厘

余學天五畝八分　余可宗一畝一分六厘

吳尚登一畝五厘　王宋曾一畝八分四厘

劉天岩三畝四分八厘　羅文玉二畝三分二厘

嚴景安四畝六分四厘　程自旺二畝三分二厘

陳陽春四畝八分　陳大德六畝五分

陳世隆二畝　陳上言三畝二分五厘

陳訓二畝三厘　鄭林二一畝四分

謝萬盛三畝九分　陳貴二十一畝七分三厘

經歷曾立大助田二十三畝七分五厘地一分九厘

以上學田經兵火之後田荒佃主土役半不可考（舊志）

書院（試院附）

相山書院　在相山下與儒學相對明成化間訓導王慶

重創有記宏治間都御史韓文遷於學左正德十二年

知縣邱魁仍徙建舊址知縣吳聰增置號房　明末廢

三元書院　在縣治左天啓中知縣曹應聘即府館舊址
創建聚奎堂三間後堂三間左右號房各十間有碑
明末廢

淦川書院今爲試院　今在南城内文昌閣右乾隆五十
七年壬子知縣陳貽青創修未成嘉慶十一年丙寅知
縣張際熙修建邑紳盧之曬捐二千金以助道光五年
乙酉闔邑紳耆修葺道光十九年己亥知縣夏廷樾勸
捐重修道光二十一年辛丑兵燹毁壞二十二年壬寅
知縣王本立籌款重修二十九年己酉大水淹塌同治
三年甲子知縣羅琳捐錢六百串以倡繼得獻金罰鍰
并前次剩費又五百串有奇修復
後堂三間　左右號架各一間　中右左號架各二間
中右廂房連五間　厨房一間　龍頭門共三間

小學

淦川社學　一在縣治南知縣王介建　一在申明亭後正德中知縣邱魁建　今廢

咸嘉社學　在咸九都嘉四都之間正德中都御史吳廷
舉創建以教二縣子弟置田一頃七十五畝以租谷爲
師束脩并養其子弟之貧者知縣趙遷有記　今無考
諭曰泮宫作則采芹之頌興學宫廢則子衿之刺出
庠校亦艮重矣中國授室羣萃州處令與博士實其
之令以程書治民博士以功令厲士政教一也咸庠
諸生恂謹稱最故賢良方正之士炳績方州宏辭博
學烜聲懸圃雖山川靈氣使然哉亦由賢有司與諸
學博有以先之也若乃泛駕之馬躍治之金間亦有
之是在司牧秉鐸者之時其勸懲而已要之螟蛉之
化以祝鵠鴒之化以視古之善化者惟躬行爲兢兢
詩曰惟其有之是以似之躬行之謂也

建置

秩祀 城池 公署 鄉飲 射圃 弓箭局附 坊 津梁 陂塘 郵傳 鋪舍 寺觀 廟附

邑人 雷以誠鶴皋 陳國正愚溪 纂修
知咸甯縣事陳秉信慶堂 鑒定

秩祀

序曰詩曰懷柔百神故在國有壇諸侯在其地則祭之古者公侯百里伯七十子男五十有分土卽有分祀今一邑所轄之地大則視乎侯伯小亦廣於子男典祀吉日每歲頒行其奉命以祭者爲國爲民關係至鉅於彼於此感格綦難要在誠敬以將毋徒奉行故事焉耳

壇壝

社稷壇 在縣西半里西河寺山之後洪武八年立天順間知縣陳灝重建正德中知縣邸魁修其制東西二丈五寸高三尺四寸出陛各三級壇下前十二丈後九丈五寸東西南各五丈繚以周垣四門紅油由北門入石主長二尺五寸方一尺埋於壇南正中去壇二尺五寸止露圓尖餘埋土中神牌二以木爲之硃漆青字高二尺二寸濶四寸五分題曰縣社之神縣稷之神臨祭設於壇上盛以矮棹祭畢藏之神厨 舊志今基址尚存

時日 順治元年定 每歲春秋仲月上戊日致祭十五年復定時辰用上戊日子時

齋戒 前期凡一應執事官員人等各於家致齋三日

祝文 乾隆九年頒定 維某年月日某官敢昭告於縣社之神縣稷之神曰惟神奠安九土粒食萬邦分五色以表封圻育三農而蕃稼穡恭承守土肅展明禋時屆仲春秋敬修祀典庶丸丸松柏鞏磐石於無疆翼翼黍苗佐神倉於不匱尚饗

陳設 雍正二年頒定 每位用黑色制帛一白磁爵三羊一豕一鉶二簠二簋二籩四豆三

祭品 鉶實和羹 簠實黍稷 簋實稻粱 籩實棗栗形鹽藁魚 豆實韭菹菁菹醓醢鹿脯

祀儀 乾隆四年頒定 正祭日各官具朝服至壇贊禮生引至行禮處通贊唱排班承祭官及各官排班立唱班齊瘞毛血迎神贊引生贊跪叩興承祭官及各官俱行三跪九叩頭禮興通贊唱奠帛行初獻禮贊引生引承祭官詣盥洗所盥洗畢詣酒樽所司樽者酌酒詣司社神位前承祭官至案前立贊引生贊跪承祭官跪贊獻帛司帛生奉帛跪進承祭官受帛拱舉獻畢贊引生

贊獻爵司爵者奉爵跪進承祭官受爵拱舉獻畢贊引生贊叩首興承祭官叩頭興贊引生贊詣
司稷神位前承祭官獻帛獻爵如前儀畢贊引生贊詣讀祝位承祭官詣讀祝位立贊引生贊跪承祭官及各官皆跪贊讀祝文畢贊叩興承祭官及各官俱三叩頭興贊復位承祭官就原位立通贊唱行亞獻禮贊引生贊詣
神位前獻爵如初獻儀畢贊引生贊復位承祭官復位立通贊唱行終獻禮贊引生贊詣
神位前獻爵如亞獻儀畢贊引生贊復位承祭官復位立

通贊唱飲福受胙贊引生贊詣福胙位承祭官就位立奉酒胙者至福胙位右旁跪接酒胙者在左旁跪贊跪承祭官跪贊飲福酒承祭官受爵拱舉授接爵者贊受胙承祭官受胙拱舉授接胙者贊叩興承祭官一叩頭興贊復位承祭官復位立通贊唱謝福胙贊引生贊跪叩興承祭官及各官俱行一跪三叩頭禮興通贊唱徹饌送　神贊引生贊跪叩興承祭官及各官俱行三跪九叩頭禮興通贊唱司祝者奉祝司帛者奉帛各詣望瘞所唱望瘞贊引生贊詣望瘞所承祭官至瘞位立視帛焚半贊禮畢退

按壇之上立石主者蓋社以祭地主陰氣也陽氣積而成天故其精爲星陰氣積而爲地故其精爲石石擊則星出陰動生陽也星隕則化石陽變爲陰也土爲陰氣之積而石乃其精故社以石爲主又社稷皆木主而石主居其中蓋社爲五土山林川澤邱陵墳衍原隰是也稷爲五穀黍稷稻菽麥是也五穀生於原隰是土所自出故石得以貫之亦以明社之神無二致也

神祇壇舊本名山川嘉慶十六年奉部文更正在縣治南一里金山之陽洪武八年立天順四年知縣陳灝重建正德中知縣邱魁重修其制與社稷同牌凡三一曰風雲雷雨之神居中咸甯縣

境內山川之神居左咸甯縣城隍之神居右俱南向由南門入不用石主歲以仲春仲秋致祭其壇制與社稷同

時日　順治初定　每歲春秋上戊日致祭

齋戒　與　社稷壇同

祝文　乾隆五年頒定　維某年月日某官等敢昭告於風雲雷雨之神本縣境內神祇城隍之神曰維神贊襄天澤福佑蒼黎佐元化以流形生成永賴秉氣機而鼓盪溫肅攸宜磅礴高深長保安貞之吉憑依鞏固實資捍禦之功幸民俗之殷盈仰神明之庇護恭修歲祀正值良辰敬潔豆籩祗承牲帛尚饗

陳設　雍正二年頒定　每位用白色帛一白磁爵三共用羊一豕一鉶二簠二簋二籩四豆四

祭品

祀儀　與　社稷壇同

按禮制凡各布政司府州縣春秋仲月上旬戊日既祭社稷而又擇日以祭風雲雷雨山川城隍之神蓋風雲雷雨發育萬彙神乎天也山林川澤以取財物神乎地也城隍以衛人民神乎人也皆造化之用功在生民靈而莫測故謂之神常祀之典所當修也夫郡邑既不敢祭天地則所當祭者不過是耳外此苟非有大功德於

民而載諸彝典者皆淫祀也

先農壇　每歲正印官率屬員耆老農夫致祭行耕耤之禮

時日　雍正四年定　每歲季春亥日致祭

齋戒　雍正五年定　先期主祭及各官俱致齋二日

祝文　乾隆五年頒定　維神肇興稼穡粒我烝民頌思文之德克配彼天念率育之功陳常時夏茲當東作咸服先疇洪維九五之尊歲舉三推之典恭膺守土敢忘勞民謹奉彝章聿修祀事惟願五風十雨嘉祥恒沐乎神庥九穗雙岐上瑞頻書於大有尚饗

陳設　雍正四年定　每歲致祭用帛一羊一豕二鉶二簠二簋二籩四豆四酒罇一

祭品

祀儀　與　社稷壇同

雩祭　乾隆七年　定　每歲孟夏月舉行常雩之禮不另立雩壇即於先農壇行禮並合祀社稷山川諸神牌

時日　乾隆七年定　每歲以四月十八日致祭

齋戒　乾隆七年定　主祭及各官先期致齋三日

祝文　乾隆七年頒定　文曰恭膺詔命撫育羣黎仰體彤廷保赤之誠勤農勸稼脩惟蔀屋資生之本力穡服田令甲爰頒肅舉祈年之典惟寅將事用申守土之忱黍稷惟馨尚冀明昭之受賜來牟率育庶備豐穰於蓋藏尚

饗

陳設　祭品　祀儀　與　先農壇同

邑厲壇　舊在縣西北五里隔河洪武八年立天順四年知縣陳灝修弘治中知縣施達遷近北門外後復遷於東高山之下其制壇屋一間宰牲房三間祭文本牌一片每歲春用清明日秋用七月十五日冬用十月初一日致祭迎本縣城隍牌於壇正中用羊一豕一設無祀鬼神於壇下左右祭用羊二豕二解置於器糧米五石爲飯香燭酒紙隨用祭文載洪武禮制辭繁未錄　舊志

鄉厲壇每都一所里甲人等祭日與邑厲同

鄉社壇每鄉一所與鄉鄰相聯祭日與社稷同

論曰厲說文作癘禮記泰厲祭古帝王之無後者公厲祭古諸侯之無後者族厲祭古大夫之無後者先儒以其無歸或爲民害故祀之歷朝稽古制典於京都有泰厲之祭各府有郡厲之祭各縣有邑厲之祭一里有鄉厲之祭一歲凡三行之

皇仁浩蕩貫徹幽潛哀死恤民之道於斯至矣

文昌閣　今在南城內小街名施家溝之東門臨孟家塘右爲涂川書院左有園地如書院基址寬大

時日　每歲春秋仲月及誕辰三次致祭

祭品

祀儀　與　關廟同

祝文　嘉慶六年頒定　文曰維神蹟著西垣樞環北極六匡麗曜協昌運之光華累代垂靈爲人文之主宰扶正久彰夫感召薦馨宜致其尊崇茲屆仲𥟖用昭祀事尚其歆格鑒此精虔

文昌帝君後殿　嘉慶六年太常寺奏准文昌帝君三代姓名查無確據未便請加封號謹擬增置神牌一分牌面書文昌帝君先代神位字樣先詣後殿行禮式如

關帝後殿

祝文　嘉慶六年頒定　文曰祭引先河之義禮崇返本之思矧夫世德彌光延賞斯及祥鍾累代炳列宿之精靈化被千秋偉人文之主宰是尊後殿用答前庥茲值仲𥟖肅將時事用伸告潔神其格歆

關帝廟　在東門外半里許東嶽廟之右　今廢

國朝順治九年

敕封忠義神武關聖大帝乾隆三十三年

加封忠義神武靈佑大帝嘉慶十九年

加封忠義神武靈佑仁勇大帝道光八年加封威顯字樣咸

豐二年加封護國字樣

時日　每歲春秋仲月及五月十三日三次致祭

祝文　維帝浩氣凌霄丹心貫日扶正統而彰信義威震九州完大節以篤忠貞名高三國神明如在徧祠宇於寰區靈應丕昭薦馨香於歷代屢徵異蹟顯佑羣生恭值嘉辰遵行祀典筵陳籩豆几奠牲醪尚饗

陳設

祭品　與　文廟同

祀儀　雍正五年定　承祭官行三跪九叩頭禮　乾隆九年定　祀事儀節　正祭日各官具朝服齊集陰陽

生報鼓三次贊引生引至行禮處通贊唱執事生各司其事承祭官就位陪祭官各就位立通贊唱迎神各官俱行三跪九叩頭禮興通贊唱奠帛行初獻禮贊引生引承祭官詣盥洗所贊進巾盥洗畢詣
關帝神位前上香獻帛獻爵如文廟儀畢贊叩首興承祭官一叩頭興贊引生贊詣讀祝位前承祭官至祝位立讀祝生奉祝文立於案左贊引生贊跪承祭官及各官皆跪贊讀祝文讀祝生跪讀畢贊引生贊叩興各官俱三叩頭興贊復位承祭官復位立通贊唱行亞獻禮如初獻儀畢行終獻禮如亞獻儀畢飲福受胙徹饌辭神

望瘞均與文廟同各官俱行三跪九叩頭禮畢退

關帝後殿　雍正三年定

加封關帝三代曾祖光昭公祖裕昌公父成忠公皆供奉後殿五年定咸豐六年加封王爵每歲三致祭

時日　三祭與　關帝同

祝文　咸豐五年頒定　維王世澤貽麻令儀裕後靈鍾河嶽篤生神武之英誠溯淵源宜切尊崇之報班爵超躬桓而上升香肅俎豆之陳兹際仲春爰修祀事尚祈
昭鑒式此苾芬尚饗

陳設　雍正五年定　不用牛餘照前殿

祭品　與前殿同

龍神祠　每歲春秋仲月某日致祭先期陪祭官赴祠省牲

祭品　帛一　豕一　羊一　酒爵三

儀注　祭日主祭官衣蟒衣禮生稟請行禮至盥洗所贊盥洗盥洗畢引至殿內行禮處立通贊唱執事者各司其事主祭官就位陪祭官各就位瘞毛血迎神行二跪六叩頭禮興行初獻禮引唱詣酒罇所司罇者舉冪酌酒詣
神位前跪進帛進爵叩頭興詣讀祝位跪衆官皆跪讀祝畢叩頭俱興復位通贊唱行亞獻禮如初獻儀行三獻

禮如亞獻儀通贊唱飲福受胙引唱詣飲福受胙位跪飲福酒受福胙叩頭興謝胙一跪三叩頭興復位通贊唱徹饌送神行二跪六叩頭禮興司祝者捧祝司帛者捧帛各詣望瘞所祝帛焚半贊唱揖復位禮畢

祝文　惟神德洋寰海澤潤蒼生允襄水土之平經流順軌廣濟泉源之用膏雨及時績奏安瀾占大川之利涉功資育物欣庶類之蕃昌仰藉神庥宜隆報享謹遵祀典式協良辰敬布几筵肅陳牲幣尚饗

城隍廟　在縣市後街南宣德中知縣謝仲重建正德知縣王介修崇禎知縣孟良範重修康熙中知縣何廷韜重葺

添建功曹神像咸豐二年廟左土地祠財神祠廟後僧房均被兵燹神殿及拜殿戲臺俱被毁敗蟻又蝕之同治四年闔邑紳耆醵金以修

按祀典陽氣升而天神降地氣肅而人鬼出自邦國達於臣庶家祭秩切近者社稷五祀而已城隍之神初未載也世說秦功臣馮尚見夢於漢高帝曰奉天帝命與王知領城隍陰事雖惝怳不可致詰然自漢迄今爲天下通祀社與五祀雖有常尊莫城隍若也蓋累土依山爲城掘土浚川爲隍所以捍寇敵衛人民高城深池之表宜有主司淑慝超然不可致詰者存神而明之陰陽

表裏故歷代祀典不廢明太祖初秩城隍之祀京都視王郡視公州視侯縣視伯後改稱某郡縣城隍之神封爵不用

國朝因之廟貌益新焉嗚乎明有禮樂幽有鬼神洋洋如在不可度思故凡新令到任特與神誓君子於斯所當敬畏而不敢忽者也

城池

咸甯舊未有城明萬歷六年三月知縣葛應蛟建議修築城垣週六百八十八丈五尺高一丈九尺厚一丈二尺水洞四城樓四城門四東曰升陽西曰便民南曰南薰北曰帶河警舖八間共費工料銀六千二百三十三兩五錢零萬歷二十五年知縣周日庠建議修堤起東山之麓繞城三面直接西河渡長三里廣三丈中建堤樓一座名永安樓焉 又堤內浚爲濠深廣倍之乾隆乙卯知縣張太冲修就土城加砌磚石高一丈九尺厚一丈二尺週七百五十八丈改東門升陽爲賓陽 南門來薰爲文治 西門便民爲雲稼 北門帶河爲承恩道光十九年己亥文昌閣後城頹十五丈東西城樓亦壞知縣夏廷樾補修

論曰傳有之勇夫重閉況於國乎吾咸當鄂之上游而縮轂其口脣齒輔車實相恃賴無咸是無鄂也德靖之

季咸故無城甯瑞諸賊負嵎覬覦寔有遠心西北諸湖大浸稽天芄萑之盜出没不常有司者難之今崇墉完堞屹屹言言民稍奠枕矣夫城以盛民堤以衛城一隅之隙全力任之胡可異也厚堤坊固垣墉時啟閉慎譏察一能吏事耳魚水不務陸將何及乎

公署

序曰咸邑自南唐保大十三年始置縣面金山背紫潭左相山右西河歷宋及元無所更易元末陳友諒據武昌壬申邑燬遷於河北今朱老廟是也友諒既平明甲辰仍還舊治洪武三年知縣馮祀始建廳宇尚多草創

景泰間知縣陳灝繼修弘治乙丑知縣王介重建
國朝順治六年知縣周文華繼修康熙四年知縣何廷翰重
修新建六曹一十二間儀門三間及申明旌善二亭堂
西側連桂花堂四間制益宏麗云
正廳三間　泊水三間　後堂三間　儀門三間
庫樓一座　應宿樓一座（學士廖道南有記康熙五年何廷翰重修）
環翠樓三間（學博伍福有記二樓在縣之內康熙七年何廷翰重建名爲退思堂）
六房東西各六間　架閣庫一間　戒石亭
土地祠三間　書手攢寫房（在儀門內）　儀仗庫一間
知縣宅（天順元年知縣陳灝重建康熙五年何廷翰內衙各房重建結磚牆衙宇）
廳屋三間　樓房三間　東西房各五間　廚房一間
典史宅
廳屋三間（康熙元年典史衛起鳳重建）　住房三間　廚房一間
迎賓館（康熙四年知縣何廷翰重修）
受善堂三間
縣獄　茅房三間　外建屋三間（爲收禁遞解罪人之所康熙七年何廷翰建咸豐二年賊燬）
榜房　頭門外左右各十間
譙樓　明知縣上官儀建陳灝修康熙六年知縣何廷翰
重修銅壺滴漏（知縣張興建修久廢）一鼓一鐘一鼓手五名按譙

望也門上爲高樓以望其制美麗故一謂麗譙中置鼓
角以明旦晚興息之候蓋人尉所居必嚴內外之限辨
上下之分也昔者魏武造麗譙曹子建撰畫角三弄初
弄曰爲君難爲臣亦難爲臣難難難次弄曰創業難守
成亦難守成難難難三弄曰起家難保家亦難保家難
難難今角聲之嗚嗚者乃難字之曳聲以警人昏曉之
間使有所感悟而懲創也凡鼓三百三十聲爲一通角
十二聲爲一疊鼓音止角聲動三角三鼓而昏明嚴故
邑之有斯樓也於以出政教於以集吏民於以書雲物
實有關於政事非徒資眺玩已也

巡按分司　舊在縣南二百步明正統五年知縣龐端創
景泰間知縣陳灝重建弘治中知縣施達改創於縣東
二十步舊址爲儒學射圃　明崇禎末年賊燬
國朝順治七年知縣周文華遷建後街西康熙四年知縣何
廷翰重修　今廢
正廳三間　穿堂　後樓五間　司房東西各三間
司門一間　廚房二間　今廢
憲司分司　舊在縣東二十步明洪武三年知縣馮秘肇
建宣德中知縣上官儀天順中知縣陳灝正德中知縣
潘澤相繼重修　明崇禎末賊燬

國朝順治十二年知縣馮源泗遷建於新察院分司之南康熙四年知縣何廷韜重修　今廢

正廳三間　後堂三間　司門一間

東西廊各一間　廚房二間　今廢

府公署　在縣治東明景泰七年知縣陳灝重建弘治十二年知縣施逵重修天啟元年圮知縣曹應聘改創爲三元書院明季廢與分司舊址並爲民居

按古方伯之國即今之布政司也分司之設初未之有正統中冬官建議各府州縣始爲之立藩省大臣旬宣於外布章條揚教化宣德意懲奸華弊奬善勸賢除貪

去暴皆發政於此及按綱懲糾謬激濁揚清者風憲職也各省建總司以掌憲度復於各府州縣置分司以爲巡督之所於以覈官吏察民隱於以考文藝稽案牘政肅於內霜飛於外使駔猾姦宄之徒有所畏懼而不敢肆若府公館則本府官長至縣於是寓止凡軍需課賦皆於此催辦俱宜崇飾蠲潔而不可苟者也

河泊所　在紫潭湖畔洪武十四年立宣德間裁革

行臺公館　在文廟前右側三元坊之南今廢遺址尚存

醫學　洪武十七年設三十一年裁革三十五年復置醫學訓科一員　醫生五名　久廢

按周禮醫師掌醫之政令凡邦之有疾者皆造焉使醫分而治之所以躋斯民於仁壽之域也宋元嘉中始詔天下郡縣皆立醫學唐宋因之漢藝文志以醫列方技家班固曰方技者生生之具王官之一守也古有岐伯俞跗扁鵲秦和蓋論病以及因原診以知症者也叙其書爲四科一曰醫經凡七家二曰經方凡十一家三曰房中凡八家四曰神仙凡十家唐以神仙入於道家類而醫術類凡六十四家明堂經脉類一十六家房中不録云

陰陽學　置廢與醫學同　陰陽訓術一員　陰陽生五名

按班孟堅謂陰陽家出於古羲和之官欽若昊天曆象

日月星辰敬授人時者也漢藝文志凡二十一家唐藝文志丙部子録所載天文類二十家曆算類三十六家五行類六十家司馬遷曰陰陽之術太詳而衆忌諱使人拘而多所畏然其序四時之大順不可失也

自公署至此俱廢

鄉飲酒禮

每歲以孟春望日孟冬朔日舉行於儒學前一日執事者於儒學之講堂依圖陳設坐次司正率執事諸生習儀至日黎明執事者宰牲具饌主人及僚屬司正先詣學遣人速賓僎以下賓至主人率僚屬出迎於庠門之外揖入主

居東賓居西三揖三讓而後升堂東西相向立贊兩拜賓坐僎至主人又率僚屬出迎揖讓升堂拜坐如前儀賓僎介至既就位執事者贊司正揚觶引司正由西階升詣堂中北向立執事者贊賓僎以下皆立贊揖司正揖賓僎以下皆揖執事者以觶酌酒授司正司正舉酒曰恭惟
朝廷率由舊章敦崇禮教舉行鄉飲非爲飲食凡我長幼各相勸勉爲臣盡忠爲子盡孝長幼有序兄友弟恭內睦宗族外和鄉里無或廢墜以忝所生讀畢執事者贊司正飲酒飲畢以觶授執事執事者贊揖司正揖賓僎以下皆揖司正復位賓僎以下皆坐贊讀律令執事者舉律令案

於堂之中引讀律令者詣案前北面立贊賓僎以下皆立行揖禮如前讀畢復位執事者贊供饌案執事者舉饌案至賓前次僎次介次主三賓以下各以次舉訖執事者贊獻賓主起席北面立執事者酌酒以授主主受爵詣賓前置於席稍退贊兩拜賓答拜訖執事者又酌酒以授主主受爵詣僎前置於席交拜如前儀畢主退復位執事者贊賓酬酒賓起僎從執事者酌酒授賓賓受爵詣主前置於席稍退贊兩拜賓僎主交拜訖各就位坐執事者分左右立以次酌酒獻三賓衆賓徧賓主以下酒三行供羹執事者以次酌酒飲酒供饌三品畢執事者贊徹饌候徹饌案

訖贊賓僎以下皆行禮僎主僚屬居東賓介主賓衆賓居西贊兩拜訖贊送賓以次下堂分東西行仍三揖出庠門而退

律令　凡鄉飲酒禮序長幼論賢良別奸頑其坐席間高年有德者居上高年敦篤者並之以次序齒而列其有違條犯法者不許干與良善之席違者罪以違制敢有諠譁失禮者揚觶者以禮責之

鄉飲酒禮圖

僎　僚屬　主　司正　東階

大賓　衆賓　介　西階

鄉約附　例載凡縣鄉村巨堡設立講約處所揀選老成者一人以爲約正再擇樸實謹守者三四人以爲値月每月朔望齊集耆老人等宣讀
聖諭廣訓及
欽定律條務令明白講解家喻戶曉該教官仍不時巡行宣導令尚行

論曰鄉飲之禮養國老於上庠養庶老於下庠所以尊高年重有德序貴賤明禮讓和樂而不流安燕而不亂洵化民之先務而政教之所本也先儒謂其禮有四一曰三年賓興賢能二曰卿大夫飲國中賢者三曰州長

習射四曰黨正蜡祭屬民因飲而射謂之鄉射後世諸儀略而不舉然於是禮猶見三代之遺故三揖而後至階三讓而後升堂所以教讓也拜至拜洗拜受拜送拜既所以致敬也立賓以象天所以尊之也立主以象地所以養之也介以副賓僎以副主所以象陰陽之有輔也一舉而敬讓尊卑之禮備焉孝弟仁愛之道至焉孔子所謂觀於鄉而知王道之易易者此也彼司教養之責者其可視爲故事已耶

射圃

舊在學門東地隘天順元年改於東皋峯之下創觀德亭一間康熙四年知縣何廷韶重建尋復遷於北門校厰建觀德亭三間弓架箭架射侯備具　今廢

論曰射者六藝之一蓋男子之事有志於四方也鄉飲廢則長幼之序乖大射廢則君臣之義缺去古遠矣明興曾勅天下學校習射師生以朔望羣肄於圃衆耦既同貫弓挾矢張侯去百步之外揖遜務君子之爭匪曰嬉遊爲樂將少長是序匪曰僥倖爲得將心體是正匪曰致遠爲功將中鵠是善匪勝己是怨反求爲賢匪爾爵是祈辭讓爲恭匪多算爲能進退有度其於以修盛德遠不肖習威儀而適世用蔑不由斯也今邑侯何爻

公餘親率士民習射於舊圃新觀德之亭而從事焉百年曠禮一旦復舉矍相之觀庶明焉　舊志

弓箭局附　惠民藥局　儲絲局　弓箭局　鐵局

染坊　以上五局俱明初建明中年廢址亦無考

坊

明德坊在縣門左　新民坊

宣化坊在縣門前　願賢坊在縣門左

毓秀坊在學門右　激濁坊在舊憲司左

揚清坊在舊憲司右　生賢坊

三元坊在儒學右爲宋馮文簡公立康熙四年知縣何廷韶重修

都憲坊爲陳智立　繡衣坊在縣左爲御史方洙立

豸冠坊爲御史唐震立　解元坊爲王倫立

忠諫坊在縣治前爲少司農孟養浩立道光甲申四年邑紳耆重修

都諫坊有二在縣治左右爲顧問立　忠臣坊在横街北爲黄表祖子澄立

恩榮坊有三一在儒學左側爲光禄趙邦柱立一在舊分司前爲憲副趙嗣芳立一在縣前街爲王祺立

懷義坊後街　由義坊前街

皇華坊在驛前　節義坊西街

論曰坊者方也言人所居之里爲坊也又坊類也方以類聚居者必求其類也漢洛陽有九字坊唐裴晋公有碎錦坊宋富鄭公有遺直坊坊之由來尚矣今里邑皆

有坊或因風俗之善或因賢能之興或因節義之著而
題美名以表之使居是坊者觀感興起處仁遷義誠厚
風化之一端也

津梁

三元橋　在縣治東五十步初名永安即唐永安鎮也通
判王夔改名朱紫橋正德中僧福妙客募化建樓其
上改今名崇禎間圮　國朝康熙四年知縣何廷韜重
建有記

富庶橋　在橫街西上有亭康熙四年知縣何廷韜重建

下石橋　在橫街北

西河橋　在縣西半里嘉靖間縣令張時舉砌石爲基架
木其上爲屋十七間中廢萬歷壬辰知縣曹維藩重修
後復圮乃造舟爲梁以鐵索維之天啟甲子縣令曹應
聘始甃以石鄉紳趙嗣芳捐千金成焉橋洞有七石欄
環列其上影若卧虹然　國朝康熙十二年橋爲洪水
所潰丁巳十六年知縣張時泰復修未成癸亥二十二
年知縣王　接修成工有記雍正丙午四年又圮壞
乾隆丁巳二年邑孝子孫廷秀修復距道光二十九年
己酉百有餘年橋將頹時知縣饒拱辰捐四十金集邑
紳議修未果咸豐辛亥元年知縣黃兆奎出歲徵修穀
費千金搆材大半至二年冬兵燹材耗九年知縣李遇
泰捐錢百串以倡邑紳耆醵金二千緡以修明年秋工
竣越七載蟻蝕橋西段過半邑人士仍修完好
按此橋爲咸甯八景之一而實要害也西南路通數省
北爲鄂郡屏藩橋之上游係洞口地多崇山峻嶺不便
馳驅橋之下游至筆峯寶塔一目瞭然即有詭譎亦難
竟渡故登諸志以明橋爲咸城要害即爲鄂城要害不
獨勝景足供遊眺已也

金塘橋　在縣東三里有亭三間其下爲東川港弘治中
知縣施達重修

下好橋　在縣南三里有亭三間弘治中知縣王介委督
福僧妙寶築堤重修黃表有記

上好橋　在浮山塘出口去縣七里

皇風橋　在縣西三里

黃家橋　在縣西五里萬歷庚子經歷曾立大修

東川橋　在縣東四里一名陳家橋正統中鄉官陳俊修
後水衙鄉官楊璜重建

官埠橋　在縣東十里有亭有鎖港通江湖商舶所萃

橫溝橋　在縣東二十里正德中小旗汪興隆修天啟間
義民萬有重建有鎖進士鄭邦相父子之里

鴛城橋　在東二十里一名株樹橋知縣吳驄修　國朝
至康熙三年圮知縣何廷韜重建乾隆年間知縣陳煥
世重修有亭碑序尚存
小金橋　在鴛城橋側正德中義民施景清修
宏濟橋　在北門堤口天啟中民謝尚德修
便道橋　在西河橋西畔堤上橋久圮驛路病焉康熙四
年知縣何廷韜重建
北洪橋　在縣西十里有亭三間宋北洪修故名其後裔
重修
馬橋　在縣西二十里正德中義民趙魁賢修

水洞橋　在縣西十六里同治甲子年新修
平家橋　在縣南十里正德中鄉官陳俊修
丁泗橋　在縣西三十里蒲咸分界鄉民丁泗捐造因名
正德中知縣潘澤重修
竹劉橋　在縣西十五里
姑嫂橋　在縣南十里昔以姑嫂捐建故名
馬家橋　在縣南二十里有鎮天順中山峯寺僧本來募
建
高橋　在縣東五十里武咸連界處有鎮
黃鉅橋　在縣南二十五里明時白沙寺僧清理募建

白沙橋　在縣南四十里路通通山縣宏治中白沙寺僧
清理募修後圮正德十二年其徒心誠募伐石甃砌
游家橋　在縣東六十里其水入武昌　國朝順治十六
年重建
芙蓉橋　在縣南二十里宏治中義民余茂先建
楊湖橋　在縣東二十里路通興國州正德中義民熊勝
賢劉與棋募砌
洗馬橋　在縣東三十里路通武昌縣正德中義民毛鳳
伐石甃砌
黃石橋　在縣北三十里客舟所聚處

觀山橋　在縣東北四十里正德中典史陳恩修
賀勝橋　在縣北四十里宋末兵起里人王暐聚衆與賊
戰得勝相賀因以名橋
鹿角橋　在縣東三十里萬歷中周南等建
均安橋　亦名老馬橋在十二都山南畈源出鳴水泉小
路通嘉蒲崇通四邑
羅家渡　在縣西北二里萬歷間經歷曾立大置山地四
畝田數畝給舟人爲工食修船之費知縣朱凌霄刻石
紀其事
張沙渡　在縣北七里

官船渡　在縣東北十里

論曰橋梁國政也周官司空掌之天官以天津九星衡貫河中爲津梁象夏小正九月除道十月成梁是故收場工峙畚鍤課章程測水闌而成之利涉大川用此道也道茀不行單襄以爲亡徵子路治蒲孔子見其溝渠而三善之矣嗚呼亂流而涉踰滕則止盈盈一水實爲畏途吾邑方舟輿梁所在不乏夷然康衢民未病涉自非愷悌之宰鄉黨自好之士仁心爲質引義慷慨孰克臻是乎故紀其名令後世有述焉

陂塘

長陂　在縣西南四十里

雙陂　在縣南三十里

黃土陂　在縣東

高墩陂　在縣東十五里

黃區陂　在縣二都

桃林塘　在縣東三十里

文家塘　在縣東二十里

百丈塘　在縣北十五里

牛鼻塘　在縣東三十里

馬鞍塘　在縣西三十里旁有石窟多產鮒魚色黑味甘

黃泥塘　在黃泥山上每湖水長塘水亦長時有廢肅船板湧出源與江湖通下有黃泥洞

浮山塘　在縣東八里泉流出下好礄

北洪塘　在縣西十里

宏文塘　在縣東南三十里

古隄塘　在縣東三十里

論曰周官營溝行水之制職之匠人俾任浚導之功止水畜水之令領之稻人俾專儲蓄之利水道源流無不加之意者所以爲旱潦備也咸境爲陂爲塘不一而足灌溉之利隱然古畜水行水之遺故鄉人賴之以獲豐殖之資官司彻之以享租賦之入一邑之間利亦溥矣備書諸册於以見水利之政所宜修舉而不墜也

郵傳

咸甯驛

驛廳三間　上房一間　次房一間

三房一間　泊水一間　廊房東西各三間

厨房二間　倉二間　庫房一間

馬房十間　馬神廟一間　鼓樓三間

上馬十疋　中馬十疋　下馬十疋

馬夫三十名舊志

驛丞宅

廳屋一間　住房六間　厨房一間

鋪舍

縣前總鋪　官埠鋪　鴐城鋪

桃林鋪東北往省城路　楊山鋪　馬橋鋪

赤岡鋪西往蒲圻路　馬家橋鋪　白沙鋪南往通山路

每鋪設鋪司一名鋪兵六名　驛司一名

每鋪正屋三間　一郵亭一間　兩廂各三間

土規一座　門一間　門外駐馬亭三間

望竿一根旗面　鋪前界牌二

每鋪馬房一間以上各鋪地康熙四年何廷韜新建舊志

論曰周禮地官之職凡國之道十里有廬廬有飲食三十里有宿宿有路室路室有委五十里有市市有候館候館有積漢書乘傳詣洛陽如淳曰律四馬高足爲置傳四馬中足爲馳傳四馬下足爲乘傳一馬二馬爲軺傳急者乘一馬曰一乘顔師古曰傳者若今之驛古者以車謂之傳車其後又置單馬謂之馳驛宋二十里置馬鋪有歇馬亭卽路室遺意也六十里有驛驛有廩給卽候館遺意也近制於郡邑通衢皆六十里置驛水驛則給站船陸路則乘驛馬而室廬委積所在潔峙供帳器物罔不悉備十里置鋪設以鋪司鋪兵凡官司文移則晝夜遞傳皇華驅牡則祇迓罔怠制云善矣咸當孔道近接臬藩上遍川廣車轍馬跡無日無之迎勞送遠之道尤不可不備云

寺觀

資福寺　在後街西爲咸首刹領僧會司宋建隆間僧福眞開山元延祐重修明正統年都御史吳廷舉重建

國朝僧通神重修康熙四年知縣何廷韜復建觀音殿棟宇宏敞凡宣　諭習儀皆在焉道光十九年僧實月建修朗亭於觀音殿後又建藏雲閣三間於觀音殿西咸

豐二年均燬兵燹

西河寺　在城西半里俯眺河橋淦流漱玉虹影卧波淵草鋪獺堤楊環綠鳳凰鸞翥於前石鼓崚峨其左漁歌互唱與閣鈴相應爲一邑勝觀康熙七年知縣何廷韜僧性恒建立佛像觀音樓及諸方丈修飭一新

九龍寺　在十二都寓仙洞前天順元年僧福慧建萬歷丙戌燬於火僧普念募修康熙六年知縣何廷韜重建

小水寺　在九都寓魚尚書吳廷舉建康熙七年知縣何廷韜重修

三峯寺　在龍溪山元末兵燹燬明正統中僧本來重創

禪臺寺　在縣西南二十里上十一都景泰中僧圓惺重
修山頂有天泉詳禪臺山下
白沙寺　在十二都蓮蓬山僧從智開山鄉官朱古峯施
有香火田地山塘勒於石
海龍寺　在四都碧泉山僧江英重建旁有龍池四時不
涸
金塘寺　在縣東五里明天順中僧道澄建正德間僧智
秀修　國朝順治十七年僧真印重建
黃山寺　在縣西二十里成化中僧洪湛重建
潛山寺　在縣南二十里宋三元馮京讀書之所

白石寺　在縣東二十里僧道滿修
鶴林寺　在縣東二十里僧覺正修
白水寺　在縣東三十里景泰中僧德觀修
寶潛寺　在上十一都一名衢道寺
圯山寺　在三都黃石洞僧法昌修
白雲寺　在上五都景泰中僧道珍重修
石門寺　在十二都天順間僧恒輝重修初開山時得斷
碣爲宋石門院故址因名鄉官王煥施有香火田地山
塘勒於石
龍泉寺　在下七都

崇福寺　在二都僧寶中修
香巖寺　在下七都
祥雲寺　在三都狐嶺山天順中僧光智重修
輞山寺　在八都
甘首寺　在下五都正統中僧昌昱重修
圓隆寺　在八都
泉港寺　在六都僧本雲重修
劉青菴　在下五都
寶福寺　在上五都僧修聰修今名西垪寺
珠山寺　在二都

黎首寺　在八都僧了性重修
九重寺　在下五都月臺山下舊爲尼寺正統中僧普廣
建
多寶寺　在九都有濟祖師塔一名尖山寺天順三年僧
文學重建
崇雲寺　在四都即新開寺天順五年僧寶鐘重建係資
福寺分派
靜安寺　在六都僧如剛修
國因寺　在三都
禪池寺　在四都長嶺景泰七年僧法潤重修

觀音堂　在六都

雲峯寺　在三都僧廣濟修

洪山寺　在六都

金雞寺　在三都金雞山天順五年僧道清重修上有金雞井

尖山寺　在三都與石燕寺相隣

崇禎堂　在六都

瞻泉寺　在十二都鳴水泉前

石燕寺　在六都

谷雲寺　在上十一都棠棣山伴昔王大帆讀書處後登鄉科官北京戶部主事取出谷凌雲之意以名寺

圓覺寺　在八都潛山寺分支

棲錫林　在上十三都

八疊寺　在下七都

雲頂寺　在下七都紫潭上二里許

三元寺　在上七都

西海寺　在六都萬歷間修建

方廣菴　在八都

寶月菴　在十都

普庵堂　在橫溝橋傍鄭翰林讀書之所

興隆寺　在十都咸豐乙卯年兵燹丁巳年僧淨凡重修

福民寺　在九都彭陂畈僧寂真改建

淘洲寺　在十都

觀音寺　在上十一都康熙八年何廷輔修

七寶寺　在九都

白衣菴　在九都黃山之北

元都觀　在九都　今廢

紫山觀　在下七都

金頂觀　在相山後　已廢地存

城山觀　在官埠鋪東　已廢

龍興觀　在官船渡北

天聖觀　在上十一都大泉口

論曰寺觀安昉乎漢明帝遣博士王遵等往西域迎佛法得迦葉摩騰竺法蘭二梵僧帶白馲畫釋迦像經四十一章白馬馱至洛陽止鴻臚寺帝乃立精舍處之因本寺名刱白馬寺此僧寺之始也周穆王尚神仙召尹軌杜冲居鍾南山西靈真人之所因號樓觀又黃帝內傳西王母授帝白玉元始真容置於高觀之上謂之道觀觀義取此歷世相沿二氏之宇日新月盛雖以咸甯小邑而梵刹琳宮幾數十所學士大夫沉湎濡首以從

之又何怪乎輪迴果報之說中蚩蚩者之深也雖然世
教衰而民失其養彼無告者得假緇黃以遊食李溫陵
所謂朝廷一大養濟院也今奉
明旨嚴汰僧尼每縣量留數僧祀香火餘盡散遣歸農嗚
呼崇正學而黜異端此舉實爲萬代瞻仰矣

廟附

奎星樓　邑舊有文昌祠而奎樓未建康熙九年知縣何
廷韜新建樓閣塑文昌奎星二像永合祀焉　今廢移
祀奎星於文昌閣內有樓

張中丞廟（即安瀾宮）　在後街資福寺左祀張睢陽創始無

考知縣陳灝重修康熙七年知縣何廷韜再修并新建
前殿及廊房

關聖廟　在縣東一里東嶽觀之右祀壯繆知縣陳灝建
崇禎丁丑遊擊劉承胤平峽山賊獲神祐重修焉崇陽
進士汪桂有記　國朝嘉慶十六年辛未知縣鄖錦駿
修葺後蛾杄道光十七年丁酉知縣夏廷樾重建咸豐
二年十一月兵燹廢見擬籌修

朱老廟　一名朱牢廟在羅家渡比相傳神初爲本縣提
牢吏午節夜歸聞鬼語將疫毒放井中公欲救之會詰
朝語人或不盡信不若以身投井晨自無汲者遂溺死
焉毒氣所觸身若烏啄然至今午節祀之以禦疫一云
元末爲本縣獄卒平生信事神佛能以巫術療病常手
執珓杯以口呵之遂著口上不可脫自云死作衙門土
地元季兵變遷縣治於廟後今廟其衙門也康熙七年
知縣何廷韜遷建新廟於北門城內其舊廟如故

五聖宮　在中城縣前街老大巷內與兩銘書屋隔巷
今廢遺址尚存

玉皇廟　舊在東峯之下知縣陳灝建天啓中改建於西
河寺後康熙四年知縣何廷韜遷建寺前

章皇廟　在下七都

吳主廟　在馬驛姜家巷內祀孫權其祠於鄉社者不一
所在皆有

關王廟　在上七都離城二十里許

皂角廟　在縣治東祠五顯之神以傍多皂角樹故名於
中又有所謂樂王者荆楚故俗謂神酷好音樂鄉人有
疾輒於廟中酬賽戲福擊金伐鼓歌舞傀儡以樂神康
熙六年知縣何廷韜重建正殿

第一山（即東嶽廟）　在縣治東一里關聖廟之左正統中知
縣龐端建康熙六年知縣何廷韜重修改建前殿增設
十殿及諸神像咸豐二年十一月兵燹廢

朱公廟　在上七都雲頂寺下二里許

洞庭廟　在上七都白公潭祀洞庭君柳毅船過斧頭湖必祭之

春秋閣　在九都汀泗橋咸豐二年壬子兵燹廢址存

論曰聖王先成民而後致力於神故社五土稷五穀所以厚民生而以死勤王以勞定國禦大菑捍大患者秩在祀典亦旣彰彰矣自聖教衰斆被髮而祭或祀之非其分或祠之非其地皆名淫祀淫祀無福以咸民號稱樸嗇而率畧於內鬼淫於外祀焚楮褻瞽趨媚恐後莫知所由來也豈尚鬼好巫荆楚之故俗然耶彼洞埜有言桀黠之豪作姦犯科凶逆之子邪曲側媚詩書不能開覆轍之迷名教不能移禍掌之樂乃登壇則趨過祠則下語及泰山泥犁則五體不覺盡投譚至酆狩業鏡則寸膚悚然皆栗豈非神道足濟人道之窮而聖王設教固有所不廢乎

咸甯縣志卷四

食貨

戶口　田賦　漕運　雜稅附　物產　郵政　倉廒附　鑄賑

邑人　雷以誠鶴皋　陳國正愚溪　纂修

知咸甯縣事陳秉信慶堂　鑒定

戶口

明

洪武二十四年戶二千四百男婦一萬七千八百八十

永樂十年戶二千三百三十六男婦一萬八千一百四十五

景泰三年戶二千三百四十七男婦二萬三千九百五十二

成化八年戶二千九百二十男婦三萬五千五百五十四

正德七年戶二千零九十男婦三萬六千八百

萬歷間戶二千一百男婦四萬零一百

國朝

順治十六年戶二千八百八十二男婦四萬七千七百一十六

額丁一萬零一百歲徵銀二千一百四十三兩六錢二分八釐八毫

康熙十年戶三千零九十男婦四萬零十口除免故夭審
丁老幼加減實丁實在九千九百九十七該徵銀二千
一百二十一兩七錢六分八釐六絲六忽五微九塵六
纖九渺

論曰民數者聖王圖治之先務也世道汙隆視夫家之
衆寡夫家衆寡視時政之善否故有兵革刑役之禍則
凋耗於戕關縲絏之中有保愛撫綏之惠則繁盛於飽
食暖衣之內民數之登耗有由然矣咸甯爾邑戶數多
寡前代可覩自罹兵燹蜚鴻在牧我
朝維新畀命濡養休息二百餘載生齒自日見其蕃庶矣

顧司牧者志存保障則晋陽無損志在干澤則膠東可
增所望以勞來安定生聚教誨者能無旣厥心與

田賦

民田二千九百九十三頃九十畝五分五釐內分上中下
田一千八百五十三頃二畝二分七釐山鄉田三百一
十六頃九十畝四分七釐水鄉田一百二十三頃九十
七畝七分一釐
歲科秋糧米九千三百二十一石九斗六升七合三勺
派徵銀八千八百七十七兩三分一釐一毫零
科貳麥六百零九石九升二合一勺
桑絲七百二十九觔一十兩四錢一分一釐　二項秋
糧內派
民地九百一十三頃二十畝四分八釐
科秋糧米八百三十一石三斗五升九合七勺
派徵銀七百九十一兩六錢七分七釐二毫零
科貳麥五十四石三斗二升六合一勺
桑絲六十五觔一兩四錢一分四釐　二項秋糧內派
塘陂一百四十八頃八十三畝六分
科秋糧米三百五十三斗零七合
派徵銀一百九十兩七錢三分八釐五毫七絲零

科貳麥二十石五斗一升五合八勺
桑絲二十三觔二兩一錢八釐　二項秋糧內派
丁地二項共銀一萬二千一百零三兩七分五釐八毫三
絲零
九釐餉銀三千二百七十四兩三錢七分八釐八毫零不
在丁田內
湖洲雜課銀一百一十三兩三錢五毫八絲零內除豁免
銀二十九兩五錢實徵銀八十三兩八錢五毫八絲零
遇閏加銀一兩五錢六分八釐
以上通共銀一萬五千四百九十兩七錢五分五釐

三毫二忽五微二塵一纖四渺除豁免椒料銀二十
九兩九錢　實徵銀一萬五千四百六十一兩二錢
五分五釐三毫二忽五微二塵一纖四渺　舊志

漕運

漕糧兌軍正耗米二千七百二十二石七斗二升
南糧正耗米二千六百二十一石
驢脚米三百一十四石五斗二升每石折銀一兩以二
錢給解役該銀六十二兩九錢四釐餘八錢充餉該銀
二百五十一兩六錢一分六釐　照康熙年間縣志錄
一土田田地塘陂三千三百七十頃六畝一分九釐實徵
銀一萬五千二百零六兩九錢七分六釐丁銀在內更
名地田地五十二頃八十二畝實徵銀九百六十兩四
錢一分六釐
一應解地丁條餉銀九千零八十一兩九錢七分五釐
一官俸役食銀九百一十二兩七錢七分三釐
一撥運銀一十四兩八錢三分二釐
一均徭銀三百四十八兩一錢二分二釐
一祭祀等項應支銀二百六十三兩二分二釐
一添撥銀五十八兩四錢八分
一驛站走遞夫馬銀三千九百零一兩一錢四分

一隨漕正耗贈貼米隨漕實額銀陞墾派徵丁銀米五千
七百五十六石七斗三升六合銀一千四百六十八兩
九分四釐
一雍正七年民賦陞墾帶派丁銀七兩四錢二分五釐
一雜課等銀五百二十四兩八錢二分六釐
一雜稅牙稅銀四十六兩　茶稅銀三十五兩　當稅銀
三十五兩　田房稅銀二兩八錢三分盈餘儘解　牛
驢稅銀儘徵儘解
實額人丁一萬五千零七
實徵丁銀一千九百四十三兩二錢八分四釐
自康熙五十五年至乾隆三十七年停止歷次編審滋
生人丁共一千五百三十一　欽奉
恩詔永不加賦　照嘉慶年間省志錄
見在田賦均照新章完納　徵解案存縣署　戶口近
年增減不定縣署又無案可查未便登志
論曰咸斥土也又其人呰窳偷生無商贏之羨衣犬馬
而食牛彘歲一不登待哺他郡客舟少滯釜且生魚計
靈無復之有徙且死耳夫以嗷嗷之民應不可已之[illegible]
供計非得也剜揭借之煩輸輓之擾如近所稱重困者
乎節養之調劑之變通之如良醫之察脈慈母之乳子

是所望於長民者

物産

穀類　山黄稻　望水白　留姑早　銀包金　黄姑早
竹鷄班　花粘　六十日早　香稻　折稻　大粒穀
和尚苗　銀硃苗　烏鬚苗　馬牙糯　見缸消
細子糯　六月雩糯　下馬看　浮糟糯　蝦鬚糯
橘皮黄

粟類　鐵駝粟　猴椿尾　鹿角早　寒粟　觀音粟

蔴類　早白蔴　火炭蔴

荳類　大黄荳　飯荳　緑荳　伴粟荳　青皮荳

黒荳　紅荳　江荳　雁來荳　龍爪荳　豬牙荳
元修荳

黍類　黄黍　大黍

麥類　大麥　小麥　蕎麥

蔬類　蔓葱　絲葱　韭薤　落酥　蘿蔔　莧菜
蒜　芥菜　白菜　油菜　萵苣　刀豆　著蓬
芫　蒿　薯　芋　薑　苦菜　笋　蕨　佛荳

水蔬類　芹菜　荇菜　菱

瓜瓠類　絲瓜　冬瓜　黄瓜　葫蘆　團瓜　甜瓜
菜瓜　牛角瓠

藥類　車前　百合　菖蒲　茱萸　香附子　蓖蔴子
五加皮　荆芥　香薷　紫蘇　小茴香　金銀花
茯苓　梔子　薄荷　半夏　紫荆藤　破風藤

花類　山礬　紫薇　薔薇　萱草　山茶　映山紅
桂花　芙蓉　芍藥　葵花　玉簪　紫荆　木槿
菊花　蓮花　月桂　榴花　棠棣　石竹　瑞香
月姫　普庵蓮　辛夷　刺蘼　金鳳　花落金錢
春蘭　蕙

菓類　桃　梅　李　楊梅　柿　橙　石榴　棗
櫻桃　梨　木瓜　栗　鴨脚　丁香柿

水菓類　菱角　鷄頭　藕　蓮蓬

木類　松　柏　槐　椰　杉　桑　楮　株　白楊
椿　梓　楓　樸　檀　櫟　樹　桕　白栗
凍青　椰樹

竹類　南竹　班竹　筀竹　苦竹　叢竹　木竹
紫竹　實竹

家畜類　水牛　黄牛　馬　驢　騾　羊　猪　狗
犬　猫

家禽類　鷄　鵞　鴨　鴿

野獸類　虎　鹿　麂　獐　兔　狸　野猪　獾

野禽類 黃鸝 燕 雁 鷗 鸕鷀 鳩 鴉 鷹
野鴨 布穀 百舌 杜宇 雉 啄木 鵓 鶚
鷓鴣 畫眉 鶺鴒 麻雀 竹雞 山鷴 蠟嘴
鵲 鸛 魚翠 舂鋤 陶河 伯勞
魚類 鯉 鯽 鮎 鯿 青魚 烏鯉 鱔 鰍 鰌
黃姑 鱘魚 鰱魚 白魚 鱅 感魚 春子魚
刁魚 火燒鯿
介類 龜 鱉 螺 土龜 穿山甲 蛸
蟲類 黃蜂 土蜂 蜜蜂 蝴蝶 蜘蛛 蚕 蜈蚣
蜻蜓 蚱蜢 螳螂 蟋蟀 蟇 蠅虎 螟蛉 蟬

蚯蚓 蚰 蠅 蟻
草類 茭 葦 蓼 艾 蒿 蘆 青茆 蒲草
大小檻
枲類 苧蔴 木棉 葛 蚕絲 麤布 麤絹
貨類 黃蠟 白蠟 蜂蜜 靛青 土硃 落花生
桐油 石灰 黑炭 白炭 華香 紅酒 燒酒
紫草 草紙 紅茶 茶油 蔴油 煙葉 火紙
生漆 棉油
論曰余觀傳記所稱素封之家陸産牸畜水居魚鱉山居千章之材無弗具此豈盡天降哉夫因時者與天阜財者與地節事者與人三者備而治之道該矣夫咸地褊小產物無幾然服食器用固不乏也司牧者不鄙夷其民而教之取之有時用之有節燕饗之有度食力助弱之不軋而咸乃長爲咸矣斯志意也

郵政

惠民藥局 久廢

養濟院 舊在縣西黃風磯側知縣陳灝遷南城外二百步正德中邱魁建後圮康熙五年何廷韜新建 今廢

按唐開元五年宋璟蘇頲建曰悲田院貧子養病從長安以來置使專知此所稱悲田乃開釋教爲僧尼職掌

給廩食以養之宋初名福田後亦曰悲田今名養濟院凡鰥寡孤獨流徙篤廢不能自存之民皆收養之老者日支米一升五合鈔五十文幼者支米一升鈔十文冬則給襦衾一床席一件病則給藥以療之死則斥官地以葬之澤及枯骨仁矣哉

漏澤園 久廢

義塚 在縣治西楊山鋪去縣三里景泰中知縣陳灝置後爲猾民戴祥侵種正德中都御史吳廷舉查復之今亦無考

按舊設惠民藥局以活貧病明宣德三年令天下貧病

者惠民藥局給與醫藥設養濟院漏澤園以待民之生無養死無葬者明洪武二年令天下置養濟院以處孤貧殘疾者三年令民間立義塚禁焚尸貧無地者官司擇附近寬地立爲義塚天順四年令天下置漏澤園

倉廒

永豐倉　舊在縣南二十五步明天順中知縣上官儀建

國朝改名常平倉知縣馮源泗遷建於庫樓東側距縣署數百步道光二十九年己酉被水淹廢遺基尚存

預備倉　康熙四年知縣何廷韜添建合共有五

東倉　在四都去縣二十里

西倉　在上十三都去縣十里

南倉　在下十三都去縣十五里

北倉　在八都去縣三十里

在市倉　與永豐廒相對

以上五倉俱明宣德中知縣上官儀建　久廢址亦無考

便民倉　舊在西河畔後遷於江夏金口亦廢復遷縣治後街之南已廢康熙六年知縣何廷韜重建儲南漕二米　倉廳三間　倉廒三十二間門架一間　今廢址亦無考

蠲賑

舊志無考縣案率多遺失今僅將近年所傳聞者約略紀録以明

國恩憲惠之不可忘云

嘉慶七年壬戌旱緩徵一次　二十五年庚辰旱緩徵一次　道光十一年辛卯夏大水緩徵一次　十二年壬辰春賑饑一次　十五年乙未夏旱蝗緩徵一次　二十八年戊申夏大水緩徵一次　是年知縣施均請賑一次

二十九年己酉夏洪水漫山知縣饒拱辰詳請蠲免一次復請賑卹時百姓饑甚急難待命邑庠生梅國耀施飯

濟饑人三月之間費米六七百石及　憲札既下公賑既行始停止縣主賜有好善之門匾額　咸豐元年辛亥奉

恩詔蠲免民間積欠一次　二年壬子兵災　三年癸丑四年甲寅　五年乙卯　六年丙辰夏旱蝗兼以連年兵災蠲免一次　同治元年壬戌奉　恩詔蠲免民間積欠一次

論曰周書有之曰天有四殃水旱饑荒其至無時非務積聚胡以待之今常平預備倉法非不備也歲一不登輒苦炊玉賑者不必貧貧者不必賑民未有沐實惠者也夫滑胥市魁爲慝久矣藉非神明之宰潔志之師實

心措濟若富鄭公朱晦庵其人者烏在其爲續命之由
也

咸甯縣志卷五

秩官 官制 知縣 教諭 訓導 典史 把總

邑人 雷以誠鶴皋 陳國正愚溪 纂修
知咸甯縣事陳秉信慶堂 鑒定

官制

序曰日月象君臣星辰象百官法天道也五嶽視三公四瀆視諸侯明地統也人位乎中經天紀地官制行焉一官綜職內藩宣蒞四輔逮卿士師尹尊卑相承禮樂政刑大小咸秩凡以廣德教振風化崇封建遂物宜人治之大端也稽古唐虞建官惟百政簡民和秩可專焉夏商官倍成周益以三百六十屬董正之權既重而僚署之制亦詳秦漢而後官建不一而制法近古故秦漢之官郡有尹州有牧縣有令學有教體制備而職業修煌煌鉅典世代相師未之易也至於邑令或任百里或任五六十里不等其於一邑之利可以便於民而無損於國家者躬行廉恕而修舉焉則人倫明而庶事康庶乎課最有條而奉職斯無負也已

按古者四百里爲縣官有縣正各掌其縣之政令而賞罰之春秋千里百縣縣有四郡時縣大而郡小上大夫

受郡縣邑之長曰宰曰尹曰公曰大夫晉謂之大夫魯謂之宰楚謂之尹戰國以來郡大而縣小秦有縣令長漢因之凡掌治其縣萬戶以上爲令減萬戶爲長侯國爲相秩亦如之凡縣道國邑千五百八十七列侯所食縣爲國皇太后皇后公主所食曰邑有蠻夷曰道後漢每縣邑道大者置令一人祿千石其次置長四百石小者置長三百石侯國之相秩次亦如之凡縣有蠻夷曰道公主所食湯沐曰國縣萬戶以上爲令不滿爲長侯國爲相皆秦制也凡掌治民顯善勸義察奸罰惡理訟平賦恤民時務秋冬集課計上於所屬郡國晉志大縣令有治蹟官報以大郡不經宰縣不得入爲臺郎宋諸縣署令銅印墨綬進賢兩冠自晉宋以後令長國相皆如漢制北齊制上中下九等唐制縣有六等之差曰赤曰望曰緊曰上曰中曰下京都所治爲赤縣旁邑爲畿縣其餘則以戶口多少地之美惡爲差凡一千五百七十三縣令各一人掌導揚風化撫字黎民敦四民之業崇五土之利養鰥寡恤孤窮察冤屈躬親獄訟凡民田收受縣令給之每歲季冬行鄉飲酒禮籍帳傳驛倉庫盜賊隄道雖有專官皆通知縣丞爲之貳衆曹收率課調五代任官凡齷齪無能者始署爲縣令故天下之邑率皆不治甚者誅求百出狠近萬狀宋建隆元年詔天下諸縣除赤畿外有望緊上中下四千戶以上爲望三千戶以上爲緊二千戶以上爲上千戶以

上爲中不滿千戶以上爲中下五百戶以下爲下掌總治民政勸課農桑凡戶口賦役錢穀賑濟給納之事皆掌之有孝弟行義聞於鄉閭者申州激勸以勵風俗有戎兵則兼兵馬都監或監押三年始以朝臣爲知縣其間復叅用京官或幕職爲之慶歷間詔天下知縣非鞫獄毋得差政和二年詔縣令以十二事勸課農桑宜各遵行上副朝廷一曰敦本業二曰興地利三曰戒游手四曰謹時候五曰戒苟簡六曰厚蓄積七曰備水旱八曰戒宰牛九曰置農器十曰廣栽植十一曰恤民戶十二曰懲妄訟自政和以來太平盛時人皆重內輕外士大夫皆輕縣令之選吏部兩選不注者甚多然後議所以增重激勸之法宣和五年縣令止差六十以下人靖康初詔初改官必爲縣紹興七年詔將寺監丞等任滿已改官未歷朝事者各與堂除知縣一次並借緋章服詔吏部自後縣令差文臣乾道元年詔京官知縣以二年爲任雖屢有更革率以三年爲任御筆今後非兩任縣令不除監察御史有元以縣分上中下三等每縣以蒙古色目人爲達魯花赤掌縣印達魯花赤即華言知縣以華人爲縣尹掌判署事又有赤縣達魯花赤縣尹明制知縣一員秩七品縣丞一員秩八品主簿一員秩九品典史一員咸甯驛驛丞一員河泊所一員陰陽學訓術醫學訓科各一人以本土人爲之僧會司道會司各一

人僧道領之宣德中裁去縣丞主簿河泊所三員
國朝亦循前職　今祇知縣一員　教諭一員　訓導一員
典史一員　把總一員　僧會司一員　道會司一員

宋無考

元無考

明知縣

馮　昶嘉興人洪武戊申兵革初定民多逃竄昶憂勤立政翦荆棘招流亡墾闢草萊勸課農桑民翕然歸之乃栩公宇興學校立壇壝治橋梁百廢具舉上下輯睦民始知有生人之樂矣

張興祖洪武二十四年任舊志云建倉廩置銅壺滴漏更籌分明至今賴之

王　原四川銅梁人永樂間任勞心撫字不事表暴嘗作勸民歌使民誦之可窺一班云

葉子誠浙江會稽人永樂年任舊志云有惠政民追思之

林和生福建晉江人永樂間由陰陽官薦知縣事在咸九年不攜家室清廉勤幹去之日行李蕭然蓋廉吏云

上官儀福建沙縣人宣德間以進士任文學政事獨步一時尤工書畫片紙之存人爭寶之振衰起墜不激不隨德政及民吏民畏而愛之後擢滄洲守

謝　紳

龐　端江西吉水人由舉人正統三年任舊志云平易近人民悦其政

張　昌浙江嘉興人景泰三年任

陳　灝浙江平陽人天順間以胄子令咸周知閭里利病凡所興革悉中機宜征輸營繕勤瘁匪懈雖工役煩興而民不知勞可謂循良矣

鍾　啟江西永豐人由恩貢成化年任

唐　憲

鍾　瓘江西永豐人由進士成化年任

李　鼎直隸崑山人由舉人成化年任

汪　祥山東人由監生宏治初年任

徐　明陝西人由監生宏治四年任

施　達直隸全椒人由監生宏治年任

王　介福建侯官人由舉人宏治十七年任下車首詢民利害其衙門民蠹三日之間悉俯首而去以禮樂正民俗以法律齊豪右以丁產定賦役凡宮宇橋梁有傾圮者斥而新之三年之間門無私謁令行禁止以紙貿易稻穀萬石正德乙巳歲饑賴以全活者甚衆先是邑民多以幼子娶壯婦介詢之迺爲痛革邑之浮屠老子之

教泯然不聞風俗丕變以才調江夏吏民攀留不忍舍

陸　坦直隸吳縣人由進士正德三年任

潘　澤直隸建平人由舉人正德五年任

邱　魁號梨峯福建浦城人由舉人正德九年任

吳　聰四川永州人由舉人正德十三年任

淩　旦浙江歸安人由舉人嘉靖二年任

鄧　守廣東樂昌人由監生嘉靖四年任

茆　信號蓮塘直隸寶應人由監生嘉靖十年任

梅　鸞號屏埜直隸旌德人由舉人嘉靖十七年任

林　椿號雲屏福建侯官人由舉人嘉靖十七年任

蕭立業字勤齋江西新喻人嘉靖二十年以貢任雄渾磊落博綜今古其爲政勤敏有決斷裁抑豪右撫循善良在咸三年廢墜修舉而案牘積弊爲之一清秩滿以內召去嘗曰吾治咸無愧古人但增民數及多植引道松爲負咸耳咸民語賢令必以勤齋爲首稱焉

譙崇裕號節里四川南充人由舉人嘉靖二十四年任

張時舉號西橋雲南中衛人由舉人陞山西平陽府通判

何仁嗣號七山四川淮縣人由選貢嘉靖三十四年任

陽　銑號星洲四川金堂人由舉人

李春和號致齋江西廣昌人由舉人陞邵武府通判

吳世忠號淮江歙縣人由舉人嘉靖四十五年任

林　楚號春齋福建漳浦人由舉人嘉靖四十五年任

楊以甯號任庵貴州衛巴縣人由舉人隆慶三年任

劉繹思號定軒廣西臨桂人由舉人隆慶五年任陞壽州府通判

茶　昊號雲崗三原人由舉人萬歷三年任

葛應蛟浙江黃巖人萬歷戊寅任建議修城日不暇食爲咸保障然不乾沒一錢有爲有守稱良吏焉

邵　黻號懷軒休甯人由恩貢萬歷七年任

胡學禮號虹江四川中江人萬歷十年任

鍾　沂號瑩峯江西會昌人由選貢萬歷十三年任

康　直號中山直隸貴池人由舉人萬歷十七年任

曹維藩號心微江西吉水人由舉人萬歷二十年任陞直隸甯國府同知

周日庠江西臨川人萬歷癸巳以進士任溫厚和易與物無忤然持身廉慎冰蘖自將居常布衣蔬食泊如也邑東北近湖城且就圮公建議築堤捍城城以不隳咸民德之去之日脫靴攀轅至有感激泣下者

朱凌霄廣東南海人以孝廉任溫厚平恕不忍傷一物廉勤自持嚬笑不苟射棱簿書毋至裁決胥吏莫窺其際比擬律令爲稽出納不務赫赫名而詳審縝密當道信之吏曰安靜之吏悃愊無華日計不足歲計有餘如公

者斯眞能近之矣

王元柄 號錫龍陝西蒲城人由舉人萬歷三年任

徐可大 江西人

秦懋觀號彬菴仁和人由舉人萬歷四十四年任叔子輕裘慈祥仁愛催科若拙撫字爲先當家給人足之時民易見恩士易見德瓜期內召復守滇南假道經咸輿諸士款洽殷勤情不忍別風流逸韵良可思與

曹應聘號覺庵滕縣人由貢士天啟二年任古貌古心擅言語政事之長忠信明決遇事犀燃庖解殊無濡忍不斷之患廉宜有聲代庖著績修西河磧永濟行旅遺愛不衰云

劉世科號旭陽四川成都人由舉人

彭 純 廣東南海人由舉人

許 通 江西人由舉人

劉盡善 北京順天人由歲貢

陳奇勳 號毅兩廣西臨桂人由舉人崇禎十四年任陞南京兵馬

孟良範號洛九鎮藩衛人由拔貢崇禎年間任釐剔弊蠹催科撫字俱宜繕城嚴守聲望一時署州署縣才守能全陞府轉道功名之盛安有出其右哉

陳鶴齡 號雪峯廣東人由舉人崇禎壬午年任

國朝

楊騰桂 山西鄉甯人由歲貢順治二年任

周文華號在中山西翼城人順治丁亥科進士於四年任性簡默而嚴冷嚬笑不假絕不爲左右所窺訟簡刑寬錢糧籌算不遺纖塵政事精勤六載如一日也邑罹兵燹廢弛者多自華手經營均平里戶畫一之治偹軍需立限單騎叩素封之門貧居毫無所擾需賦則賦治苦荒則荒救眞循吏亦幹員也宜乎

賜衣卓異聲名顯擢甘棠遺愛不衰云

馮源泗字子濱恩廕宰相之姪以順治九年任老成練達精敏獨裁嚴處左右刻懲積弊郵無犬吠六曹少塵牘之冗福堂圜扉頻年無罪苦之人雅重師儒嘉禮賢士落落風標皎皎壁立洵能吏也陞全牧似非格外之擢民不能忘故傳云

朱復亨 順天大興人由舉人順治十八年任

何廷韜字毅菴遼東瀋陽人由官廕康熙三年任性慈才敏行廉政清戴星出入夙夜勤於在公加意綏柔誠求關乎民瘼節風堅如金石堂署懍若冰霜咸邑固處衝煩仁政實加休息寓撫字於催科之中恩週蔀屋推愛入於節用之內澤徧桑衢餇鞴之護解有方夫馬之接

應得法遞送逃人輯緝無疏於防禦招徠流寓安插各遂其生涯至勘災江夏繪圖以詳賑詳蠲署篆蒲圻勸石以銘功銘德庭讞平允而自息夜柝無警而皆安繕治城壘固其圻封督築江堤增其保障上臺交薦紀錄推功今校編現蹟允昭遺愛彙鐫頌圖一册咸以紀公之實政焉　自康熙修志以後各官姓氏籍貫無考謹憑父老傳聞確實者節錄之　後各官類此

鄒允煥乾隆年間任修西河橋有記

王正常乾隆年間任

吳世賢由進士乾隆年間任

詹象泰乾隆年間任

歐相箴乾隆年間任

陳煥世由進士乾隆年間任文章經濟兼擅其長尤精草書有修架城橋碑記載入雜志金石類

陳貽青乾隆年間任

張太沖乾隆年間任

楊春華由舉人乾隆年間任

朱　易乾隆年間任

翟中倫由舉人乾隆年間任

李宗白乾隆年間任

李秉義乾隆年間任

張際熙河南陝州人由進士嘉慶年間任

鄖錦駿嘉慶年間任

王希琮號蕉鄰嘉慶年間任捐廉重新　聖宮明倫堂有記載入藝文

關維紀嘉慶年間任

溫宜銳山西人由進士嘉慶年間任

杜大奎浙江紹興人嘉慶年間任

劉貽孫號芑汀湖南湘潭人由舉人道光年間任雅重文學下車伊始觀風卷得邑先輩余蔭堂張雨初兩先生

甚契重之後遂訂爲文字交公餘勤於課士數年間科甲蟬聯實公作育之功居多蒞咸十餘載兩署大邑甲午十四年任嘉魚驗堤冒風染病至署遂卒可謂以死勤事已

何衣錦廣東人由亞元道光年間任

符其珍廣東人由拔貢道光年間任

黃肇愈浙江人道光年間任

蔣　炯浙江人由優貢道光年間任

蔣嘉璐蘇州人道光年間任

張崇鼎道光年間任

陶　治道光年間任
張恩溥由進士道光年間任
李兆元山西人由舉人道光年間任剛直馭下奸猾斂跡
勤於決獄政簡刑清
夏廷樾號憩亭江西新建人道光年間任後陞本省藩憲
修塔有記載入藝文
何渭珍雲南人由舉人道光年間任
王德興由進士道光年間任
張日融由優貢道光年間任
王本立河南羅山縣人由進士道光年間任後咸豐二年

壬子在省守城靖節
董炳楠由舉人道光年間任
張行檢直隸人由舉人道光年間任
侯甲驥山西人由進士道光年間任
施　均號曉村浙江人由監生道光年間任後咸豐二年
壬子在省守城靖節
饒拱辰號滌夫江西新建縣人以名進士道光二十九年
任值大水民間田廬淹沒過半公覩之惻然視民饑如
己饑力請蠲免賑邺且辦賑得法稽查戶口按月給與
米錢差役莫敢售其欺遠近皆實受其惠民咸德之因
勒石以誌不朽有德政碑文載雜志金石類
潘克溥由進士道光年間任
黃兆奎號秋崖由舉人道光年間任後咸豐二年壬子在
省守城靖節
韓寶昌咸豐年間任
莫若璣由舉人咸豐年間任
汪靜淵湖南人由舉人咸豐五年任時省垣未復官制軍
兵駐新溝團漢陽賊胡中丞兵駐天平架團保安門羅
方伯兵駐洪山團東門强寇據省餘寇分擾鄂屬州縣
公父子數人忠勇共憤募勇數百人與賊遇屢戰屢捷

賊甚憚之後偶失機宜賊蜂擁入城其仲子　猶持
鎗力戰賊衆圍刺獨力不支遂遇害城陷公赴水死城
亡與亡其此謂與
黃鐘鳴由附生咸豐年間任
周世棨號福門咸豐年間任
李廷鉽號鎭三直隸易州人由進士咸豐年間任
史維均咸豐年間任
李遇泰號安齋咸豐年間任
金東昀咸豐年間任
蔡耀孫由舉人咸豐年間任

英　福同治年間任

朱榮椿由副元同治年間任

羅　琳號液池江西奉新縣人同治癸亥年任越乙丑霆營畔勇猝至索銀不與遂與幕友王儞銘均被戕害

陳　怡號心台浙江會稽縣人同治四年四月以府銜攝理咸甯時霆營畔勇過境城中尤殘酷不堪公到任撫卹居民逃避山村者漸漸集復秋成後籌款設局興修志書邑人感之恭贈有萬家生佛匾額

沈寶枏號粟香浙江嘉興府桐鄉縣人同治二年癸亥科進士由庶常同治五年三月任溫文爾雅足式多士到任剛逾四月因公務旁午積勞成疾而卒惜哉

陳秉信號慶堂山東登州府榮成縣人道光辛丑進士同治五年八月任勤儉持身嚴明馭下疲玩積習猝然改觀善者知勸效者知懲矣

論曰邑宰爲牧民之官必得其人而邑乃治考鏡囊牒夫不有惠均召父化埒文翁者乎不有肅如秋霜厲若春暘者乎不有抱嬰鞠非發姦擿猾善鉤距而懍神君者乎不有犬卧花陰雉馴陌上息物力而勸農桑者乎不有晝郊晝閟風鐸夜靜家無劍而犢在牧者乎不有清風滿袖雀羅閒庭還浦珠而載鬱石者乎不有設糜待哺置藥起廢甦桑翳而蔭樾陰者乎不有循良卓異賜章服而掄豸繡者乎不有捍寇禦侮衛社稷而忘身家者乎諸此忠信之長慈諒之師子惠膏流教養恩瀸所以父母吾民者曷其能忘也敘而傳之豈第示甘棠之慕已耶抑將俾司牧者知感有治譜云爾

明教諭

鄧均禮華容縣人由明經洪武十五年任

丁世修

呂永明浙江會稽人

王子清字仕廉四川榮縣人永樂五年任

蔡　紳江西南城人由舉人永樂十三年任

舒　紳揚州興化人由舉人宣德三年任

黃　孚廣東連州人由舉人宣德年間任

袁　傑四川富順人由監生宣德八年任

孔　善江西新淦人由儒士正統十年任

曹伯恩四川人正統十二年任

方　貴江西浮梁人由舉人景泰二年任

伍　福字天爵江西臨川人景泰間以舉人任學問浩博爲文敏贍俊逸頃刻數千言令人靡靡忘倦其教躬範物先惓惓誨迪先是學舍未備祭器簡略福請於當道增補修葺煥然一新屢典文衡悉稱得士至朔望課試飲射之儀皆裁定允當不爲虛文可謂經世之才矣

劉　秩江西萬安縣人正統年間任其教人先行後藝一

日三進諸生於前諄諄不倦平時衣冠不去身嘗患痢疾幾危諸生問安乃引冠帶上覆中有岸巾者曰某禮樂不可斯須去身是何禮也諸生悚然越數年如一日歷典文衡士子至今稱慕

趙　軨雲南曲靖人由舉人宏治年間任流寓本縣

張　清直隸儀徵人宏治年間任

孟　賢廣西人正德四年任

吳　鍊浙江新城人正德十五年任

牟　訓四川羅江人嘉靖七年任

江　貞直隸婺源人嘉靖十一年任

叢　佳直隸如皋人嘉靖二十年任

張　斗四川安岳人嘉靖二十五年任

江南雲江西貴溪人嘉靖三十年任

楊希說廣東海陽人由舉人嘉靖三十五年任接物以誠士思慕之

王廷臣號向葵雲南後衛人由舉人嘉靖三十八年任

王　濤直隸貴池人由舉人嘉靖四十一年任

羅繼元號士橋浙江新城人嘉靖四十三年任

張　源號芝田廣西賓州人由舉人隆慶二年任

畢　集河南洛陽人隆慶四年任

曾用龍號勿庵福建建安人由舉人萬歷二年任

冉德甯號松亭四川東鄉人萬歷四年任

孫起宗號海嶼雲南左衛人由舉人萬歷八年任

費思箴荆門州人由舉人萬歷十二年任

趙子文號洪齋本省荆州府歸州人萬歷十八年任

萬邦俊號鰲石貴州銅仁人萬歷壬辰以舉人任英姿秀發倜儻多大節爲文雄渾古雅訓士表裏洞達多士信之文名蔚起見重當道聘典南畿文衡拔呂克孝爲榜首有藻鑑之稱嘗攝武昌篆定經界剖數十年不決之訟人稱神明立碑紀之

吳嘉龍貴州都勻衛人由選貢萬歷二十六年任

李應暘號賓龍四川叙州府富順縣人由舉人萬歷三十三年任

張士旂福建人由舉人後陞旌德知縣

宋德祁黃州人由貢後陞廣西龍安知府

董以修號雲門德安人由舉人任

黃可柱羅田人由舉人任

胡一鶚浙江餘姚人由舉人任

董　正號無奇京山人

紀　元廣東人

龍　湘漢陽人由舉人任

張拱翼號冲霄澧洲人
汪綏和徽州人
彭式古江西人
陶　彦黄安人
國朝
郭都城號五雉黄岡人由舉人順治九年任
謝　彪嘉慶年間任
龔定豐號樸齋嘉慶年間任
任東道道光年間任
方樑材道光年間任

王朝幹道光年間任
羅正太道光年間任
樊明倫道光年間任
方　炳道光年間任
胡升之道光年間任
王徽品道光年間任
曾學達道光年間任
單懋德襄陽人道光年間任有夏屋記載入藝文
鄭士瀛道光年間任
劉紹攽道光年間任

龔斗楠道光年間任
張承庥道光年間任
程德懋道光年間任
譚澤騰道光年間任
閔　瀛道光年間任
寇　湖咸豐年間任
吳世銓咸豐年間任
廖　鈞咸豐年間任
張　鼎號梅丞羅田縣人由附貢生同治癸亥年任貌樸訥內實精明奉高堂溫清定省以孝聞同居十餘人內

言不出外言不入家範肅然尤敬奉　先聖先賢除朔望行禮外殿庭必躬親灑埽朝夕必焚香告虔誠足爲諸士坊表云

明訓導

游　藝山東長清人由舉人任
周　圳浙江慈谿人由舉人任
周　誠廣東合浦人由舉人任
溫　弼四川墊江人由舉人宣德五年任
周　謣江西吉安人由監生任
林　恂江南當塗人由舉人正統四年任

李　芳江西新城人由舉人正統四年任
何　璣直隸懷甯人由監生正統八年任
王　綸四川夾江人由舉人景泰二年任
劉　志江西萍鄉人由監生景泰七年任
李　實四川安岳人由監生天順五年任
王　慶直隸崑山人博物洽聞律身清介尤惇信誼不輕爲然諾成化戊子分教咸邑將行亞卿葉盛詒曰馮文簡咸先正也而廟貌不稱無以棲神靈子其圖之慶頓首曰諾會武昌同知馮立通判陳琳皆爲慶作私第慶曰亞卿葉公有成言矣能欲復言而愛身乎卽撤私第之材搬之已又復金蓮池之侵於閭右者大節懍懍有古烈士風督學陳方爲文紀之見藝文

程　英成化五年任
慕　熙浙江人宏治年間任
周　顯廣東人宏治年間任
王　福江西建昌人宏治年間任
蔡宗榮廣西人宏治年間任
花潤奇江西人宏治年間任
韓　恂廣西人宏治年間任
李紹芳四川人宏治年間任

趙文璣河南人正德十二年任
程友道福建人嘉靖四年任
孟士奇廣西人嘉靖十五年任
郭　縉雲南人嘉靖十八年任
孫　鐸江西人嘉靖二十一年任
何　翔四川人嘉靖二十三年任
季時秀直隸江都人嘉靖二十九年任
李　玠嘉靖三十年任
吳　慧廣東南海人嘉靖三十一年任
游　驄四川永州人嘉靖三十二年任

陳　鏜福建吉田人嘉靖三十六年任
汪　堦直隸休甯人嘉靖四十一年任
曹　梓四川什邡人嘉靖四十一年任
胡希旦四川南溪人隆慶元年任
詹雲鄉四川人隆慶年間任
黄　閎四川內江人隆慶年間任
蕭叔詢江西大和人萬歷元年任
劉金樞江西都昌人萬歷二年任
高希佑河南柘城人萬歷三年任
許希賢本省臨湘人萬歷八年任

覃可交 本省巴東人萬歷九年任
王繩武 福建人萬歷十五年任
蔣　儀 四川大足人萬歷十六年任
徐　志 德安人萬歷十七年任
羅民新 寶慶人萬歷十八年任
李能白 雲南西靖人萬歷二十二年任
黄世通 廣西賀縣人萬歷二十四年任
楊繼美 號慕川本省常德人萬歷二十八年任
鄒　揚 荆州府人萬歷三十一年任
劉天衢 號中名辰州人萬歷三十一年任

楊應祥 號立鐘四川雲陽人萬歷三十二年任
陳希賢 祁陽人由貢任
袁汝轂 公安人由恩貢任
余可甲 羅山人
鄧膺聘 邵陽人德政感人有去思碑嵌　儒學頭門外左壁碑文并頌俱載金石類
李　瑾 麻城人
郭堯京 河南汝甯人
石成璧 山東德州人
張昌允 鄖陽人
楊字柱 雲南姚安人

國朝

吳希璘 臨湘人由貢士順治五年任
鄧起鳳 黄梅人由貢士順治七年任
鄒璧明 隨州人由貢士順治十年任
劉士龍 武陵人由貢士順治十二年任
胡　玒 孝感人由貢士順治十六年任
李登甲 郴州人由貢士康熙五年任
楊昌言 安陸人由貢士康熙八年任
魯瑞包 江陵人乾隆年間任
李永震 乾隆年間任

石允諧 乾隆年間任
李企緒 乾隆年間任
劉琪樹 襄陽人乾隆年間任
傅大英 天門人乾隆年間任
陳光鐸 乾隆年間任
張　翼 圻州人由正貢乾隆年間任
方懋疇 長陽縣人由正貢乾隆年間任
劉本炟 廣濟縣人由正貢乾隆年間任
陳堯道 南漳縣人由正貢嘉慶年間任
何　棚 荆門州人由正貢嘉慶年間任

貤學賅 嘉慶年間任

鄭曾池 嘉慶年間任

曾芝附 嘉慶年間任

聶兆芳 道光年間任

陳曉陵 道光年間任

王　瑀 道光年間任

胡璧華 蘄水人由舉人道光年間任有憩亭記載入藝文類有留別詩弁劉雪鴻跋載入金石類

龔　炳 道光年間任

王麟瀚 道光年間任

蕭道鶴 號樂園孝感人道光年間任

黃本驥 咸豐年間任

周輝藻 南漳縣人同治年間任

夏應霖 號　圻水縣人由歲貢同治乙丑年署品端行潔文學擅長接待諸生循循善誘昔所謂經師易得人師難求先生其兼之矣

論曰國家之建師儒所以興賢育才迪德考藝也故三物有典矣而禮樂絃誦職綦勤哉明初特重司鐸博士員或典文衡或晉內翰非經明行修之士莫授也以故嚴訓迪時考課正誼明道端己格物子衿嗣音郁乎彬彬矣乃後而稍凌夷也以儲英蓄德之區塞嘆老嗟貧之望俎豆空陳誦讀寥寂廪餼虛糜德藝荒落而欲菁莪振響雲漢昭文此實難矣我

國朝隆獎儒術慎簡教鐸所望端重之才不自菲薄卑比橫經敬典敷教於以循胡氏蘇湖之規樹朱子鹿洞之的使春風滿座化雨盈池儒效其丕振乎人倫師表願宜欽厥職哉

附名宦吳廷舉傳

吳廷舉號東湖嘉魚人成化乙未科林環榜進士歷官工部尚書謚清惠以都御史差賑湖省駐節咸甯題署壁有詩刻石適邑旱廷舉率邑令等員詣寓仙洞深入洞

奧鞭龍禱雨果甘霖四注轉歉歲為豐年補治祭器於學宮捐嘉咸社學購田一頃令歲佃稻以贍力學貧士自咸驛道上下增植路松至今行人獲蔭於十都建小水寺手植栢一株使人俯仰盛德不衰云

明典史

張　中 四川夔州府人

裘　泰 直隸臨淮人

張　理 直定府人

韓　恕 山東茌平人

滕　賓 山東人

吳 忠直隸人
王 智直隸人
沈廷璋浙江崇德縣人景泰五年任
何本清四川漢州人天順五年任
吳 鰲
後大經
劉 文
陳 言
馮天祿
蕭 勲

王 國
夏守巖
童世恩
何尚義廣東人
吳仲和徽州祁門人
孟天爵南直隸人
湯克寬福建上杭縣人
潘 棕號仰山直隸宣城縣人萬曆三十三年任
任可重
貞 焯

區 英廣東人
王明贇浙江人
紀應翔
林承祐福建人
胡乃宿浙江人

國朝

章兆鵬浙江紹興人順治三年任
傅天惠北京大興人順治十二年任
衛起鳳浙江山陰人康熙元年任
胡膺銓順天宛平人

周 楠河南祥符人
李道賢直隸藁城人
張士林江南青陽人
陳得龍順天大興人
顏 澍江南江都人
余有慶江蘇武進人
章學沛浙江會稽人
張宏泰順天大興人
孫廷華浙江鎮海人
劉懷登順天宛平人

吳　湘 嘉慶年間任
寄華陰 嘉慶年間任
席承洪 嘉慶年間任
汪大春 嘉慶年間任
黃紹祖 嘉慶年間任
譚葵生 道光年間任
鍾光瑞 道光年間任
潘　筬 道光年間任
周效華 道光年間任
何　輅 道光年間任

王　震 見任武昌同知
王渭川 道光年間任
丁緒席 咸豐年間任
胡懋澧 咸豐年間任
陳　梓 咸豐年間任
張維新 咸豐年間任
王壽昌 咸豐年間任
胡世觀 咸豐年間任
陶　埜 同治年間任
蕭一錦 同治年間任

陳　炳 同治乙丑年任

把總 此職舊志未載從此錄始以明不弛武備之意

李文魁 江夏人
方大熊 江夏人
阮定國 江夏人
張金玉 江夏人
周得名 江夏人
龍得興 號華山江夏人
劉文耀 號輔廷江夏人
傅致彪 江夏人

吳　銘 江夏人
楊義春 福建人同治乙丑年任

國朝驛丞 照舊志錄

黃文煥 北京大興人順治八年任
嚴廷章 江南崑山人順治十二年任
夏日永 浙江紹興人順治十八年任
今無此員驛站事務由縣署內派人辦理

咸甯縣志卷六

人物　仕籍　甲科

邑　人　雷以誠鶴皋　陳國正愚溪　纂修

知咸甯縣事陳秉信慶堂　鑒定

仕籍

序曰國家懸爵祿以待士非徒顯榮其身也蓋亦有蒼生之望焉讀嵩高諸什慨然思惡邦補袞之賢何功名之甚盛也維咸山川秀蔚風氣攸鍾瑰瑋特達之士往往勳名鼎彝垂休史冊至文學起家天下巳任者多繼

美云

唐仕籍

李　善字次遜其先揚州人徙居鄂州之永安（即今咸甯唐名永安）鎮有懿行淹貫今古雅擅文辭人號爲書麓顯慶中兼沛王侍讀爲文選注敷析淵洽表上之居汴鄭間講授諸生四遠至傳其業號文選學

李　邕字泰和善子讀書鍾臺山中早有名重義愛士杜少陵嘗有贈江夏李公邕詩既冠見特進李嶠自言讀書未遍願一見秘書嶠曰秘閣萬卷豈時日能習耶邕固請授以直秘書未幾辭去嶠驚試問奧篇隱帙了辨如響與張廷珪同薦之拜左拾遺俄御史中丞宋璟奏侍臣張昌宗有不順之言請付法斷則天初不應邕進曰璟言事關社稷望陛下可其奏則天色解始允之咸謂邕曰子名位尚卑若不稱旨禍且不測何爲造次如是邕曰不顛不狂其名不彰邕始以與張柬之善貶雷州鉉宗初又貶崖州後召還爲戶部郎中爲姚崇所嫉貶韶州司馬起爲陳州刺史鉉宗東封回邕謁見於汴獻詞賦稱旨頗自矜衒爲張說所惡邕素輕說遂發陳州贓事抵罪會赦免貶欽州後於嶺南從中官楊思勗討賊有功轉栝渭淄三州刺史上計京師邕少有名累

被貶逐後進不識京洛聚觀以爲古人或傳眉目有異衣冠望風尋訪中使臨問索爲文章爲李林甫所忌出爲汲郡北海太守時稱李北海又號翰林六絕謂文章書翰過人杜甫謂碑板照四裔是也初盧藏用謂邕曰君才如干將莫邪難與爭鋒但虞缺折耳天寶初柳績有罪下獄邕遺績馬故告邕與績朋黨使人於獄中陰行賂遺竟杖死北海郡其在北海與杜甫往來贈詩尤多自邕知名長安死天寶初四十年可謂獨步矣代宗朝賜秘書少監　崇祀鄉賢　附救李邕下獄疏　臣彰上言竊惟明主御宇拾過取能舉材棄朽烈士抗節

勇不避死見危致命晉用林父豈念過乎漢用陳平豈念行乎禽息殞身豈惜生乎比郭碎首豈愛死乎向若林父死陳平棄百里奚不用晏嬰見逐則晉無赤狄之利漢無皇極之遺秦不兼西戎齊不表東海矣臣伏見淄川刺史李邕學成師範文堪經國剛毅忠烈難不苟免邇者張氏弄權人畏其口而邕折其角韋氏恃勢言出禍應而邕挫其鋒雖身受謫屈使姦謀中折然則邕之有造於我國家也大矣前宋璟每厚遇之豈徒以才重抑以其忠於國者奇今聞坐贓醜敗厥行且斯人所行者拯孤寡救窮乏賙患難積而能散家無私聚陛下

下吏訊之聞諸道路執法者將加之以刑噫天之將喪斯文死在朝夕永辭聖代臣聞生無益於國不若殺身以明賢臣彰顧朽株腐材輪輹無用徒歎視禽息雖生何爲况賢爲國家之寶社稷之衛若喪國家之寶失社稷之衛哲人云亡邦國殄瘁將若之何是臣所以痛惜矣臣願以六尺之軀甘受膏斧以代邕死臣之死所謂落一毛邕之生有足照千里然臣與邕生平不款臣知有邕邕不知有臣是不逮邕明矣夫知賢而舉仁也代人任患義也臣獲二善而死死亦不朽則又何求陛下若以臣之賤不足以贖邕鴈門縫腋有不足效矣伏惟

陛下寬邕之生速臣之死令邕率德改行至林父之功使臣得瞑目黃泉附范郭之跡臣之大願畢矣陛下若以陽和之始難於用斧鉞候天成命敢忘伏劍豈煩大刑然後歸死皇天后土實鑒臣之心昔吳楚七國叛周亞夫得劇孟以爲寇不足憂矣夫以一賢之能能敵七國之衆伏惟陛下敷含垢之恩昭納汙之象遠監劇孟近取李邕豈惟廣愷悌之澤實以副天下之望臣先君孔子曰鄉人皆惡之未可也况大禮之後天地更新捨之弗論人誰無罪惟明主深思之臣聞士爲知己者死且臣不爲死者所知而甘於死者豈獨爲惜邕之賢亦

以成陛下矜能之德惟明主圖之　聖裔孔　彰唐人

李　鄘邕從孫舉進士累官淮南節度使吐谷承璀嘗爲監軍時薦之召拜同中書門下平章事鄘不喜由權倖進固辭以太子少傅致仕卒子栻仕歷宗正卿京兆尹河東鳳翔節度使以秘書監卒

李　栻官至秘書監　附鄘傳

李　磎字景望栻之子太宗末擢進士累遷戶部郎中分司東都黃巢陷洛磎挾尚書八印走河陽時留守留光章爲賊脅遣人就磎索印信拒不與光章悟亦不臣賊高駢受僞命磎苦諫入爲中書舍人翰林學士乾甯中

進禮部尚書同中書門下平章事崔昭緯素嫉磎諷劉崇魯掠其麻哭之事言磎傾姦不可相翼日下遷太子少傅昭宗素所器遇決意欲用之李茂貞等上言深詆其非帝不獲已又罷爲太子少師於是茂貞及王行瑜韓建擁兵闕下列磎罪殺之於都亭驛行瑜誅有詔復官爵贈司徒謚曰文磎好學家有書至萬卷世號李書樓所著文章及註解諸書甚多子沇字東濟有俊才亦遇害於李茂貞王行瑜贈禮部員外郎

李　沇（字東濟贈禮部員外郎　附磎傳）

宋仕籍

馮　商字式之一名式本宜州隴水人（即今廣西宜山縣）游寓江夏（即咸甯金城鄉）爲著作郎壯歲無子將如京師其妻授以白金數笏曰君未有子可以此爲買妾之資及至京師買一妾立券償錢矣問妾所自來涕泣不肯言固問之乃曰吾父居官因累逋欠故鬻妾以爲賠償之計商遽惻然不忍即遣還其父不索其錢及歸家妻問買妾安在商告以故妻曰君用心如此陰德厚矣何患無子居數月妻有娠將誕里人皆夢鼓吹喧塡送狀元至馮家即京也京初就家塾商取書筆之曰荆南節度判官馮京書案殿元倒授是職卒如其言後以子貴累封至宣徽南院使太子少師　崇祀鄉賢

馮　京字當世居咸甯相山下宋仁宗皇祐元年鄉試至廷試皆爲舉首時年十八姿容秀美學問該洽嘗與祖無擇學士同舍無擇欲議徐氏婚徐必欲相其人祖貌寢因諭媒妁候京出則紿徐曰此祖學士也徐見而喜遂定婚不知其爲京也時張堯佐以京未娶負宮掖勢欲娶以女擁至其家束之以金帶曰此上意也頃之宮中持酒殽來直出奩具目示之京笑不視力辭後富弼娶以女再娶晏殊女人有言曰兩娶宰相女三魁天下元先是京秋試於鄉主司堅欲黜落已而綴之榜末時

鄂倅高宮誠監試當折封大不平力主之遂至魁選明年廷試第一除荆南倅誠遷長沙倅京以詩賀誠（此詩載藝文類）還直集賢院判吏部南曹同脩起居注吳充以論溫成皇后追册事出知高郵京疏充言是不當黜劉沆請併斥京仁宗曰京亦何罪但解其記注旋復之試知制誥避婦父富弼當國嫌拜龍圖閣待制知揚州改江甯府以翰林侍讀學士召還糾察在京刑獄爲翰林學士知開封府數月不詣丞相府韓琦語弼以京爲傲弼使往見琦京曰公爲宰相從官不妄造請乃所以爲公重非傲也出安撫陝西請城古渭逼西羌嗚氏界不征官

以斷殳人右劈除端明殿學士知太原府神宗立復爲翰林學士改御史中丞王安石爲政京論其更張失當累數千百言安石指爲邪說請黜之帝以爲可用擢樞密副使河東麟府豐三州城壘兵械不治官吏皆受譴京以先帥本道上章自劾曰使諸路帥臣知其雖一時脫去後能僥竊名位者猶必行法將不敢復偷惰曠職傻詔不聽進參知政事數與王安石論辨又薦劉攽蘓軾掌外制安石令保甲養馬京謂必不行會選人鄭俠上書言時政薦京可相呂惠卿因是譖京與俠通罷知亳州未幾以資政殿學士出知渭州茂州夷叛徙知成

都府番部何丹方寇鷄粽關聞京兵至請降議者遂欲蕩其巢窟京請於朝爲禁侵掠給稼器餉糧食使之歸夷人喜爭出犬豕割血受盟願世世爲漢藩惠卿告安石罪發其私書有曰勿令齊年知齊年謂京也與安石齊年生帝以安石爲期復召京知樞密院京以疾未至帝中夕呼左右語曰適夢馮京入朝甚慰人意乃賜京詔有渴想儀型不忘夢寐之語及入見首以所夢告焉頃之以觀文殿學士知河陽哲宗即位拜保甯軍節度使知大名府又改鎭彰德於是范祖禹言京再執政初與王安石不合後爲呂惠卿所傾其中立不倚之操爲先帝稱挹且昭陵學士獨京一人存若付以樞密必允公論時京已老乃以爲中太一宮使兼侍講改宣徽南院使拜太子少師致仕紹聖元年薨年七十四帝臨奠於第贈司徒謚文簡始京鄉薦受恩南宮誠道貫以郊恩官其子嘗過外兄朱适出侍妾詢知爲同年進士妻亟請而嫁之其爲郡守諸縣公事至即歷究之苟與縣牘合而處斷麗守法者呼法吏決罪不以付獄報下捷疾一無壅滯人服其敏所著文集奏議三十卷宋朝進士自鄉試至廷試皆第一者纔三人王曾宋庠爲名宰相京爲名執政可謂不愧科名矣　崇祀鄉賢後另建

三元祠專祀後又改三元祠爲文忠祠與孟忠定公合祀　女一適宰相蔡確之子懋子一名楫字耀廷爲南城書院院長

按舊郡志自李善至馮京多載入江夏以咸甯地在漢唐皆隸江夏故也自分設咸甯後（南唐保大十三年始立縣宋慶歷四年始立學）考諸賢後裔里居與山川舊蹟俱屬咸境自應收入咸志芳蹤可據固非妄爲紀附也　舊志

陳康民（由進士官至大中大夫　附求道傳）

陳求道字得之康民之子元翰林學士危素作補傳云陳求道鄂州咸甯人也其叔祖名倬字思立有腴田五千

畝兄之田止一千畝倬愛其兄之賢願同業或曰以五千畝田就其寡不亦愚乎倬曰人生飽食煖衣之外何以多田爲其後兄子康民登進士第官至大中大夫是爲求道之父求道在宋元符間爲鄂州通判其兄弟爭田持券簿訟之求道大書勸戒之詩至今人誦之靖康間爲朝諫大夫都水監使者金人犯汴京大括民間金帛屬王時雍括東北壁待秉詣括西南壁求道與金人約爲受納官轉行金人奉朝請徽宗出郊請和樞密馮澥請尤切求道力以爲不可不聽欽宗謂康王兵衆求道請以元帥加之緩急可爲聲援遂遣蠟書賫者八人

皆遇害惟求道所薦劉定致書康王而還金人擅立張邦昌下令京官不赴者皆死衆懼莫敢枝梧求道獨涕泣曰國亡不能存主辱不能死忍北面而事賊乎遂稱疾吐血累日邦昌以開封尹召之竟不能屈嘗以二帝蒙塵爲恥欲自殺救得免高宗卽位陳留河決四十日漕運不通京師大恐留守宗澤命求道治之七日河盡復故道父老懽忭詣府請顯用建炎四年命爲鄧襄隨郢鎭撫使以奏兵食不給待命不報遂歸自咸甯挈家就食嘉魚值兵亂乃之蒲圻寓龍堂寺未幾招撫劉忠反數千人一夕掩至驅求道家還嘉魚茗山逆旅具麪食導求道家同行擁逼南之湖湘求道正色厲辭遂殺求道妻蔡氏及其子符泊淦必欲從已求道罵賊不已遇厲賊斫其口拔其舌斷之獨符子顗竄山谷得免賊退始得求道尸瘞於興陂興陂在蒲圻縣一四都今墓存自求道罷官而四川賊勢日熾居民廬舍殘燬無遺追思求道保障之功哭聲震野曰陳得之若在豈使賊寇至此求道嘗著仁說曰仁者天下之公理私欲害之公理亡矣求道之死殺身成仁於戲難矣　崇祀鄉賢

王　曄字日華宋樞密副使襄敏公韶之子也宋末賊兵犯境衆心危懼無倚曄乃集少壯數千爲結一棚以保

一邑咸甯之民賴之以安

元仕籍

李鵬翔字時起元進士至正初累官至翰林學士世居梓山之下文章德業爲時稱重以疾終於官葬本里黃板橋墓額尚存　崇祀鄉賢

胡可仕　中解元　有傳載人隱逸　崇祀鄉賢

王　謁字朝卿曄子捍寇有功　按古蹟卷中十二都白沙有墓載謁爲樞密副使

馮艮卿　文簡公之裔由進士爲廣西路同知

馮昇之　艮卿子由進士爲楚威順王參謀

葛仲庸　本縣金城鄉人明春秋任　府學教授

以前統以仕籍而科目在其中其未詮科目者遠無確據也以後分列科目而仕籍在其中其不詮仕籍者未膺官職也

明甲科

永樂四年丙戌林　環榜

陳　智字孟機治書經中永樂乙酉科鄉試丙戌登進士歸省明成祖賜勑諭褒勉及寶楮爲程途費乘驛歸鄉俾成德業以榮桑梓戊子召赴京授北京道監察御史明年丁母憂起復乃涖烏蓬出按八閩閩郡有書生張姓者繫獄獄成行決公至詳審辭色可疑遂緩獄以溫

言詢之生曰父在時家有資產隣居王姓者亦殷富約爲婚姻不意生父母早逝家匱妻父欲背盟而妻執義不允密遣婢先致簡期以某夜於某處以金帛資爲婚禮某得簡以告同舍楊生楊止之再三因不果往是夕不知何人將妻偕婢俱殺之妻父疑我執訟於官某不勝考掠遂承其罪公嘆曰生旣與妻有親愛之情詎忍殺乎彼殺人者吾得之矣乃擒楊生至責曰爾殺友之妻而圖其財不招何待楊色變即伏其辜閩人傳頌至今不置及巡按蘊松修范文正公祠追復義田時文正公參知政事誥忠宣拜相誥皆爲勢力者所得悉爲追還其子孫其在蘊松發姦摘伏有如神明揭歷陝西憲使數年召赴闕奉檄之四川採石青石綠踰年得四萬九千九百餘斤洪熙元年入覲夏官尚書奏以馬給朝廷官照例歲納一駒智上章以爲上新即位俾官員領馬孳牧甚非美事仁宗嘉納之宣宗即位智入覲例授本身誥命乃抗疏請封於父是年秋父卒奔喪而歸廬於墓側三年服闋仍涖於陝在陝前後凡十六年節操爲天下憲長第一宣德五年上以江西政務繁劇必得智往遂陞右布政使在任六年庶事雲舉豪猾屏息正統元年春陞左布政使六月召赴闕陞行在都察院右

都御史平反大獄甚有陰德四年廷試進士掌讀試卷賜內醞官羊寶鈔二百錠恩寵極隆六年誥封祖式銘父原貞俱資政大夫都察院右都御史祖母張氏母彭氏妻鄧氏繼室嚴氏俱封夫人正統十一年卒行實詳載吏部尚書泰和王公所撰神道碑　崇祀鄉賢

鄭　傑照通志載舊志無此人疑與秦榮祖兩誤

秦榮祖字顯宗治書經中乙酉科鄉試登丙戌科進士第太宗賜勑褒勉及腳力寶鈔俾榮歸積學六年欽取赴京授安慶府潛山縣知縣三載丁內艱起復調順天府固安縣知縣卒於官　通志誤入興國

永樂十三年乙未陳　循榜

馮　敏初姓劉名智安宋馮文簡公裔孫也曾祖艮卿爲廣西路同知祖昇之爲楚威順王參謀元末避紅巾亂始遷居江西永豐父伯涫幼孤鞠於劉氏因冒劉姓洪武中以通星曆見徵生敏領永樂辛卯江西鄉薦登乙未進士榜奉命賑饑河南擢南京兵部武選司主事改北京禮部儀制司主事仁宗臨御嘗以奏牘進帝嘉其儀表遂灑宸翰更名敏少傅楊溥字之曰欽訓轉員外郎得封贈其親乃請於朝復姓爲馮歸籍咸甯後歷浙江紹興知府卒於任　學士王直有墓誌銘　誌曰宣

宗皇帝在位之九年厲精爲治最重郡守之選有缺則詔大臣三品以上舉賢而任之於是馮君自禮部儀制員外郎出知紹興君儀觀偉然而才氣英邁其志亦欲自立於世到郡適大旱君曰民病豈有大於此者即躬走羣祀致禱焉弊精竭神冀有以慰民望踰月以疾卒初民知君之愛己也亦莫不愛戴君而竟未及有爲此其可惜也馮世家武昌蓋宋太子少師贈司徒文簡公京之裔廣西路同知艮卿威順王參謀昇之贈禮部主事伯涫則君之曾祖祖父也元末昇之避亂居永豐之秋田以卒伯涫幼孤鞠於劉氏因冒其姓君貴得封贈其親始復姓馮初伯涫以通星曆被徵來京師君在侍予時濫官翰林以鄉郡故數過伯涫已奇君而君方從丁季恆受易永樂辛卯領鄉薦明年壬辰禮部會試予專考易卷而君中教官選予自恨失之然君亦不肯就請卒業太學乙未春太宗皇帝親策士予備員讀卷殿廬得君所對策而次第進之君遂成進士去奉命賑河南饑民措置有法人無殍死者擢行在兵部武選主事以親老求往南京理武臣勳籍以便養遂以父喪歸服闋來朝會大舉北伐擇能臣督軍資後期者死君當往大名而給事中與期促君廷辯之詞理俱勝仁宗皇帝

在東宮監國是其言命更之事如期而集改禮部儀制主事丁內艱起復職如故尚書毗陵胡公最愛君奏以爲員外郎宣德癸丑少保黃公與予奉旨考禮部會試士君蒞事其間朝夕勤甚然以舊故欲予宜去取公平庶幾遠怨予用其言然知其才達識明非予所及也其在儀制久於禮文之事無不知時方建議欲武人子弟皆就學君曰是便知忠孝之大道力贊當路請行之又欲輯今所制禮請頒行世未遂而有紹興之命以君之才使得永年亦將何所不至哉而止於四十六蓋以洪武己巳六月二十三日生宣德甲寅七月十九日卒也

妻安人喻氏生子皆不育以兄子栻爲後女一尚幼君好學能詩篤兄弟之誼與人交克盡其心居官以清慎爲本其名見稱於士大夫君初名智安仁宗臨御日在朝列嘗以蕘牘進嘉其儀度遂親洒宸翰更名敏少傅西昌楊公字之曰欽訓欲其祇念不忘也今宸翰尚存而欽訓不可作矣嗚呼惜哉栻將以某年某月某日舉葬於某之原託其姻家刑部員外郎陳虬淵潛以禮部儀制主事劉球求樂所爲狀請予銘予重淵潛不得辭乃爲序而銘之　銘曰有隆馮宗自宋顯淦水源流澤彌衍同知奮武襲纓冕曳裾參謀克舒卷偉茲郎官實清選七兵五禮相繼踐郡章煌煌佩鞙鞙潁川勃海諒非遠嗚呼懷奇竟莫展陰陽晝夜遞迴轉刻銘貞石示悠緬

永樂二十二年甲辰邢　寬榜

鮑　時字時溥治春秋鮑琮子中癸卯鄉試第五永樂甲辰登進士第任禮部清吏司員外奉勅贈父如其官母妻俱封宜人正統四年陞山西布政司參議子孫今爲安福人　崇祀鄉賢

宣德二年丁未馬　愉榜

方　洙字思濟治春秋嵩子中庚子鄉試第二列文小錄

宣德丁未登進士第任廣東道監察御史贈父如其官母王氏繼母柯氏妻熊氏繼室管氏俱封宜人　崇祀鄉賢

宏治六年癸丑毛　澄榜

王子成號菱湖仕終廣東瓊州府知府　見父綸傳

正德十五年庚辰會元張　治榜

周家慶未殿試卒

正德十六年辛巳楊維聰榜

黃　表字一屏萃除中輔臣黃子澄之後也子澄諱湜以字行江西分宜人洪武乙丑會元廷對第三累官至太常正卿文皇靖難以子澄爲誅首九宗皆赤株連蔓引分宜一縣幾遍幼子仲真與義子文富抱其骨葬於蒲之郭家潭潛居咸之灣湖易姓去共爲田名中直生達頴頴生秩仁宗登極褒揚子澄之忠録用其後秩得復姓黃授陝西苑馬寺少卿生璣字齊軒以明經任邳州同知陞開封知府累遷參政表其子也生而頴異日記千言瓊州太守王子成奇之娶以女丙子舉人辛巳進士授工部主事都下諸公喜子澄之有後且奇表才候者屐滿世宗即位與質宏張璁等議興獻禮稱旨將大用之以父艱歸上旋馳召抵淮安卒未竟厥用云弟金

以明經授溧陽教諭生員光燦其裔也

嘉靖二十六年丁未李春芳榜

唐琦舉號省庵父號明經有子三獨器重舉分産讓與昆季謂舉曰汝不藉此也家貧歲除無資僅榖數筐曝階下舉方負暄讀書妻命護之乃俛誦不顧榖爲羣豕食盡妻怒投其書舉徐拾之笑曰奈何爲五斗稻棄我千鍾粟乎天下名義果非婦人所知也癸卯鄉試以父艱不與聞程沂掄元乃驚嘆曰吾爲此揣摩十五年伊乃先鞭咸甯邑詎能連發乎丙午以麟經魁楚丁未會魁除會稽令爲政簡易周悉民隱獎拔寒士首得陶望齡人服其冰鑑行取大理評左僉嚴嵩獄起株連頗濫卒多所平反未幾卒於官僉惜未究厥用云陶望齡有墓銘

隆慶二年戊辰羅萬化榜

程沂號春野嘉靖癸卯解元隆慶戊辰進士初任江西樂平循良有聲行取以卓異賜宴花牌授戶部主事督餉山西卒於任子應遠太學生

隆慶五年辛未張元忭榜

王煥號鍾白午槐其字世有清德其祖諱祺登明宏治壬子鄉薦亞魁豫章宸濠之變佐郡實有功德於民事陽明先生爲所器識以理學聞煥其長孫也公車十載中辛未甲第承理學緒業性孝友讀書攻苦過寒士筮仕初選江南嘉定改任江西永豐調高安籍籍有同名王奐之頌入覲鄉諸大老餞送有詩載藝文志臺使首畀薦剡因觸忌勢宦改部管理夏鎮閘河病告檢橐有二百金犯足疾呌苦聲吟病鶴迫家人投諸河詫爲累身物也蕭然圖書幾束載花石數塊淮撫姜公素慕風節手書聯贈趙清獻公旦夕所行必告天知司馬溫公平生所爲可對人言可謂相期古人蓋宏且遠矣公性樸濇不治生産家居自養非薄衣褐蔬食其田廬屬封君一官之遺者悉讓昆季不附勢不畏強出江陵之門避臺省不居初爲令繩倚勢不軌如李膺擊張讓弟人望之噏指而退雖所理繁劇而迎刃多暇手編未輟刻教家録攝生正理太上感應諸書行世當辛未初第之日也詩寄封君頗有雙親庭訓久平生温飽豈爲謀之句志操自矢如是惜天奪景略之速遂以病告卒長男維城弱冠倒選遊兩雍累次副榜志不輕仕仲子坊治麟經有聲丁酉韡以房卷數滿而失寒暑篝燈罕涉世故三男培澡髮食餼破産讀書與尊川壽昌漢上諸名人一時旗鼓壇坫刻漢上新言武昌十二子王生七問諸義

竟沉淪貢監禹其孫也以明經宦山左歸續緝今志云

隆慶五年辛未張元忭榜

顧　問號相山隆慶辛未進士初授三原縣母憂補任邱縣行取考刑科給事中轉戶部吏科後歷浙粵藩臬廉憲回籍權居省垣丰望典型彈劾骨鯁諫議有聲不愧隆萬名臣林下十數年侍養封翁顧春陽年九十問年七十斑衣綵舞慶歡極盡子顧九德安慶別駕卒於任

萬歷十一年癸未朱國祚榜

孟養浩字義甫號五岑父機好義樂施歲大祲穀貴減價以惠貧人復捐租千石煮賑有司議旌以棹楔機辭曰

吾爲義非爲名也浩性孝友早有文名壬午秋父制未闋督學金公召試之取冠一府士遂以壁經中第五名癸未成進士授行人擢兵科給事中辛卯改戶科右時寵妃專政國本幾搖閣臣累請册立則諭三王並封繼交章請豫教復推來歲一時言者率重譴落籍自是廷臣不敢復諫浩典試閩省首策明倫蓋諷諫云事竣陛戶科左毅然曰此吾報國時也急具疏諫曰皇子爲天下根本豫教之請爲根本慮至深皇上不惟不聽且從而咎之誰復更以此說進是皇上坐忍皇子失學而儆帝宗社也一不可長幼定序明旨森嚴天下臣民亦既曉然諒皇上之無他矣然豫教册立原無兩事既可册立奈何不可豫教今日既遲疑於豫教來歲又安能慨然於册立是皇上欲使天下人信而先令天下人疑非所以昭示臣民也二不可父子之恩根諸天性世豈有父而不愛其子者愛子則凡人之言無益於其子者杜之有益於其子者聽之豫教之舉有益皇子甚明而皇上怒之罪之愛耶非耶非所以敦一體之恩而示曲成之義也三不可古者引裾折檻之事中主能容之陛下量侔天地奈何言及宗社大計反震怒而摧折之天下後世謂陛下爲何如主不可者四李獻可等所論非二

三言官之私實天下臣民之公言也今加罪獻可是所罪者一人而實失天下人之心不可者五疏上神宗震怒拔劍立閣中敕內豎廷杖一百杖十輒報輒劍斫閣柱深寸許浩大呼高皇帝者三遂昏絶不復省甦而後蘇削籍爲民然東宮自是得册立矣比歸過采石舟將覆榜人恐且泣浩笑曰高皇不死吾於杖甯死吾於水乎卧咏石介渡淮詩抵家杜門謝客日與仲季觴咏著景行編見志尤好形家言問山尋壑不怠士大夫高其名乘傳過咸者競欲得一見之浩亟引避去家居三十年庚申光宗立起南少常晉南僉都御史提督操江

甫視事遂左失守浩切晉京根本之慮日簡車蒐卒厲
器繕堞不浹旬壁壘皆變熹宗卽位陞南戶部右侍郎
未任而卒上以浩有功國本破例廕子應祥入監遣官
祭葬墓在茅壇晉江刑部尚書蘇茂相有銘應祥端樸
靜默不解人世機械有懷葛風妻父司空李若愚稱爲
一佛出世孫遵聖學聖俱補庠生　贊曰川嶽閒鍾亶
縱享受諫草青蒲典制並流盛名莫繼宏獎臺疏相山
之下風韻往追金錫圭璧久而可師　崇祀鄉賢後與
馮文簡公合祠　附代養浩請卹典疏　奏爲忠諫有
功國本勞績茂著江防乞賜破格卹錄以慰先帝之心

以勵致身之節事竊聞忠無不報人臣委質事主丹衷
無愧職業克修者均之可以言忠至有不憚捐軀以維
大本不惜性命以勤綢繆者此非常之忠也在臣子有
非常之忠而朝廷無非常之報亦非所以風有位已若
今新陞南京戶部右侍郎孟養浩者臣等之舊堂官坐
院僉都御史也忠義天植戇直性生所稱社稷之忠臣
非耶慨昔寵妃亂政先帝以承祧主鬯之長子請册立
則並封三王有議請豫教則屢推來歲舉行至以册立
豫教請者幾同仗馬一鳴則斥於時朝陽希聲國本幾
危養浩憂之適由大行選給　諫曰此報國時也主試閩

中策以五倫諷諫不悟乃焚　香草疏甘爲龍比臚列五
不可疏上皇祖怒甚杖一百　爲民贖棄其身而三王並
封之議頓止豫教册立之典　次第舉行夫養浩以一身
生死爲商山羽翼天地祖宗　實式憑之比歸唯閉戶讀
書雖鄉人罕覯其面三十年　如一日也先帝繼離出震
卽起太常少卿改陞操江巡　撫下車以來以察吏安民
爲兢兢一聞遼變寢食不遑念根本重地東南半壁視
此以爲安危日簡營軍而操練之汰老弱募勇敢修舟
楫備戰具數月拮据勞苦備極至二豎爲災猶然力疾
視政故地卿之命曾不數日枕未伏而箕尾乘矣勞忘

其勞以致於死撿橐洗如衣棺之費幾無所出留都吏
民無不泣下沾衣臣等看得孟養浩才雄三楚氣塞兩
間彩筆拔天蚤傳臚於青瑣宏詞倒海遂專對而皇華
晉秩掖垣諫草幾篇真動鬼神之泣典試閩省倫理一
策隱喻父子之情念青宮立德之時乃宗社靈長之寄
遲久未立猜疑橫生於是矢捐七尺之軀以行四皓之
策疏成聖怒不測旨下廷杖爲民梧垣之籍削矣而東
宮之座稍安養浩之身去矣而皇祖之心漸轉故雖蓄
不軌之陰計難搖有主之宮　衷卒正大名以安國本居
然定策國老偉矣夾日虞淵　去國只半榻琴書無復承

明之憂居家唯一廉風月不聞長樂之鐘杜門謝客恥
投刺以干人漱石枕流懶求田而問舍豹隱已深雀羅
弗啟邇者先帝登極詔書首須亟録社稷之功隨下賜
環之詔一晉常少再擢中丞節鉞建鐘山之阜吏肅民
懷鎖鑰嚴天塹之防波恬浪靜當兵戈久弛之日值遼
陽失守之警手不停批身不貼席問江之要害遍設斤
堠察地之險夷慎固封守蒐車練卒日無一刻之閒置
器築城時厪三飱之節旌旗動色壁壘改觀原因被材
血氣枯而不榮一值憂勞膏肓伏而不治家徒歎四壁
幾無易簀之資檢點只空囊猶須麥舟之助蹇蹇孤忠

允符死勤王事之詣迢迢旅櫬洵爲鞠躬盡瘁之臣三
品以上例有祭葬贈廕如養浩者例外加厚可也至於
易名之典常人待查待訪如養浩者不止以忠諫安國
本以匪躬固豐鎬自大行以至今官由鄉評以至朝議
終始不變窮達如一粹然無議者恐於今不多見焉給
之以謚誰曰不宜大臣卹典多係子孫自行陳乞養浩
二男未及舞象雙寡俱在壯年待其自陳必至廢而不
舉臣等山斗之仰向已得之風聞茲且親炙其休光目
擊其行事屹然山凝嶽峙藹然霽月光風言不激而行
不隨澄不清而撓不濁可勝泰山梁木之感爲之流涕
而嘆息也用是合詞上請伏乞勅下該部蚤爲題覆議
祭議葬議贈議廕議謚毋稽盛典近來恩子太濫臣等
方欲裁抑以絶倖竇而於養浩輒欲破例優恤所謂臣
子有非常之忠不可無非常之報者此也旌忠貞而報
幽魂端有望於朝廷之特典矣臣等無任籲天祈祝之
至齋捧謹奏聞伏候勅旨　監察御史陸師贊

萬歷十七年己丑焦　竑榜

趙邦柱字安甫號觀一年十九以尚書中鄉試二名己丑
進士授戶部主事監崇文門税課九門鹽法薊州賞邊
秋毫不入私橐改吏部主事以母病告歸未至母逝父

鶴繼卒哀毀踰禮時閣部不協大學士張以事憾吏部
諸曹郎陽爲處分以擠排異己調南曹十餘年宗伯葉
向高深器重之改南京吏部文選郎中冢宰曾見臺力
薦於朝晉光禄寺少卿陞通政司右參謀故事諸中貴
指銀臺爲外府所請乞詞訟以百數動至破產柱痛抑
之中貴大窘會上疏至殿廷璫環誶語柱持刺詰北寺
皆竄去舊輔王竊揭詆臺省柱露章劾之士類韙焉銀
臺吏胥舊有指稱劄換等弊柱懸木牌門屏許受害者
自言弊遂絶廷推右通政未下乞差歸里卒柱丰采凝
峻氣度清遠自通籍至膴仕手不釋卷所著有南遊草

悠然齋尺牘紉言愚得行於世墓在九都烈馬山大宗伯郭正域有銘子嗣暐光祿丞　贊曰峩峩巖石秀挺清崎朝野儀型沒世名稱　崇祀鄉賢

萬歷四十四年丙辰錢士昇榜

趙嗣芳字用韞號存孩通政邦桂從子也父邦楫以明經高尚芳弱冠掄萬歷庚子第一人丙辰登進士將館選僉推芳才會沈和同事敗神宗怒罷選授戸部主事監権滸墅辛酉典試關中嘆曰秦文多覇氣有車鄰駟鐵之風國家而無平福也秦其首事矣遷西安太守不就補山東登萊海防以商瞿憂少日解綬歸先是邑有西

河渡孔道要津前令架木爲梁山水卒衝僨行人病涉芳捐千金甃石爲橋邑人德之號趙公橋焉癸酉起川南憲副始舉子喜曰吾事爲矣胡復羈官千里爲乃謝政年六十三卒於家芳美姿容尚廉隅恩以文章名家不樂煩劇故薄宦輒歸所著有百遲齋集雜文三十卷弟嗣蕙沖澹恬粹博雅多才文無愧元方而數奇一第以明經候銓長安齎志旅卒子拱辰爲庠士

國朝甲科

順治十四年戊戌孫承恩榜

鄭邦相號又僑順治辛卯舉人戊戌進士初任江西饒州府鄱陽縣知縣貲治新書載有單騎赴任牌示録入藝文內有鄱循實紀載鄱邑志後陞滁州直隸州知州丁內艱後遂不復起著有芝署詩草家居十餘年而卒　崇祀鄉賢

順治十七年辛丑馬世俊榜

鄭之謨字野謀號鑑山封君思華公之孫州牧公長子也貌偉才雄智沈度遠祖父皆奇貴之幼失恃惟祖母汪太宜人是依稍長授句讀過目成誦十五以神童補弟子員公益奮閉關自勵肆力丹鉛通經史子集詞賦古文順治庚子舉於鄉時年二十四歲辛丑捷南宮名噪

一時丙午典試陝甘同使者山西閻公襲望有過其家留題之句甲辰禮闈分房有禮闈題壁之句由編檢入史院得備侍從有詩云封事邊亭急元臣旰食勞幸襄機密地劇顯添霖膏又云捫蝨談時務鳴珂擁乘輿流連哀痛詔嘆息旱蝗書國是民瘼經濟蓋素裕也在館諸公惟馬章民同年最相得往來題咏最多其哭馬公云半生遺稿千尋酸五載交情一寸心苟非其人則不輕與投合是時同鄉太保　公方秉政慕公名屢致殷勤公嫌其信任小人不與通款因三旬自序以見志池魚籠鳥非無藪澤之思鱸鱠蓴羹輒有江湖之興遂急

流舅退乞假歸家居十一年太保敗同鄉株累者多惟公獨全公以丁未回籍戊申祖母汪太宜人卒己酉繼母周宜人卒公哀號慘痛弔客不忍聞廬墓三載日食饘粥時以孝稱自戊申後州牧公亦解組歸公日侍其側父子兄弟怡怡一堂專以評論詩文講求家政爲務親朋鄉里日相酬酢幾不知其身自館閣中來也居既久州牧公敦迫戊午始北上至即晉階左春坊左贊善無何州牧公捐館丁艱歸又四年丙寅入京就職陞任翰林院侍讀參預機務而公體瘠多病不勝其煩有詩云惟行世路知軻轗始信浮名似夢間至是巳有退休

之志矣緣 聖眷優渥不獲辭遷延兩載疲疾日甚遂以己巳四月卒於京時年五十三歲 崇祀鄉賢 子三長秋水歲貢生次逵阜黄陂縣教諭次建東太學生

康熙四十四年丙戌王雲錦榜

黄 裝

乾隆十八年甲戌莊培因榜

張宗昆號巽峯乾隆壬申 恩科名解元闈藝一出士皆欽服其文至今猶膾炙人口甲戌成進士任廣東普甯縣知縣獨著作不傳後學深惜之

乾隆三十五年辛卯黄 軒榜

胡 章字卓立號理齋封公廪膳生考祥長子母周太宜人生而穎異長以文名乾隆庚辰舉於鄉辛卯成進士出守黔西歷任各處政肅刑清民咸欣悅在清江則建有生祠春秋享祀賢良之聲上聞遂由牧令遷別駕至平越郡守時苗疆新闢人不知書公每到一處教養兼施民安其業士進於文督學洪公亮吉按臨平越見而悅之贈以聯云合郡人民頌王尹一時禮樂繼文翁併爲序以紀其事年七十六乞解組歸家居十年而卒生平著有文集詩集扶雅集合鯖録寶鑑近說黔略自記諸書行世

道光三年癸未 榜

雷以誠榜名鳴字省之號春霆一號鶴皋道光辛巳舉人癸未進士以刑部主事歷陞員外郎中轉補山東道監察御史陞禮科給事中在臺省五年奏陳夷務二次河務三次並有科場積弊錢法變通甄別流品各奏內容陳追繳賠款緩期一捐時方天旱監追各員奉旨放歸是日大沛甘霖內廷有雷公雨之稱其餘彈劾各奏有六勸懲大關繫語密多留中而公不肯減兵發後奏稿均遺失故所知僅此陞內閣侍讀學士補太常寺少卿轉大理寺少卿奉

上諭補授奉天府丞兼學政
文宗登極詔求直言有舉賢任能須核名實名爲磨稜曲謹
實則意見固執忌才妒能一摺又片奏暎夷要務百端
緣從前承辦未善者尚在顯秩宜查明示懲以杜希冀
之漸復轉補太常寺少卿回京復
命時髮逆擾及湖北省垣失守奏劾督撫提鎮及水陸各情
形並保舉提督向榮旋奉
欽命往南河會同河督巡查黄河渡口卽陞授都察院左副
都御史
召見二次問家事甚悉公奏州縣供億頗繁願自備貲斧輕

騎減從前去
天顏怡悅抵清江會勘南河上下千餘里情形擇定要口四
處派兵駐守並奏裁撤山東防兵三千名聽候酌調以
節糜費嗣公奏請赴徐州高郵寶應等處巡查團練訪
察奸細至仙女廟士民遮道而迎偵知裏下河爲財賦
之區請於泰州寶應分設兩局開捐助餉並練勇三千
保衛東路幕中有錢江者陰圖不軌公以計擒斬之奉
旨稱是隨陞補刑部右侍郎
欽差幫辦軍務紮營萬福橋所有發給勇糧軍裝器械銅鐵
大小礮三百餘門皆取給於捐輸未用度支撥款轉刑

部左侍郎揚城賊竄瓜洲公與琦善陳金綬一同革職
留軍營効力贖罪乃奏仿古抑末之法抽商賈釐金以
期源源接濟奉
旨允准並推廣各省分别仿照辦理至今軍糈所資賴有此
耳適東鄉及十三里汪土匪兩次滋事均經派兵勦平
潰勇李三鬧等聚衆數千在臨淮大肆猖獗公密緘授
計胥就殲擒正在奉
旨調赴安徽琦善適在營病故復奉
命馳赴桂花莊與陳金綬商辦防勦事宜兩次大獲全勝賞
給三品頂戴補授江蘇藩司仍幫辦軍務新調托將軍

明阿駐營西路該逆伺其疎懈乘夜潛襲西路官軍逃
潰以致中路陳營俱震公帶勇三千祗能保守東路勢
難援救以其摺稍遲托明阿爲人指使先行入告諉過
中東兩路陳金綬氣病而死忌公者嗾言官交章柔劾
故獨有西戍之行公赤心報
國勤辦軍務不分畛域前捐釐時接濟琦善及艇師總兵
官周士法等並撥解安徽巡撫福濟各餉計共十餘萬
兩由揚州起程赴戍一萬五六千里道途險惡囊橐蕭
然而公不名一錢幸經過地方無論相識與否除照例
支應外多設供帳並贈賻儀抵伊犁甫一年奉

旨賞給四品頂戴補授陝西臬司隨奉
硃批業已陞授陝藩著來見抵甘肅接陝撫來咨奉
旨改授光祿寺卿至陝西聞唤夷犯順
鑾輿北狩有勸緩行者公以
君父之憂何忍逗遛即日單騎就道直趨灤河
行在召見三次面陳四事俱荷
虛懷聽納跪辭回都奉
旨兼署刑部右侍郎十一年夏忽報
文宗賓天光祿寺職司祭品倉猝奔赴哭叩
梓宮敬謹將事兩月有餘隨

扈回京奉
太后懿旨將載垣等拏問王公軍機大臣九卿科道會同刑
部定擬罪名公署刑部右侍郎故得與議案定奏請奉
旨明正典刑
今上登極復拏問吏部尚書陳孚恩諸臣多懷畏葸公持正
議得不以奸黨定擬然公卒因此速謗次年正月
京察忽報有
旨休致舉國驚詫周芝臺首輔前來慰藉云公罷官事太無
因先公奏陝西宜早籌防並附奏就近籌雜糧以補南
糧後交戶部議准公出都抵保陽聞陝西告變是前奏

不爲無見公筮仕四十年位登卿貳歸來依舊書生寒
素著有大學聖經貫珠解讀經傳雜記雨香書屋詩鈔
古文數十篇其餘制藝試帖半已散軼前主講黃州河
東書院見江漢書院教士以敦品力學文行交修爲要
公少即工書晚年筆法尤秀勁超倫見者謂不似七十
餘歲人作喜畫梅多詠梅詩門人殷亮寅謹識

道光六年丙戌　榜

劉成詩號興谷嘉慶戊寅　恩科舉人道光丙戌進士
欽點即用知縣分發山西卒於省垣著有墨莊山房文
稿

道光九年己丑　榜

周滙淙號柳塘道光乙酉舉人己丑進士歷任天台安吉
二縣知縣著有覺善堂文稿行世世因以文章重公然
公豈僅以文章重哉方其未第之時由廩貢議敘初司
黃安縣鐸循循善誘造就人才接署安陸縣庠排難解
紛培植學校性情尤好施與曾於監邑收貿本得千緡
値監邑歲歉即解囊概濟監民赤手而歸不顧也辛卯
壬辰之間大饑大疫在武漢襄籌賑䘏事宜全活者甚
衆院司深加器重追任浙省釐剔弊竇政簡刑清浙人
至今感之後致仕歸宦囊即無多贏餘而周恤困乏慷

慨有加焉然則公固不貪不吝有猷有爲者也若僅以
文章重公不祇得公之半哉

道光三十年庚戌陸增祥榜

劉名馨號一山興谷公第三子也道光壬午以諸生第一
舉於鄉時年才逾弱冠文章磊落詩賦精工而又清介
律己平易近人邑人士方以馮孟諸先達期之公亦自
負不凡除殿撰以外直芥視耳乃易於一科者艱於一
第春闈十數次其間七膺房薦兩挑謄録遲之二十九
年始成進士　欽點刑部主事　補授四川司主事
總辦秋審處　欽差寶源局監督　彙題刑部員外郎

論曰自鄉舉里選之法廢而科目之途遂開唐宋以來
歷代相沿不易誠以讀聖賢書必深抱負雖文學出身
者亦間有貪墨而名流碩輔往往出於其中如我邑諸
君子身膺鶚薦名題鴈塔凡屬筮仕服官皆能盡忠竭
力先輩既有儀型後起復繼芳躅亦可見淵嶽渟峙固
多忠信之産云

出隷外籍

道光十八年戊戌　　榜

余懷堂寄陜西平利縣籍道光十二年壬辰　恩科舉人
戊戌進士歷任山西稷山天鎮平陸三縣知縣

道光三十年庚戌陸增祥榜

張仁法號廉臣寄陜西山陽縣籍道光十七年丁酉舉人
庚戌進士仕至嶽州府知府

咸豐九年己未孫嘉鼐榜

黄元善號讓卿寄安陸府鍾祥縣籍咸豐元年辛亥　恩
科舉人己未進士　　主事

咸甯縣志卷七

人物 鄉科 明經

邑人 雷以誠鶴皋 陳國正懋溪 纂修

知咸甯縣事陳秉信慶堂 鑒定

鄉科

序曰取士之法三代以上出於學漢以後出於郡縣吏魏晉以來出於九品中正隋唐至今則皆出於科舉科舉以三年爲率而其中又間有 恩科鶚薦一傳名刋簡册鹿鳴載咏價重連城姑勿論仕與未仕凡列賓興內者其賢能皆不容泯也故備誌之

唐無考

宋無考

元無考

明鄉科

方 嵩字中山金城鄉人受學於前元解元胡可仕遂春秋之學中洪武庚午科鄉試第三名舉人任松江上海縣教諭轉成都石泉教諭邵武府學教授丙戌主考浙江得楊復甲午主考江西得陳循皆置第一人服其藻鑑秩滿改除江津教諭益以師道自重嚴立教條學優德厚爲時所稱年七十致政於家以子洙貴封監察御史墓在金山後 崇祀鄉賢

鮑 琮字禮夫本縣三都人弱冠與同里方嵩受學於前元解元胡可仕明三傳之旨中洪武庚午科鄉試第八名舉人任台州府學教授轉瑞州府學教授再轉吉安府學教授古心古貌所至以身率人非獨言語文字之習少師楊文貞公爲文以贈稱其夙夜盡心獎率訓誘故學者知自勵賓興得人多門下士而顯宦尤衆後年耄辭歸子留居吉之安福以子時貴贈員外子孫今爲安福人

劉 忠字以寶洪武丙子科舉人任南京大理寺評事

張誠傑洪武丙子科舉人任雲南都司斷事

潘 奇字彥器永樂己卯科舉人任江西永豐縣知縣

彭 敬字汝敬永樂乙酉科舉人任交址新安同知

彭 浩字朝漢永樂乙酉科舉人任福建侯官縣知縣

陳 智永樂乙酉科舉人見甲科

秦榮祖永樂乙酉科舉人詳甲科

秦 范字楚蘭永樂戊子科舉人

樊 謙字克謙永樂戊子科舉人江西上饒縣教諭

鄒 郁字尚文永樂辛卯科舉人任四川達縣教諭

魯　諒字信之永樂甲午科舉人任江西大庾縣知縣

李　榮字茂實永樂甲午科舉人任四川南部縣訓導

萬　福字永壽永樂甲午科舉人任陝西司都司斷事

唐　震字克聲永樂丁酉科舉人任西安府學訓導保陞雲南道監察御史奉勅贈父母如其官妻方氏封孺人陞四川按察司僉事致仕

陳以忞永樂庚子科舉人

方　洙嵩子永樂庚子科第二名舉人詳甲科

任　廣字大用永樂庚子科舉人任襄陽南漳縣訓導

鮑　時永樂癸卯科舉人詳甲科

王　質字孟文永樂癸卯科舉人任福建福州府照磨

鍾　振字大器宣德丙午科舉人

王　倫字秉彝正統丁卯科解元

李九思字一誠李榮之子景泰庚午科舉人任四川巫山縣教諭

方　杲字德輝洙子景泰癸酉科舉人任九江府彭澤縣訓導

陳　漢字朝宗陳智之姪景泰癸酉科舉人任安慶府潛山縣訓導

陳　寶字大用都指揮同知陳震之孫天順己卯科舉人仕至知府

俞　敏字勉學天順壬午科舉人

王　綸中成化乙酉鄉試舉人授河間督馬通判虜寇犯邊司馬余子俊總督軍務命畿輔各推廉能官督運糧餉至大同闔府推綸往踰月事果竣秩滿將報政郡縣父老相率詣撫按衙門乞留綸懇辭歸杜門不出宗族鄉里有貧者推所有以周之故舊之家杖履親造年八十卒逆瑾用事尤致其罪罰米五百石遂破其家子子成成化丙午鄉科宏治癸丑進士仕終瓊州府知府

余艮佐號菊菴成化甲午科舉人任廣西桂林府推官崇祀鄉賢

王子成綸子成化丙午科舉人詳甲科

方　璨杲子宏治壬子科舉人任知縣

王　祺字天與號一庵宏治壬子科亞元初任江西袁州同知繼調南昌府知府時遇宸濠之變捍禦有功詳載明紀後以按察司終　詔建坊於邑之北城著有文稿三集享壽八十餘而卒

樊　立號金山宏治壬子科舉人任江西永新縣知縣

徐　馨宏治辛酉科舉人任知縣

錢　珊號鶴汀宏治辛酉科舉人任四川崇甯縣知縣執法廉平蒞任五年丁艱歸止取俸銀拾捌兩補廣東增城縣琴堂兩任田不增畝屋未增椽誠古清白吏也兄玠以明經任四川高縣潛心理學著有性道錄

余　珂正德庚午科舉人任四川直隸瀘州知州

黃　表正德丙午科舉人詳甲科

周嘉慶 正德己卯科舉人見甲科

姚 亨 字嘉會號谷山嘉靖甲午科舉人英敏絕倫日記寸卷家不多得書持數金就書賈賃廿一史閱之賈曰史卷累積非經歲不能遍亨請三月爲期未踰時誦記已周學士廖道南敬服之推爲八斗才方伯胡一鄂延以墊賓訓二子皆登進士亨慚青踰於藍辭去鶚德之以千金檄邑令爲築室乃以明經中鄉榜任戶部主事陞員外奉命賞邊還致政歸橐蕭然惟圖書數卷餘俸百金而已 崇祀鄉賢 子民親號望谷淹雅有父風而才名益著徵文者履滿日不給衣猶就牀禱曰授之隱居教授錫通政趙邦柱孝廉邦梅與司農孟養浩咸出其門云

何楚鍾 號洪崖嘉靖甲午科舉人任陝西鳳翔府推官陞平凉府靜甯州知州

王廷俊 嘉靖甲午科副榜

余 讓 嘉靖丁酉科舉人任四川直隸瀘州知州

吳 鏜 號在川嘉靖庚子科亞元任四川南江縣知縣陞合州知州先人嗣吳王鏜乃復周姓

程 沂 嘉靖癸卯科解元詳甲科

周 濂 字洲東嘉靖癸卯科副榜

唐時舉 嘉靖丙午科第二名舉人詳甲科

王 燠 祺孫嘉靖辛酉科舉人詳甲科

顧 問 隆慶庚午科舉人詳甲科

劉 止 號艮所中庚午科北闈舉人

趙邦柱 萬歷丙子科第三名舉人詳甲科

趙邦梅 號太和萬歷己卯科舉人任江西宜黃縣知縣

孟養浩 萬歷壬午科第五名舉人詳甲科

廖學易 號淵石萬歷辛卯科第六名舉人品學清嚴有爲有守爲諸生時畫粥籌燈母積金剖以給諸子而易讀書不輟母金不以入懷其品識過人遠矣科名良無愧云

王維坊 字謙宇萬歷辛卯科副榜又中丁酉科副榜任教諭

陰朝陽 號復吾萬歷甲午科舉人任夷陵州學正

趙嗣芳 萬歷庚子科解元詳甲科

余 鼓 號潮中萬歷庚子科舉人任四川直隸瀘州知州陞廣東瀧州府清軍府

王維受 號虛白萬歷癸卯科舉人任江西永新縣知縣與姪戶部主事王珍錫同榜其人孤介不苟居官亦復質直見重於吉水鄒南皋先生縣令中罕觀也

王珍錫 號太元萬歷癸卯科舉人終北京戶部主事

陳所問 號象愚萬歷己酉科第三名舉人南國子監博士後任四川閬中縣知縣

余應昇 號景隆萬歷壬子科舉人任黃岡縣教諭

孟應乾 號伯陽萬歷戊午科中第七名舉人時年方弱冠

其文近蘇韓不競逐風氣性至孝色笑如孩友諸弟怡
然同氣著二門草倢帙詩深菴四刻行世惜淵年不永
志未獲騁子佐盛攻苦世業賢其有後云

王帝錫 字天貺中天啟崇禎三次副榜

李 玉 號他山天啟甲子科舉人有傳載入隱逸

闞 璺 字賜生崇禎庚午癸酉二科副榜

郭翹中號貞吉崇禎癸酉科北闈舉人壯氣正骨不安小
就燕邸焚舟名成毋負

王維垣 字墅宇崇禎丙子科副榜任教諭

國朝鄉科

張 檄 字尺書順治戊子科副榜仕終山東濟南府知府 康熙六年協修縣志

鄭邦相 順治辛卯科舉人詳甲科

鄭之謀 順治庚子科舉人詳甲科

王居仁 號 康熙丁卯科舉人

劉 瑜 號 康熙己卯科舉人

陳 銓 號 康熙己卯科舉人

孟 醇 號嶧山康熙庚午科舉人

黃 裳 康熙壬午科舉人見甲科

張掄元 號 康熙癸巳 恩科舉人

葉體仁 號 乾隆庚午科舉人挑選知縣升四川叙州府知府

張宗崑 乾隆壬申 恩科解元詳甲科

葉道治 乾隆癸酉科舉人任雲南黑鹽井提舉司

楊繼熊 號 乾隆丙子科舉人

陳兆虎 號學領乾隆己卯科舉人

胡 章 乾隆庚辰 恩科舉人詳甲科

王之槐 號 乾隆丙午科舉人

黃宗佳 號 乾隆丙午科副榜候選直隸州分州

徐士健 號 乾隆戊申 恩科亞元

陳樹本 號 乾隆戊申 恩科舉人

伍 柱 號 乾隆戊申 恩科舉人

石光宇號荆山乾隆己酉科舉人任安徽甯國府南陵縣
知縣以清慎勤爲治及卒邑人請 崇祀名宦

王 俊 號雨泉乾隆己酉科舉人

張廷基 號松軒乾隆甲寅 恩科舉人

曹 基 號 乾隆乙卯科經魁

楊大燦 號璀巖乾隆乙卯科舉人任江陵縣教諭

張克猷 號 乾隆乙卯科舉人

王肇成 號柳川乾隆乙卯科副榜任枝江縣教諭

余 縉 號 由恩貢中嘉慶丁卯科副榜

周之楨 號雅齋由拔貢中嘉慶丁卯科副榜授蘄水縣教諭

胡　泮號半水嘉慶戊辰　恩科舉人
劉成勳字建之號樹棠嘉慶戊辰　恩科舉人揀選知縣陞授內閣中書著有墨莊存稿行世
余尚瓊號贈玖嘉慶庚午科舉人著有抱璞堂文集
劉成詩嘉慶戊寅　恩科舉人詳甲科
周　禮號官六嘉慶戊寅　恩科舉人
孫蓮育後更名鴻翥號嚼華嘉慶戊寅　恩科副榜歷署安陸黃州兩府訓導南漳孝感漢陽雲夢四縣教諭著有就正齋文集待梓　子傑緒國學生福田邑庠生
嚴世培號植桂嘉慶己卯科第四名舉人
余學性號復堂嘉慶己卯科舉人任宜城縣教諭
王本善號厚齋嘉慶己卯科舉人任廣濟縣教諭

胡宗政字均典號柳門理齋公孫也嘉慶己卯鄉科舉人初任光化縣教諭以閱練老成通達政體保陞知縣引見後分發粵東歷任乳源河源西甯茂名等縣及化州知州牧民爲政有乃祖風全小汀學士視學粵東贈一聯云下民康濟順如流水羣公惡章穆如清風其邀賞識於名公巨卿有如此後致仕在籍卒年八十六歲
余　縉號　嘉慶己未年　恩貢丁卯科副元道光辛巳　恩科舉人後選授竹山縣復設教諭雷以誠題贈云秀毓蘋溪才高楚岳敦倫則遺羹讓棗養度如璞玉渾金韓文可以起衰孔道必期歸正座上春風多披桃李階前玉露盡襄芝蘭漢公孫學問無雙當時號爲博士宋文潞者英耆衆佳會盡是貴人試拄拔以尋芝定吟潭而醉圃
余　璟號蔭堂道光辛巳　恩科舉人任松滋縣訓導累代簪纓淵源有自廿年學養金玉其相早食黌宮之餼旋分桂殿之香滿園桃李沐化雨以滋榮繞室芝蘭挹和風而馥郁衍清派於淦水文章與性道同源振木鐸於高城品望共湖山不朽
張光乙號極峯道光辛巳　恩科舉人選授施南府宜恩縣教諭
雷　鳴道光辛巳　恩科舉人詳甲科

王正宇號方六道光壬午科舉人
劉名馨道光壬午科舉人詳甲科
周昌奇號雲峯道光壬午科舉人歷任直隸萍鄉獲鹿無極雄縣知縣勤以撫民儉於自奉或出應公務則敝車羸馬役從數人不費民間一錢一粟於事卒無遺憾凡所臨莅均沐惠政年五十餘卒於官歸櫬蕭然子孫幾無以爲生其清德有如此著有鹿泉詩稿　照副榜章文樞稿錄刊
鄭成偉號桐莊道光壬午科副榜
周匯淙道光乙酉科舉人詳甲科

樊濬沅號竹農道光戊子科舉人選授　縣教諭
張應三後更名應樞道光戊子科副榜
樊濬潤後更名琨號玉農道光辛卯科舉人任河南省河南府知府
張應樞道光辛卯科北闈副榜
胡之驊號驂卿道光壬辰　恩科副榜
張應春號雨初道光甲午科副舉人候選直隸州州判淦
川相嶺毓秀儲英其文則迴山倒海其品則良玉精金
方冀芬芳杏苑胡爲抑置副車降年不永素志未舒緬
哲人之丰采空悵望而欷歔
聶文炳號虎臣道光乙酉拔貢甲午科北闈副榜歷任山西長子河津臨縣靜樂孟縣定襄岳陽甯鄉知縣

陸登林號彝臣道光己亥　恩科舉人見任石首縣教諭
張應樞原名應三號槐臣東序公嗣子邑增生東園先生
其本生父也公生而聰穎長益奮勵旣入膠庠屢拔超
等道光戊子科以優廩生中南闈副車辛卯科又中北
闈副車至己亥始正一榜亦長於才而艱於數者也雖
充武英殿校錄官議敘知縣究未竟厥用而卒嗚乎斯
人巳往芳躅難忘聊紀大畧以志緬想
劉名筠道光庚子科副榜
呂國瑄號璧田道光庚子科副榜考授八旗教習
呂國玫號舒齋行一道光癸卯經魁覺羅官學教習報滿

引見以知縣用聰穎過人博極羣書爲文不蹈時徑嚴
正寡言嫉惡如仇人多憚之性孝友兄弟有三仲璧田
季鏡如自愛書後學同硯席互相師友均敦實行及居
京師寢食出入刻不能離比璧田病沒日夕悲泣竟以
積憂得疾卒於京邸年四十有九著有棣華吟館文稿
照副榜童文樞稿録刊　戸部員外郎蘄春黃雲鵠
爲之作傳辭繁未載　子安莘邑優廩生
涂鳳友號竹嶺道光癸卯科舉人任當陽縣教諭
洪輝藻字丹庭號潔齋由廩生中道光癸卯科副榜候選
直隸州分州居家孝友性敏嗜學教育後進大半成名

著有四書精義待梓
陳國正號恩溪道光甲辰　恩科舉人任天門縣教諭讀禮回籍見修今志
孫煥奎號聚堂道光甲辰　恩科舉人歷任鶴峯州南漳縣教諭卒於任
劉名英號偉臣道光甲辰　恩科舉人歷任河南虞城舞陽縣知縣
呂國瑄號璧田道光庚子副榜甲辰　恩科舉人英年秀
發與兄舒齋齊名天性孝友嚴毅善詩古文詞工書法
負鼎甲望教習宗室引　見以知縣用年四十二卒於
京時論惜之著有棣華吟館文稿
張應惇號介農邑優廩生中道光甲辰　恩科副榜候選直隸州州判見修今志子愼先見同修志校閱人
董復湘後更名世昌號蘭生道光丙午科第七名舉人犢

年不永萱堂奉母以孝聞年逾五十孺慕猶若孩提值咸豐乙卯之變粵賊據咸城時鄂郡所屬遍地皆賊公冒險晉省親見青中丞奉札回鄉陰行團練冀圖滅賊機事不密反被賊戕煞功卽未成志固可嘉後事聞當路爲請褒獎世襲雲騎尉崇祀省城昭忠祠嗣子時俊邑廪生

董復沂 後更名壽昌號涓川由廪生中道光己酉科舉人揀選知縣

樊希棠 號芾霖道光辛亥 恩科副榜見任兵部郎中

周曜東 號煦生咸豐壬子科舉人考授景山教習保舉同知銜卽選知縣

劉名鈞 號竹坡優廪生庚子副榜甲辰科考取入旗官學教習咸豐壬子科舉人軍功保舉知縣見任襄陽

縣教諭

劉立照 號小坡由監生中咸豐戊午科並補行乙卯科舉人國子監學正學錄

劉立藻 號采汀增貢生咸豐戊午科並補行乙卯科舉人選授枝江縣教諭未到任卒

劉立銑 號幼臣附貢生咸豐戊午科並補行乙卯科舉人任均州訓導同治乙丑年陞浙江武康縣知縣

樊希槃 號稚農咸豐戊午科並補行乙卯科舉人

鍾家彥 號靜臣咸豐己未 恩科舉人考授國子監學正

童文樞 號星帆咸豐己未 恩科副榜

葉啟淦 號蘆泉同治壬戌 恩科補行辛酉正科第六名舉人

陳宗岱 號海青同治壬戌 恩科補行辛酉正科舉人

王之驥 號金門同治壬戌 恩科補行辛酉正科舉人

蔡文傑 號俊卿同治壬戌 恩科補行辛酉正科副榜

章烈侯 號蘭室同治甲子科舉人

余耆椿 號壽亭同治甲子科副元

出隸外籍

余振宗 寄江夏縣籍道光壬辰舉人

劉建侯 號樹屏寄襄陽縣籍道光乙未舉人任安陸府教授

明明經

李　濂 洪武十年貢任南京刑部主事 見父廣傳

葛　素 通志作郭素字叔繪身長八尺音如洪鐘洪武十四年貢授工科給事中丁母憂服闋赴京時楚府侵斧

頭湖爲鳧鴈池校尉橫甚民有觸者立見笞掠素以計縛其用事者十人欲與詣闕王恐遣使請和還所侵湖於民咸民至今賴之

吳　澄 字志清洪武二十年貢任廣西神電所吏目

魯和貴 字雲騰洪武二十二年貢任江南清和縣教諭

黃友善 洪武二十四年貢任工部郎中遷四川威州知州

周安義 洪武二十六年貢任四川綿州知州

王必高 洪武二十八年貢任大名府濬縣典史

晏允忠 洪武三十年貢任陝西監察御史

商　振 字伯玉永樂元年貢任戶部浙江清吏司員外郎

金世雄 通志作雍雄字文英永樂二年貢任雲南羅駟縣知縣
王禎 字伯祥永樂四年貢任高趾大蠻縣知縣
吳仕華 永樂六年貢任四川嘉定州知州
吳思政 永樂七年貢任四川慶符縣知縣
曾昶 永樂九年貢任交趾縣知縣
徐鐙 字邦器永樂十年貢任四川慶符縣知縣
王敏 字克聰永樂十二年貢任鴻臚寺序班
王廷録 字會泉府教授嘉靖十三年拔貢又丁酉科副榜任安陸
羅中孚 永樂十七年貢任交趾多翼縣知縣
韓瑜 字楚璞永樂十八年貢任雲南芒部軍民府照磨

陳思恭 永樂十九年貢任蜀府典儀
徐鏌 字伯華永樂二十年貢任典寶
魯和 字大道宣德二年貢任四川合州州判
余峻 字孟高宣德六年貢任西甯州州判
張覲 字尚賓宣德八年貢任福建南安縣丞
陳統 字公冕宣德九年貢任通州衛經歷陞莆田知縣
張信 字以實正統元年貢任廣東乳源縣知縣
劉政 任斷事
錢貴 任經歷
朱芾 任經歷

劉謙 正統年間貢任經歷
周煜 任經歷
曹瀾 任經歷
余大濩 歲貢任梅嶺巡檢
方楷 任經歷
龍斌 任都事
夏時 任主簿
熊鑑 任主簿
商賢 任知事
李泰 任檢校

陳簡 由歲貢任德安府訓導
雷春
饒忠 知縣
吳政 主簿
盧智
葉春
吳舉
嚴敬 照磨
李約
李晉 訓導

黃金
裴廣 吏目
施瓚 號元六
秦琛 教授
熊正
樊磨
樊綜 字公冕成化十八年貢
陳瑛 正德年間貢任山東泗水縣教諭
魯廣 訓導
錢忠 字良臣選貢考第一授推官

咸甯縣志 〈人物卷七 明經〉 七

汪洪 成化年間貢任經歷
廖元楨 成化年間貢任四川敘州通判
雷譽
周勝舉 字九霄成化年間貢
夏璣 訓導
張誠
李友諒 元翰林學士李鵬翔六世孫任江西瑞州府上高縣知縣
彭校 縣丞
黃璣 號齋軒
韓淦 縣丞

章纓 主簿
陳春 一名友春字配仁拔貢任廣東文昌縣知縣
余璥 經歷
潘晃 任甯鄉縣訓導
徐泰 同知
朱煙 訓導
余璟 訓導
唐岷宗 字鍾麟任德安府訓導
余玠 歲貢
余體乾 嘉靖年間貢任雲南澂江府清軍府陞授澂江府知府

咸甯縣志 〈人物卷七 明經〉 六

方悅 知縣
孫秀
王天吉 字桐城嘉靖三年貢任工部郎中
廖亨睿 字與志嘉靖四年貢
吳福 嘉靖五年拔貢
樊孟芳 字松岑嘉靖年間貢任知縣
錢玠 號肅雍貢士任四川高縣知縣潛心理學著有性道録
錢珋 號煙竹貢任山東陽谷縣知縣
余玘
萬里 嘉靖年間貢

王廷俊 字鍾南副貢
錢 塘 貢生由知縣陞兵馬司
魯一隆 嘉靖年間貢任德清縣知縣
余 瑚 任縣丞
周 亨 號鷗渚嘉靖十一年貢
鎮 瑀 嘉靖十一年貢任順天宛平縣縣丞
施 璜 號槐軒任知州
姚 亨 貢士後中嘉靖甲午科鄉試詳鄉科
劉東壁 嘉靖十六年貢不樂仕進有懿德
王廷恩 嘉靖十八年貢

余大經 嘉靖十九年貢
施 鏞 嘉靖二十年貢任知縣
唐 毓 嘉靖二十一年貢特舉史
徐 鐸 號月山嘉靖二十一年貢
張 霖 嘉靖二十三年貢
唐 詁 嘉靖二十五年貢任知縣
黃 金 嘉靖二十七年貢黃璣子任知州
余 席 嘉靖二十九年貢任訓導
余 惠府 嘉靖三十一年貢任經歷後陞至江西南昌府知
王廷祿 嘉靖三十三年貢

張仁綱 嘉靖三十五年貢
車 軒 嘉靖三十七年貢任安陸府教授門下士湖北布政使司周汝登題有墓志
周 仁 嘉靖三十九年貢
傅 皋 號顯武嘉靖四十一年貢任蘄水縣教諭
王廷平 嘉靖四十三年貢訓導
鄭一鵬 嘉靖四十五年貢訓導
周 濂 副貢
余吉鳴 隆慶元年貢
顧春陽 中隆慶元年貢任浙江教授以子問貴封刑科給事
黃子楷 隆慶二年恩貢縣丞

余吉士 隆慶二年貢
劉 止 號艮所隆慶三年貢後中庚午科北闈鄉試
熊美才 隆慶五年貢
余 鰲 萬歷元年貢
王維墉 字辛暘萬歷元年拔貢及兩次副榜任教諭捐學田三十畝入本縣學宮以濟寒士
王維坊 副貢
何良相 萬歷二年貢
程 棫 萬歷四年貢
楊 瓚 崇祀鄉賢 萬歷丙子年拔貢任消縣教諭陞承天府教授
錢東顏 號悟軒萬歷六年貢選推官

王維堦字崇宇萬歷七年拔貢任德安府教諭
韓仕明萬歷八年貢
王　爕字斗桓任禮部儒官
王維城字振宇萬歷十年貢又丁酉科副榜任教諭
陳　炳萬歷十二年貢
陳　淑萬歷十四年貢
劉以任萬歷十五年貢
徐　琳號聘吾萬歷十六年貢
鄭崇儒號聘菴萬歷十八年貢
趙邦楫號大衡萬歷二十年貢以子嗣芳貴贈副使

何所尚號太原萬歷二十二年選貢任廣東石城縣知縣
余希文萬歷二十四年貢
余大煒萬歷二十六年貢任四川甯遠縣教諭
吳　錦號敬齋萬歷二十八年貢任光化縣教諭
周之麒通志作之麟號洪野萬歷二十八年貢任山西平遥縣縣丞
黃　鉉萬歷三十年貢任學正
闞正覲字乘雨號彩宇萬歷三十二年貢歷任四川江南教諭陞任舒城縣知縣
唐廷英號南谷萬歷三十三年貢
周之爽號時我萬歷三十四年貢任蘄水縣教諭
周之龍號太野萬歷三十六年貢任浙江金華府通判

顧九德號彰宇萬歷三十八年貢顧問子任南直安慶府通判
阮　霈號諫臣萬歷四十年貢任蘄水縣教諭
劉　擯號命吾萬歷四十二年貢任訓導
孫世輔號中臺萬歷四十四年貢
王維昌號襄明萬歷四十六年貢任教諭以子珍錫貴贈主事
王維培號心白萬歷四十八年貢煥子考授州倅未仕
王維坤字志元拔貢
陳元勲號太常泰昌元年貢任莊浪同知
郭翹中天啟元年貢詳鄉科
朱　貢號吉白天啟二年貢任金谿訓導

鄭廷柱號衡石天啟二年貢
施　淯號蒼嶼天啟四年貢任四川達州訓導後陞石泉縣知縣
趙九疇號洪圖天啟六年貢
王帝錫副貢
李而昌號弼明崇禎元年恩貢任吳堡知縣
劉　漸號天逵崇禎元年貢
王寵錫號效葵崇禎三年貢
王欽錫號九賓崇禎五年貢任江陵縣訓導
何　京號當時崇禎七年貢
曹明燮號蘭生崇禎八年拔貢

王明錫字咸光崇禎八年拔貢

白文明號元初崇禎九年貢任攸縣訓導

阮鳴鸞號太纓崇禎十一年貢

趙嗣蕙號覽茹崇禎十三年貢

陳奇勛號正之崇禎十五年貢任道州學正

王禹錫號耐菴崇禎十七年拔貢任長山丞致仕歸康熙六年纂修舊志

闕　暹副貢

王維垣副貢

國朝明經

朱世昌順治二年　恩貢任當陽縣教諭

張鵬程順治二年貢任廣東長甯縣知縣

余象賢順治四年貢任潛江縣訓導

余日君順治五年拔貢

張　檄副貢官階詳鄉科

陳其愫字二甯順治五年監貢以邊材咨任雲南建水知州卒於任

沈建昌字昌侯順治六年貢任襄陽府教授

王胥錫字康侯順治八年貢任慈利縣教諭

陳　璧字長瑜順治十年　恩貢任吳堡知縣

劉德健字毅公順治十一年府庠　恩貢任四川成都府推官

王命爵字在中順治十一年貢任常德府教諭

劉　璘字日華順治十一年　恩貢

李旭白字東若順治十二年貢任甯湘縣教諭

潘　標字錦生順治十四年貢任安仁縣訓導保舉直隸東安縣知縣

涂之俊字在公順治十七年拔貢未會考卒以趙拱乾補著有半畝居近集

趙拱乾拔貢任慈利縣教諭

趙拱緯順治十八年貢

唐范瑛字耳璜康熙元年　恩貢

闕　畢字甯生康熙元年貢事母至孝詳孝行類

錢有年字蔡英康熙二年貢

余希聖康熙八年貢任臨湘縣訓導

廖　宰字鉉予康熙十年貢任孝感縣教諭

闕日融字叔夏康熙　年貢

王命旦康熙　年貢

錢象儀康熙　年貢

郭民瞻康熙十六年貢選龍陽縣教諭

涂式金康熙　年歲貢

胡鳴鸝康熙　年貢

李贊中康熙　年貢

胡登第康熙　年貢

唐世皞康熙　年貢

彭師沇　康熙　年貢
夏尚忠　康熙　年貢
楊扶日　康熙　年貢
王廷璞　字靜庵康熙　年貢
徐紹裔　康熙　年貢
汪　孚　康熙　年貢
王　綬　康熙　年貢
王命清　字爾梅康熙二十七年貢
吳宏源　康熙　年貢
吳陳年　康熙　年貢

胡賓明　康熙　年貢
唐世第　康熙　年貢
黃龍圖　康熙癸酉年貢候選教諭
闞　縉　康熙三十四年貢選荆門州訓導
劉繩東　康熙　年貢
周鼎鉉　康熙　年貢
郭壯尊　康熙　年貢
陳奇元　字先則康熙三十九年貢
魏占寶　康熙　年貢
孫　瑛　康熙辛巳年貢

傅嗣衡　康熙　年貢
闞　繼　康熙　年　恩貢任穀城縣教諭
胡　魏　康熙　年貢
杜一新　康熙　年貢
鄭　蘂　字秋水康熙　年貢
闞　綱　康熙　年貢
魏錫周　康熙　年貢
石有珩　字上玉康熙　年拔貢
胡壽齡　康熙　年貢
余鴻漸　康熙　年貢歷任羅田縣房縣訓導

鄭　韓　字達皐康熙　年　恩貢任黃陂縣教諭著有觀風訓士文
沈　瑞　康熙　年貢
鄭之紱　字端甫康熙　年貢
劉家謨　康熙　年貢
袁壽眉　康熙　年貢
羅廷彥　號質菴雍正元年　恩貢候選教諭
葉方葱　雍正　年貢由通判任貴州威甯府推官著有挹翠山房詩集行世
鄭　國　字新都雍正　年貢
陳國寶　雍正　年貢
鄭邦祿　字磬宜雍正　年貢

胡　詔雍正甲辰年　恩貢

章華庠字姬儒雍正丙午年貢任房縣訓導

錢存仁雍正　　年貢

胡其鑾雍正己酉年拔貢任黃梅縣教諭解組後有去思碑文文曰公諱其鑾號殿颺武昌之咸甯人也生而穎異博覽羣書乾隆甲子司梅邑鐸敦名節崇齒讓不作傲岸之態亦不爲苟同之行六年俸滿乞假終養未遂厥志旋以丁艱而去梅人士何能忘公哉爰伐石而系之以銘銘曰天生有公豈終如斯斯匪用公亦暫羈而公且謀去況遇憂悲公去不復如何不思見石見公過

而式之

石師孔字崇泗號恕軒雍正己酉年拔貢巳選州判因請終養未赴任

石之泮字庠彥號謙菴雍正　　年貢

羅光含號湘瀾乾隆辛酉拔貢候選直隸州州判

劉世元號象樞乾隆庚戌年　恩貢公家乘有贊云存豪傑志讀聖賢書胸無滯礙瀟灑自如謙尊而光履和而至先哲典型於斯未墜

嚴之極乾隆　　年貢

石有斌號雅林乾隆　　年貢

郭之煜乾隆　　年貢

潘文方號蘭谷乾隆壬戌年貢

邵永源字百泉乾隆甲子年歲貢

劉廷彥乾隆　　年　恩貢

鄭　廓字酉州乾隆　　年貢

劉　煜乾隆庚午年貢

劉翼漢字泒雨乾隆二十三年貢

樊正儒字彬雅乾隆二十五年貢

郭元音乾隆二十六年　恩貢

王正人字行恕乾隆二十七年例貢

周　瓖乾隆二十八年歲貢

毛宏鑑字旦評乾隆　　年歲貢

張成瑞字朝珍乾隆丙子年貢

萬世擴乾隆　　年貢

胡其嶽乾隆辛巳年　恩貢

徐　榛字鎮山乾隆　　年歲貢

葉道明乾隆　　年貢任江西九江府同知

陳師紝乾隆庚寅年貢入監報滿授教諭

胡朝綸乾隆辛卯年例貢

王　維乾隆辛卯年例貢

鄭宏儒字魯一乾隆壬辰年歲貢

張廷鈔乾隆　年歲貢
甘煌乾隆　年貢
樊正仕字登庸乾隆三十六年歲貢
周孔祥乾隆丁酉年歲貢任均州訓導保舉陝西紫陽縣知縣未赴任卒
胡傑號阜亭乾隆四十六年貢
章國年號三松乾隆己亥年歲貢
鄭方旦乾隆壬寅年歲貢任長樂縣訓導
劉翼升乾隆甲辰年歲貢候選教諭
黃元鰲乾隆甲辰年　恩貢選授應山縣教諭
石世符字右君號雲章乾隆丙午年貢任施南利川縣訓導

方紹昇號恆齋乾隆丁未年　恩貢選授黃岡縣教諭未任而卒公天姿穎異五歲讀書雙行俱下諸子百家靡不淹貫生平力學端品至今猶嘖嘖人口云
鄭極乾隆　年歲貢
胡克允字仲阜乾隆　年例貢
郭正瀚乾隆　年例貢
朱儀乾隆　年貢
王成藻乾隆己酉年拔貢任當陽縣教諭
鄭方昇乾隆壬子年歲貢選授麻城縣訓導
唐爾黃歲貢

孫燦文乾隆甲寅年貢候選訓導
胡文健號星門乾隆甲寅年貢著有存餘堂詩集二十四卷江左王柳村䔲雅集同音集選刊
余國賓號觀林乾隆甲寅年歲貢歷任孝感縣學襄陽府學訓導
黃宗佳副貢
王肇成副貢任枝江縣教諭
徐守號會屏歲貢
胡嘉會府學貢
吳基密嘉慶丙辰年　恩貢
王魯芹嘉慶年間歲貢

余縉嘉慶己未年　恩貢詳鄉科
周之楨嘉慶辛酉年拔貢
周廷光嘉慶辛酉年貢選授麻城縣訓導
周益梧嘉慶壬戌年歲貢
周大賢嘉慶乙丑年歲貢
朱健嘉慶年間貢選授蘄水縣訓導
吳功成嘉慶年間歲貢
劉蔚照號魯堂嘉慶丙寅年歲貢公家乘有贊云璞玉渾金毫無緺飾藹然之言粹然之色承先啟後有典有則規圓矩方咸稱厥德

胡之升 嘉慶戊辰年[illegible]歲貢

沈汝奎 嘉慶年間貢

朱光瑾 嘉慶辛未年貢生任鄖西縣訓導

劉 松原名濟松號韶濤嘉慶癸酉年拔貢考授正白旗官學教習歷任仙居會稽富陽等縣知縣在仙居時平越人械鬬之風息數年不決之訟年六十丁內艱同緒逾年以疾卒塟東城外燕窩葛山家乘有贊云累世書香明經食餼忽振門庭人文炳蔚言公之化宓子之風春江澤洽歌詠無窮

蔡發仁 號匆菴嘉慶癸酉年歲貢著有匆菴文稿行世四書集講待梓

陳朝海 嘉慶乙亥年歲貢

鄭承虞 嘉慶丙子年歲貢選授松滋縣訓導

余志道 嘉慶己卯年 恩貢

孫達言 副貢

周志奇 副貢

蔡宗五 道光辛巳年 恩貢旋卒周振先補

周振先 道光辛巳年 恩貢

嚴昌遜 號敏游道光辛巳年歲貢著有没字碑後語

鄭成偉 副貢

孫顯猷 道光癸未年歲貢選授應山訓導

聶文炳 道光乙酉年拔貢詳鄉科

孫宗蔭 號樾圃道光乙酉年歲貢

陳宗岳 道光丙戌年歲貢

吳功顯 道光年間歲貢

張應三 副貢

程世仁 道光己丑年歲貢

萬 贇 號玉儕道光壬辰年 恩貢就職復設教諭

蔡發韶 號雪門道光壬辰年歲貢

胡之驊 副貢

張應春 副貢

余丕基 道光乙未年 恩貢

佘太茂 號笠航道光乙未年歲貢候選訓導經術承先文章啟後及門士有成者多方擬共修今志以疾不果旋卒時年已逾七十箕疇五福僅缺其一耳

楊鳴鳳 號棠庭道光丁酉年拔貢

劉 寅 道光戊戌年歲貢

劉名鈞 副貢

呂國瑄 副貢

曾昌宇 號虛谷道光辛丑年歲貢

劉名柏 道光辛丑年由府學貢候選訓導

周振本道光年間歲貢任來鳳縣訓導

洪輝藻副貢

鄭啟溱號莉洲道光甲辰年　恩貢候選教諭

曹浚源道光壬辰年歲貢著有望益山房文集行世

張應惇副貢見修今志次子慎先見同修今志校閱人

盧瀚道光丁未年歲貢任公安縣訓導

雷衡原名煥嶽號蓮峯道光己酉年拔貢分發直隸省候補直隸州知州

李大賓道光庚戌年歲貢

郭之銘咸豐　年　恩貢

張煥廷咸豐辛亥年　恩貢候選教諭

夏錫圭咸豐辛亥年歲貢

章開第號谿門咸豐二年府學歲貢候選訓導

雷彬士咸豐壬子年歲貢

樊希棠副貢

黃河清咸豐癸丑年歲貢

劉炳元咸豐乙卯年歲貢

胡先燦咸豐丙辰年歲貢

鄭承芬咸豐己未年　恩貢

張成憲咸豐己未年歲貢候選訓導

逢文樞副貢

石鏡明咸豐辛酉年拔貢

劉炳燮同治壬戌年　恩貢

李世經同治元年　恩貢

黃世英同治壬戌年歲貢

蔡文偉副貢

錢光奎號少白同治癸亥年歲貢候選訓導

陳楚翹同治乙丑年府學歲貢

葉啟甲號乙亭同治乙丑年　恩貢

余益椿副貢

論曰筮仕服官各分其職書升論秀廣闢其途如賢書而外復設成均之選國家取士之法至已備已乃經史

略涉者便自謂國士無雙時運稍乖者或且怨雄才不偶未覩滄海輒小衆流器識不深德業何以成就願學者潛心聖賢居易俟命卽不得置身蓬萊亦不失爲經明行修之士窮達殊而學問無虧又何必以科第爲軒輊哉

咸甯縣志卷八

人物

辟舉 例監 掾吏 應例 保舉 武職
武科 恩賜 誥封 恩廕 隱逸 孝行
懿行 殉難

邑人 雷以諴鶴皋 陳國正愚溪 纂修

知咸甯縣事陳秉信慶堂 鑒定

明辟舉

李 廣鵬翔子從明太祖平定豫章授江西等處行中書省參議與參政陶從善招袁州路官軍委任宣武劉忠征進有功洪武二年告老歸卒於家墓在黃岡畈子李灦字德清治書經洪武十年選貢任南京刑部主事

劉 維字紀之居本邑金山之下從明太祖經營治定洪武元年授工部尚書妻范氏封夫人

李 祥字從吉元進士洪武元年任中軍都督府斷事轉中書省陞尚寶司少卿復陞浙江按察使洪武六年遷陝西西安府知府丙辰陞四川布政使司右布政使後養病歸卒於家祥爲人識度明雅威嚴壯肅上素重其爲人親爲誥詞極其褒美墓在下好礄山麓

唐敬昭 以人材任雲南大理經歷

國朝辟舉

王家相 字竹齋本庠生員從 信藩征進由同知任雲南永昌府知府 國朝初避亂寓蜀故載四川籍

張 芳 字拙公本庠生員隨 父鵬翔之任廣東 豫藩考授龍門教遷廣州照磨

張元燈 雍正元年由庠生選舉孝廉方正

韋 皐 饒州德興縣知縣江夏人遷居咸之十都今並列膠庠一錫三一黼臣即其後裔也

謝際清 由廩生選舉孝廉方正任漢陽府學教授後任當陽縣教諭在任卒著有餘味齋時文待梓

劉 萃 由庠生選舉孝廉方正明孝子劉從鳳後裔

劉大慧 由庠生選舉孝廉方正咸豐七年團練殉難

江意揮 號指如由庠生選舉孝廉方正

張永鏞 號壽山由監生選舉孝廉方正

周揖升 由監生考授四庫全書館校錄候選縣丞

明例監

王獻箴 號古峯煥父任貴州安順府同知署正府後贈主事

陳 璨 號石澗嘉靖十年以武城中衛經歷晉階徵仕郎贈父如其官後修邊有功陞涿州知州有廉能聲丁內艱致政有詩載藝文類

吳 坤

周 熙 鴻臚寺序班

顧九階

程應遠

孟養素

閔師孔 此數人舊志不註官階謹照舊志錄存其名

余大川 祁門縣知縣

趙　鳳 臨朐縣知縣

王　爚 號高村四川內江縣知縣

王　煉 涇陽縣知縣

余　均 祁門縣知縣

余榮二 魚台縣知縣

施道廣 南京吏部京府

余大吳 京府通判

余大顯 號青林任奉陽主簿

余　昇 巴縣典史

余　秀 元大理評事

陳官檣 兗州府府尹

朱　福 經歷

鄭之音 候補同知

吳上達 河南嵩縣巡檢

張西堂 儒官

樊國亨 儒官

余大韶 千戶所吏目

明掾吏

周勝宗 浙江湖州府經歷

唐　甯 直隸太平府經歷

夏　貴 浙江金華縣主簿

朱德壽 河南柘城縣典史

廖信可 山東淮縣縣丞

朱德豫 直隸鹽山縣主簿

吳　逼 雲南楚雄府知事

鎮　瑀 福甯州吏目

曾立大 廣西南丹衛經歷

閔　諫 京衛經歷

曹明邦 雲南經歷

○上元 四川峩眉縣典史

錢舜德 號月軒候選布政司經歷

舊志辟舉例監掾吏分目逐記查前明明經中嘗有爲掾吏者至 國朝又有由掾吏而牧令由牧令而郡守而藩臬者溯厥進身總不外應例捐輸軍功保舉故謹分兩途統錄而例監掾吏不復贅焉

應例已仕

張秀景 由監生歷署福建同安永福等縣知縣

李天錫 由俊秀分發雲南省試用歷署師宗順甯等縣知縣鎮雄晉甯等州知州所在俱有循績

周大年 號椿圃由廩貢任黄安縣訓導

呂行恕 由監生任廣西邛北縣知縣

周于楚號嵤甫由貢生分發四川知州咸豐辛酉年八月署成都縣事臘月改署長甯時賊竄蜀逼近長甯同官爲危之公慨然赴任修城浚濠募丁勇爲守禦計同治元年三月賊來攻者數次防守嚴密且時出奇兵擊之賊大創而退以功陞直隸州賞戴花翎五月初十賊衆十餘萬合至兵少無援十六城陷猶率親兵巷戰力盡被執奮罵不屈遂爲賊害妾劉氏親丁周于佐等同死焉事聞於　上贈加道銜其子承恩以雲騎尉世襲　照副榜童文樞稿錄刊

鄭承達號步亭由監生廣東藩照磨借補儀同直隸廳司獄在任四年

余　銓號兆亭都選江西峽江縣知縣調陞河南候補知州歷署淮甯永甯等縣知縣加同知銜

胡道驥由文生署理直隸博野縣知縣宣化府通判又署理雲南省路南尋甸鄧川等州及巧家同知題補中甸同知

李天培由俊秀簡發廣東嘉應州平遠縣歷署廉州府欽州知州題補廣州府東莞縣知縣

佘光斗號印如由增貢加同知銜補授河南寶豐縣知縣在任四年循良著聲紳民贈匾額旗傘屏帳不一協修今志

樊希棣由監生署貴州遵義府知府

胡先煒號西園由監生府經歷任廣東高要縣分縣

梅鳳儀號梅村由附貢任河南鹿邑縣縣丞欽加州同銜

劉立珣號星亭由監生浙江海甯州分州

劉立瑨號幼田由監生浙江諸暨縣典史

呂鶴齡由監生藩經歷借補按經歷

李世鑾由俊秀分發陝西署韓城縣知縣

黃國昌歷署河南孟津洛陽縣典史見授汝州寶豐廳

黃金策由州同分發兩淮署理廟灣場鹽大使

黃　中由藩經歷分發浙江署紹興府同知兼管水利

李世纓由俊秀署湖南湘陰縣典史

蕭世霖號雲亭由監生歷署直隸河間縣巡政廳宣化縣典史保安州吏目安肅縣典史

錢若清字壽昌見任安徽布政司經歷署泗州天長縣知縣

樊希春由監生任廣東　縣典史

黃耕堂任直隸宣化府懷來縣沙城司

宋際會由廩貢生署均州訓導

應例候補候選

呂國瑩號鏡如由附貢候選訓導議敘鹽用通判盧齋季弟著有棣華吟館文稿

呂國琛由附貢試用訓導

樊希楠由監生候簡放知府

朱魯松號翠岩由附貢湖南候補知縣加同知銜

佘旭臨號幼如由附監候選知縣加同知銜晉一級

劉名杰號友石由增生候選訓導

劉立棻號雨村河南候補知縣

劉立琎號小石由廩貢候選訓導
汪祖晴號壽田由監生湖南候補藩理問
汪祖禧號放齋由監生江西候補縣丞
朱魯柏由監生安徽候補縣丞州同銜
樊汝霖由監生河南候補典史
黃　濤號雪泉由廩貢湖南候補縣丞
黃　杰號照亭由監生候選典史保舉五品頂戴
佘滙源號潤生由監生候選縣丞
劉立璡號意元由監生北闈挑取謄録候選鹽大使
劉立銘號心齋由監生候選州判

方利川由監生分發湖南試用縣丞加州同銜
王化南試用知縣同知銜
方家齊候選縣丞
吳廷選號棣生由廩貢生候選訓導
黃　斌同知銜江蘇候補知縣
黃　鍾廣東候補縣丞
黃天傑候選藩理問
黃金鏞考職從九在籍候選
胡仁溥五品銜候選未入流
胡國鈞州同銜儘先選用縣主簿

王森林號泮泉由府經歷分發河南試用
王之楨由監生河南試用縣丞
顧少山由廩貢候選訓導
錢東俊字伯岩浙江候補巡檢
聶繼烈由庠生四川候補府經歷
黃宗傑候選訓導
周滙源號蘭泉實録館議叙分發湖南補用縣丞
廖逢杰候選巡檢

應例職銜

胡克椿號南嶺由俊秀叅軍府職生平積而能散邑校中

向無節婦祠椿於道光丙戌年捐貲修建又賓興未成
之日寒士每艱於考費椿於乙酉至丁酉皆厚有餽贐
邑人士贈有蔭庇儒林匾額其他善行甚多不能備録
封朝議大夫子之驊副榜道驥由庠生仕至郡丞
石敬廷由監生布理問職銜
石鼇遠由監生布理問職銜
石葆珍由監生布理問職銜
廖以績由監生州同職銜
張繼增由監生州同職銜
王煒然由監生同知職銜

王爃宇 由監生同知職銜

王繼三 由監生同知職銜

吳世信 號義亭由貢生州同職銜

黃天佑 布政司經歷職銜

朱鎮邦 縣丞按經歷職銜

朱盛才 由俊秀捐縣丞加同知職銜人稱其孝父母友昆弟立義學周貧乏嗚乎可以風矣

黃一滙 布理問職銜

余經濟 由監生同知職銜

嚴保三 由監生布理問

錢雲檽 由附生州同職銜

黃家鉦 翰林院待詔職銜

劉大梅 州同職銜

楊綸章 由監生州同職銜

熊永青 由貢生州同職銜　勅授儒林郎

王道南 號韻生由廩貢

雷祖培 號瑞庭由監生候選府經歷

何景華 號蓮峯由監生州同職銜

胡兆光 由翰林院待詔加捐光祿寺署正銜

出隸外籍

葉存仁 字心一號墨村寄籍江夏監生由知縣仕至刑部侍郎河南巡撫河南山東河道總督加兵部尚書銜年五十五歲卒於山東濟南公署居官嚴毅不苟嘗卻某饋贈有詩載入藝文其後裔仍寓省垣

保舉已仕

錢金書 山東穆陵關巡檢

楊泉淦 號東臯任安徽舒城縣知縣後奉委出差江面遇賊被戕事聞　恩錫雲騎尉

朱繼之 號香谷由從九保舉五品藍翎安徽候補知縣署理東流縣三載合邑紳民屢贈牌匾旗傘並建長生祿位牌見立東流考棚正廳

周旭東 咨縣巡檢

保舉候補選

梅鳳藻 號子山由廩生保舉訓導

盧定箴 由文生保舉從九在籍候選

雷鳳翥 號儀甫由廩貢生軍功保舉候選直隸州知州

雷文曜 號毓儕由監生軍功保舉候選布政司理問

丹必達 由監生保舉從九在籍候選

吳履安 號靜山由軍功保舉五品藍翎江西候補府經縣丞

王光杰 選用知縣

鍾家駿 由文童保舉從九實職

明武職 自此至武科舊志未載今增錄之

陳勝伍 洪武年間廣西守禦千戶卒於任所

廖文 號道昌永樂二年指揮使

萬　釗武庠隨營三定交趾有功題授都指揮僉事

艾春芳正統年以軍功任揚州左衛

高幃俊天啟年指揮

國朝武職

章景隆六都人身長六尺驍勇善射嘉慶元年教匪滋事立功襄鄖之間授都閫府後失機陣亡

沈鴻賓號鴈門同治元年由守備投朱軍門營克復安慶保舉副將三年以克復江南僞天堡城保舉總兵旋告頭隊奮勇克復金陵城兩江總督曾保舉記名簡放提督　御賜獎武銀牌並勅勇巴圖魯名號其爲人智勇足備與士卒同甘苦毎以數百人禦賊數千出奇制勝故能績紀太常名垂竹帛　誥授振威將軍

余福象提督銜實任陝西漢中總兵

鄧得勝屢立戰功由副將加提督銜見隨安徽巡撫行營防勦

楊長林由行伍部補遊擊見統領山東黃運兩河水師兼理營務事

周遇春武庠由軍功保陞千總代理督營遊府事

黃金式由衛守備遞陞實任山東泰安營參將封武顯將軍題陞鎮協

章殿安六都人景隆孫千總咸豐四年粵匪竄擾在江夏子方陣亡

胡瑞清花翎遊擊

余錤遠號廉臣由武監加捐都司職銜

王光松候補都司

顧鼎銘由監生任北京巡城兵馬司

游道珊花翎遊擊

張錦春花翎儘先補用都司

黃　甲花翎儘先補用都司

劉敬亭花翎儘先補用都司

呂承基花翎儘先補用都司

萬福成花翎儘先補用都司見隨鮑軍門勦賊

雷逢春號佑山由武生保舉守備賞戴藍翎見任浙江衛守備

雷達先由武生保舉宜昌鎮標前營把總

雷攀龍由武生保舉鄖陽鎮標前營司廳

戴春華由監生保舉營千總

明武科

張公若明進士奉選儀賓

曾象賢萬歷　科武舉

王命哲崇禎丁卯科武舉選四川重慶府守備陞御前都指揮使

國朝武科

董定元乾隆戊子科武舉兵部差官

黃宗俊乾隆戊子科武舉揀選一等任湖北京省塘務匯任都閫府兵部奏請　召用

周拱北乾隆庚子科武舉

黃永清乾隆丙午科武舉

黃煥章乾隆丙午科武舉候選衛守備

程萬栢乾隆戊申　恩科武舉任興國州富池千戶

佘學忠號敦實乾隆壬子科武舉

程世清嘉慶辛酉科武舉

朱蓮仙號濟軒嘉慶庚午科鄉魁道光乙酉任鄖陽鎮標中營把總庚寅調授安陸天門縣把總

周述茂嘉慶癸酉科武舉由守備題陞都閫

周俊英嘉慶丙子科武舉

萬方英號禮齋嘉慶戊寅科鄉魁揀選兵部差務府

王萬春嘉慶己卯科武舉

鍾廷義　科武舉千總

洪以芳號聲揚道光辛卯　恩科武舉

黃河清道光壬辰科武舉花翎儘先補用都司咸豐癸亥身匪窟至湖北在省殉難

陳際泰道光甲午科武舉都司

何雲奏號松亭咸豐壬子科武舉

劉如璧號玉田同治甲子科鄉魁

論曰古之用人不拘於方布衣寒士而賢則用之武夫健卒而賢則用之巫醫方技而賢則用之惟其賢不惟其人所以羣策羣力分職効能以成一代之治也

國朝　恩賜

胡　鐣　恩賜翰林院檢討加賞緞二疋

葉守仁嘉慶戊午科由廩生　恩賜副榜

黃元鰲嘉慶戊午科由　恩貢生　恩賜副榜

艾鳴鳳嘉慶甲子科　恩賜舉人國子監學正銜

葛東泰嘉慶癸酉科　恩賜副榜

周逢玦號藴山嘉慶癸酉科由廩生　恩賜舉人

廖希燦字麗中嘉慶癸酉科　恩賜副榜

江春三道光辛卯科　恩賜副榜

余　崧道光丁酉科由增貢生　恩賜副榜

劉　杰咸豐壬子科　恩賜副榜

劉金晉咸豐己未　恩科　恩賜副榜

曹浚源原名家富歲貢生候選訓導同治甲子科　恩賜舉人著有望益山房文集行世

誥封

馮　商著作郎以子京貴累封至宣徽南院使太子少師

方　嵩教授以子洙貴封文林郎廣東道監察御史

鮑　琮教授以子時貴贈禮部儀制司員外郎

唐時舉以子震貴贈雲南監察御史

陳式銘以孫智貴贈資政大夫都察院右都御史

陳原貞以子智貴贈資政大夫都察院右都御史

王獻箴州判以子煥貴封工部主事

顧春陽浙江教授以子問貴封刑科都給事中

程文熙以子沂貴封戶部主事
趙魁選以孫邦柱貴贈右參議通政司
趙　鶴以子邦柱貴封吏部考功司員外
孟岐源以曾孫養浩貴贈中憲大夫
孟斗巖以孫養浩貴贈中憲大夫
孟　機以子養浩貴贈都察院右僉都御史
趙邦楫貢士以子嗣芳貴贈按察司副史
王克明號聖鑑庠生以子天與天吉貴封朝議大夫
王　充號象麓以子維受貴封奉直大夫
王　賓號龍山以子維昌貴勅授文林郎

王維昌教諭以子珍錫貴贈戶部主事
姚顯學以子亨貴封奉直大夫
余綵祥以子艮佐貴贈承德郎
余帷新以子蛟貴贈奉直大夫
余大節以子讓貴贈奉直大夫
周　熙以子之龍之麒貴封奉直大夫
陳伯鈞以子璨貴贈徵仕郎
陳　璨　勅授徵仕郎
陳　璧　勅授徵仕郎
吳持平以子上達貴貤贈登仕佐郎

張承濂儒士以子檄貴封朝議大夫
張　檄　勅授朝議大夫
鄭　棟以孫邦相貴贈奉直大夫
鄭葵心以子邦相貴贈奉直大夫
鄭之謀　勅授奉政大夫
葉方蕙以子存仁貴贈榮祿大夫
葉長仁以子道治貴封奉直大夫
胡　俞以孫章貴貤贈奉政大夫
胡考祥以子章貴封奉政大夫
胡學詩以子宗政貴封奉直大夫

劉懋修以子維貴封資政大夫
劉世元　勅授儒林郎
劉高點以子松貴封文林郎
雷南陸以曾孫以誠貴貤贈資政大夫
雷萬和以孫以誠貴贈資政大夫
雷文鑰生員以姪以誠貴贈通議大夫
雷會鋐以子以誠貴封奉直大夫晉贈資政大夫
雷會銘以姪以誠貴封奉直大夫
雷昭永以弟以誠貴貤贈資政大夫
雷昭淀以弟以誠貴貤贈資政大夫

樊　以　琨貴

樊　以　琨貴

樊　以　琨貴

劉學韜以孫名馨貴貤贈中憲大夫

劉成勳以姪名馨貴貤贈中憲大夫

劉成詩以子名馨貴贈中憲大夫

劉名鈞以弟名馨貴貤贈中憲大夫

劉名杰以弟名馨貴貤贈中憲大夫

祝大年以外孫劉名馨貴貤贈中憲大夫

陳常泰以子國正任天門縣教諭贈修職郎

張兆晉增廣生員以子應惇貴例贈修職郎

張兆鑾以子應樞貴例贈文林郎

張兆芹以子應春貴例贈修職郎

孫儀廷以子煥奎貴贈修職郎

孫顯忠字遂民太學生以子鴻翥貴贈修職郎

王黄慶以子本善貴封文林郎

陸冠三以子登林貴卽請贈修職郎

涂　鈞廪生以子鳳友貴贈文林郎

佘勝權以子學性貴贈修職郎

周顴俊以子孔祥貴貤封修職郎

周桃谷以子昌奇貴贈文林郎

周懋高以子曜東貴卽請贈奉政大夫署禮部左侍郎都察院左副都御史

賀壽慈爲公及盧宜人作合傳辭繁未載

周錫鉉以子大年貴貤贈修職郎

錢舜德以子珊貴贈文林郎

錢舜仁以子玠貴贈文林郎

錢舜鳳廪生以子珂貴贈文林郎

錢象儀以子有年貴贈儒林郎

王艮存以子成魵貴贈儒林郎

佘天佑以曾孫福象貴封振威將軍

佘方朝以孫福象貴封振威將軍

佘錫仁以子福象貴封振威將軍

黄象坤以孫宗俊貴封武功將軍

黄嵐秀以子宗俊貴封武功將軍

朱聖萬以子蓮仙貴贈武信騎尉

朱有功以弟蓮仙貴貤贈武信騎尉

周正綱以子述茂貴封雲騎尉

沈朝輝以曾孫鴻賓貴加品贈光祿大夫

沈德豐以孫鴻賓貴加品贈光祿大夫

沈金林以子鴻賓貴加品贈光祿大夫

沈肇殷以姪鴻賓貴貤封振威將軍
沈來廷以弟鴻賓貴貤封振威將軍
方世選以子利川州同銜加級請封奉直大夫
何純一以子京華州同職銜贈儒林郎
胡廷章以孫克椿職贈朝議大夫
胡衍生以子克椿職贈朝議大夫
李明顯以孫天錫貴貤贈承德郎
李如祿以子天錫貴贈承德郎
李國棟以姪天錫貴貤贈儒林郎
佘勝輝以孫光斗貴貤贈奉政大夫

佘衡萬以子光斗貴貤贈奉政大夫
佘光斗以子旭臨運同職銜封奉政大夫晉封朝議大夫
佘旭臨授奉政大夫晉封朝議大夫
周孟然以孫于楚貴贈奉直大夫
周長青以子于楚貴貤贈奉直大夫
呂勝亮以子行恕貴封修職郎
朱錦濤監生以子繼之貴贈奉直大夫
朱煥南附貢生以弟繼之貴貤封奉直大夫
朱文炳以姪曾松貴貤贈文林郎
朱榮安以子文輝職銜贈奉政大夫

朱文輝監生以軍功保舉官職贈奉政大夫
朱文哲以子鎮邦職銜貤封修職郎
汪蘭坡以子祖疇官職封奉直大夫
毛特立以壻汪祖疇官職貤贈奉直大夫
余良友以孫國鎔職銜贈奉直大夫
余選魁生員以子國鎔職銜封奉直大夫
張開文以子繼增職銜封奉政大夫
石懷芳以子敬廷職銜封宣德郎
石以忠以孫聲遠職銜貤贈宣德郎
石希孟以子聲遠職銜封宣德郎

石交文以孫葆珍職銜貤贈宣德郎
石秉安以子葆珍職銜封宣德郎
廖法賢以子以續職銜封儒林郎
王金桂以子煒然同知銜封奉直大夫
王爰立以子燦宇同知銜封奉直大夫
王步青以子化南試用知縣同知銜加級請封朝議大夫
王慎徽以子繼三同知銜加級請封朝議大夫
吳勝爵以子世信州同銜加級請封奉直大夫
錢兆平以子金書任巡檢封登仕佐郎
黃文華以孫天佑捐職加二級貤贈奉直大夫

黄運恩以子天佑捐職加二級贈奉直大夫晉贈朝議大夫
黄天佑捐職布政司經歴加四級授奉直大夫晉授朝議
大夫旋以孫金式補授山東泰安營叅將封爲武顯將軍
黄開昭以子金式候選衛守備加二級封昭武都尉旋轉
授山東泰安營叅將加二級晉封武顯將軍
余相元以子鉷遠武職衘封昭武都尉
朱輔國以嗣子盛才職衘封奉政大夫
朱友華以生子盛才職衘貤封奉政大夫
錢　鏞以子舜德貴贈宣德郎
錢朝宗以子若清貴贈宣德郎

劉翼忍以孫大梅職衘贈儒林郎
劉達名以子大梅職衘贈儒林郎
黄新德以子家鈺職衘贈修職郎
黄紹伯以孫一滙職衘貤贈奉直大夫
黄爾立以子一滙職衘貤贈奉直大夫
嚴麟書以子保三職衘贈宣德郎
錢牧堂以孫雲檽職衘貤贈儒林郎
錢得中以子雲檽職衘封儒林郎
楊時中以孫綸章職衘貤贈儒林郎
楊茂林以子綸章職衘贈儒林郎

熊魁一以子永青職衘贈儒林郎
余錦春以孫經濟同知衘貤贈奉政大夫
余敬修以子經濟同知衘贈奉政大夫
馮成博生員以妻姪雷逢春貴貤封武德騎尉
雷會鋭國學生以孫逢春貴贈騎都尉
余國維以子銓賓授江西峽江縣知縣加州衘請封奉直大夫
徐安萬以孫賓選捐職同知衘請封奉政大夫
徐楚瑞以子賓選捐職同知衘請封奉政大夫
徐錦昇號贊廷從九以子明世捐職同知衘請封奉政大夫
方王柯氏以子洙貴封宜人

方熊管氏以夫洙貴封宜人
陳張氏以孫智貴贈夫人
陳彭氏以子智貴贈夫人
陳鄧嚴氏以夫智貴封夫人
王余氏以子煥貴封宜人
王錢氏以夫煥貴封宜人
顧王氏以子問貴封宜人
顧祝氏以夫問貴封宜人
程王氏以子沂貴封宜人
程吳氏以夫沂貴封宜人

趙彭氏以孫邦衽貴贈宜人
趙姚氏以子邦衽貴封宜人
趙魏氏以夫邦衽貴封宜人
孟余氏以子養浩貴封恭人
孟鄢呂氏以夫養浩貴封恭人
趙余氏以子嗣芳貴贈恭人
趙施氏以夫嗣芳貴封恭人
王何氏以子天與天吉貴封夫人
王錢氏以夫天與以子廷采以孫煥貴三次封贈宜人
王周氏以子維受貴封安人

王陳氏以夫維受貴封安人
王趙氏以子維昌貴封安人
王雷氏以夫維昌以子珍錫貴兩次封贈宜人
王劉熊氏以夫珍錫貴封宜人
姚周氏以子亨貴封淑人
姚韓氏以夫亨貴封淑人
余温氏以子蛟貴封宜人
余施氏以夫蛟貴封宜人
陳郭氏以子璨貴封孺人
陳方氏以夫璨貴封孺人

陳鄧氏以夫璧貴封孺人
吳鎮氏以子上達貴貤贈孺人
張李氏以子樾貴封恭人
張萬氏以夫樾貴封恭人
鄭張氏以孫邦相貴贈宜人
鄭汪氏以子邦相貴贈宜人
鄭楊周氏以夫邦相貴封宜人
鄭汪趙氏以夫之諶貴封宜人
胡徐氏以孫章貴貤贈宜人
胡周氏以子章貴封宜人

胡朱氏以夫章貴封宜人
胡闞氏以子宗政貴封宜人
胡董氏以夫宗政貴封宜人
劉丁氏以子維貴封夫人
劉胡氏以夫世元貴封安人
劉邱氏以子松貴封孺人
雷吳氏以曾孫以誠貴貤贈夫人
雷顧氏以孫以誠貴誥贈夫人
雷熊氏以姪以誠貴貤贈淑人
雷周氏以子以誠貴贈宜人晉贈夫人

雷周氏以姪以誠貴貤贈宜人
雷曹氏以夫弟以誠貴貤贈夫人
雷金氏以夫弟以誠貴貤贈夫人
雷陳氏以夫以誠貴贈夫人
雷濮氏以夫以誠貴封宜人
雷馮氏以夫以誠貴封夫人
劉劉氏以孫名馨貴貤贈恭人
劉周氏以姪名馨貴貤贈恭人
劉祝氏以子名馨貴贈恭人
劉孫氏以夫弟名馨貴貤封恭人

劉周氏以夫弟名馨貴貤封恭人
祝江氏以外孫劉名馨貴貤贈恭人
陳萬氏以子國正任天門縣教諭封孺人
張姚氏以子應惇貴例封孺人
張董氏以子應樞貴例封孺人
張伍氏以子應春貴例封孺人
孫張氏以子煥奎貴贈孺人
孫陳氏以子鴻翥貴贈孺人
王朱氏以子本善貴封孺人
王顧氏以夫本善貴封孺人

陸周氏以子登林貴卹請贈孺人
涂李氏以子鳳友貴封孺人
余王氏以子學性貴貤贈孺人
周羅曹氏以子孔祥貴貤封孺人
周余氏以子昌奇貴贈安人
周盧氏以子曜東貴卹請贈宜人
周成氏以子大年貴貤封孺人
錢王氏以夫塘貴封孺人
錢周氏以子珊貴贈孺人
錢余胡氏以夫珊貴封孺人

錢韓氏以子玠貴贈孺人
錢余氏以夫玠貴封孺人
錢唐氏以子珂貴贈孺人
錢顧氏以夫珂貴封孺人
余黃氏以曾孫福象貴封夫人
余方氏以孫福象貴封夫人
余邱氏以子福象貴封夫人
余王氏以夫福象貴封夫人
黃張李氏以孫宗俊貴封夫人
黃劉氏以子宗俊貴封夫人

黃阮氏以夫宗俊貴封夫人
朱胡氏以子蓮仙貴封孺人
朱夏氏以夫弟蓮仙貴貤封孺人
沈陳氏以曾孫鴻賓貴贈夫人
沈陳氏以孫鴻賓貴贈夫人
沈段氏以子鴻賓貴贈夫人
沈朱氏以姪鴻賓貴貤封夫人
沈劉氏以夫弟鴻賓貴貤贈夫人
沈祁氏以夫鴻賓貴封夫人
胡張氏以孫克椿職贈恭人

胡陳氏以子克椿職贈恭人
胡周氏以夫克椿職封恭人
李王氏以孫天錫貴貤贈安人
李鄒氏以姪天錫貴貤贈安人
李金氏以子天錫貴贈安人
佘胡氏以孫光斗貴貤贈宜人
佘陳氏以子光斗貴贈宜人
佘朱氏以子旭臨運同職銜封宜人晉封恭人
佘蕭氏以夫旭臨運同職銜封宜人晉封恭人
周萬氏以孫于堃貴貤贈宜人

周黃氏以子于堃貴封宜人
呂佘氏以子行恕貴封孺人
朱張氏以子繼之貴贈宜人
朱唐氏以夫弟繼之貴貤封宜人
朱董氏以姪曾松貴貤封宜人
朱董氏以子文輝職銜贈宜人
朱潘氏以夫文輝職銜封宜人
朱辜氏以子鎮邦職銜貤封宜人
汪殷氏以子祖晴官職封宜人
毛陳氏以壻汪祖晴官職貤封宜人

余黃氏以孫國鎔職銜贈宜人
余劉氏以子國鎔職銜封宜人
張　氏以子繼增職銜封宜人
石王氏以子敬廷職銜封安人
石鄭氏以孫聲遠職銜貤贈安人
石余氏以子聲遠職銜封安人
石程氏以孫葆珍職銜貤贈安人
石張氏以子葆珍職銜封安人
廖余氏以子以績職銜封安人
廖甘氏以夫以績職銜封安人

吳唐氏以子世信職銜封宜人
錢方氏以子金書任巡檢贈孺人
黃王氏以孫天佑捐職加二級貤贈宜人
黃萬氏以子天佑捐職加二級贈宜人晉贈恭人
黃陳氏以夫天佑捐職加四級贈宜人晉贈恭人以孫金式補授山東泰安營叅將晉贈夫人
黃萬氏以子金式候選衛守備加二級贈恭人旋補授山東泰安營叅將加二級晉贈夫人
黃陳氏以夫金式由衛守備遞陞實任山東泰安營叅將封夫人

錢胡戴氏以子舜德貴贈安人
錢周氏以夫舜德貴封安人
余王氏以子鉷達武職銜贈宜人
余黃氏以夫鉷達武職銜封宜人
朱賈氏以嗣子盛才職銜封宜人
朱唐氏以生子盛才職銜封宜人
劉黃氏以孫大梅職銜贈安人
劉李彭氏以子大梅職銜贈安人
黃李氏以孫一淮職銜貤贈宜人
黃劉氏以子一淮職銜貤贈宜人

嚴王氏以子保三職銜贈安人
嚴王氏以夫保三職銜封安人
錢方氏以孫雲櫺職銜貤贈安人
錢葉氏以子雲櫺職銜封安人
楊任氏以孫綸章職銜貤贈安人
楊劉氏以子綸章職銜贈安人
熊吳氏以子永青職銜贈安人
熊朱氏以夫永青職銜封安人
余傅氏以孫經濟同知銜貤贈宜人
余孫氏以子經濟同知銜封宜人

馮雷氏以姪雷逢春貴貤封宜人
雷陳氏以孫逢春貴贈宜人
方王氏以子利川職銜封宜人
何樊馮氏以子景華州同職銜贈安人馮氏載入賢媛類
余黃呂氏以子銓實授江西峽江縣知縣加州銜請封宜人
徐謝氏以孫寶選捐職同知銜請封宜人
徐冉氏以子寶選捐職同知銜請封宜人
徐嚴氏以子朋世捐職同知銜請封宜人

誥封補遺

胡宸音以孫兆光職銜貤贈儒林郎

胡熊氏以孫兆光職銜貤贈安人
胡正清太學生以子兆光職銜贈儒林郎
胡樊氏以子兆光職銜贈安人

論曰子之能仕父教之忠是故明王不愛絲綸之寵以庸顯之覃紫荧黄則鋐堂不死曳裾紆紳即嚴廊思奮恩至渥矣咸自有宋至今或偉代殊勳膺茲休命或捐貲報國榮其先人皆可以錫類而勸孝也故謹錄之

明恩廕

趙嗣暐廩生以父邦桂廕授光祿寺丞
孟應祥以父養浩廕入監

國朝恩廕

董時俊邑廩生以父世昌廕襲雲騎尉
周承恩以父于堃廕襲雲騎尉
王敬勝以父世臣廕襲雲騎尉
章裕泰以父景隆廕襲雲騎尉
劉祚嶸以父大慧廕襲雲騎尉歸　撫標效用克承父志見在甘肅從軍

隱逸

唐無考

宋隱逸

陳　倬見求遺傳　崇祀鄉賢

元隱逸

胡可仕本縣豐樂鄉人世居黃牛山下兄弟三人皆明春秋可仕擢湖廣省解元陳友諒兵起遁跡不仕教授鄉閭學問該博邑人鮑琮方嵩游其門傳其學確有端緒以洪武二十四年終壽八十餘　崇祀鄉賢

明隱逸

陳　俊九都人性剛直任丹陽稅課大使甫一年遂告歸

興解元王倫教諭楊瓚築梅坡書舍以居鄉鄰有鬬不之官就俊請平有王彥方之風丁未旱俊出積谷以濟人饑存活者甚衆伐木爲棺收葬無主者千人鄉鄰葬祭婚嫁或踰禮俊皆爲約禁之有司舉鄉飲大賓壽九十五終

李　玉字琢之號醉白一號他山天啟甲子科舉人有才識博學強記抗節不仕讀書潛山理學自任布褐麤糲質而無文倜儻任事州里所重崇禎初峽山賊熾屢敗官兵守道袁繼咸率游擊劉承允討之受方略於玉乃克平焉獻賊陷楚僞官與之鄰命僞督施明昌據其宅

偵刺之玉乃避地江右而免順治二年以疾終於家

曹明夔號蘭生崇禎九年拔貢高尚不仕詩酒徜徉其人如秋水一泓澹蕩明潔

孟養蒙號湘皋少司農季弟孝廉應乾父也性清曠閒遠喜吟詠怡情物外初遊太學不第決意遠引慕太史公之遊廣而又奇乃北走燕趙東探禹穴度石梁觴蘭亭觀海蜃登敬亭尋謝李芳韻躡足熊湘天柱之峯所至品題驚人神宗時伯兄以直諫歸日諧仲季尋訪名勝選幽巖絕獻蒙輒翛然獨往布衣道氅對樵夫田父怡語經日冠蓋人在座寂如也築泠然館擁書萬卷自豪戊午以子乾掄魁益避囂選秀建門金燈潛參內典繼慕玉鷄峯奇勝結屋數楹於其下託迹向平號方閒老子著有返柯帖方閒堂全集行世詩文晚益奇放嘗自贊其小像曰　爾貌何古爾心何空世態縱橫眼底煙霞吐納胸中參悟時明心見性方閒處弄月吟風殆出入乎羣仙諸佛誰目爾爲介弟封公

陳　瑞號五玉初補弟子員旋薄制藝謝去之放跡煙雲狂歌自廢酒酣輒濡毫揮翰立成數十紙盡副趙嗣芳敬慕之欲延至賓塾聘自東萊瑞笑曰山鹿野麋甯就人間羈勒爲徉不顧善謔雅聞者絕倒雖髮指背裂之

夫對之亦解頤崇禎中閭江水盡落瑞乃作涸江歎以憂時乙酉賊臨瑞曰吾有從彭咸之故居而已二女孫未字晨起扁舟載之紫潭令先投水徐浩歌一絕自溺焉卓立水中數日不仆

論曰所貴士君子維持風教者出則鳴岡之鳳處則冥逵之鴻其致一也顧易姓改物不可無採蕨茹芝廉頑而振懦名奔利逐不可無癖煙痼霞息械而忘機咸雖褊乎彼夫抗節高尚雅志幽栖秉方正俗徜徉自肆者固不乏也緬彼異行俠骨畸跡孤蹤混寰中而出世外忍令泯沒而不彰乎編其姓氏固貞教厖俗之一藉也

明孝行
楊遇春二都石坑人以二月生宅桂皆花父早喪事母色養兼至後母卒未葬家忽火春追不能移乃伏棺欲與母俱燼衆扶之出泣曰母屍不能全春終不有身也復投河衆又挽之須臾宅燬無遺而母棺獨存雖題櫬亦未之焦莫不以爲誠孝所致邑令聞諸上刻石碑以表之碑在東高山麓
劉從鳳上五都泉畈人遺腹子母周氏年僅十八生鳳時夢鳳止其舍因名補邑增生事母至孝母卒廬墓三年事死如事生每見母之魂魄相依如平時三年後方辭去蓋誠之至者無形而若有形也嘉靖中命與楊遇春同勒諸石顏之曰明二孝子齊芳云今本宅上手竹園中有墓存焉
陳撰字春和一都人庠生性至孝母熊氏病劇撰刲股救之爲延壽十年院道共旌其孝天啟甲母卒廬墓五年棄青衿不顧忽談道有得乃以黃冠棲常輪山中且夕登高望母墓哀鳴鄉人爲之築望親臺焉
方逢時一都高城人方洙裔孫也週年父卒母王氏病疫垂絕時刲左脇肉以進母見神人敎之食病立痊復延壽
國朝孝行

孫延秀城內人生平孝養不能盡述一日父病革禱天願以身代病卽愈年延一紀繼而母病亦如之未痊躬親湯藥衣不解帶者數月母卒廬墓三年父卒亦廬墓三年後每逢父母忌日必哭奠墓所年逾八十孺慕猶存乾隆二十七年公請題
奏建坊坊建本宅門首
周又清二都人孝著髫齡天成至性居父母喪廬墓六載邑侯奘世賢深慕至孝延敎義學詳請　旌表乾隆三十六年奉
旨建坊坊建周家鋪上首路側
生員方槐林四都人幼有至性母鍾氏咸豐三年得痿疾臥床不起者五年接其父宇春公病亦然臥床三年前後共八載槐伴臥床邊凡便溺盥洗必親身扶持朝夕奉養曾無間時
增廣生員陳嘉言一都人其母周氏早逝時言年甫八歲卽哀痛倍常數日不食其父天河歿備極悲戚葬後廬墓三年繼母余氏歿葬後亦廬墓三年
劉濟連城內人其母黃氏染患瘋癱病症臥床十有一年凡湯藥洗滌之類連皆身親理之夜常和衣伴榻而臥兵燹之際負母逃避鄉村未敢刻離母歿連擗踊哭泣

飲食不進者數日葬後每日省墓一次

武生錢光烈二都人武生錢淩錦之次子隨父應鄉試未售歸舟至金口狂風猝起舟覆烈起見父沉溺復入水救父竟與父同不起烈之死實爲父死

鄭成松號長青城內人其母黃氏中年得癱疾卧床褥二十三載松伴寢母楊其母呼痛則摩呼癢則搔事母饔飧有殘冷則親自爨飫扶母便溺有汚穢則親自浣濯直至母歿曾無懈怠生子二啟濱啟春業儒

文童張孔繹十都人　恩貢生張煥廷之次子天性純孝咸豐四年賊掠咸屬各鄉煥廷團練堵禦賊偵知之三

月初四日黎明蜂擁而至逕圍其宅煥廷爲賊所獲幸不知識繹急出救父自認爲煥廷子指煥廷爲其師賊由是釋煥廷執繹索其父繹大罵賊殺之化尸焚宅而去時年十五歲

施騰甲廬母墓三載蒙　督撫憲批給匾額

王道成廬父母墓六載蒙　督撫憲批給匾額

吳國英廬祖父墓三載蒙　督撫憲批給匾額

余耀紳年十二歲隨母徐氏入山撿柴遭虎將母撲地紳泣以棒擊虎口叫我娘不能咬去不若咬我至誠格天虎遂徐徐走母子俱得生全紳沒族人共議爲置木主

入萬山宗祠春秋從祀紳士舉報　王學憲題贈純孝性成四字

闕　畢字甯生十五補弟子員文場屢薦不售以明經終老性至孝母病時祝天願以身代親供湯藥衣不解帶者匝月至刲股肉以進事聞　府尊禹公詳請　大憲題仁孝格天四字建坊於邑之丁泗礄

葉允忠篤行君子也幼失恃賴繼母舒撫養成立父卒忠事舒色養益至舒病忠刲股以啖之籲天願以身代與兄允年交相友愛一堂之上怡怡如也歲癸丑修輯省志邑人士廉其實行聞於上奉

旨建坊

孝行　候彙報請　旌

生員粱及山乾隆年間人家貧父早喪竭力奉母凡聞母聲必起立母沒廬墓三年

鄧良恂宿儒旭春公之子節孝嚴妣所出也幼失怙曲體親心事寡母最孝受室後猶依戀母側母病衣不解帶湯藥親嘗及母沒水漿不入矢欲從親地下以伯叔苦勸乃止母葬後廬墓三年有形家言母墓不利恂謀啟扞啟壙見棺木朽蠹號泣幾於枯樹扞葬畢以哀毀故遂卒時年三十二歲

雷重華父燿堂母陳氏孝事父母廬墓六載生子尚賓國學生

方學海號鰲山邑諸生進士周滙淙嘗慕其爲人爲之作有小傳公處己誠樸事親孝父母相繼沒葬畢廬墓三年不茹葷酒生平與物無競汪汪若萬頃波晚年讀書家塾鼓勵後進孜孜不倦尤留心學校邑賓興與有力焉頗爲一時所推許云子五六邑庠生鳴鳳太學生開瑞世葵其最著也

周之京號南野邑庠生之龍之麒其兄也母係通羊御史陳少岳公之女京奉母以孝聞及歿廬墓三載終不忍

舍復築臺讀書其上朝夕開扉望母墓里人遂傳爲望親臺云見舊志九龍洞記

鎖錫純父病禱天欲以身代遂割股醫之卽愈

胡庭燦一都人生平禮法謹守謙讓爲懷尤敦大節事親則夏扇枕冬溫被親有疾藥必親嘗衣不解帶親沒均廬墓三年族人爲之贈額祠中曰陶鶴重來前教諭龔定豐爲之壽序曰篤實君子

胡兆運號定時一都人幼有至性長明大義作仁公仲子出繼親叔光朝公爲嗣光朝公因早故定時事節母王氏冬溫夏凊昏定晨省一一如禮法至今猶嘖嘖人口及

母沒廬墓三載四分族中贈有胡考之休匾額合族贈有孝義流芳匾額

懿行

懿行者何美行也其人雖不在科名仕宦之列而其行皆本慈祥愷惻之心故録之以爲長厚者勸更爲貪猾者醒

錢肇夏二都人少孤有至性善行不可勝紀康熙間歲旱散穀七千餘石濟貧窮鄉人德之邑宰上其事臺司例請題敘不受贈額榜其門　督憲贈氣俠風仁　撫憲贈利濟爲懷　學憲贈道隆風古　藩憲贈風存三古　武昌府憲贈樂善不倦　縣憲贈善爲楚寶當是時長者之名滿鄉邑著有性善錄及家訓數則子七有岩有

斐有光有華俱生員有崑有岷有歲入太學人以爲善行之報

萬資治九都人邑庠生家殷實而好施鄉中有一貧民爲債主所苦將鬻其妻資治聞而憐之代償其債并贈貲本使貿販其人後發積計本息送還資治堅辭不受其人益感謝而去旬遇歉歲先濟宗族親戚後給鄉鄰穀價昂貴之時必減其半故人爲之歌曰忠厚長者萬資治石穀只買三錢二生平懿行甚多姑撮錄其最著者子四均入膠庠食廩餼孫輩大半列青衿以明經入成均者世擴其尤著焉此足以徵忠厚之報也其裔孫邑

庠生方英武舉兵部差務府方英亦天性仁厚嘗置義
田一庄以爲宗祠養老𢌿士旌節之資族鄰中亦歲有
分給可謂克繩祖武矣

梅國耀邑庠生一都西關外人承先人楳進遺業頗有田
產貲財而好施與每遇公事量力而輸毫不慳吝官紳
知其誠信亦毫無勒捐其於宗族鄉里遊士乞人一概
從優發給如捐貲修宗譜置祭產立義學一切不可指
數道光己酉年大水斗米八九百錢并無處覓買耀乃
煮飯分給費米六七百石全活者甚衆而其自奉則布
衣蔬食數十年如一日子三均補弟子員長鳳鳴次鳳

藻候選訓導三鳳儀見任河南鹿邑縣縣丞孫輩林立
積善餘慶古人不予欺也

陳超太年十八父母俱亡兄亦卽世善事寡嫂撫姪雲煥
教養成立洪宗師取入縣庠煥又早歲不祿姪媳孀居
又撫姪孫之溥以養以教亦與前之撫姪同宋宗師取
入縣庠是煥父子成名皆太之力也撫孤二代同堂三
世內外無間始終如一所以子孫蕃衍書香不斷其裔
孫過根太學生瑞麟邑庠生屢膺房薦宗孚軍功議敘
五品人咸以爲撫孤之報

周　遐據前署刑部左侍郎雷以誠題贈云同治四年予
解綬歸晤同邑周燮卿昆季知其先祖遐公同居已七
世矣和樂一堂有張公藝之風自非篤於孝友不克臻
此因書孝友傳家四字以贈以誌善行兼以勉其世世
相承且以風勸末俗云

王光世八世同居咸豐九年十二月　胡部院給有齊家
極軌四字匾額

呂巨材義士也性公直仗大義力倡善舉培植學校重道
隆師生三子國玫國瑄國瑩以義方教之均爲名下士
傳家孝友目見四代同堂旣沒士林猶稱道弗衰其仲
弟鎮巾亦仗義嘗濟人窮乏全人婚姻皆有實據尤捐

貲助餉爵閣部堂　官在荆州時題賜毀家紓難四字
以褒之

章　博六都東源人少業儒屢列前矛不售因納粟捐監
入北闈二次旋以母老就養與伯兄曲體堂上懽宅居
往來通衢嘗烹茶湯以濟苦渴不以爲勞道光庚寅歲
歉發米數十石以賙鄰里庠生兆奎卽其子也孫應清
應蘭皆入泮道光七年　王學使霞九以孝友端方四
字獎其廬

盧之軉八都人蕃理問職銜嘉慶十一年捐紋二千兩助
修淦川書院考棚蒙

族好善樂施四字准其建坊至今曾孫輩玉立最著者其孫盧瀚由貢生任公安縣訓導

余艮友號樸庵八都人性仁厚質直少年時有事晉省偶憩旅邸拾遺金百兩即宿邸中以待明日失金者倉猝至詢確如數還之不受謝儀亦無德色其他好善樂施之事甚多不能備紀子三長士魁次文魁三選魁皆能繼志述事孝友一堂遂成爲邑中望族選魁之子號琅圃者邑諸生也歲試在省一夜與友人坐談聞市有哭聲叩其情爲其母病危售屋金十餘兩偶遺徧覓不得故盡傷心琅圃即解囊過其數予之哭者究問姓名笑

而不答當時同寓友傳其事至今猶嘖嘖人口皆以爲樸庵有賢孫選魁有令子故其子孫列膠庠登仕籍者蔚起可信積善之有報焉

金和聲號韻餘上十一都人納粟籍名成均貢士性孝友故兩弟承先人遺業頗饒裕而聲以磊落好施輿漸至貧窘然揮霍之態始終如一年饑丐者多至借貸以賑之尤怡情山水託堪輿業南遊海嶽北走幽燕暮年築茅屋於山谷中棲遲偃仰屏絕紛沓食菲衣粗晏如也年八十三而卒歿之前夕召宗族親朋弁孫子至前一一叮囑晨起沐浴具衣冠云外有肩輿至呼家人焚紙錢飄然遂逝生子五季名聯輝邑庠生亦皆渾厚有父風云

萬墨卿黃笠夫據前署刑部左侍郎雷以誠爲作合傳云

予自十有五後出應童試即識萬君墨卿黃君笠夫皆蓄道德而能文章者也通籍後馳驅萬里猶眷眷其爲人今當致仕之年棄官歸里舊日知交大半零落萬黃二君亦皆仙去故鄉人士莫不稱其人之賢而悲其遇之蹇也墨卿家素封橐中數千金悉爲弟兄親友急難所罄族黨有佳子弟或貧不能讀者必善爲招致教誨不倦務期有成而束脩不計其爲學也敦崇實行而不騖科名琴書自樂有陶靖節之風笠夫固寒素能刻苦

自勵丁亥年冬應院試入場風雪大作笠夫坐號適當檐際試卷損壞不能謄寫鄰號某拾其文稿藉以獲儁酬笠夫百金不受亦不言其盛德若此是二人者生平大率相類但墨卿能文能詩而不能酒笠夫能酒能文而不能詩而要其成己成人忘懷得失皆有得於詩酒文字之外者也家弟雲先亦寒窘賴二君之教以成無對予談及兩師淚輒涔涔下其嘉言懿行不能備記爲略次其便概如此墨卿諱秉衡居九都笠夫諱大軒居十都各著有詩文集皆以布衣終

劉大鵬號雲軒增廣生員九都人母年九十鵬亦垂老而

朝夕侍膝下猶如孩提親爲母梳洗沐浴冬則親爲溫被毫不諉諸他人教授生徒多成名首重品行不徒以文藝見長其殆古學者遺風歟子四長達生邑庠生

殉難

生員鄭啟林 城內人在總局團練被賊破城戕死 奉祀昭忠祠

王世臣 號水心邑諸生二都人性嚴毅聰慧爲文不趨時徑鄉闈屢薦未售咸豐甲寅春粵賊寇楚蔓延鄉村水心率鄉人禦之戰屢捷賊怒乘夜大雨蜂擁至水心領一隊當其衝力不支被執罵不絕口賊刺其喉猶引手作殺賊勢嗚呼壯哉歿年未及三十明年多郡守以其事聞 奉祀昭忠祠世襲雲騎尉

王之斈 號聰樓少有文名未遇咸豐甲寅歲粵賊犯咸與王世臣等立同安社起義兵剿賊被執不屈赴水死事聞 奉祀昭忠祠

錢幹臣 幼讀書明大義當同安社之敗也賊益熾幹臣密募壯士爲夜攻計事洩被擒乘間赴水死 奉祀昭忠祠著有金瘡雜方藥書監邑主事王柏心深器重之爲之製序辭繁未錄

錢秀雲 粗知書性極剛正咸豐四年邑南鄉二都立同安社殺賊雲私出藏金募壯士社敗賊執之屈使跪大呼曰要殺就殺豈有殺賊人而跪賊者乎遂遇害 奉祀昭忠祠

錢淩光 同王世臣戰歿入昭忠祠

沈春藻 同王世臣戰歿入昭忠祠

生員周炳楠 十二都人在九都罵賊遇害子開甲邑廩生

監生周文燦 城內人在城團練被賊戕死

監生周芳春 上十一都人在路遇賊被殺身死

文童張應嵩 城內人在城團練城破被戕身死

耆民錢首峯 城內人城破罵賊被戕身死

軍功江開魁 九都人在城內總局辦公城破被賊戕死

吳聲遠 城東人因賊竄咸保衛汎主賊執不屈受刃身死

武生呂調元 軍功六品團練剿賊當被擒殺

呂國鋅 調元子因賊捉父冒刃以救亦同遇害

伍西園 城內人在城團練被賊戕死　何升朝 城內人在城團練被執戕死

吳開元 城內人在城團練被戕身死　黃辰谷 入都人在鄉團練被賊執戕死

余敦典 北洪礄人被賊逼至古塘角罵賊殺死　陸登鰲 城內人城破被賊戕死

劉翼惠 一都人被擄不屈爲賊戕死　譚定祥 一都人被擄不屈爲賊戕死

陳正棋 崇陽縣人在城內城破戕死　伍初開 城內人城破被戕身死

楊超敘 西城外人被戕身死　畢光明 一都人在西城外被賊戕死

王　佐 城內人城破被賊戕死　劉大信 城內人城破被戕身死

白傳貞 城內人城破被戕身死　楊全庶 城內人被擄不屈戕死

曾憩廷 城內人城破投水身死　童子曾永高 城內人被賊趕促赴水身死

何廷華 城內人因賊破城投水身死　伍初德 城內人因賊破城被戕身死

吳開泰 江夏縣人在城貿易被戕身死　甘振先 湖南人在城貿易城破投水身死

吳國彬 通山縣人在城貿易城破投水身死　童子王恩保 一都人城破投水身死

鄭傳有 一都人賊擄不屈被戕身死　伍本立 西城外人賊擄不屈戕死

晏長松 城內人城破投水身死　童子鄭宗廊 城內人被擄不屈戕死

楊超本 西城外人被賊逼促投水身死　劉遠茂 城內人城破被戕身死

胡正名 城內人城破被戕身死

白傳讃 城內人城破投水身死

白傳烈 城內人城破被戕身死

劉岐山 城內人城破被戕身死

蔡輔成 通山縣人在城貿易城破戕死

何植義 城內人在署辦公城破被賊戕死

盧允懋 一都人被賊趕殺弃焚屍身

盧允思 一都人被賊趕殺身死

賈其秀 上十三都人因擄不屈戕死

王先富 一都人被賊趕殺身死

陳先勝 一都人因擄不屈被賊戕死

白傳典 城內人因賊破城被戕身死

李勝時 下七都人在本境被賊戕死

余尚珪 下七都人在本境被賊戕死

胡士紳 八都人在本境被賊戕死

胡士慶 八都人在本境被賊戕死

余國有 八都人在本境被賊戕死

余尚暹 八都人在本境被賊戕死

余國彩 八都人被擄不從被賊戕死

朱明德 四都人在橫溝橋被戕身死

胡士寬 大冶縣人在橫溝橋被賊戕死

黃緒聘 八都人賊擄不屈被戕身死

楊貽超 武昌縣人在下五都遇賊戕死

梁永進 二都人在本境被賊戕死

朱明義 二都人在本境被賊戕死

熊崇發 麻城縣人在城貿易城破戕死

錢仙錫 二都人在同安團被賊擒戕死

周明遠 六都人因擄不屈投水身死

劉帝乾 三都人在本境遇賊被戕身死

劉朝剛 三都人在下五都遇賊戕死

劉達璜 三都人在下五都同父遇賊戕死

張大有 十二都人在本境被賊戕死

顧文穎 十二都人在本境被賊逼自縊身死

雷煥明 十二都人被擄不屈戕死

李學忠 十二都人被擄不從戕死

李六保 十二都人因擄不從被戕身死

黃才甚 十二都人抱病在床賊至戕斃

顧宗江 十二都人因賊逼脅投赤身死

李世發 十二都人被擄不從戕死

李世璋 十二都人被擄不從戕死

劉達雄 十二都人賊逼不從投水身死

袁定阜 十二都人脅從不屈被戕身死

戴明友 四都人在汀泗橋遇賊戕死

趙吉六 上十一都人在十都湖泊遇賊戕死

晏長八 十二都人在古田地方遇賊戕死

唐國正 嘉魚縣人在同德團地方被賊戕死

翁啟典 九都人在本境被賊戕死

黃玉林 九都人在本境被賊戕死

余占魁 上十三都人在本境被賊戕死

廖昌貴 九都人充當萬全團勇打仗身死

白一清 城內人充當團勇城破戕死

章宏誥 城內人充當團勇被戕身死

伍初平 城內人充當團勇被賊戕死

楊兆裕 城內人充當團勇被戕身死

余一甲 城內人在西城守城被賊戕死

陳文彬 城內人在城充當偵探城破戕死

吳廷太 上七都人在仁里局打仗身死

袁永銀 上七都人在仁里局打仗身死

謝國瑚 大冶縣人在長綏局打仗戕死

趙正松 嘉魚縣人充長綏局團勇打仗身死

孟興譜 下五都人在長綏局打仗身死

陸隆太 二都人在同安團打仗陣亡

錢若禮 二都人在同安團打仗陣亡

張自雄 六都人充當保康團勇打仗戕死

熊大壽 二都人在同安團打仗陣亡

董光懷 三都人在積善團打仗身死

劉占一 上十三都人在同德團打仗身死

劉光明 上十三都人在同德團打仗身死

劉達福 上十三都人在同德團打仗身死

江達興 上十三都人在同德團打仗身死

胡長春 上十三都人在同德團打仗殺死

余繼明 上十三都人在同德團打仗殺死

余希榜 通山縣人充同德局團勇打仗身死

王玉匡 湖南湘陰人充同德團勇打仗身死

胡長金 上十三都人係同德團勇打仗殺死

楊宏順 上十三都人係同德團勇被賊執斃命

晏長富 十二都人係同德團勇打仗殺死

江立恒 九都人係萬全團勇打仗戕死

熊德昌 九都人係萬全團勇打仗戕死

趙九皋 九都人充當萬全團勇打仗戕死

袁盛敏九都人充當萬全團勇被賊戕死　王玉岡上十一都人在善書局團練被賊戕死
王緒豐上十一都人充當善善團勇頭打仗戕死　王德祥上十一都人充當善善團勇頭被賊殺死
劉應仕上十一都人充當善善團勇頭打仗戕死　金位山上十一都人充當善善團勇打仗殺死
周承賢上十一都人充善善局團勇打仗戕死　周志相上十一都人充善善團勇打仗戕死
周世賢上十一都人充善善團勇遇賊戕死　何榮陞城內人因官差遣至十二都遇賊殺死
黃源開三都人在親睦團充當探報至七都地方遇賊戕斃
黃源達三都人在親睦團充當探報至七都地方遇賊戕斃
夏　德蒲圻縣人在咸甯充當馬夫遞公文至紙坊遇賊被戕身死
武生曾純青城內人隨林天直在沔陽雲口打仗陣亡
武生章文彪把總銜從戎陣亡保奏奉　賞世襲恩騎尉

監生葉春生一都人貿易天門當勇頭禦賊死後猶執器械有詩載入藝文類
劉日新都人貿易天門當勇頭打仗手執烟刀殺七賊被害有詩載入藝文類
余開恆上十一都人因勇父張繼增奉前憲王諭辦兵糧賊知促增來擭遂拿恆至崇邑殺斃
馮祖平十二都人在省城充當官勇打仗陣亡
樊宏三下五都人在漢口貿易被賊戕死
陳禎芳一都人遇賊不屈在蒲邑被害
錢成裔城內人同治四年叛勇擾城罵賊被戕
陳宗會城內人叛勇猝至被擒不屈罵賊殺死
唐宗耀城內人賊變倉猝罵賊被戕身死
黃正邦號詩臣咸豐五年亂督勇陣亡　恩卹葬祭有案

劉大慧號愚山優增生咸豐辛亥科舉孝廉方正咸豐五年亂督勇遇賊陣亡中丞胡奏請優卹　恩賜雲騎尉世襲入祀昭忠祠
李廣成　李貴保
萬延士　劉愼三
張正鵬　劉傳益
陳大順　陳道立
王録古　徐六保
帥秉權　陳良駒
王承志　黃萬致
洪正昌　陳太封

以上十六人與黃正邦劉大慧同日殉難均入祠奉祀
余守鍾號韻笙貴州龍里縣知縣據前署貴州遵義府知府樊希棣奉其父玉農書云韻笙署龍里篆諸事認眞辦理時方寇亂團練固守龍里倚爲保障同治三年十一月廿四日鄰縣貴定被賊陷韻笙在龍里竭力修戰守之具十二月初二日賊逼龍城四面圍攻城陷韻笙猶督勇巷戰寡不敵衆練勇全潰韻笙退至東門開城令紳民逃避紳民亦强挾韻笙出城避賊俟再圖收復韻笙曰城亡與亡我之分也即周走而呼曰我係龍里知縣今不能保民有何面目立人世賊不必殺我民殺

我可也賊云此是好官不可殺他龔奎見賊不殺卽躍入京城內荷花池賊趕救出龔奎又躍入深處遂溺而死賊云這個硬漢子可惜用棺木裝殮停池邊初五日官兵收復龍城龍民卽將龔奎忠骸衣棺襯殮送至省城弁述其顛末如此事聞 上諭卽於龍里建立專祠春秋享祀此係有光於咸之人因誌板已定未便翻刻故附録於此以待後來續修補入應例已仕一類列周于莖之次

張東園先生吾楚懿行君子也嘉慶己卯余奉
命典試粤西道出於咸同年劉芑汀宰是邑邀飲時先生亦在座偶談世務皆有根柢條理余心竊重之歲己丑張子應樞來都以年 誼進謁詢爲先生長君嗣應樞考取
武英殿校録留京供職時相過從因益悉先生生平先生少失怙恃撫於伯父正言公幼明敏喜讀書年二十餘以縣試冠軍補弟子員時正言公已下世遂理家政事伯母曲意承歡撫其孤如同胞數十年間置田園廣舍宇未嘗有毫髮私兩弟早世以子嗣之創立家塾延師課諸子姪使朝夕誦習其中待宗族極敦睦念先世公產無多竭力經營累貲千百因得以增祭產建宗祠上以妥先靈而下以聯族姓焉且夫爲善於一家不能爲善

於一邑具宏通之才者不如是也先生見義必爲見利必與水旱災之頻告也先生議救之文武廟之傾頹也先生倡修之京都會館之議置也先生力主之古塔已廢之重建也先生維持之道光初咸邑人文蔚起蒙
恩額廣弟子維時賓興之費鳩集至數千金邑人士推先生爲首事因與孫君樾園胡君琢亭共會計立章程經理十餘年有贏無絀由是譽望日隆凡鄉邑之間有事屬危難者先生力爲排解有時解囊息事而其人或未及知此邑之士大夫所以肅然敬帖然服卽田夫野老識與不識無不樂道先生者先生爲諸生時歲科試屢列前茅而艱於一第未獲展其抱負士林惜之然先生雖不見用於時而其所爲一家之光一邑之望者自足以不朽又況一門之內游泮水登賢書雲蒸霞蔚方興而未有艾焉先生諱兆晉字錫如號東園配姚孺人生子五長應樞戊子辛卯兩中副車己亥舉人次應春甲午副榜均出嗣三應惇甲辰副榜四應芳邑庠生五應培邑優增生孫十六人長亦列縣庠應樞與余子元溥爲戊子同年因修家乘問傳於余乃卽所見所聞者敘以畀之 賜嘉慶辛未科狀元古竟陵蔣立鏞譔文録刊以俟將來續志者紀入懿行類

盧允恭號古愚邑庠生員品礪廉隅才亦犀敏世居城内
其先大父福瀣公於嘉慶壬戌秋七月有陰救百餘命
一事不令人知而人卒知之迄今父老猶能述焉其先
君子咸英公昆季五人先因丁繁家窘承嚴命各爨洎
咸英公與諸仲季克勤克儉致家景稍豐棣蕚仍合怡
怡一堂城鄉嘖嘖稱孝友焉其懿母白孺人亦勤襄内
政孝順舅姑當福瀣公病時孺人以冢婦侍湯藥衣不
解帶者五閱月後咸英公置買巨室與仲季等同居孺
人又出藏鏹千八百以助之以成咸英公孝友之志至
古愚弱冠採芹不求聞達而勤於公事凡邑中大建置

如　文廟考棚城隍廟嚴家壋塔西河橋一切需修建
者皆肩任其事且采訪節孝殫心竭慮發潛闡幽
不居功亦不居名其才其品均堪稱羨予敬仰者久之
因未經公論不便擅詮而邑中王潤生周理皆諸友遲
至志板鐫定之後始示予書謂才品如盧古愚者不容
淹沒予乃自慚從前登記之疎而亦竊嘆諸友之不早言及
此也因附於末以俟將來續志者紀入懿行類

朱文輝號古韻邑城西上十一都人荊郡監邑内閣侍讀
學士胡大任爲之傳曰古韻朱君任故友也兄弟有四
伯氏靖齋爲名諸生惜不壽仲氏清遠復早故　公爲
孝養計偕季弟濬泉作客沔南有億中才持身又克勤
儉以是囊槖日盈事親撫孤悉有資無憾任自戊戌通
籍聞名請謁一見即推爲長者壬子冬楚氛不靖任奉
檄回籍團練就　公決策悉中機宜且設措助餉不遺
餘力任倚之如左右手事平　公告歸田里覩家廟摧
頹毅然倡修鳩工庀材不憚勞瘁歷三寒暑始告竣除
合族捐資外計自墊用貳千餘緡其生平急公任事多

類此舉丈夫子四長曾松由茂才以軍功保舉選湖南
知縣命嗣清遠公祧次淩瀛捐布經歷又次曾珍由庠
生加翰林院待詔又次曾柏捐州同銜分發安徽縣丞
諸孫亦復林立非　公之德厚不致此庚申春任仍供
職京邸其子曾松入都銓選適逢
覃恩呈請
封　公爲奉政大夫是年季夏以無疾終聞訃悼歎因撰數
語以誌不朽其次子淩瀛與任長男振煜結朱陳好則
又以友誼而聯爲戚誼云

咸甯縣志卷九

人物 列女

邑人 雷以諴鶴臯 陳國正愚溪 纂修
知咸甯縣事陳秉信慶堂 鑒定

序曰諸淑媛或節或孝或烈或貞各行一是並得其清舊志所載半係名門右族且僅逾十人惟簡也故易於詳今彙各 憲仰體
國家褒崇之意發潛闡幽旁及草野爲人心風俗計者深且遠已因照城鄉采訪原稿詳者節録其實略者謹存其名恨耳目未周不無遺佚彼珠玉或韞尚待捜羅

節烈舊志

袁友正妻黄氏 友正卒哀毁骨立晝夜在壙暮盡光灌一日忽謂家人曰袁子至矣速與我治衣棺言竟而卒人皆駭之

陳思忠妻王氏 解元王倫女年二十六生二女而思忠卒苦節四十餘年人咸歎之年六十五卒正德中都御史吴廷舉行縣核實旌之

張綱妻劉氏 歸張甫七月而綱卒於京遺腹生一女遂近聞其賢淑求配者百計莫能動家甚貧箸了無惱色年七十五卒正德中都御史吴行縣核實旌之

生員趙麟妻余氏 性貞靜寡言笑麟卒余年二十餘以死自誓與一婢共卧起者五十年家人罕見其面年八十餘督學道顔鯨以狀聞奉 旨旌其門

贈中丞孟機妻余氏 少司農養浩母也事姑至孝機好施余恒贊助之歲人祲余曰此行惠時也盡出穀以濟人自餔粟麥機卒嘔血長慟欲以身殉塊處一室人罕見其面養浩廷杖歸拜余曰兒幾無以見母矣余曰兒今始可以見母矣冰雪之操三十年如一日直指奏請於朝禮部勘覆奉 旨旌表貞節以子貴贈恭人

顧九階妻周氏 憲長顧問其翁也階早逝周年殊少力持門閥性好施予有內則禮儀院臺旌表後以子立家計蕩然末路尤爲苦節年八旬卒

訓導余象賢之母李氏 夫殁李年二十一歲賢甫週年家徒壁立茹荼食貧甘旨奉姑靡不曲至躬紡教子賢嬉敬姜冰操四十餘年邑令秦懋觀申聞院道給匾旌獎題曰節義裁成

鄱陽縣令鄭邦相妻楊氏 翰林鄭之詡母也明末叛兵衝咸望屋而噬楊不及避義不爲奪輒遭箠及暴死而正氣直接霄壤誠有見危授命之勇

生員鄭邦遇妻周氏 明末畏兵凶威先身投塘與楊氏同日死難一門雙烈允擅榮名

廩生唐之甕妻胡氏 甕慷慨倜儻以氣節自負早殞胡求殉不得毎慟哭吐血數升窺孤斬如誓死靡他設夫靈於室中朝夕依之哀號帶衰絰廿餘年宛若初喪家無僕婢績紡自勞不依伯叔存活也夫世之守節者或以身姑或以幼子或以財貲胡於三者皆無而冰蘗自持孤苦茹毒尤人所難云

生員郭翊中妻黄氏 年未二十翊卒子民瞻始孩黄柏舟矢志事堂上人一如東海婦撫孤庭訓和丸最嚴明末闖黨執黄於黄泥洞駡賊不辱觸石而死血漬頑石成碧後民瞻任龍陽縣教諭

生員鎮朝經妻樊氏 歸鎮甫週年而經卒樊事母以孝盧夫墓側三十餘年矢志堅貞云
奉 旨旌表建坊列女

優廩生王錫極妻周氏 子乾天監生

宋紹之母孫氏

生員陳宗璉妻雲氏

王璐妻闞氏 璐卒遺孤以慈事翁以孝念餘年不衰死之歲次見月中有四字謂家人曰我死非四日即四月也越十二旬無疾終意者蟾宫之召歟子士通援例入太學

劉貽德妻吳氏 子龔升生員

生員趙葵妻李氏

高象珍妻周氏

葉方頤妻姚氏 前明戶部員外郎姚亨之元孫女父母乏嗣能以女職兼子道生事卒葬極盡誠孝入稱淑女及適葉生一子夫病禱神願以身代夫亡絕粒誓不復生翁姑勸導勉強延生終身茹苦事翁姑倍極孝敬勤績紡撫孤成立訓以義方苦節三十餘年子同仁孫道忠均列邑庠

楊運穀妻陳氏 子國彥監生

張兆贇妻董氏 道光二十三年司批看語賦性幽閑持躬淑慎悲黃鵠之早寡幾欲身殉念白髮之無依勉承孝養事姑婥而深甘旨教兒孫以紹書香嗣子應樞候選知縣

張兆泮妻丁氏 道光二十三年司批看語秉性端嚴持躬淑慎正相莊夫鴻案忽抱痛於鸞分事親則孝養無虧教子則義方是訓守節四十八齡見年七十五歲子應齡國學生

張兆甡妻吳氏 道光二十三年司批看語持躬淑慎賦性堅貞夫歿姑衰截髮矢靡他之志子繩孫繼教養衍禮祀之傳嗣子應禎

吳燦三妻陳氏 遺腹生子廷選廩貢生候選訓導坊建東關外路側有碑誌詳載雜志金石類

馮鼎臣妻張氏 二十九歲夫故矢志守節奉親撫孤辛苦備嘗歿年六十九歲子泰峯監生

何北臨妻黃氏 邑明經胡文健贈坊記云節孝黃孺人者年十八而賦于歸四載失配子弱齡而撫成立五夜耐寒翁媪孝養無虧婦以代子宗庭詩書有後母更兼師五十四齡之冰霜履而能泰七十五稔之

壽筭歿世長榮子二燧燦

方典章妻余氏 邑進士周滙淙贈額叙語方子華庵生甫數月其父典章公謝世母余氏年二十四苦志守節以養以教俾至成人是時予與其伯鰲山公少相契及同遊庠兼以姻戚之舊知之甚悉茲於道光十年臚列節孝各實蹟聯名僉請　旌獎幸蒙　俞允華庵來漢南請題堂額以慶　恩綸予惟伊母節孝實行得邀　寵錫建坊表著由此登之邑乘載之家譜何慮湮沒而彰惟是循名考實一一符合非同塗澤粉飾之為則伊母無愧詞焉爰題貞吉二字贈之以見其飭之正而固所以上沐　國恩而光門楣者發祥為有自也華庵盍勉孝思敦品飭節以冀光前裕後其進豈有量耶

監生余班圖妻饒氏 其姻再姪江南督糧道涂文鈞有贊云松筠著節冰雪為心子準齊貢生

余瓊圖妻劉氏 其姻姪刑部侍郎雷以諴有贊云柏舟矢志孝養無虧子覺軒監生

張大恩妻陳氏 年二十五夫故貞節自守歷久益堅

呂繼伯妻鄭氏

廩膳生鄭鑾妻余氏 二十四歲夫故守節四十餘年堅貞不移子興達邑庠生

郭元觀妻毛氏 年二十夫故苦志守節堅貞無玷

孫隆吉妻陳氏 年二十五夫故矢志守節家貧晝夜紡績以事舅姑

嚴梅友妻余氏 懷清履潔孝而能慈　嗣子翰元監生

盧朝樽妻謝氏 成仁取義庶幾無愧　已奉　旨建坊

盧朝櫃妻張氏 殺身成仁巾幗丈夫　已奉　旨建坊

袁東軒妻顧氏 氏姪孫邑庠生定海題贊云玉可切金可折冰霜之志不可滅孤鸞鏡掩廿一春塵幕不染眞清潔豈少化石形姑老難永訣匪無翦髮刀夫嗣殳危絕願奉甘旨怡高堂願綿似續繼前哲盥手晉飴羹靦面和桃聲懃懃懇懇幾經年練成色石補天缺是母眞個好完人壽近百年登大耄而今瓜瓞厚蔭

徵繞膝兒孫次第列我從生後記生前始終甘苦同一節子清漣職員孫定河庠生

童西園妻梁氏年二十三歲守節家故寒素撫孤教讀有九熊畫荻遺意事七十餘歲病翁起居飲食浣濯汚穢十餘載不衰遠近咸稱孝焉子文樞己未副舉人孫家瑞邑庠生

陳　璜妻李氏純一秉性淑慎其身年廿一而賦鳳飛方期眉齊鴻案越八春而歌鵠寡頓傷鏡破鸞臺柏勁松堅勵清操者二十九載形端表正著芳蹤者五十七年子丙甲貢生爲其母奉　旨建坊於宅里

蘇張氏子萬年武生道光二年奉　旨建坊

監生錢步雲妻白氏奉　旨建坊子永煥國學生

陳耀商妻余氏子萬柏道光三年奉　旨建坊

萬青雲妻潘氏廿二歲夫故家赤貧矢志守節翁姑欲強嫁之遂自縊乾隆五十九年請建坊

袁燮堂妻劉氏二十七歲夫故越明年服毒身死顏色如生氏夫堂弟郡庠生定河贊曰嫂志何堅

嫂心何苦殞命捐軀手援無補義祇全於一家名終標乎千古世系流芳誌書傳語我知乎雖死猶生形骸豈同草腐

進士王廷傑聘妻吳氏通邑吳秋坪太守女也傑捷南宮時未于歸無何傑卒氏聞之痛哭幾死旋奔傑喪矢志守貞歷六十二年如一日其姪煥時官戶部給事中奏請建坊於墓側

王道均妻錢氏幼字均均膺廢疾氏聞之嘗私禱竈神前願減算以瘳乃夫越十六年均卒時尚未于歸也訃音達錢遂投環以殉檢其笥則麻髻素髻悉具嗚呼氏固知均之必死而早誓一死殉之志歟其夫兄維楚貢生以次子世基承嗣

錢楊氏婿沒守義奉　旨建坊嗣子錢紳監生

黃一燈妻周氏二十歲夫故歿年六十一歲計守節四十一年道光乙巳奉　旨建坊名公均有題贈子萬杰貢生

萬光拱妻劉氏二十一歲夫故歿年六十二歲守節四十一年乾隆四十六年奉　旨建坊

劉順仁妻吳氏二十五歲夫故乾隆戊子年奉　旨建坊子翼昇歲貢生

從九楊鎬妻陳氏乾隆五十九年建坊子邦喆監生

各學憲獎額列女

徐超萬妻余氏子萬松嘉慶十九年　朱學憲獎額孝德貞徽

白秩三妻吳氏子正霖道光八年　王學憲獎額節孝可風

陳天章妻余氏子書紳庠生

陳敬五妻伍氏

生員鄭承炳妻胡氏道光八年　王學憲獎額節孝可風

胡上彬妻周氏子宗傑

胡宗愼妻周氏

劉世學妻闞氏氏家乘贊云俯仰無依苦節難爲布襄不脫舊愼常垂口無怨言顏無慍額求仁得仁乃在巾幗　李學憲獎額翠柏長春

劉濟惠妻晏氏氏家乘贊云抱共姜義存柳下風堅貞矢志淑愼持躬撫養猶兒如同己出彤史揚徽清規罕四　朱學憲獎額砥節懷清　嗣子時熙

顏國選妻雲氏子兆忠庠生　王學憲獎額節孝可風

闞炳先妻程氏嗣子增貴　賀學憲獎額節孝可風

雲　妻白氏子宗伊　王學憲獎額節孝揚徽

章顯達妻陳氏嗣子啟椿　王學憲獎額砥節懷清

章啟松妻高氏嗣子宏英　王學憲獎額節孝可風

李端智妻汪氏子超漢　陳學憲獎額玉潔冰清

辛必魁妻楊氏子振鐸　王學憲獎額節孝可風

金世亨妻魏氏子洪源　朱學憲獎額節孝可風

姚唐英妻饒氏二十六歲夫故家貧苦守壽至八十九而終子精芝王學憲獎額節孝可風

陳盛周妻石氏二十五歲夫故家貧食素撫孤成立苦節三十五年朱學憲獎額操媲懷清

嚴國明妻陳氏十九歲于歸越三載而夫逝貞靜自持冰霜是凜事翁姑以繼夫志撫孤子以承宗祧道光八年　王學憲獎額節孝可風　子新景

羅名彝妻施氏

廖次玉妻陳氏

施學聖妻袁氏十九歲矢志壽八十一歲終

周倫山妻張氏

陳千一妻吳氏

萬兩美妻施氏

毛思剛妻余氏嗣子炽鸞　王學憲獎額節孝可風

毛思涵妻程氏　學憲獎額勁節榮春

毛帝青妻劉氏　吳學憲獎額節孝可風

毛延爵妻盧氏子宗慶　王學憲獎額彤管流芳

庠生廖法琮妻殷氏守節五十四年壽享九十七而終

廖法貢妻周氏

楊彩階妻陳氏年十八而適楊甫半月而夫殞其父憐其無依言語間微露再醮之意氏援刀斷指誓死靡他志撫弱姪以承宗祧旦夕織紡居積痛舅姑早逝未及孝養置祀田培持墳墓是不僅一身著冰霜之節并能爲公姑謀血祀之資嗚乎可謂孝矣　涂學憲獎額霜筠勵節

王臯建妻嚴氏子德貞監生　江學憲獎額節孝流芳

潘必達妻劉氏子世傑　王學憲獎額節孝可風

陳輝玉妻李氏子哲謀

周文襄妻侯氏二十六歲夫故歿年七十六歲

監生余廷英妻劉氏子仕銓貢生

王遜極妻周氏年十九夫卒僅生一女乃節堅柏舟上慰舅姑撫姪玉岡爲嗣義教競傳云

張輝宇妻佘氏　學憲獎額節孝純篤

監生江宗軾妻章氏夫病就醫鄂渚卒於客邸氏歸氏撫棺慟哭水漿不入口三日投環以殉時年二十四歲嘉慶辛未年　方學憲額獎

朱和萬妻程氏子綬一　王學憲獎額節孝可風

余席東妻黃氏子志道貢生　鮑學憲額獎

馮定書妻朱氏廿一歲夫故氏矢志茹荼撐持家政撫猶子成立壽五十有一無疾而卒

朱明甲妻何氏子聖萬敕封武信騎尉

曹慶堂妻李氏子必文　學憲獎額節孝可風

周當世妻萬氏子廷英邑庠生侍郎雷以誠題贊云閨閣君子女中牟匹鏃白名門于歸望第少失所天婦兼子職閱盡冰霜仁義是飭勤撫二孤都成圭璧孫曾繼起森森鶴立預卜泥封紫誥頻貢褔報无疆振振緝緝綱常大昭增光日月　沈學憲題旌柏舟厲志

楊西平妻葉氏嗣子開玉　余學憲額獎

楊開玉妻陳氏嗣子際雍　余學憲額獎

陳經畬妻孟氏氷霜勵志針線度生　許學憲題旌柏節松操子德均

周應斗妻李氏子予儀氏年二十九歲夫故苦節孀幃道光七年　王學憲獎額節孝揚徽

周漢梁妻鄭氏子開東孫振基監生氏年二十歲夫故舉止端方鄉里望重嘉慶甲戌年　王學憲獎額節凛氷霜

周揆一妻余氏

郭明達妻邱氏

鄭榮煦妻顧氏子用和

胡燦然妻陳氏嗣子光旦　王學憲額獎

胡師魯妻萬氏嗣子年輔　王學憲額獎

鄭乾四妻毛氏二十八歲夫故苦志守節刲股以療病翁和九以教孤子種種懿行詳載家乘子壽山生員　王學憲額獎

鄭文炳妻郭氏嗣子之良監生　王學憲額獎

孫燦璉妻郭氏嗣子增釪　學憲獎額節比松筠

張成春妻周氏十九歲于歸二十歲夫故見年七十六歲計守節五十六年旣節且孝更賢而慈　方學憲額獎　嗣子肇舉

佘思點妻陳氏　王學憲獎額砥節懷清

陳方豫妻劉氏豫積學未遇年二十一而卒時氏年亦二十一歲相舟矢志苦守一子步履端莊言笑不苟道光乙酉年　王學憲獎額苦節可貞　歿年八十六歲至今孫枝蟄蟄人以爲苦節之報云子煥振

張　倫妻吳氏節婦結褵後其夫即往貿所閱八月忽夫凶耗至節婦聞之慟哭幾絕家人急持之後遺腹生子咸德奈天不永年遽賦玉樓節婦益命安不猶雖貧不自存常藉女紅爲資生計年八十餘茹荼飲蘗寔如也邑人士廉其行呈請　學憲沈飴原先生旌其門曰貞壽延徽嗚呼足以慰矣

生員陳均妻余氏生員光樞之母事姑孝課子嚴鋤圜紡績晝夜不輟　王學憲額獎

武監周昌址妻劉氏十九歲于歸越三月夫故隨不食死杜學憲獎額節烈可風

劉秉禮妻余氏二十四歲夫故生子曌傳方八月家赤貧紡織度日上事阿姑下撫孤兒盡孝盡慈數十年如一日　學憲獎額節孝可風

庠生胡其中妻陳氏夫故翦髮毀容撫藐孤以續宗祀之矢靡他

李隆昌妻劉氏年二十八夫故矢志苦守子世英

廩生游勳妻黃氏代夫盡孝謹遵舅命　王學憲獎額節孝可風

黃重致妻劉氏　方學憲題贈氷霜永勵

陳炳山妻白氏二十七歲夫故歿年四十三歲計守節十七年　王學憲題獎節孝揚徽　子名達名鰲

陳魯瞻妻曹氏　方學憲額獎

李正暘妻毛氏子兩交　馮學憲額獎

黃雲珂妻孫氏道光丙戌年　王學憲額獎

黃用和妻周氏道光乙巳年　朱學憲額獎

黃希賢妻陳氏三十歲夫故歿年六十五歲計守節三十年　洪學憲獎額貞懿垂風

張庚世妻黃氏十七歲于歸二十三歲夫故見年七十三歲道光乙巳年　朱學憲獎額節烈堪欽

萬步南妻周氏二十五歲夫故歿年六十六歲計守節四十一年道光丁亥年　王學憲額獎

萬敦禮妻胡氏十九歲于歸僅四十日而夫歿撫姪爲子年六十二歲計守節四十三年　王學憲

額奬

萬晉性妻范氏二十三歲夫故歿年七十三歲計守節五十年 王學憲額奬

萬曉邦妻舒氏二十六歲夫故赤貧歿年八十一歲計守節五十五年 王學憲額奬

萬鳳來妻張氏十九歲夫故歿年六十一歲計守節四十二年 王學憲額奬

萬建臺妻陳氏二十三歲夫故守節三十三年 王學憲額奬

萬耐久妻陳氏二十歲于歸甫一月而夫外貿旋卒貿所歿年六十二歲計守節四十年 王學憲額奬

萬鶩世妻鎖氏二十五歲夫故守節二十七年 王學憲額奬

萬配六妻孟氏二十六歲夫故守節二十八年 王學憲額奬

萬惟康妻李氏二十六歲夫故守節三十五年 王學憲額奬

萬謙六妻陳氏二十七歲夫故守節三十六年 王學憲額奬

萬騰芳妻程氏二十六歲夫故守節三十四年 王學憲額奬

萬肇夏妻周氏二十歲夫故歿年七十三歲計守節五十三年 王學憲額奬

李濬川妻劉氏二十三歲夫故赤貧無子晝則代人井臼夜則挑燈女工孝養孀姑苦節數十年道光丁亥年 王學憲額奬

阮正宇妻劉氏二十二歲夫故見年七十歲道光乙巳年 朱學憲奬額節烈堪欽

劉容光妻劉氏二十四歲夫故見年七十八歲道光丙申年 朱學憲奬額志堅金石 進士余懷堂爲之傳辭繁未載

夏步青妻吳氏乾隆五十七年 張學憲奬額節高松鶴

蔡勝明妻郭氏子孔全 龍學憲奬額節孝可風

李景河妻鄒氏王學憲額奬接奉旨建坊 子良士監生

陳步岡妻孔氏二十六歲夫故道光七年 王學憲題贈節壽延釐 子開文

胡萬泰妻劉氏十九歲夫故歿年七十六歲 王學憲題贈志貞從一 嗣子達賢

學憲奬額貞女

萬天元聘妻程氏幼字萬年及笄未完婚而夫夭矢志靡他歿年七十六歲守貞五十六年 王學憲奬額守貞全孝

黃一金聘妻萬氏幼字黃年未笄而夫夭父母早世誓不他適與叔孀相依歿年七十四歲守貞五十四年 王學憲奬額守貞全孝

巳旌列女

陳萬茂妻宋氏子禎隆

錢淩漢妻鄭氏守節三十餘年素性溫柔無忝婦道嗣子光泉

生員陳紹舉妻雲氏子鰲監生

闞論世妻商氏苦志守節堅貞不移事翁姑以孝聞撫孫男以慈著族里咸稱婦儀足式云

余祥輝妻涂氏二十二歲夫故時翁姑並祖姑在堂茹荼飲氷朝夕奉養不懈兩世三老皆得歡心子先起議敍承德郎孫緒忠邑庠生

周咸正妻余氏 王督憲額奬

余拱安妻呂氏

陳鳴球妻黃氏

劉名晉妻顧氏年十九而夫逝撫猶子以成立矢志守節鄉里咸稱

武生方際昌妻周氏二十八歲夫故時姑猶在堂孝養盡禮遺腹生子及鋒課讀甚嚴丁丑歲

銓以童試第一遊庠學立名成皆母教也

鄭啟鑣妻劉氏 夫故時家亦貧永矢冰操事孀姑曲盡孝養遺腹生子緒宣慈嚴並迪血祀賴延

陳澌瀏妻張氏 事姑至孝教子成名道光十二年四月奉旨建坊子應時孫敬修俱庠生

吳聘臣妻鄭氏 夫歿家貧青春矢志白首一心曾無怨言子思恭

鄭際盛妻吳氏

張緒先妻萬氏 青年苦節堅貞不移越十四年積憂成疾卒嗣子達均

周廷驃妻陳氏 勤儉撫孤不畏挫折子達禮

潘在泮妻黃氏 子應炊

郭少白妻周氏

周小亭妻彭氏 貞靜端莊言笑不苟事翁姑孝敬不懈撫兒媳愛勞兼施子鵬程監生

方道治妻王氏

庠生陸登朝妻顏氏 嗣子寶文邑增生氏矢志柏舟盟心金石事翁姑以孝教媳兼子職教嗣子以義方母若師嚴

張應楨妻胡氏 矢志守節孝奉孀姑撫姪承祧教育成名嗣子嗣先生員

張應楷妻胡氏 苦盡婦職賢孝著聲撫姪孫達銘爲嗣

潘可箴妻佘氏 子應熙

佘祖佑妻潘氏 十九歲于歸方八月夫故號泣欲絕勉強延生孝事翁姑取夫胞弟祖伊之子承祧

周崙山妻阮氏 年十七于歸二十七歲夫故守年五十六歲家極貧勤苦異常子昌銘

黃寶希妻周氏 年十八于歸二十歲夫故見年六十一歲事姑至孝姑沒依母家守志子萬佑

方道該妻萬氏

余有容妻孫氏

監生鍾珉源妻汪氏

彭至嘉妻周氏

彭慎修妻孫氏

余大炫妻涂氏

余克明妻吳氏 子一岡

楊全身妻鄭氏 堅貞守節勤苦持家事翁姑曲盡孝養撫嗣子克備嚴慈嗣子盛繼

葛海晏妻周氏 孝事翁姑訓子成立子天民生員

童廷弼妻孫氏

鍾國春妻周氏

周楚南妻陳氏 言不出梱指擅神鍼傷心血祀淚涕沾襟循子承祧意滿神歆挫折不畏鄰里皆欽

嗣子廷驃

孫錫貢妻唐氏 矢志守節堅貞不移嗣子汝璋

生員樊孝懋妻晏氏

鄭啟春妻張氏 青年守節孝奉舅姑貞順自矢歷久益堅嗣子緒雲

優增生張應培妻闞氏 孝事阿姑慈撫孤子清苦自守歷久彌堅子覺先生員

張應禧妻楊氏 溫柔成性勤苦理家子法先

董文燦妻萬氏 子鴻逵議敘六品氏年二十六歲夫故矢志柏舟冰操厲俗歿年七十二歲

周象億妻陳氏 孝慈兼盡族鄰皆欽子楚南

陳廿五妻周氏

生員樊　棟妻孟氏二十八歲守節見年六十七歲　子鍾奇生員
蔡達階妻楊氏二十八歲守節歿年五十九歲
李傳南妻劉氏二十一歲守節見年六十一歲　嗣子
幸文華妻葛氏二十一歲守節見年五十六歲　子嘉會生員
武生廖逢時妻李氏二十六歲守節見年六十一歲　子文錦孫四
王德鑑妻鄭氏二十二歲守節見年八十歲　嗣子文淮
陳復初妻姚氏二十九歲守節見年六十四歲
葛會佳妻高氏二十三歲守節見年七十歲　子世坤
胡宗鋼妻吳氏二十七歲守節見年五十三歲撫夫兄生員宗鏞之次子爲嗣
余卜相妻蔡氏二十五歲守節見年六十一歲　嗣子

陳兆正妻胡氏二十二歲守節見年五十三歲嗣子隆名
魏篤三妻涂氏二十六歲守節見年六十一歲
王開源妻余氏二十六歲守節見年六十二歲嗣子永久
王文江妻魯氏二十七歲守節見年七十一歲　子明綱
陳廷弼妻江氏二十四歲守節見年五十二歲
錢光斗妻江氏子生柏
方惟哲妻度氏嗣子大禮
孫錫齡妻萬氏柏舟矢志撫子成立不以家寒易其操誠苦節也子汝賢監生
陳隆先妻葛氏子宗福
劉德明妻胡氏嗣子應宿

余伯羣妻方氏嗣子一進
楊榮吉妻周氏子笙廷
胡宗錫妻楊氏子先渻
江世純妻李氏子永杰
胡宗錦妻蘇氏嗣孫正文
吳正衡妻余氏子廷會
楊全倫妻黃氏事奉阿翁孝行純篤堂有繼母能得歡心盡婦職以持家茹荼飲蘗擇義方而教子晝荻和丸子盛青監生
錢湊極妻熊氏年十八于歸時湊極病篤旋卽世守節數十年錢氏老節婦猶貞女也經營兩世葬祭盡禮分處家事劬勞允當賢聲嘖嘖鄉城無間撫姪光藻姪孫生魁爲嗣坊建東關外路側

監生劉翼源妻胡氏嗣子建馨貢生
武生江殿元妻艾氏子士清
江利賓妻伍氏子世純
楊盛煊妻吳氏嗣子家讓
吳之相妻黃氏子立名
潘重夏妻李氏
錢湊英妻余氏嗣子光國
徐立誠妻張氏嗣子言思
方承第妻何氏秉性貞靜言笑不苟事夫五年相敬如賓生子一僅四月而夫亡斯時飲泣欲絕誓死以從轉念堂上有老膝下有孤遂柏舟矢志孝慈兼盡采訪有贊云古井無波瑤池積雪敬姜之勤共姜之

節烏烏輪情熊丸佐讀巾幗流裁式型戚族子家齊候選縣丞

蘇宏祚妻胡氏嗣子達蔭

潘達四妻劉氏子世芳

余尚泰妻楊氏子古璜

熊世魁妻陳氏嗣子德強

周紹文妻唐氏子省三

何像臣妻方氏貞靜自矢孝事翁姑訓子成立風繼九熊子澧庠生

姚德彬妻鄒氏子傳蛟

潘彬如妻胡氏子應宿

胡嶶典妻周氏子

潘曦華妻孫氏子世芹

陳廷書妻賈氏子松略

監生鄭俊英妻熊氏子寶鄰

監生熊秀先妻陳氏嗣子德周

方遜習妻許氏十九歲于歸二十五歲夫故歿年六十三歲家極貧苦自幼至老紡績營生杜門不出言辭不苟子掄升

蔡廷爵妻朱氏子與善從九

余均治妻甘氏嗣子卜芝

呂懷玉妻章氏嗣孫樹臣貢生

王辟達妻周氏子蔭南監生

周際奇妻郭氏

秦國瑞妻鄭氏十八歲于歸十九歲夫故柏舟矢志事翁姑曲體歡心翁姑歿後泣涕幾死因無繼嗣出績紡貲助夫兄國麒娶妻圖後族人至今稱頌不衰嗣子正壽

顧相國妻劉氏子連

王道均妻顧氏子樂笙從九

余紋炳妻車氏子名喬

增生鄭宗錦妻白氏子寶臣從九

余朝驥妻柴氏

王炳章妻周氏

吳玉書妻熊氏

潘祥雲妻錢氏子遂文從九

王攀一妻袁氏二十八歲夫故事翁姑及繼姑均極孝敬嗣子光漢艱於嗣息乃爲買妾生子今孫曾相繼禋祀不替皆孺人力也歿年七十二歲計守節四十四年

陳文龍妻何氏

馮祖傳妻韓氏

朱俊英妻黃氏

陳龍章妻劉氏十七歲于歸十九歲夫故歿年七十二歲言笑不苟紡績營生嗣子紹儀

施顯聲妻徐氏孫貽樀從九曾孫以高武生

陳治相妻徐氏子國順

胡純修妻饒氏子士林

劉恆吉妻王氏 嗣子祚潢

袁光文妻陸氏 二十歲于歸二十六歲夫故孝事翁姑饔飧不給紡績自食堅貞不移歿年五十六歲計守節三十年子定福

胡溢中妻楊氏

黄以臨妻殷氏

陳席儒妻張氏 子德惺

鄭光廷妻余氏

施璜玉妻余氏 子貽詵監生宥五庠生

監生胡榮椿妻孟氏

袁方伯妻王氏 十九歲于歸二十五歲夫故歿年五十四歲姪孫邑庠生定海贊曰我儀母節我欽母賢圭璧之白鐵石之堅孝終二老義慰九泉一誠感格萬古流傳嗣子光祿

劉友言妻徐氏 子大裔

盧朝棟妻施氏 嗣子大本

錢鵬展妻鄭氏 嗣子光祥

鄭對時妻余氏 嗣子廷斑

楊文楚妻鍾氏

曹復華妻余氏 嗣子必純庠生

邱安洲妻黄氏 嗣子尚茂

馮祖章妻唐氏 嗣子錫志

陳祺綱妻王氏 嗣子昌惠

唐展萬妻賈氏 嗣子勝魏

石兆平妻朱氏 嗣子光鐸

鄢方達妻陳氏 嗣子開成貢生

鍾丹臨妻張氏 子家生

葉知和妻吳氏 子志昌

龔宏友妻黄氏 嗣子濟福

甘榮耀妻孫氏 嗣子光裕

方官德妻王氏 勤苦一世節孝兩全嗣子承榜

彭運齊妻余氏 子世福

石榮齊妻邱氏 二十二歲夫故杜門不出毋儀克嫺生子光宗年十五而卒後撫姪孫傳新為嗣

樊倍千妻徐氏 嗣子可舉

熊榮慶妻徐氏 子文讃

方宏運妻潘氏 子鍾亮

余見賓妻黄氏 子尚選

魯義三妻孫氏 子光鑑

但開祥妻顧氏 子光先

廖逢鸞妻余氏 嗣子

張薇之妻廖氏 子道政

盛耀彩妻章氏 嗣子達禮

張成舉妻陸氏 嗣子福田

施宗玉妻周氏 嗣子貽績
袁壽康妻徐氏 子宗慶
黄愼安妻鄭氏 子承德
黄錦湘妻王氏 子
余首才妻殷氏 撫堂姪卜雄之子爲孫以嗣
余明德妻羅氏 撫堂姪卜才之子爲孫以嗣
余春園妻曹氏
王義高妻郝氏 嗣子清東
吳維楚妻何氏 子
葉啟旺妻羅氏 嗣子光呂

葉啟經妻鄭氏 嗣子瑄呂
錢淩霧妻袁氏 子光海職員
陳朝鑑妻劉氏 子定乾
萬多藝妻吳氏 嗣子光遠
王文元妻彭氏 子明良
余振鈞妻劉氏 嗣子明德監生
余繼壽妻張氏 子光儉
吳友三妻萬氏 嗣子延福
葉啟高妻余氏 嗣子葆昌
陳佩雯妻余氏

錢淩芳妻周氏 子光銘
萬拱北妻朱氏 子安榮
陳懷典妻嚴氏 嗣子明灼
王昭東妻蘇氏 子世承貢生
余繼椿妻劉氏 嗣子光藻
劉寅春妻艾氏 嗣子達蘭
顧朝冠妻吳氏 子世宏
鄭儲文妻余氏 子必耀
陳恢文妻吳氏 嗣子貽恩
劉華耀妻徐氏 子克讓

蔡時敏妻程氏 子貽勝
蔡殷盤妻董氏 子貽晉
李才高妻楊氏 貞靜端莊不苟言笑家貧守義玉潔冰清生遺腹子德先撫養成人
周上聘妻吳氏 係碧溪之母年三十歲夫故矢志撫孤未幾子亦相繼而亡與孀媳余氏青燈苦守金石同心享壽八十九歲無疾而卒
周碧溪妻余氏 年二十二歲夫故奉孀姑吳氏寒暑無間茹蘗全貞紡績自守鄉里咸欽重之嗣子世揚
賈廷松妻周氏
王樹懷妻吳氏
劉廣大妻韓氏

劉乾初妻李氏子祚清

李樂高妻張氏嗣子錫鵠

鄭懋昭妻胡氏子法欽

郭中臣妻余氏嗣子大祿

劉文煥妻戴氏氏家乘贊云玉質常昭氷心夙抱持家則勤務咸宜訓子則熊丸助苦勤勞紡績孝順姑嫜淑範垂於彤史徽音振自壼莊　子之坦

朱天鐸妻劉氏十七歲于歸二十九歲夫故見年六十三歲家貧守義以女工度日豐潔養姑自食藜藿嗣子朝先

戈順之妻喻氏嗣子德開

生員陳勲妻廖氏子國璧

廖濟和妻劉氏子文家

陳宗煜妻施氏子國舉

戴名友妻廖氏

龍占魁妻胡氏嗣子道恕

龍道恕妻吳氏嗣子德生

周肇西妻陳氏二十九歲夫故氷霜自矢容止端嚴子世海

周開東妻王氏年二十九守節奉姑極敬教子有方子世業監生

周言正妻鎮氏二十七歲守節適時夫鮮兄弟舅姑在堂養老撫孤氏兼任之子世魁

周天德妻高氏二十八歲夫故勤儉持家不苟言笑

方錫六妻汪氏十八歲于歸二十四歲夫故生一子早殀殁年六十八歲端莊清潔淑慎可傳嗣子道立

吳孟浩妻潘氏嗣子定祿

張大勲妻白氏

姚天毓妻徐氏嗣子德昭

戴天錫妻汪氏嗣子序綻

戴掄一妻余氏嗣子承俊

生員周炳陽妻張氏嗣子昌祀

方道充妻周氏子承譜

錢聯陞妻王氏子生榮

嚴啟宇妻熊氏子名怡

曹魁士妻范氏子寅恭

王傑一妻廖氏子林縉

胡長青妻朱氏子典名

施永貢妻張氏嗣子常文

李步東妻朱氏嗣子正聲

饒邦彥妻余氏

梅如玉妻魯氏嗣子光中

萬惟志妻程氏

劉遠柏妻王氏嗣子大祿

周廷瓶妻潘氏嗣子于煥

周炳南妻王氏 子文煒
童慶雲妻沈氏 嗣子其岸
張孔嘉妻陳氏 嗣子孟象
王正域妻李氏 撫夫弟生員正霖之子爲嗣
余潞川妻易氏
余鳳翔妻劉氏 子尚爭
熊名標妻丁氏 子毅之從九
前署陝西韓城縣知縣李世鑾妻呂氏 嗣子德隆
劉應垂妻王氏 嗣子克晉
李德成妻蘇氏

劉時煜妻邛氏 氏家乘贊云瓊山望族祿閣家聲望夫不見何以爲生鏡寫離鸞琴悲別鵠冰雪爲心儀同鍾郝 嗣子之埴之坊之圻
萬允昌妻胥氏 子敦士
萬爾駿妻潘氏 嗣子昇寬
萬文運妻雷氏 子敦齡
萬合章妻黃氏 嗣子本崧
胡先榮妻萬氏
鍾盛材妻周氏 嗣子國成
楊名爵妻饒氏 子邦松
李遂萬妻施氏 嗣子名世

楊盛榛妻張氏 嗣子家福
桂成林妻鍾氏
徐勝緒妻劉氏 嗣子義第
陳文智妻胡氏 子名有
陳顯周妻姜氏 嗣子崇讓
陳崇讓妻楊氏 子啟典
陳永相妻程氏
黃天極妻艾氏
周監亦妻余氏 子文道
劉高魁妻楊氏 子濟軒
葉林祚妻胡氏 嗣子啟予

周占魁妻方氏 子際奇
潘昌壇妻程氏
蔡協邦妻陳氏 子宗軾
賈定義妻尹氏 子學醇
劉朝泰妻焦氏 十七歲于歸廿七歲夫故歿年六十九歲勤儉持家紡績自食嗣子翼士
朱光易妻伍氏 嗣子宗繼
袁起漢妻鄭氏 二十歲于歸二十九歲夫故歿年九十六歲封髮自誓勵志撫孤養親則啜菽飲水訓子則畫荻和丸子騰九
黃魁廷妻祝氏 嗣子召榜

王利仁妻金氏
劉宏德妻吳氏
袁巽堅妻胡氏二十四歲夫故勵志撫孤不存姑息和九畫荻克配先媼歿年六十五歲子光鋌
袁光鏡妻童氏二十七歲夫故阨窮堪憫矢志撫孤歿年四十三歲
胡學福妻劉氏
毛恢瑛妻李氏嗣子宗庚
潘宜仁妻李氏嗣子世勳
陳宗廷妻何氏嗣子貽松
曾際盛妻王氏遺腹生子丙運
陳瑛玨妻張氏子心濟

陳德煌妻李氏嗣子方興
方耀遠妻汪氏二十八歲夫故以夫胞兄之子道鵬兩祧爲嗣守節三十六年日無升合食蓼茹茶冰玉同清一行不苟
夏有爲妻劉氏
雷魁士妻彭氏
余爾加妻劉氏嗣子懷喜
王逢金妻方氏子恢梧
饒魁選妻孟氏
萬壽天妻劉氏
萬象賢妻劉氏

劉大林妻鄧氏子時和
余濟川妻郭氏子尚平
夏旭東妻陳氏子定倫
余尚剛妻吳氏嗣子文煥
黃殿臣妻江氏嗣子雅詠
王邦彥妻袁氏子敬泰
徐近清妻劉氏子友喜
萬克承妻張氏子昇銑
庠生袁思樂妻劉氏二十九歲夫故勉留殘喘矢志靡他嗣子光銓
袁光華妻周氏二十九歲夫故循分守節教育有方見年五十六歲子定宜

袁光崋妻錢氏二十九歲夫故阨窮不怨女紅自食見年五十六歲子定霖
袁光鎮妻鄭氏二十九歲夫故柏舟矢志冰雪爲心見年五十六歲嗣子定澡
曹寶元妻熊氏嗣子江承
劉炳坤妻王氏嗣子應旺
王國壽妻祁氏
李光藻妻周氏
李新周妻陳氏年二十五夫故矢志守節不以家貧易其心
郭純英妻余氏年二十六夫故熊羆鮮兆庚癸頻呼余惟紡績營生貞順自矢
余明譜妻郭氏貢生余贊之母于歸三載夫君頓逝郭上事六旬翁姑下撫八月嬰兒貞順不移歷數十年如一日

萬奠泉妻周氏二十六歲夫故見年六十歲已守節三十四年

陳福全妻李氏矢志守節清操自勵子潤生監生

余步遷妻章氏

胡偕蓍妻甘氏年二十一夫故遺腹生子元尊氏妙齡矢志苦節可貞至今孫枝迭出歿年八十三

胡希文妻余氏廿八歲夫故氏性靜而婉矢志冰清延師訓子早歲成名子胡涵庠生

生員龔良柱妻余氏

陳庭桂妻余氏

萬禮揚妻童氏

胡琇輝妻章氏夫歿茹苦含辛事姑以孝教子以嚴里黨咸欽重之子馨議敘六品

甘希周妻盛氏子世虎

黃南楷妻李氏二十九歲夫故歿年八十二歲計守節五十三年

黃肇春妻胡氏二十四歲夫故歿年七十五歲計守節五十一年

巳旌孝婦

余大崑妻汪氏崑遠貿襄陽翁姑老病而家又貧僅山地數畝氏以紡績事翁姑勤勞常徹夜不寐嘉慶七年歲大飢氏典賣簪珥易米粟奉翁姑饔飧自食糟糠日不得一飽翁歿喪葬盡禮姑病目疾甚苦氏以舌舐姑目漸愈姑又患瘋癱氏服事扶持歷七年如一日流灌澣穢毫無倦容子先模先楚先棠

盧國璧妻張氏夫隨翁外貿姑陳氏患瘋癱疾氏進奉飲食納換衣履轉側搔癢便溺滌除悉氏服侍計件寢處至姑歿日十有三載

黃憲萬妻王氏夫遠貿姑患痿痺氏負行哺食朝夕梳洗二十年不衰

蔡國興妻黃氏家貧姑老夫業儒未就不能糊口氏紡績以奉姑後姑又瞽目十餘年衣食必親進毫不假手于人

巳旌貞孝女

何士林聘妻李氏夫棄世時氏年十六聞耗泣請母同詣夫家哭拜靈前孝服終喪敬事舅姑後長齋以歿嗣子拱北太學生

胡道一聘妻雲氏未出室聞夫訃音痛哭不已投環三次因父母密察救護未曾斃命至夫厝時身披麻服歸胡葬畢敬奉翁姑朝夕不懈嗣子光倩

余懷晏聘妻楊氏氏未于歸聞夫遠貿身故自詣余門竭力事姑生養死葬盡禮

鄭志大聘妻李氏未婚夫故即詣鄭門衰麻成服家貧氏紡績以養翁姑并夫叔嬸四喪葬皆氏肩任嗣子廷甲

戴宗宏聘妻錢氏聞夫訃音毀裝哀泣稟允父母詣戴門成服夫葬後勤紡績以事阿姑嗣子

傳湘

庹文祥聘妻雷氏未于歸聞夫病故詣庹門成服時姑老家貧至懸紡績以供甘旨嗣子

王世允聘妻朱氏先是阿姑三歲抱養至十四歲未婚夫故家貧僅磽地一塊破房半間氏勤苦以冬種麥夏種豆奉養阿姑及姑歿即質房屋以置衣棺真可矜憫嗣子敬松

王以功聘妻劉氏十三歲過王門至十七歲未婚夫故家貧翁老氏則含苦茹辛侍奉阿翁生歿均竭誠敬嗣子敬道

胡宗敘聘妻吳氏未于歸聞夫訃音請父母命求送胡門至則哀泣欲絕衰麻盡禮上事翁姑不懈嗣子先煜先燾

吳宏道聘妻毛氏十歲過吳門未完婚而夫故氏衰麻成服由此不返母家惟孝事翁姑撫養嗣子而已嗣子文蔚

郭維周聘妻黃氏未于歸而夫故哭踊三日不進飲食隨詣郭門成服自是恪守清閨奉事翁姑不懈嗣子正詩

施訓恭聘妻胡氏氏十歲過施門至十八歲未婚夫故甘守貧寒數十年紡績奉姑姑年至八十餘生有三子均故乏嗣零丁孤苦惟氏以媳道兼子道養生送死情實堪憐

施訓芳聘妻李氏氏十二歲過施門十七歲未婚夫故誓死守志謹執婦道初伴姑一室寢處姑歿繼伴祖姑相依爲命祖姑晚年子媳俱無僅存氏身紡績養生送死嗣子常桂

闞增策聘妻陳氏聞夫訃音求父母攜上闞門成服由此奉事老姑朝侍食夜伴寢不返母家嗣子錦祚

周雲久聘妻鄭氏未婚夫故聞訃詣周門成服事奉翁姑不歸母家嗣子遠友

王業隆聘妻劉氏未于歸聞夫故即縞衣往王門敬執婦禮告於舅姑以此自終歷數十年如一日後撫夫兄武舉萬春之次子光鼎爲嗣

巳旌孝女

彭光庭室女榮姑幼聰明好學至十歲即識忠孝字義父母甚愛憐之年二十父母欲爲擇配榮姑堅執不允泣告父母曰前者兒有一兄一弟今俱故遺兩姪世書世義俱黃口兒去誰事父母誰撫幼孤若欲以兒適人願即死父母前于是父母順其志而遂不許亏嗚乎上有父母下有兩姪賴榮姑奉養終老兩姪賴榮姑撫養成人其父歿於道光十八年時榮姑三十八歲其母歿於咸豐元年時榮姑五十一歲均喪祭盡禮

巳旌貞女

錢世昌聘妻劉氏邑庠生漢河之女未婚夫故守貞不字雍正十三年詳請旌表

鄧正文聘妻周氏名要姑幼許正文外貿未歸要姑故未嫁又早歲喪父依寡母而處奉母終餘年後獨自寸積銖累靜居一室族隣罕見其面年至八十而終

郭　義聘妻佘氏幼許字郭義義年十三外貿杳無音信氏守母家誓不再適至五十八歲身故麗眉未掃人罕見其面

巳旌烈婦

張殿先妻余氏係道光辛巳科舉人前松滋縣訓導璟之孫女儒童卜梁之次女也于歸纔三月即失所天氏晝夜哭不絕聲欲自盡者至再至三姑與家人環守之已乃稍戚容勉強食飲姑幸意回防稍疎洎七七既終告諸姑乞假歸甯依母膝下數日母勸慰之惟首頷而已適值雨夜乘間潛起寘雙履於屋後門內啟而出旋復掩之直投水而死嗚呼如節婦者可不謂之從容就義者哉嗣子達衢

嚴新紀妻黃氏夫歿時哭泣盡哀一俟殮訖即閉門自縊以殉

周光遠妻盧氏夫歿後越三七及夫殯期夜半以巾蔽口懸梁自縊以殉

周世啟妻童氏夫死大哭不食誓從地下家人羅守將至兩月夜半自縊以殉嗣子俞成

葉益昌妻廖氏夫故遺孤子隆光僅三歲氏泣告夫弟監生佑昌代事公姑撫孤子九日不食至八月初十日自縊以殉

周命佑妻陳氏夫故無子殯葬後凡十一載事奉公姑生盡誠歿盡禮撫夫弟妹婚嫁畢迨夫弟生子昌益越三日請憑族戚爲夫立嗣是夜盥沐更衣自縊以殉

鄭遠蔭妻余氏夫故泣不欲生賴夫叔監生懷公力勸許以立嗣期年夫叔又故氏無所依即於其夫靈前焚香告畢自經以殉

王正址妻石氏夫故殮棺設靈畢自經以殉嗣子達釗

鍾國貞妻王氏夫歿三日後旋於卧室床第間自縊以殉嗣子信之

施應祥妻曹氏夫歿兩年餘母家憐其貧勸其改嫁氏聞之悲甚即轉夫家自經以死後以夫弟次子爲嗣

朱聯城妻章氏夫故匝月送葬畢是夕身穿孝服跪床上投環以殉

陳光前妻楊氏適陳四十一日夫病故哭泣不食即於是夜自經以殉嗣子德儉

余協貞妻曾氏夫故含辛守義以撫遺孤越年餘其子又殤遂閉門不食以死

盧允志妻楊氏夫故氏朝夕哭泣夫葬畢是夜投環家人救甦由此偃臥床褥淚流十晝夜不食而死嗣子明玉

錢光暹妻劉氏夫故之日痛哭不止遂仰藥死

孫燦廷妻盧氏夫故堅志苦守閱三年聞其家有異志遂自縊以殉

生員張紫照妻余氏夫故奉祀百日自縊以殉

嚴元遴妻朱氏嗣子會詩

馮文華妻朱氏華故時朱二十一歲日夜哀號勺飲不入口者數日待安厝事畢是夜即自縊紳者慕其賢奠東務者不可勝計倘所謂節烈兼全者耶

余紫園妻樊氏痛夫病故隨縊而亡子兆華後援例入監

陳命泰妻胡氏二十一歲夫故時翁病篤忍死敢月敬奉湯藥翁卒營葬畢立姪爲嗣引繩自縊

袁定濟妻劉氏生員劉立敏之胞姊也夫亡之夕觸棺就死爲家人救免明日仍服毒死時年二十八歲趙巡撫有表以心同鐵石志比冰霜當時深痛夫亡撫膺而哭越日不受人勸服毒以殉之句

張安邦妻毛氏二十歲夫故即於是年自縊身死

巳旌貞烈婦

鄭秀廷聘妻周氏未于歸聞夫訃音大慟不食者三日泣求父母送至鄭門易衰麻哭奠拜翁姑畢居漆室夫葬日扶柩歸窆是夜三更自縊翁姑悲痛不已合葬於其夫塋畔嗣子敢林邑庠生

陳懷義聘妻楊氏幼許陳氏子懷義夫身有廢疾不能迎娶女守貞以待年二十一歲父與翁商議另嫁女聞之自經死

李宏道聘妻程氏聞夫故稟命父母詣李門成服送夫歸窆即侍奉翁姑及翁姑故安厝畢請忠族戚爲夫立嗣旣定是夜更衣自縊嗣子宗俊

咸甯縣志卷十

人物　列女

邑　人　雷以誠鶴皋
陳國正愚溪　纂修

知咸甯縣事陳秉信慶堂　鑒定

已請　旌列女

張京緒妻吳氏嗣子秀昆

貢生吳奇良妻陳氏柏舟矢志氷霜自勵事公姑曲盡孝養撫孤子克備嚴慈子品題

吳品題妻孫氏事孀姑以孝敬生歿盡禮撫幼兒以成立教養兼施遺腹生子先庚監生

鄭孟鄰妻錢氏夫故後孝事翁姑愈加誠篤矢志全貞和九佐讀子啟鑣

鄧會萬妻熊氏子傳鈞

鄭舜舉妻余氏子宗埜

鄭憲邦妻汪氏嗣子宗錦

伍壽廷妻陳氏

甘必懋妻黃氏織蕭養姑和九教子　子光前孫霖俱庠生

吳縉紳妻方氏孝慈兼盡子尚時從九

甘鳳德妻柴氏

施周樹妻王氏子雲谷

戴雲程妻范氏道光庚戌進士邑人劉名馨有贊云木貞淑慎誠慤孝敬毀形救夫出乎天性鉄石爲心氷雪自靜孝慈是教義方是訓一人植立前後安定倫常大起綱紀永振果報靡涯立見與盛子奇勳

李秉陽妻陳氏宋訪有贊云金玉其心氷雪其神超然於塵埃俗輩獨與女中君子爲倫德可範型可欽與筍是瑶池中人立見後嗣勃發果報出羣子大本

施燕五妻黃氏子貽蘭

監生周光谿妻吳氏割股療夫盡孝盡慈嗣子光廷監生

胡振玉妻熊氏嗣子正倫

郝景陽妻鄭氏

鄭自南妻陳氏事翁姑以孝聞撫孤子以成立氷雪爲心常如一日子啟昌

吳敦彝妻賈氏嗣子輝華

陳東萬妻劉氏子席儒

李宏謨妻程氏子樂高

李開陽妻曹氏子啟紳

張宗林妻鄧氏孫儒品

陳倬雲妻羅氏子星乙

陸登翰妻楊氏嗣子寶田

董帝都妻王氏遺腹生子儒炊

張成名妻郭氏嗣子厚田

郭正芳妻王氏子其昌

郭萬科妻項氏嗣子正訓

毛聯甲妻陳氏子宗燦

毛惤列妻余氏子宗恩

余洪安妻呂氏子允豈

涂生高妻嚴氏子賢茂

曹茂才妻余氏嗣子必琳

熊百福妻胡氏

金崇志妻田氏清苦守節初終不移孝慈曲盡可爲女師子慶澤

戴廷先妻李氏子樹杰

盧華國妻朱氏紡績撫孤嚴慈俱到子有恆

汪祖蔭妻余氏

陳彥方妻盧氏

吳觀濤妻陳氏操勵冰霜志堅金石事翁姑以孝敬宜光於前撫孤子以恩勤克昌厥後子仁美

吳咸占妻朱氏青年矢志白首全貞事親生死無違婦兼子職撫孤教養備至母若父嚴子岐玉

楊起槐妻趙氏子德謹

董序初妻陳氏子三英

余武賢妻張氏子顯棟

方彩瀾妻劉氏十九歲于歸二十三歲夫故柏舟允懷寒爐獨守終身姑之天年道克全子終始撫嬰兒以成立教則兼夫寬嚴見年五十九歲守節三十六年子開雲職員

生員賈子茂妻戴氏年二十六歲夫故事六旬之二老撫二歲之孤兒辛苦茹荼歷數十年如一日年六十七歲終子定文職員

張岐山妻侯氏

胡致高妻李氏子長亨

賈義山妻郭氏子世方

周勝九妻胡氏子渭濱

周紹儀妻劉氏嗣子渭濱

周渭濱妻馮氏

武生周定乾妻楊氏子世華

賈忠林妻鄒氏子其昭

陳盛周妻石氏嗣子福慶

胡哲夫妻石氏子承敦

樊明綸妻陳氏子哲侶

張國士妻陳氏年二十二夫故奉姑以孝姑病常侍左右湯藥不假人手氏卒年四十三嗣子爲馥

黃一淇妻張氏嗣子萬來

張體明妻胡氏二十二歲夫故歿年六十一歲嗣子正立

樊燦廷妻李氏嗣子哲性

周茂官妻金氏子占元

周占元妻鄧氏子一先

汪定謀妻胡氏子宗綱

鄭滋九妻韋氏二十一歲于歸二十五歲夫故事舅姑至孝生歿盡禮教嗣子極嚴繼續詩書歿年六十八歲守節四十三年嗣子啟先郡庠生

生員鄭啟先妻蕭氏二十歲于歸二十五歲夫故深閨恪守杜門紡績事孀姑孝敬無違撫嗣子教養備至歿年六十五歲守節四十年嗣子緒豐

余丹幹妻唐氏子固亭

監生余固亭妻饒氏子晉三

張滕文妻石氏嗣子玉舟

余振緒妻李氏

陳廷舉妻馬氏子朋祥

熊朝名妻毛氏子國文

曹聖書妻章氏子邦超

余光達妻洪氏子雲章

張兆景妻度氏嗣子應傑

余聖典妻茹氏子光倉

張連春妻鄭氏子斯墉

張鳳鳴妻華氏嗣孫

黃從仁妻鍾氏嗣孫

余尚保妻郭氏

余大勳妻洪氏子朋珠

鄭華冬妻鄧氏二十一歲夫故孝事翁姑菽水承歡撫子啟驚殷勤教誨歿年五十二歲

王士班妻胡氏子太清

生員周國煥妻朱氏事姑至孝教子極嚴

陳　暉妻張氏

鄭宗谷妻朱氏子尚珍

監生晏如義妻陳氏

夏清漢妻葉氏子植桂

夏植桂妻彭氏

孫樹珍妻鄭氏備苦守節毫無間言嗣子燦英

陳咸康妻余氏年二十歲夫亡漢鎮氏於百塚內覓求夫屍搬歸夫兄弟有三俱外歿亡嗣氏親詣各鎮檢伯叔骸骨與公姑合葬一塋砌塚竪碑廬墓三載

艾步鑾妻劉氏

廩生陳鳴珂妻黃氏子

胡棐卿妻孫氏子燏生員

劉徵瑞妻陳氏

劉致昭妻李氏

余榜雲妻劉氏二十四歲夫故秉性端莊持躬淑慎夫亡二十餘年未嘗見齒每歲祭祀必有哀慘之容見年五十歲嗣子文恭

廩生謝登魁妻余氏嗣子日烜

劉大夔妻程氏嗣子祚炳

謝正德妻孫氏嗣子登相

謝登堂妻涂氏嗣子日成

施昌海妻鄧氏嗣子貽璋

鄧煥墀妻嚴氏子良恂

鄧行可妻鄭氏子希章

曾廣意妻范氏 子昭儀

張應瑞妻黃氏

戴存仁妻余氏 子炳源

戴偉賓妻周氏 子洪恩生員

錢若炯妻葉氏 二十六歲夫故守節四十五年 子成基

余光廷妻施氏 子大龍

周之遴妻黃氏 翦髮自誓寸心如雪嗣子洗大

生員錢若淵妻余氏 嗣子成春

夏春達妻金氏 子盛美

胡勝楠妻詹氏 子

龍盛志妻吳氏 子德生

李富萬妻熊氏 子世明

李秉中妻陳氏 嗣子登恒

李在位妻孟氏 年二十六歲夫故赤貧無子或勸之嫁氏毀盌自誓曰盌有合日我有嫁時臨終諭嗣子曰此盌吾寶也垂四十餘年矣死可殉葬歿年七十一歲計守節四十五年嗣子寶爲

李經品妻劉氏 子遂安

胡心田妻周氏 子

萬受玆妻劉氏 嗣子昇誼

陳德孚妻張氏 嗣子萬春

李昆玉妻胡氏 子先蔭

李開東妻周氏 嗣子瑞顏

王在淵妻嚴氏 子恢金

陳鼎山妻盛氏 子昌英

朱孔武妻劉氏 嗣子其茂

朱調五妻陳氏 子其甲

楊輝祖妻金氏 子

胡光裕妻陳氏 子承德

萬豐穀妻盧氏 子家鑒

胡旭邦妻張氏 子成昫

張成僎妻余氏 子肇文

周亘占妻吳氏 子世郡

李履和妻陳氏 嗣子嗣根

周熙年妻陳氏 子名雍

李世忠妻楊氏 嗣子敬宗

劉重祿妻章氏 子

周世廣妻徐氏 子

陳煥京妻胡氏 嗣子育林

蔣萬遂妻江氏 子文元

王宗愷妻洪氏 子

王成達妻胡氏 子

劉祚清妻沈氏嗣子應珩
佘炳光妻董氏子榮品
黃金典妻佘氏子
方兩一妻王氏嗣子成全
佘紫圓妻秦氏嗣子文琮
佘振一妻顧氏子景春監生
游天祿妻賈氏
劉樹堂妻姚氏嗣子之藻
徐漢傑妻涂氏子世惠
魏維珍妻陳氏

郭宗圓妻周氏子庠隆
周長清妻胡氏孝事舅姑績紡供給嗣子達禧
郭源洋妻周氏嗣子光承
施客萬妻陳氏子訓壽
佘德新妻汪氏嗣子志梅
袁光松妻陳氏二十二歲夫故勤儉治家紡績度日見年七十三歲已守節五十一年嗣子定祿
楊兆鰲妻周氏子世森
劉璘玉妻鄧氏二十四歲守節謹事翁姑撫姪承祧見年六十九歲嗣子光愛
楊兆棠妻胡氏子世柏
朱懷清妻龍氏子爲柏

黃光璵妻李氏子
劉鳳書妻陳氏子
張學達妻章氏子定欽
張春華妻樊氏嗣子廣延
佘經遠妻李氏
鍾惇典妻洪氏嗣子家亨
王光信妻洪氏嗣子宗緯
劉遠乾妻佘氏遺腹生子大慶
佘繼椿妻熊氏嗣子元藻
吳正儀妻戴氏子先德

胡壽一妻周氏嗣子正章
錢光銘妻唐氏嗣子生玉
錢光策妻方氏子生麗
萬柏茂妻張氏
胡承志妻佘氏嗣子國綸
陳啟禹妻傅氏嗣子
楊肇遠妻吳氏子前鑒
黃敦典妻孫氏嗣子以文
黃瑚洲妻王氏子河彬
黃宗彝妻張氏嗣子麗生

鄭致中妻程氏遺腹生子法定

吳永清妻夏氏

余國壽妻秦氏嗣子尚寬

施壽山妻徐氏嗣子訓炳

朱輝遠妻王氏子

謝目章妻汪氏嗣子名琮

武生吳超北妻艾氏年二十八夫故矢志柏舟孝事阿翁治家有法教子有方見年六十四歲猶勤苦不倦洵女中丈夫也子廷松監生

余啟明妻黄氏子一經

彭登雲妻王氏

陳大醇妻胡氏十九歲于歸二十二歲夫故孝養阿姑始終如一遺腹生子敎養成人見年六十一歲巳守節三十九年于清杰東門外五里界路側建有碑坊

陳青雲妻賈氏子國學

陳萬順妻董氏子治禮

葛金山妻鄢氏嗣子開祥

郭傳亨妻胡氏嗣子光立

郭宗遂妻章氏子傳忠

曹萬鎰妻施氏嗣子必翔

劉敦純妻唐氏二十一歲守節勤績紡隆孝敬言動有法撫姪爲嗣見年六十三歲嗣子光祚

余淦英妻甘氏二十六歲夫故孝事舅姑節操不移嗣子里賢

鄭啟晉妻欒氏嗣子緒鵬

程鳳翔妻周氏二十八歲夫故勞身食力孝養翁姑見年六十二歲子祚庚

陳榮慶妻楊氏嗣子德宗

張鉅源妻陳氏嗣子大梓

方以和妻曹氏嗣子道模

方春茂妻甘氏嗣子成春

李佐國妻楊氏嗣子治傳

方道榮妻楊氏嗣子承文

增生楊振先妻胡氏嗣孫世勳

朱孟然妻魯氏子蔭祥

余集南妻胡氏子里祥

李正青妻吳氏二十五歲夫故見年六十二歲嗣子和倫

錢輝廷妻鍾氏二十二歲于歸二十三歲夫故見年六十歲巳守節三十八年嗣子浚愬

程師富妻章氏子文諄

馮天培妻王氏嗣子錫承

張明時妻董氏子文彬

李廣濟妻熊氏嗣子名進

嚴鼎臣妻余氏柏舟矢志孝敬無虧子元鄄監生

李顯文妻嚴氏子名勇

李聖祥妻鄒氏子

李鳳羽妻嚴氏 子敬智
李升萬妻鄒氏 嗣子名康
王世茂妻陸氏 子敬品
職員王之楨妻顧氏 子敬廉
張亘川妻王氏 嗣子儒蔭
徐相武妻施氏 子士基
王東利妻施氏 嗣子清卜
陳省三妻余氏 子命富
黄智慧妻江氏 子
饒國英妻施氏 子名錫

黄誠忠妻汪氏 子華封
黄義高妻施氏
劉如鋼妻曹氏 子大寬
李貫王妻余氏 嗣子德孚
余開邵妻錢氏 嗣子泰坤
施允恭妻朱氏 子常意
陳定富妻艾氏 子世彬
生員張振聲妻呂氏 嗣子肇炳
張肇煥妻汪氏 嗣子開恕
余榮品妻戴氏 嗣子光鼎

余榮鄉妻周氏 子光泰
郭萬稀妻鎮氏 子正堃
郭萬箱妻鎮氏 嗣子正略
郭萬茂妻徐氏 子正書
毛雨亭妻劉氏 子品堅
石光井妻鄭氏 嗣子權瑜
余極茂妻戴氏
王逢時妻余氏 嗣子恢正
施貽方妻汪氏 子訓坤
賈德恒妻陳氏 子

鄭承寶妻白氏 子
李魁廷妻王氏 嗣子宗惠
吳連城妻王氏 子百元
吳秀嶺妻樊氏 子年臻
監生白傳豐妻陳氏 夫故時家無擔石氏心凛冰雪志矢柏舟孝養翁姑勤於紡績殆所謂苦節之貞歟 嗣子一智
潘必傑妻闞氏 嗣子世璧
王懷仁妻黄氏 嗣子一敏
汪祖孚妻李氏 嗣子
胡正江妻徐氏

李潤志妻柴氏 嗣子
朱達明妻沈氏
程體邦妻陳氏 子開祥
方道銳妻熊氏 嗣子承浩
陳體忠妻祝氏 嗣子明焯
董復奎妻張氏 子上福
唐中元妻劉氏 子心全
陳定堅妻王氏 子國柱
陸登釁妻胡氏 嗣子寶田
陳永松妻葛氏 嗣子

鄧恒康妻張氏 子家福 金石其心冰霜其性治家有法教子有方
劉以權妻賈氏 子文憲
金耀堂妻夏氏 子
周首名妻韓氏 子
涂輔壎妻嚴氏
何文烈妻朱氏 子秀三武生
賈卜豐妻陳氏 嗣子其材
郝述桂妻余氏 子成坤
錢耀彩妻余氏 子成明
余雲峯妻李氏 二十八歲夫故見年六十三歲清節自持堅貞不改子一儀

王用安妻余氏 嗣子
余懷遜妻章氏 嗣子卜漕
余肇周妻陳氏 嗣子一忠
劉杏堂妻吳氏 嗣子輝蓮
賈松美妻張氏 嗣子昌利
程登海妻萬氏 嗣子其支
唐隆文妻祝氏 子宗蔭
戴樹時妻吳氏 嗣孫
樊明暹妻石氏 嗣子哲傳
黄宏仁妻劉氏 子
黄龍文妻王氏 子公衡

王智信妻喻氏 嗣子雲遂
胡善志妻李氏
胡執氏妻陳氏
范席元妻李氏 嗣孫名怡
朱錫連妻梅氏
楊兆春妻姚氏 子名時
徐常青妻張氏 嗣子家全
陳學池妻石氏 嗣子永祀
石瑜珩妻潘氏 嗣子權宙

吳昭然妻謝氏 子宏炳
樊孝成妻陳氏 子楨三
張毓錕妻劉氏 子挹清
張毓鈖妻胡氏 嗣子樹清
張秀茁妻李氏 嗣子寶初
張鼎和妻胡氏 嗣子舜臣
李孚朝妻吳氏 嗣子
王常恭妻劉氏 子世璉
陳汝清妻余氏 嗣子昌灝
監生盧際亨妻曹氏 嗣子朝卿監生

陸垂謀妻王氏
鄭芳服妻王氏 嗣子成寶
曹治玉妻施氏 嗣子必宜
張魁文妻李氏 子定則
余班文妻陸氏 子
余卜瀾妻闞氏 嗣子一滄
熊朝恭妻李氏 嗣子國盛
唐降瑚妻馮氏 嗣子煥章從九
范秀章妻黃氏 嗣子年康
錢載文妻張氏 嗣子旭明從九

徐家愰妻楊氏
劉大元妻洪氏
劉大楨妻李氏
饒盛珩妻車氏 遺腹生子
陳履廷妻范氏 子
陳耀堂妻徐氏 嗣子開彬
吳宗榮妻陳氏 嗣子
闞增選妻伍氏 子
馮世經妻董氏 子
朱含章妻黃氏 子

張昌基妻余氏 子
余河清妻張氏 子華柏生員
周慶貞妻金氏 事姑以孝訓子有方清苦畢世萬古流芳 嗣子繼久
徐以貞妻李氏 子家梓
余文鏡妻鄭氏 子學渼
方玉峯妻楊氏 子
方瑞珍妻余氏 子朝君
黃士春妻周氏 嗣子明成
黃及時妻董氏 子傳芴
劉立瀛妻李氏 嗣子樹典

鄧位東妻毛氏
周文習妻楊氏嗣子
徐獻廷妻余氏子家祥
石懷瑾妻樊氏嗣子必儉
石之傑妻屈氏嗣子光準
蔡春一妻呂氏子翼恭
周懋松妻許氏子厚益
石占魁妻盧氏
陳國弼妻李氏嗣子保之
劉立全妻劉氏子

戴炳源妻余氏
戴企和妻陳氏
戴魯賓妻唐氏嗣子淵源
戴光遠妻龍氏子
李正書妻周氏
余卜珠妻陳氏子
周先慎妻余氏子操久
程文獻妻吳氏子
陳善治妻李氏子貽銀
陳開榜妻余氏子

陳耀昆妻范氏子
生員陳相時妻毛氏嗣子定光
周品珍妻胡氏嗣子世傳
鄧君弼妻毛氏子載元監生
朱善成妻潘氏嗣子益榮
王金五妻錢氏子德昇
程世盛妻潘氏子宗壽
唐漢武妻黃氏二十六歲夫故閱兩月後遺腹生子教養備至事六旬餘抱病繼姑貧而能孝姑歿葬無貲售簪珥以殯道光二十年方學憲曾題砥節懷清匾額同治四年又蒙督撫憲題旌建總坊見年八十六歲子晃英監生孫曾林立猶復無恙孫維宇監生有才庠生唐相從九品

鄧秉然妻施氏子臣芬
吳烈周妻王氏
羅名標妻施氏子文翰
盛長德妻劉氏嗣子紹桂監生
張大珍妻雷氏子光泰
曾資光妻陳氏嗣子百齡
吳清遠妻陳氏子
范映山妻陳氏子
黃文珍妻王氏子
鄭式安妻余氏子光宇

范貞謨妻陳氏子

雷煥錦妻袁氏子

陳丹毓妻毛氏嗣子道接教養並篤

樊明珍妻鄒氏嗣子哲揚

胡嗣周妻周氏子

楊盛楠妻吳氏子

黄占鰲妻萬氏遺腹生子

顏純璧妻郭氏子賢敏

朱調元妻沈氏嗣子其純

金汝礪妻劉氏子靖忠

童陛見妻石氏子

李大德妻石氏遺腹生子

顏賢貴妻伍氏子有森

龍開科妻胡氏子盛志

劉源滋妻盛氏嗣子明繼

楊鳳美妻廖氏子

余敬宗妻陳氏孝事病姑子經墀

錢咸川妻張氏子光銑

施象平妻黄氏子訓茂

陳茂桂妻彭氏子景容

陳衢亭妻張氏嗣子清祁

袁光海妻甄氏二十五歲夫故孝事雙親撫育嗣子吉其心志餓其體膚見年六十四歲嗣子定誥

王遠恭妻張氏子其明

周金名妻羅氏子文富

蘇萬欽妻劉氏嗣子志忠

施德昭妻王氏子常基

黄萬春妻徐氏子海晏

金應斗妻段氏子純忠

生員潘拔桂妻董氏子世琪

潘必偉妻李氏嗣子世秀

汪紹志妻余氏嗣子

汪紹準妻李氏

棊高祚妻周氏子啟貴

李立誠妻陳氏嗣子大瓚

張華廷妻王氏子世德

李大雅妻樊氏子光元

劉程萬妻楊氏子時勤

萬廷英妻何氏子萬鍾

潘昇陽妻曹氏子應節

汪大瑚妻杜氏嗣子永華

晏遵先妻周氏子
陳贊元妻張氏子宗立
陳國達妻王氏嗣子定煌
程錦江妻胡氏
樊具三妻陳氏
石其吉妻林氏嗣子權瑤
王紹澍妻謝氏子啟政
戴克勤妻萬氏
余泮泉妻毛氏嗣子雨含
余尚坤妻饒氏嗣子文成

余文彩妻孟氏子學仁
楊周德妻郭氏嗣子
孟良康妻余氏
黃玉生妻孫氏
張天純妻劉氏子廣應
董大奠妻黃氏子
余錫鵬妻郭氏子榮達
鄭安世妻廖氏嗣子宗蔭
施秦五妻盧氏嗣孫訓業
劉正國妻熊氏

劉鳳昭妻賴氏
鄭遐昌妻葉氏子廷楷
錢光芴妻李氏嗣子生明
黃希聖妻郭氏嗣子之駿
王積聖妻施氏子家良
周萬年妻熊氏嗣子海中
施貽傑妻余氏子
黃先祥妻張氏嗣子紹鈞
嚴爲山妻余氏嗣子元義
鄭惟楚妻吳氏嗣子奇元

萬慶玉妻鄧氏子敦柳
生員周開第妻呂氏二十九歲守節奉姑孝敬教子義方子世光
陳東洋妻樊氏子定忠
周中和妻劉氏嗣子世銀
周鳴鑾妻何氏子愛先
毛耀虞妻汪氏子祖春
胡烏官妻陳氏子經略
江彝山妻饒氏嗣子
江以仁妻章氏子名照
江開壽妻饒氏嗣子光普

楊肇成妻盛氏　子
周盛廉妻張氏
佘耀彩妻周氏
闞其蘇妻朱氏　子瀾生員
葉廣祚妻余氏　子啟知
周錫元妻趙氏　嗣子學富
余會雲妻楊氏　子光廷
胡　棟妻鄭氏　子先甯
生員胡梁妻鄭氏　嗣子先馨
郭源旺妻周氏

周鳳鳴妻盧氏　子光文
董巨卿妻李氏　子
余東美妻陳氏　嗣子
余花中妻鄧氏　子緒元
彭鶴鳴妻馬氏　嗣子
桀厚祚妻胡氏　嗣子啟生
余輔章妻萬氏　嗣子聖言
胡正桂妻張氏　子道宏
曹騰雲妻朱氏　子正才　嗣子克承
張卓爾妻鍾氏　子文福

王時亨妻廖氏　子清文
張景福妻樊氏　子廣遺
夏備元妻彭氏　子
夏兆明妻余氏　子清漢
余日新妻陳氏　子
艾錦文妻姚氏　嗣子鳴鳳　恩賜舉人授國子監學正
朱師膺妻張氏　子
朱洪理妻章氏　子
晏勝殷妻吳氏　子
章應錦妻胡氏　子在陽

桀志仁妻羅氏　子
雷騰蛟妻李氏
陳多聞妻余氏　子
何秀甲妻董氏二十三歲夫故紡風績月孝順翁姑　子大志
鄧明謙妻袁氏　子秉然
鄭天一妻谷氏　子宗英
江容高妻成氏　子
饒芳修妻王氏
夏建昆妻余氏
余桂林妻桀氏　子一進

饒光達妻王氏子錦秀邑庠生

楊宗傳妻袁氏子

李家成妻楊氏嗣子治華

饒敬一妻余氏

胡守貞妻胡氏

黃恆儒妻陳氏

張春芳妻李氏二十一歲夫故養親立嗣綽有賢聲歿年五十八歲

張兼吾妻劉氏二十五歲夫故孝事舅姑撫子成立見年五十五歲子挹清

張亶誠妻劉氏二十二歲夫故歿年五十六歲

顏肇六妻彭氏

李岡元妻羅氏

殉難烈女

陸先姑 錢有姑 陸先姑錢有姑均貞烈女也先姑係太學生陸錡圃之室女許字太學生劉達惠之長子大忻有姑係從九錢東浦之室女許字太學生陸履齋之三子寶惠同治四年四月初七日霆營勇叛猝至咸城入錢宅掠有姑有姑紿賊隨至陸家心蓋欲一見翁姑而死也適他賊掠先姑至先姑罵不停聲有姑知有同志亦罵賊賊威脅以刀先姑嚼髮咬牙引頸受刃有姑罵益厲遂同遇害貞烈萃於一門邑人士多爲詩以哀之

吳順姑年二十五歲係監生吳金礪之室女父歿痛父無嗣葬祭時披麻經登堂行拜跪禮數年來持齋誦經有議聘者泣辭之意欲承父血祀雖曰愚孝亦閨繡中難焉寡儔者也同治四年霆營勇變至咸城恐被賊污聞風卽投井殞命

范一姑年十七許字彭廷遂遇賊恐污投井而斃

殉難烈婦

宋姚氏宋位珍之妻同治四年霆營勇叛至咸城氏痛夫被擄又遭賊逼大罵投井身死

吳李氏年六十六歲議敘六品銜已故吳廷逢之妻叛勇據城掠其宅大罵不休當被殺死

黃朱氏邑庠生朱式銘之女職員黃河達之妻也性貞淑族黨稱孝敬同治四年夏叛勇竄咸氏偵知賊無狀乃以其長兒屬其夫曰君善相保足延君祀次子方歲餘呱呱者不以累君倘遇變義不可苟全死生當與兒共之越日賊掠其家氏恐爲賊辱抱子赴西衕塘死

盧江氏年三十六歲係盧裕成之妻在家孀守被叛勇殺傷大罵投水身死

胡辛氏年二十五歲係胡正裕之妻被叛勇威逼大罵投井身死

錢楊氏年二十五歲係錢生錡之妻被擄不屈自縊身死

歷年殉難烈婦

白馮氏城內人城破被殺身死

畢陳氏一都人因賊逼畏污投水身死

方黃氏下七都人被賊逼畏污投水身死

金王氏十二都人因賊燒屋被火燒死

鄭胡氏係序爵之妻一都人因賊擾境懼賊逼污乃溺死

黃李氏十都人被逼畏污投水身死

熊鄒氏八都人因探親至柏墩遇賊殺身

錢黃氏十二都人被賊強逼畏污投水身死

黃李氏係黃學仕之妻十九歲于歸咸豐丙辰賊兵據城越數日出城擄掠女適鋤草湖畔見賊無狀恐爲

所汚遂投河死

周劉氏係任四川長甯縣知縣于埏妻同治三年五月初十日埏在長甯城內戰沒妻被執罵賊死焉見于埏傳內

節婦補遺

方首明妻劉氏年二十于歸廿九夫故歿年八十歲　王學憲奬額貞嵩壽世子象塤

殷禮元妻李氏年十八于歸二十二歲夫故見年六十三歲守節四十一年

殷心田妻張氏十九歲于歸二十六歲夫故歿年六十一歲守節三十五年嗣子世煥承禮元心田兩祧

陳東木妻余氏二十八歲夫故守節見年八十四歲　子春第

陳有周妻劉氏二十一歲夫故守節見年六十一歲　子六潤

姚光宏妻胡氏二十三歲守節撫夫弟光鉍之子天秀為嗣

周遂賢妻陳氏年二十七夫故家寒矢志守節不以艱苦易其操見年七十九歲子世惠

黃天輸妻楊氏二十四歲守節壽七十四終嗣子庭勝庠生

黃天信妻高氏青年守節白首不渝子庭訓　庭爵庠生

許　妻楊氏二十一歲守節壽八十歲而終計守節四十九年

王巨朗妻唐氏年二十一夫故生子岐安僅數有二月氏教養成人事姑以孝歿年七十三其後子孫昌盛

曾魁元妻王氏年廿五夫故無子氏清苦自守事瞽目孀姑誠敬不懈族里稱為節全孝至云

江展才妻夏氏子允剛

郝正鰲妻陳氏子松茂

彭會林妻周氏二十歲夫故苦節自守言笑不苟事舅姑曲盡孝道見年五十歲子安敦

胡萬泰妻劉氏十九歲夫故歿年七十六歲　王學憲奬額志貞從一嗣子遠賢

黃開萬妻吳氏年二十五夫故歿年七十二歲計守節三十七年子國祥

張光宗妻黃氏子大福　王學憲奬額節孝可風

貞女補遺

楊三姑字江未婚聞夫訃音哭泣詣江門貞順自持舉動悉中禮法

余張氏許字余元杰未婚夫故聞訃覲詣余門矢志守貞歷數十年如一日鄉里咸欽重之歿年五十二歲

咸甯縣志卷十一

人物 列女

邑人 雷以誠鶴皋 陳國正愚溪 纂修

知咸甯縣事陳秉信慶堂 鑒定

候彙報請 旌列女

胡虎臣妻葉氏十八歲于歸二十一歲夫故見年七十四歲 王學憲獎額節孝揚徽子方錦孫文翰邑庠生

劉宏茂妻龍氏子文泰 朱學憲獎額節禀堅貞

庠生胡會文妻甘氏二十一歲夫故守節六十餘年而卒子瓊玉 王學憲獎額翠挹松筠

劉戒羹妻夏氏二十四歲夫故子祚榮 朱學憲獎額茹蘗完貞

陳步嘉妻周氏二十八歲夫故歿年六十八歲 王學憲獎額節孝可風

張旣鎔妻黃氏二十八歲夫故歿年六十五歲計守節三十七年

程錦江妻胡氏

鍾明峻妻徐氏二十九歲夫故事衰老之舅姑撫四齡之弱子辛苦備嘗志節永貞歿年六十歲計守節三十一年子家連

鄭承源妻萬氏二十歲于歸二十九歲夫故見年八十歲已守節五十一年生子宗坤故嗣子宗勛

萬品珍妻周氏子鳴相

江立香妻黃氏嗣子守曜

生員鄭天民妻劉氏嗣子宗炳

李必照妻謝氏子盛世

張斐然妻王氏十九歲于歸二十八歲夫故勤紡績練鍼線衣食自供見年五十九歲嗣子肇謙

鄭宗烈妻程氏二十歲于歸廿八歲夫故見年六十一歲清苦守節族里共稱

劉大敏妻李氏子祚淦

謝禮豐妻李氏

艾周洛妻周氏子尚盛

潘長春妻陳氏子應芳

鍾朝淦妻甘氏子廷漢

羅文斗妻江氏子世讓

張開泰妻殷氏二十歲于歸三十歲夫故歿年六十六歲子之剛監生孫德元象吉均列武庠

羅揩達妻楊氏子

曹充實妻周氏廿八歲夫故歿年八十三子裔孫輩列賢書貢成均入膠庠各有人足徵善報

江廷舉妻饒氏嗣子

黃式善妻石氏子

江務先妻黃氏子

余粹生妻萬氏子承典

余錫山妻鄭氏嗣子

雷昭湛妻王氏三十歲夫故守節子煥序

雷煥序妻徐氏二十二歲夫故守節子勳點

雷勳點妻黃氏十七歲于歸閱二月而夫故柏舟矢志氷雪盟心事孀姑克竭孝敬族里咸欽重之

余文新妻袁氏子學志

錢淩秀妻唐氏二十三歲夫故家徒壁立守義撫孤見年五十八歲子光富

王大呂妻黃氏嗣子世傳

李志國妻鄒氏二十歲于歸二十七歲夫故歿年七十歲計守節四十三年

顧承明妻吳氏

余茂賞妻龍氏二十八歲守節歿年六十九歲子天木天臣孫曾林立元孫光斗任河南寶豐知縣

徐艮棟妻王氏二十五歲夫故見年六十八歲守節四十三年嗣子士明

廖昌湖妻胡氏二十八歲守節見年七十歲子期慧

余思柱妻廖氏子學鳳

雷從先妻董氏嗣子祖錫

戴裕本妻雷氏

蕭懷愼妻劉氏

廖學高妻余氏

余乙柱妻陳氏十八歲于歸二十歲夫故家事窘迫氏矢志靡他以女紅孝奉公姑又二年公姑相繼下世氏盡以服飾變賣爲葬貲族里悉以爲賢見年五十七歲守節已三十七年

周明高妻萬氏二十三歲夫故苦志冰霜節孝兼全

陳儒英妻楊氏二十五歲夫故操映冰壺節傲松竹

鄒嘉年妻萬氏

廖霞九妻張氏

鄭典秩妻李氏

姚天貴妻陳氏

候選山東文廟竇奏驅葛毓秀妻徐氏二十八歲夫故矢志守節奉侍翁姑生養歿葬克盡誠敬撫姪爲嗣愛如己出歿年六十歲計守節三十二年嗣子效梁

姚德敷妻胡氏

太學生吳勝文妻洪氏歸吳僅一載餘夫歿誓以身殉因翁姑年邁勉強延生奉養不懈撫姪揚文承祧年七十六無疾而終

吳爲國妻鍾氏二十三歲夫故守節奉姑三十餘年無倦意撫孫習柏爲嗣見年六十七歲

陳浚川妻李氏二十六歲夫故見年五十六歲守節已三十年子希椿

張士艮妻周氏十九歲夫故家寒僅存地二塊親鋤庋日矢志柏舟嗣子文龍

周世家妻晏氏二十八歲夫故子元吉職員

雷文煜妻朱氏二十八歲夫故家寒立志撫子成立娍豐十年旋痛子不祿積憂成疾卒

黃自文妻雷氏孫庭利

毛展鵬妻甘氏子宗會

姚光沾妻高氏十八歲于歸二十五歲夫故見年五十三歲守節已二十九年

姚光沾祧妻方氏十七歲于歸二十三歲夫故見年五十一歲守節已二十七年

姚光溢妻林氏十七歲于歸二十六歲夫故見年七十二歲守節已四十六年子天錫

潘成名妻譚氏

劉宗輝妻劉氏子萬緡

監生余宏緒妻陳氏嗣子經煌

石希孟妻余氏子聲達布理問銜

李光清妻張氏

石玉峯妻樊氏二十六歲夫故苦節無間婦道可風見年六十歲子必坦

石光瑚妻鄭氏年二十一夫故維時上有重慈奉事勿衰鄉黨咸稱節孝兩全見年五十九歲嗣子權銀太學生

石光惠妻鄭氏二十歲夫故見年五十三歲嗣子權亮

鄭煥堂妻唐氏十九歲夫故見年五十一歲嗣子永祀

鄭錦堂妻余氏十八歲夫故見年五十九歲子永鎰

石震海妻張氏十八歲于歸閱八月而夫故遺腹生子光裕撫育殷勤其時阿姑在堂奉養無怠守志苦貞毫無間言見年五十三歲

陳文國妻鍾氏年二十一夫故清苦自勵績紡奉姑節無愧而孝亦可嘉焉歿年五十二歲

陳庭訓妻丁氏二十五歲夫故清貧撫孤不辭勞瘁宗族咸欽仰焉歿年七十一歲

方正傳妻王氏年十九夫故見年七十一歲清苦守節人無間言嗣子道高

周巨勳妻方氏年二十二夫故矢志柏舟堅貞自守歿於道光壬寅年計守節二十一年宗族憐其清節即於家祠另設祭奠以垂永久

余麗一妻鄭氏子超斯議敘八品

監生余懷先妻饒氏子文賜

嚴用賓妻黃氏嗣子新繼

黃韞輝妻鄒氏子懋壁

曹俊功妻丹氏子福益

曹秉功妻施氏子媲美

柯遐齡妻駱氏貧苦守節撫子成立

闕馭遠妻喻氏年十九夫歿遺腹生子苦志守節撫子成立歿年七十六歲

李傳遜妻劉氏苦心操持勵志貞潔內外均無間言

李秩五妻陳氏堅貞自矢不苟言笑

張德廣妻余氏年十八歸張夫幼瞽目家極貧寒余事上孝侍夫敬撫子慈惟藉針工作生活計閱七年而夫卒時氏年二十五矢志守節族里無不欽敬見年七十二歲子春明

余兌書妻李氏茹苦含辛冰清玉潔子經利

鄭大賡妻余氏貞靜自守族里咸欽

甘世林妻楊氏年二十歸甘夫患痴迷手癱足軟楊服事殷勤終無恨心亦無詐語年二十六夫故家極貧辛苦備嘗矢志靡他雖年至七十餘人猶以處女目之嗣子錫榮

陳宗方妻程氏二十六歲夫故姑年七十有八奉養不衰嗣子孔訓

余敎之妻孫氏二十四歲夫故清貞自矢殷勤事姑歷久如一子里謨

鄭鳳昭妻甘氏二十四歲夫故遺腹生子孝以奉姑慈以撫子志苦心堅始終如一

生員孫達釁妻陳氏二十八歲夫故僅一子緒濤被粵匪戕斃家貧撫孫績紡度日見年六十九歲艱苦自持清貞不易

孫體乾妻王氏二十四歲夫故立志謹嚴持身清潔歷艱苦而不易其操見年五十四歲子傳藻

監生孫灼三妻張氏二十三歲夫故貞操自勵敬事舅姑終始如一見年五十一歲子傳藹

余顯承妻王氏二十六歲夫故苦節永貞克著賢聲九和五夜機斷三更歿年五十七歲子獻奇

熊立中妻余氏嗣子以瑄從九

余東明妻孔氏子運惠

李文瑞妻萬氏年二十八夫故家寒苦守撫子成人子士學

劉成怡妻陳氏孫定貴

劉世德妻呂氏義士呂巨材之女其母吳氏素以閫範敎之年二十五夫故氏乃勵冰操勤鍼黹以事舅姑和熊丸以敎幼子嗣子輿庚

余顯爵妻姚氏子國太

余開太妻劉氏子國剛

余懋修妻劉氏子光藻

賈稀周妻陳氏嗣子世芬

李學習妻楊氏

余鵬飛妻程氏元孫懷恕貢生

金臣五妻劉氏十九歲于歸二十五歲夫故見年五十歲守節已二十五年孝養舅姑熊丸訓子松柏之操鄉里共式子小洲

雷光國妻汪氏子昭壽

唐道遠妻辛氏

嚴鳳舞妻熊氏嗣子元彬

徐尼山妻謝氏子成貴

楊世城妻欒氏子長林官遊擊

張開泰妻劉氏素嫻内則頗識之無于歸二年適夫病篤乃自作衣禱天願以身代及卒柏舟矢志歷數十寒暑如一日子友松職員

張希顏妻何氏青年守義玉潔持身壽登八秩節過五旬子士林

吳繡林妻杜氏子先明

石玉峯妻鄭氏子溪生

徐文英妻李氏年二十一夫故持身淑慎善事翁姑弗逆弗怠雖家計維艱恆操紡車以供甘旨敎子惟以勤儉歿年五十八歲計守節三十七年子昌林

陳正都妻劉氏二十八歲夫故錄冰茹蘗事舅姑盡禮見年五十八歲嗣子國達

陳英甫妻胡氏二十八歲夫故事舅姑無違禮敎其子以義方見年七十九歲子炳南

陳爲盛妻李氏二十七歲夫故柏舟自誓順事舅姑生歿葬祭各盡禮分子正益

生員陳國謙妻王氏二十九守節嫡姑已逝庶姑在堂氏曲體翁意善事左右及翁歿喪葬盡禮庶姑劉年甫廿四特身維謹蓋深感王氏之節孝而因益勵焉子廷椿

范燦章妻張氏年二十八夫故見年六十歲

王序班妻李氏二十四歲夫故恪循婦職孝事舅姑見年七十八歲子達東

陳佩之妻李氏年二十一夫故上奉舅姑孝養無歇下撫繼嗣慈愛備至歿年六十六歲

張定意妻余氏年二十七夫故恪守婦道姑染風症數載言動失常氏湯藥躬奉誠孝肫摯撫姪承祧恩勤倍至見年五十一歲

李翼廷妻曹氏嗣子光遴

樊園橋妻石氏十九歲于歸三十歲夫故見年七十歲

樊希兆妻葛氏二十一歲于歸二十二歲夫故見年五十七歲

鄭舜五妻熊氏二十歲于歸二十五歲夫故見年六十五歲

張成美妻周氏子廷棟

方道隆妻余氏年十五歸方閱數月而夫遠出杳無音信維時姑歿翁存氏勤紡績供養無缺及翁

下世隨力殯葬未嘗違禮見年五十一歲貞靜持身族里均無閒言嗣子承瑞

鍾國義妻陳氏嗣子家瑜

陳輔世妻施氏年二十八夫故歿年八十三歲家乘贊云幼嫻禮教長達彝倫冰清矢志玉潔爲心薄田三畝奉甘旨於堂前喆嗣一人垂恩義於膝下勁節誠堪風世貞操允足傳名

廖方衡妻余氏

庠生廖常超妻謝氏

廖會江妻陳氏

陳學生妻夏氏家貧夫故矢志靡他以紡績奉公姑二十餘年撫夫堂弟之子爲嗣受室後子又卒自是痛哭喪明鄰里莫不矜憫

羅源遠妻熊氏子文樸

孫遠璠妻羅氏子應台

廖宏錫妻臧氏

王及峯妻余氏子恢錦

余螟北妻饒氏嗣子文啟

余泮元妻毛氏嗣子學潤

余超士妻萬氏嗣子承先

熊燦章妻耿氏子耀廷

周聲揚妻黃氏矢志柏舟績紡度日嗣子義富

朱瑞先妻余氏子光地

孟相材妻何氏子常青

孟常青妻嚴氏子時翥

冷選元妻周氏子績遠

嚴敦遠妻曹氏子元遜

黃紹楹妻廖氏年二十一夫故茹荼自苦矢志靡他事嗣姑以孝敬姑歿年八十葬祭盡禮閭里皆欽慕焉見年五十三歲

余藝亭妻唐氏夫卒時子尚未齡家無長物氏冰雪爲心事舅姑益虔勤紡績以爲盤匜資十餘年苦而彌貞及姑歿慟哭幾絕葬祭盡禮厥後子孫繁盛鄉里皆以爲節孝之報云子翔谷孫國聘貢生

余宣綍妻茹氏子國昭

周如心妻李氏

武生董正謨妻章氏子復禮復義

董正鳴妻吳氏子復炳

鄒世光妻張氏

商世祿妻徐氏孝事公姑貧窮苦守

李文謨妻佘氏二十六歲夫故遺腹生子撫育殷勤家貧苦志旌里咸欽子士良

闞炳殿妻張氏貧苦守義人無閒言子增雲增源

生員王鼎柱妻鎮氏

生員王之桂妻閔氏

陳丹五妻方氏子政玫

王世謙妻金氏鍼線度生慈撫孤孽子敬義

黃金一妻段氏年二十二夫故家貧苦守撫孤成立嚴慈兼施

黃河圖妻廖氏年二十二夫故家貧守義孝事翁姑撫子成立
余志盛妻謝氏子大典
王展軨妻葛氏嗣子遠立
從九樊楚璧妻陳氏嗣子希坤
劉濟雲妻胡氏嗣子時煥
闞增昱妻白氏子錦和
陳燦周妻劉氏子命建
陳燕五妻王氏子萬章
陳濟川妻蔡氏子萬鼎
陳紹唐妻程氏子萬才

陳耀高妻余氏子萬相
陳縑緗妻周氏子禨敏
陳正常妻王氏
陳禨厚妻梅氏嗣子昌謙
陳禨柏妻闞氏子昌準
游尚謀妻顧氏子天順
艾勝華妻成氏子昭明
胡宗傑妻周氏嗣孫正華
黃天傑妻艾氏子庭賢
張　伸妻王氏夫故家貧苦志守義撫子兆智嚴慈兼盡

張兆鳳妻侯氏係山東曹縣人其翁達川貿是邑因為其子兆鳳媒聘焉年十六于歸廿三夫故痛上有衰翁下無弱息遂隻身扶夫櫬歸葬畢翁亦客卒山左甫聞訃音即匍匐奔喪迎翁柩於二千里外跋山涉川勞瘁不辭其他懿行俱稱是君子是以多其節而又多其孝也子熫亭
吳天耀妻陳氏二十二歲夫故家故寒素事二老曲盡歡心壬辰歲鄉大疫翁姑瀕於危氏默禱竈前願以身代明日遂瘳人咸稱為至孝所感云見年七十八歲已守節五十七年嗣子烈顯監生
錢若光妻余氏子成明
姚德彬妻鄒氏子傳蚑
洪琢玉妻鍾氏年二十八夫故上有祖姑暨翁姑氏事之一一委曲盡道且待夫幼弟二人敬禮倍至撫養遺孤和光課讀歿年七十八歲子落邑庠生
洪登觀妻鍾氏二十歲夫故誓不欲生既念祖姑並翁姑在堂奉侍左右服誠不怠且阿姑病篤湯

藥親供衣不解帶者數月後因欲撫夫弟子承祧未果而嬰兒頓殤氏乃積鬱成疾年二十九而卒
周啟成妻方氏
余成章妻馮氏子榮育監生
余開瑶妻鄧氏年二十夫故家徒四壁矢志靡他茹蘖自苦紡績維勤終堂上人之養撫遺孤以有成閭里稱其賢年六十贈額榮之
毛思輔妻鄧氏子恢顔
毛常藻妻鎮氏子思格
毛重九妻余氏嗣子耀鑑
毛垂青妻夏氏子宗成
毛鳳侶妻施氏子宗芝

毛茂林妻江氏 子祖義

毛恢鸞妻周氏 嗣子宗明

毛思鐸妻余氏

毛恢元妻李氏 嗣子宗禮

毛恢安妻張氏 子宗仁

毛在興妻施氏 子宗講

毛懷裕妻陳氏 子耀有

毛恢谷妻甘氏 嗣子宗相

殷甘霖妻徐氏

劉名耀妻姚氏

周尚王妻羅氏

劉明萬妻汪氏 年二十八夫故情操矢志冰雪盟心孝翁姑而無懈撫孤子以有成子尚德

徐義洪妻劉氏 年十九夫故見年七十四歲子

章瑞五妻余氏 嗣子善因監生

張從先妻蘇氏 子茂亭

伍慶廷妻袁氏 年二十五夫卒生一子家極貧每欲自經爲家人勸乃止遂勤苦守義人無間言

童星一妻張氏 子錫祿

陳昌大妻戴氏 子隆元

周以勤妻吉氏

辜啟奉妻李氏 子志忠

童嘉會妻唐氏

戴開虎妻洪氏 子光廷

戴名登妻錢氏 子功鉦

王萬照妻余氏 子世本

王業桓妻艾氏 嗣子光[illegible]

王正達妻胡氏 子世啟

王業周妻鄭氏 嗣子光先

王世雄妻徐氏 嗣子業學

鍾定勝妻董氏 嗣子明昭

萬逢訓妻范氏 子安益

萬逢詔妻王氏 子安燎

萬志運妻何氏 嗣子逢藻

鍾超賢妻徐氏 子治義

董大賢妻朱氏 嗣子道文

余定豪妻周氏 夫故家極貧舅姑又早卽世氏零丁孤苦惟恃紡績爲衣食之資撫幼子弁撫夫幼弟俾至成人見年八十歲子長占元次春霆監生

鍾朝佐妻范氏 年八十六而卒子廷皇援例入成均

鍾廷皇妻洪氏 卽范氏之媳年九十一而卒子國祥援例入成均邑副榜鄭承燁撰有合傳云嗚呼以孀居之姑教孀居之媳其禮法固甚不遑以孀居之媳事孀居之姑共孝順固當無違所難者一室相對景況淒涼非同心不可共嘗也

余長善妻鍾氏 嗣子家鄉
熊聯芳妻甘氏 嗣子啟先
余先達妻盧氏 子德宣
徐位廷妻嚴氏 子家達
鄭命玉妻鄒氏 二十四歲夫故遺腹生子承瑛教養成立孝事翁姑族里咸欽頌之
周雅玩妻吳氏 冰雪爲心松筠著節
周體仁妻李氏 梅花骨格鐵石心腸
周鳳來妻甘氏 珊珊其骨皎皎其心
周希濂妻程氏 秉性温和持身淑慎子象德
周朝尊妻楊氏 孝養公姑慈撫子姪

周鳳波妻黄氏 温柔成性勤儉持家
周瑞庭妻盧氏 勤儉持家慈惠待人
周開唐妻鄭氏 慈撫孤孽教有義方子南濟
周渭清妻陳氏 猶子承祧孝慈兼盡子月三
周庭榦妻祝氏 慈惠温柔幽閑貞烈子聖基
周述堂妻陳氏 茹荼飲蘗志潔行端子定久
程永芳妻陳氏 性挾秋霜行類皎月子世清武舉
陳步容妻盧氏 蘭心蕙質矩步繩趨
李用權妻萬氏 端莊其度鐵石其心子先立太學生
盧寶善妻余氏 辛苦備嘗冰霜自勵子瑞昌

盧金聲妻程氏 節苦操堅規循矩蹈子光懿
阮遠珊妻熊氏 心同皎日志勵堅冰
程祥亭妻張氏 青年苦守節孝可風
程巨河妻余氏 家業貧薄女紅自資
程明武妻陳氏 勤課女工慈撫孤孽
李文敷妻熊氏 渾噩成性敬慎持躬
李顯謨妻萬氏 堅操苦節玉潔冰清
李善友妻張氏 貧賤不移始終無間
李昌棟妻楊氏 一意守節百折不回
李昌琳妻章氏 賦性貞烈持家勤儉

張承基妻李氏 如松如竹無非無儀
張希賢妻劉氏 克勤克儉如璧如圭
張用季妻黄氏 温柔其性淑慎其身
張席文妻阮氏 循禮守法克己忘辛
朱加斌妻宋氏 堅貞自矢貧賤不移
朱占一妻余氏 立身無玷教子有方
朱兆山妻劉氏 青年守節白首如初
程利貞妻黄氏 立姪承祧教養並摯
王步升妻尹氏
王楠逵妻何氏

王自衡妻周氏

王養素妻胡氏

監生王恢緒妻張氏

王金波妻李氏

雷萬儒妻喻氏

陳光明妻李氏

陳定初妻程氏嗣子錫銀

李學文妻周氏年二十八夫故家赤貧紡績以事公姑勤儉以撫孤子艱苦備嘗終無怨色

胡輯五妻孟氏嗣子方達

何理廷妻鄢氏子大武

毛榮光妻陳氏二十四歲夫故家貧守素撫孤成立見年七十七歲子宗霖

朱宗時妻雷氏二十歲于歸家極貧僅山地二塊氏及時鋤種以資衣食夫外貿客死柩歸時氏年方廿九誓不欲生乃迴憶孤孽在抱遂矢志柏舟飲蘖茹荼撫孤成立卒年五十歲子燿全

熊艮璧妻施氏子利賓

鄭敬之妻陳氏年二十七夫故上事姑嫜婦以代子下撫幼稚母實兼師見年七十歲

鄭定山妻盧氏二十七歲夫故孝事翁姑慈撫孫子歿年五十七歲子天祿

鄭光遠妻余氏年三十夫故甘心守義撫姪承祧歿年五十一歲

楊英華妻熊氏年二十五夫故節凜冰霜操同松柏事姑以孝教子以義歿年六十一歲

程合德妻謝氏二十八歲夫故遺腹生子壽林大熊斷機撫養成人歿年五十八歲人咸稱苦節云

羅學連妻程氏子開明

羅開明妻朱氏子新祥

顏錫三妻佘氏

方紹蘭妻錢氏嗣子承魁

周洪元妻喻氏二十五歲夫故撫孤成立嚴慈並濟後其子事母晨昏盡禮母節子孝報施不爽云

子如松孫周畸貢生候選縣丞

章六雅妻竇氏二十四歲夫故家極貧晝則採薪夜則紡績上奉老姑下撫繼嗣孝無違而慈以著

陳裕隆妻李氏十七歲夫故遺腹生子家寒苦守事舅姑以孝敬撫遺孤以成立見年五十九歲

葛勝宗妻邱氏年二十四夫故遺腹生子賢俊歿年六十三歲

周逢翼妻朱氏于歸期年夫即外貿杳無信音氏家居勵節孝奉翁姑至死不變嗣子其翥

王煥文妻陸氏子世開

方佳域妻徐氏子元香

梁待人妻楊氏子孟敬

鎮天敘妻錢氏夫故時年二十一歲守節六十一年　子運清

鄭步青妻王氏夫故時年二十五歲守節三十九年嗣子昌盛

鎮治漢妻蕭氏清苦自安族鄰咸敬重之子運釗

鎮治泮妻錢氏

黃庭文妻王氏子繼蔚

許建善妻闞氏

周名慶妻楊氏

周盛龍妻高氏嗣子宏銘

黃承甲妻闞氏子棻山
汪敦學妻金氏子志仁
錢士才妻陳氏夫故時年二十四歲守節三十九年子淩政
王定疆妻楊氏
王煥章妻熊氏嗣子敬緒
王卓立妻劉氏嗣子世楫
李昌順妻盧氏姑老多病奉侍殷勤子傳宏
王定經妻曾氏
鄭艮誥妻成氏玉潔冰清孝慈備至子啟益
鄭啟益妻佘氏上事孀姑下有孤兒盟心苦節毫無瑕玷族黨稱之子宗垄

石選士妻李氏
張元漢妻鍾氏夫故守節杜門不出貞靜之德內外無間嗣子正芳捐貢生
顏肇六妻彭氏嗣子賢懋
王雅言妻唐氏二十二歲夫故矢志守節閱九年而疾卒嗣子世元
郭雲彩妻楊氏
朱文栗妻甘氏子明龍
周逢正妻盧氏子世華從九
徐漢三妻曾氏子西林
余文煥妻施氏家極貧苦堅守不移撫姪經煉爲嗣愛若掌珍教養曾無懈意
胡　鑾妻陳氏子垂詒

度希文妻華氏子文盛
戴慈遠妻王氏子勝彬
程制萬妻鄭氏子尚聰
萬安貞妻石氏子逢欽
萬廣譽妻盧氏子學周
萬品高妻方氏子世春
吳南英妻王氏嗣子高第
方道剛妻陳氏子承滸
余帝都妻徐氏
余茂融妻彭氏

甘懷本妻陳氏子明炳
余尚茂妻徐氏子懷略
戚輝鑾妻桀氏子明謙
胡敦教妻彭氏嗣子恢先
胡恢先妻陳氏嗣子美章
胡開緒妻方氏子方英從九
桀道接妻陳氏子陞祚
庠生桀啟豐妻戴氏子煦監生
桀命旨妻胡氏子隆全
桀詩祚妻胡氏柏舟矢志撫姪承嗣爲曾祖母姚氏建坊擇吉鳩工經營悉當見年五十族里均稱

有丈夫志云嗣子啟瑞

錢成惇妻余氏子淩楠

錢淩德妻鄭氏子光宗

伍春山妻余氏

黃華玉妻曹氏

黃作楝妻饒氏

黃達從妻朱氏

黃忠良妻余氏

涂極高妻王氏

葉用賓妻陳氏嗣子大昌

葉文德妻萬氏嗣子本昌

葉啟綿妻陳氏嗣子亨昌

吳舉一妻王氏子高第

吳舉一祧妻王氏

李至剛妻吳氏子允升

郭光銳妻涂氏嗣子天眷

胡光朝妻王氏嗣子定時見孝行類

阮秀書妻胡氏年三十夫故刻志勵節歿年九十歲子儀聲

阮儀聲妻周氏三十歲夫故矢志守義事孀姑以孝聞年八十而卒子國珩

阮國珩妻石氏年二十九夫故冰霜自持孝養孀姑撫遺孤以承宗祧見年七十一歲子至周

陳清晏妻成氏年二十夫故家徒壁立矢志靡他見年五十歲

周文範妻劉氏二十九歲夫故孝奉公姑撫子成立

謝英恆妻胡氏二十歲夫故矢志冰操四十年如一日

陳德隽妻章氏家貧苦守撫子成人

章芳春妻石氏家寒守節清操自勵

章裕泰妻魏氏苦志撫孤人言無間

洪正宇妻吳氏

章品烈妻孔氏十七歲于歸二十八歲夫故以冢婦盡子職始終不衰子應清應蘭俱庠生

章南岡妻陳氏十九歲于歸二十三歲夫故苦志勵節教子成人見年七十三歲子惟江

章用九妻胡氏年二十四夫故子一名振武娶媳陳氏僅三載而振頓殀遂以族姪嗣之旋卒又擇

而繼之姑媳冰霜矢志百折不回節婦中最苦亦節婦中最難者也

董開基妻陳氏年二十二夫故事姑生養歿葬竭情盡禮見年五十三歲

陳繡衣妻胡氏年十八于歸未週歲而夫逝事翁姑至孝數十年不懈嗣孫宗垙

陳貽慶妻章氏二十歲夫故清苦守節歿年七十五歲嗣子宗祧

張洪盛妻周氏二十一歲夫故矢志柏舟事姑以孝始終如一鄉里醵錢勒碑以表其節

胡國南妻陳氏二十四歲夫歿孝養公姑撫育孤兒和允課讀歷久不衰子文錦庠生

胡啟將妻陳氏年二十二夫故閉門紡績孝順姑嫜撫孤勵節人無間言

胡懷玉妻盧氏年二十四夫故不出戶庭茹荼飲蘗

陳榮光妻胡氏夫故家貧事邁姑而撫孤子孝慈並篤

胡大任妻陳氏年二十五夫故撫孤守節矢志靡他歿年六十一歲

張魁賢妻胡氏年二十九夫故姑老子幼苦志勵節孝上慈下族里咸稱卒年八十八歲

孔京耀妻陳氏年二十夫客死他鄉氏聞訃音杜門不出績紡自供孀居五十餘年

陳聯科妻謝氏二十三歲夫故堅貞自守孝事翁姑苦節三十餘年

吳秀林妻杜氏

雷世傑妻胡氏清苦守節孝事阿姑

王上達妻李氏子世立

顧成泮妻王氏子世富

張壽珉妻周氏

陰廷亨妻王氏

李開先妻金氏

李學博妻王氏

游賢開妻張氏家寒無依撫子成立

余信玉妻李氏

余欽安妻黃氏

余盛唐妻洪氏子明照

余文獻妻洪氏

曾昭明妻陳氏

胡啟湘妻詹氏十八歲于歸二十九歲夫故見年七十三歲子長順

李宗俊妻毛氏十七歲于歸二十一歲夫故見年五十四歲嗣子純武

李大楠妻張氏十八歲于歸二十七歲夫故歿年七十四歲子先進

張克揆妻鄭氏二十歲于歸二十六歲夫故歿年七十九歲嗣子成連

張克泮妻胡氏二十歲于歸二十六歲夫故見年六十八歲子成賢

郭光璜妻鄭氏十八歲于歸二十九歲夫故歿年八十歲嗣子天文

郭天煥妻劉氏十八歲于歸二十九歲夫故見年五十歲子元柏

黃世壽妻龍氏十八歲于歸二十六歲夫故見年五十歲子承教

白黃初妻陳氏子正本

黃自賜妻劉氏

樊明音妻徐氏

陳元亨妻童氏嗣子隆魁

黃承八妻陳氏子炳甲生員

錢天德妻佘氏子子珸

余宏聲妻饒氏孝慈兼至苦節可貞子卜秀監生

余光先妻羅氏子一敬

余將仕妻李氏子一芳

王義和妻施氏子清東

劉惟書妻王氏二十八歲夫故見年六十七歲子敏文

廖期文妻萬氏年二十三夫故柏舟矢志溫柔其性淑慎其身上奉舅姑下撫猶子孝無違而慈以著生一女適國子監上舍張鴻先嗣子大鋑

黃以平妻李氏二十九歲夫故歿年六十九歲計守節四十年

黃道待妻劉氏三十歲夫故歿年五十九歲計守節二十九年

黃可亭妻劉氏二十五歲夫故歿年六十一歲計守節三十六年
黃福凝妻游氏二十八歲夫故歿年七十九歲計守節五十一年
黃福基妻董氏二十七歲夫故見年五十一歲已守節二十四年
黃佑庭妻萬氏十八歲夫故歿年七十六歲計守節五十八年
黃鯤浴妻劉氏二十八歲夫故歿年四十七歲計守節十九年
黃端建妻周氏二十五歲夫故歿年七十二歲計守節四十七年
黃中林妻李氏二十六歲夫故見年七十二歲已守節四十六年
黃顯揚妻周氏二十九歲夫故歿年六十九歲計守節四十年
黃殷士妻張氏二十六歲夫故歿年六十一歲計守節三十五年
黃卓成妻陳氏二十五歲夫故歿年六十七歲計守節四十二年

黃聖衡妻李氏二十六歲夫故歿年八十七歲計守節六十一年
黃玉桂妻劉氏二十八歲夫故歿年七十三歲計守節四十五年
黃恆盛妻萬氏二十二歲夫故歿年七十四歲計守節五十二年
黃時美妻陳氏三十歲夫故歿年五十二歲計守節二十二年
鍾曉明妻陳氏二十八歲夫故見年六十六歲已守節三十八年
萬洊陞妻黃氏十八歲于歸二十五歲夫故見年五十一歲已守節二十六年
萬秉彝妻陳氏二十九歲夫故見年六十歲已守節三十一年
萬純一妻謝氏十九歲夫故歿年六十二歲計守節四十三年
萬大全妻鍾氏二十八歲夫故見年七十一歲已守節四十三年于玉山
胡順剛妻李氏二十五歲夫故歿年七十八歲計守節五十三年

胡亭甲妻石氏二十三歲夫故歿年六十一歲計守節三十八年
胡志敏妻張氏二十四歲夫故歿年六十七歲計守節四十三年
胡安遠妻陳氏二十四歲夫故歿年七十二歲計守節四十八年
胡國幹妻李氏二十六歲夫故歿年七十六歲計守節五十年
胡玉華妻陳氏二十五歲夫故歿年七十三歲計守節四十八年
胡官正妻陳氏二十歲夫故歿年五十三歲計守節三十三年
胡啟之妻周氏二十八歲夫故見年五十八歲已守節三十年
李金殿妻劉氏十八歲于歸二十六歲夫故養親撫孤備嘗辛苦歿年七十三歲計守節四十七年
曾孫開先邑庠生
沈中立妻呂氏儒士呂又興之女其母郭節孝兼至氏又青年夫故操勵冰霜一如其母源之清者
流必潔斯言洵不謬也子道儀六品銜

李廷揚妻陳氏二十歲于歸二十八歲夫故與嫂劉氏同勵冰霜孝義兼至歿年六十八歲計守節
四十年
張首一妻劉氏二十四歲夫故志勵冰霜歿年八十四歲計守節六十年
李量周妻張氏十八歲于歸二十五歲夫故歿年八十四歲計守節五十九年
李殿選妻汪氏十九歲夫故歿年五十六歲計守節三十七年
李金諾妻周氏二十五歲夫故見年五十六歲已守節三十一年
周兆清妻劉氏二十四歲夫故見年七十四歲已守節五十年
阮耀宗妻黃氏二十七歲夫故見年七十九歲已守節五十二年
阮湊雲妻黃氏三十歲夫故奉事孀姑黃氏孝敬無違見年五十九歲已守節二十九年

劉宏度妻周氏二十七歲夫故歿年五十九歲計守節三十二年
劉東圖妻李氏二十六歲夫故歿年五十六歲計守節三十年嗣子
劉廷魁妻邱氏二十七歲夫故歿年四十七歲計守節二十年
劉聘英妻張氏二十七歲夫故歿年八十六歲計守節五十九年
劉景涵妻唐氏二十歲夫故矢志守節數十年
劉秉機妻柳氏二十七歲夫故孝義兼全歿年七十四歲計守節四十七年
劉聘之妻李氏二十六歲夫故見年五十八歲已守節三十二年
劉鍾崑妻洪氏二十七歲夫故見年五十三歲已守節二十六年
劉維新妻李氏二十六歲夫故歿年八十八歲計守節六十二年子
劉秦封妻樊氏二十五歲夫故苦節堅貞歿年六十四歲計守節三十九年

周新楨妻劉氏十六歲于歸十九歲夫故矢志撫孤見年六十二歲已守節四十三年
楊慶黼妻劉氏十九歲于歸期年夫故足不出韓憂鬱成病病革立嗣祭告夫靈前越二日而卒時年二十一歲女一適陸登勛亦守節終身嗣子全紀孫斯盛俱邑庠生
梅萸川妻李氏子兆松
梅頡達妻尹氏子萬象
廖希文妻曾氏二十歲夫故見年六十歲嗣子宗耆
何大翥妻方氏十八歲于歸二十八歲夫故見年七十九歲已守節五十二年嗣子廷錫
雷國屏妻顧氏二十歲于歸未久夫故貧苦守節三十載
張文禮妻陳氏子世經
張占魁妻劉氏二十四歲夫故矢志不貳歿年五十九歲計守節三十五年

張開泰妻彭氏子世富
黃觀仁妻熊氏十九歲于歸二十一歲夫故善事翁姑內外無間撫夫胞兄兩歲幼子爲嗣慈愛如己出歿年四十九歲計守節二十八年嗣子懋和
朱綬一妻黃氏
辜永言妻張氏子志炳志典
孫開位妻辜氏子盛緒
楊全勳妻劉氏子盛忠
生員周廷達妻王氏二十八歲夫故幾不欲生人以撫孤事重勸之遂矢志靡他績紡佐讀其子監生逢奎能繼父志皆母之力也
余理臣妻陳氏係太學生陳貢墀之女歸余兩載生子不育越數月夫亡號泣莫解誓欲同穴族戚勸之曰姑寡年邁定省乏人汝舍而去其心安乎於是恪守閨中與姑相依爲命并擇嫡堂弟之子承志繼嗣承祧其節孝誠有不容沒者

吳愛春妻胡氏十八歲夫故歿年六十四歲計守節四十六年
佘祖應妻駱氏二十八夫故辛苦備嘗撫孤成立見年五十八歲已守節三十年子述斌
段燦亭妻金氏二十九歲夫故夫在以孝聞夫歿孝愈篤冰心在玉壺寧骨勵松竹子粹涵
金建亭妻段氏二十七歲夫故玉樓一夢弱息誰憐針線撫養不愧所天子慶潤
胡有朋妻劉氏二十六歲夫故見年五十二歲
胡國鳳妻辜氏二十八歲夫故見年五十八歲
張際時妻黃氏二十四歲夫故養孀姑立嗣子孝義兼全見年六十六歲
李敦五妻張氏二十九歲夫故見年六十五歲

萬炳焜妻陳氏二十歲于歸未一年夫遠出歿於異鄉氏含辛茹苦歿年七十九歲

萬雲香妻周氏二十一歲夫故截髮自誓紡績度日歿年三十九歲

張魯城妻孟氏二十八歲夫故孝義兼至見年五十九歲

萬幹卿妻黃氏二十七歲夫故孝養翁姑撫孤成立見年五十歲

吳昇山妻楊氏子光宗

吳光宗妻金氏係楊氏之媳道光癸卯年姑病氏割股療之子世利

蔡達階妻楊氏二十八歲夫故見年六十五歲子興貞

胡尊一妻陳氏年十九于歸二十五歲夫故歿年六十六歲

余呈瑞妻胡氏年二十六夫故見年五十四歲子一清

武生孫煥廷妻王氏年二十五夫故見年六十五歲嗣子達偉

程龍登妻余氏子春茂

孟德萬妻余氏二十七歲夫故矢志撫孤紡績不倦歿年六十六歲子九成

黃宏仁妻劉氏二十四歲夫故見年六十一歲子勝景

王宗錦妻姬氏二十歲守節家貧無子苦志不移

顧朵芹妻王氏節苦志堅孝慈兼盡子世景

周逢滿妻王氏二十一歲夫故歿年六十一歲

邵祚巖妻錢氏年二十二夫故見年五十三歲嗣子自信

王獻珍妻周氏子家福

何廷魁妻顧氏二十四歲夫故柏舟自誓歷艱辛而不易其操子安貴

程士先妻胡氏二十三歲夫故見年五十五歲子學乾

孫萬年妻周氏二十六歲夫故家貧上奉老姑下撫幼子辛苦備嘗始終如一歿年六十二子融和

錢淩都妻潘氏二十六歲夫故見年八十二歲懷清履潔人言無間蒙　學憲額獎

周文林妻陳氏十九歲夫故矢志守節歷久彌堅蒙　學憲額獎

鄭宗壽妻成氏二十三歲夫故歿年六十六歲子立顯

鄭宗祿妻王氏二十歲夫故見年五十六歲遺腹生子立純貧苦撫養矢志靡他

胡翼然妻陳氏二十五歲夫故歿年八十五歲計守節六十年子國清

方紹廷妻向氏二十八歲夫故青年守志白首不渝壽屆七十族里咸贈以勁節長春匾額歿年七十三歲守節四十五年子仁厚

周玉樹妻郭氏二十歲夫故孝奉阿姑慈撫猶子見年五十四歲嗣子靜庵

郡庠生李大景妻樊氏二十一歲夫故歿年五十一歲計守節三十年子光麟

鄭濟川妻童氏十九歲于歸二十二歲夫故歿年六十四歲子德順

劉靜潭妻夏氏二十歲于歸越一年夫逝柏舟矢志奉舅姑孝敬無違族里咸欽仰焉道光丙戌年王學憲獎額節孝可風子兆基太學生

劉萬青妻張氏年十八而于歸越半載而夫故柏舟矢志井水盟心孝事承歡盤無不精之饌慈尤課讀幃有欲斷之機內能兼外儉而且勤見年八十四歲督家　學憲額獎子豐齋恩騎尉孫如璧武舉

古樓

楊仕謀妻陳氏二十二歲夫故撫孤成立賢孝著聲見年七十六歲子前亮

汪祖傑妻余氏十九歲于歸閱六載而夫故氏年尚屆廿五遺腹生子氏乃矢志撫孤課讀維嚴且其時祖姑并公姑在堂極盡孝養始終不倦里黨咸欽重之子訓子

庠生周思艾妻余氏二十七歲夫故子德生

周心傳妻閻氏二十九歲夫故子敢印

周正心妻張氏二十九歲夫故子光煒
周搏萬妻曾氏二十七歲夫故
周彝善妻鄭氏二十四歲夫故子伊
周　正妻金氏二十五歲夫故
周光乙妻鄭氏二十九歲夫故
劉永春妻袁氏十九歲而于歸念四齡而夫逝柏舟自誓茹蘖完貞事翁竭孝養子克家歿年五十一歲嗣子應泰
周命珩妻章氏二十五歲夫故家貧矢志柏舟養姑撫子全憑紡績之資見年六十一歲子昌年
程　桂妻梅氏二十八歲夫故歿年五十八歲計守節三十年子遂芳
劉士明妻曾氏二十九歲守節見年五十九歲子方典

廖昌慧妻雷氏二十九歲守節歿年七十九歲計守節五十年子期貴

未報無夫名列女

趙黃氏趙宏燮母
王劉氏王作新母
張胡氏生員張達祖母
楊闞氏
楊陳氏
孫艾氏
孫鄭氏
盧毛氏

鄒萬氏子宗仁
周陳氏子明金
周樊氏子命權　後查夫名成一
鄭劉氏子宗閑　後查夫名克恭

候彙報請　旌孝婦

廖法亨妻殷氏亨積學未遇氏事公姑頗有孝聲後公登五病在危篤百方不效氏割股以救病遂漸愈足徵孝可格天
周際太妻黃氏家貧孝事孀姑甘旨無缺鄉黨咸稱頌之
余陽照妻鄭氏年四十六歲夫故子七氏與媳松筠丕勵晝操種作夜勤紡績姑卧病在牀醫藥罔效氏於靜夜禱叩竈前割股以調姑食之愈後姑壽至九十終葬祭盡禮鄉里稱其以婦代子以姑作翁誠巾幗中丈夫云

庠生余階平妻李氏于歸後舅歿姑存克體其夫孝敬之心左右就養二十餘年凡瑣屑事階平所未及知不便爲者氏皆先意承志隨時隨地奉事攸宜今雖歿世宗族鄉黨猶稱道弗衰云子冰衔燭東俱庠生
章仲端妻楊氏候選訓導章開第之曾祖母舉人章烈侯之太高祖母也好善樂施純孝無虧事姑嘗糞賢母之遺

候彙報請　旌貞孝女

黃蔭林聘妻陳氏蔭林病卒陳氏入門守貞撫養胞兄蔦特之子國昌爲嗣奉姑十八年甘旨無缺姑歿安葬盡禮其子任河南府洛陽縣典史
王盛攜聘妻唐氏許唐未婚聞夫訃音輒詣唐門矢志守貞艱苦備嘗事翁姑孝敬不懈撫嗣子

愛夢兼施見年七十四歲道光年間方學憲獎額祗節懷清嗣子永洋

劉經緯聘妻顧氏字劉未適聞夫訃音遂詣劉門矢志苦守堅貞自持孝順翁姑歷四十餘年如一日嗣子應嗣

候彙報請　旌孝女

萬孝女係萬鑾宣之女因母廢疾父卒母無所依奉養五十二年之死靡他見存

候彙報請　旌貞女

李周氏係周聖節之女幼許李未于歸年十八夫故氏守貞不字歿年九十歲計守貞七十三年

陳孟氏幼許陳年十八未婚夫故詣陳門苦守見年七十歲堅貞可嘉

萬李氏係萬貞之聘妻未婚夫歿守貞不字

闞裴氏係闞炳祥之聘妻年十七夫外貿歿他鄉家貧苦志自守

朱粱氏係朱文勝聘妻幼撫養於朱未合巹而夫故誓不改嫁家甚貧針線度日見年五十歲嗣子明鏞

候彙報請　旌烈婦

陳德型妻方氏十九歲于歸二十一歲夫歿於河南氏聞訃絕粒痛宗祀之覆絕淚洒紅冰旋矢志以捐生魄歸黃壤義出自然志真慷慨竹勁松筠永同山嶽不朽冰心玉骨還與日月長暉

張哲先妻鄭氏生于道光癸巳年二十歲于歸咸豐壬子冬粵匪過境痛夫被擄積憂成疾越三月嘔血而死

朱源璧妻章氏夫死身殉

雷文魁妻李氏二十二歲夫故無子自經以殉節烈兼盡

游道正妻黃氏詣門哭奠闔戶自經

生員余鴻翰妻羅氏三十四歲夫故公姑早歿夫故三日哭泣擯殮畢託二孤於伯叔遂沐浴自經子傳甲傳庚

甘粹如妻余氏子必慧

李經萬妻周氏十八歲于歸二十歲夫故送夫歸塟捐軀完節

節婦補遺

陳維懷妻吳氏年廿二夫故栢舟矢志織紡營生事祖姑以孝著蒙朱學憲獎額恒其德貞

候彙報請　旌貞烈婦

陳履之妻胡氏

周昌厚妻盧氏志切殉夫從容就義

候彙報請　旌貞烈女

沈世檖聘妻鎮氏名素貞沈病故貞聞訃音旋自經死鄉里為之立碑於墓側

周夙吉聘妻戴氏係戴昌雄之室女年十七夫故聞訃奔喪父母不允遂縞衣自盡

劉起鳳聘妻戴氏年二十夫故日夜號哭誓以身殉因翁在堂勉強延生事翁未一月翁又即世氏葬祭盡禮旋撫夫兄之子逹本為嗣旋自縊

王簡齋聘妻周氏幼許字王未婚壻歿誓志守義父母欲奪之仰藥死

蘇　聘妻張氏未嫁壻歿投繯以殉

游　聘妻黃氏係黃道行之室女幼許字游年二十一歲未嫁聞夫故從容沐浴入室自經

萬鳴盈聘妻李氏係李建茂之室女幼字未婚夫遠貿女隨父母度日年十九聞夫故貿所捐軀

全節

論曰秦皇至暴也然賢巴寡婦清而立女懷清臺豈不以節哉顧婦道貴貞狐綏在梁有靦面目矣彼君子兮

從一而終之死靡他百折不改或以身殉或以節著養姑撫子既卿哀而茹荼蘗孤斬如發毀容而堅壁哀此未亡人宜合名之無窮也褒貞顯節胡國俗之不可變也耶

壽媛

王趙氏 年百有三歲儒官王賓之妻賓年九十五趙百歲外童顏黑髮行不杖夜不藉燈火雙光猶能見物驛傳道張公同江夏大司馬熊公贈堂稱額手勒坤貞人瑞有碑子惟昌廣文以子珍錫貴封戶部主事年八十五卒孫庠生琰錫歷年九十餘猶有前壽風

余劉氏 素嫻內則共號女宗柔順事姑歡承堂北慈祥御下秀苗咳南鶴算綿綿屆百齡而已近螽斯蟄蟄親四代而猶存見年九十七歲舉步康強目能穿針分諭家政毫不糊塗生子四長振鈞次成宜貢生三華廷四先廷監生孫十餘人光蘭光馨光甲蚤列威均光太光珍俱業儒

賢媛

孟吳氏 太僕丞孟養素之妻婦節母儀里有同聲素壯歲艱嗣吳爲廣置姬妾晚乃舉子應衡吳撫若所成未幾素卒吳撫恤諸姬嚴飭臧獲幹家不替於昔間教子卒補庠員明邑令劉世科表以孟母重光云

何鴻氏 氏邑城中何君宗泳圖也世居荊州沙津及笄于歸隨純僑寓郝穴質所後不幸純謝世維時拮据嗣蓮峯甫七齡氏攜子扶櫬歸梓治葬祭事既畢復外出居郝工紡織經紀店務機宜悉中由是家道亦漸裕豐饒生平好施與鄰里有困乏必濟之值歲終用布囊貯錢米多寡稱人分贈較平時益周且備間嘗製膏丸佛桁木以救生死道光辛丑壬辰兩歲荊地馮夷肆虐民居蕩析者大半人飢甚氏買衣服菽粟以施得存活者無算即癸未遭火災亦如之同市有負賭債至鬻妻者氏知之出金代償全其夫婦後竟生子延祀咸豐辛亥因年邁謀歸郝中士女老幼艤舟餞送牽衣涕泣者以數百計且五六十里之遙爆竹聲絡繹不絕吁嚱乎此即求之鬚眉中恒不數數覯況出自巾幗者乎宜其壽逾八旬目覩五代也氏以子景華號蓮峯貴勅封安人華候選州同例封儒林郎孫運清積學待售運琳業儒運珠太學生運珍邑優廩膳生曾元林立其興起正未有艾

才媛

李錢氏 號梅窗孝廉錢珊妹也七歲能詩名與兄齊所至輒題詠盈帙歸光山孝廉李宗乾有詔比丁麝七律一章載入藝文

咸甯縣志卷十二

藝文 記

邑人 雷以諴鶴皋 陳國正思溪 纂修

知咸甯縣事陳秉信慶堂 鑒定

藝文

序曰大人虎變其文炳君子豹變其文蔚則文章所著都人士之雄才偉略具焉其大者載之經傳作述功高其散者寄之歌韻被之詩章登高擬賦艷西晉之風流遇物能銘羨東都之人傑野有博物君子邑多集古名流因人以傳文家乘與國書共載即文以考獻新裁與古製同編故太史陳詩必採十五國之謡西國積學博觀廿一史之備則茲貞珉之勝蹟非侈鉛華惟是紀序之名篇盡符玉尺詳曩哲之所未詳才既優於著作綴時人之所必綴美更媲於讃修信紀可傳允矣萬邦之憲鴻文堪飭居然 上國之珍考同風於藝苑標令甲於詞林追前徽之未遠慶斯文之在茲

大成殿記

東嘉平陽陳侯公遠之來治咸甯也不二三年政肎有成上下輯睦乎易不擾民安於無事尤以學校爲務而究心焉時學之禮殿門廡神廚齋舍歲月既久日即傾壞侯每周覽嘆曰予自垂髫游庠序至郎官今際内朝清明外無繁令正予崇報之時學校之修非吾事而誰事於是視棟梁榱桷之腐者撤之瓦甓之缺者驅之象設采色之剝者易之首創禮殿高踰三丈視舊有加而廣如其舊以及門廡神厨齋舍諸屋次第而舉增露臺於禮殿之前完以朽墳塗壁之堅漆以丹雘桓楹之飾經始於景泰七年冬十二月訖工於天順改元之夏僅及半載煥然一新而工費之需處之有方故敏於就事民不知勞賢矣哉陳侯之用心得以攄其圖報之忱矣嗚呼治教之休明豈專在於屋室之美哉聖人之道如日麗中天敦叙彝倫推明至理修齊治平之方裁成輔相之道本末具舉萬古不易然而簡陋不治則無以行典禮而隆教養何學校之云乎得陳侯之整飭而殿宇崇隆春秋二祀衣裳冠履濟濟蹌蹌巳侯出右族敦説問學内剛明而外循雅審事宜而達政化飭躬蒞民巳收功於踐履斯舉也誠可謂知所本而善推其所爲矣予故喜而紀其顛末刻諸麗石後之臨政者能不有讀斯文而心侯之心者乎是爲記 明教諭伍 福撰

新建堤樓記

余往令任邱見唐令子方築堤以捍九河之水延袤薇野

當時任民豈不難其事哉而至今田廬賴之號爲唐堤云百世廟祀太史公曰非常之原黎民懼焉及臻厥成天下晏如也咸邑故無城有城自葛侯始藩屏闤闠厥功偉矣而城大半枕湖直逼金口每江水漲發竟逼城下加以春夏淫雨浹旬百川洊潰合勢滔天城不沒者亟如晉陽之版而狂風迅浪擊撞嚙漱一決咸之民魚鼈矣其可懼孰甚周侯以壬辰進士來令茲土臨城而嘆曰有邑而無城猶無邑也有城而無堤猶無城也吾可不急爲之所而區區案牘刑名間乎迺條築堤便宜狀上之兩臺司府悉報曰可侯乃禮請鄉士大夫與衆父老郭外履畝荒度堤基

畫地而授之里計里而授之地令下百姓欣然荷鍤畚虆舉謳歌鼓舞十有三日而堤成有如神助其力者侯命各役植柳兩傍蓊鬱夾道清風徐來沿堤池水於牣魚躍遊人騷客結駟錯趾侯喟然曰有堤若此可無樓以便省觀哉迺捐俸貲庀材鳩工暨建岑樓翼以廂廡繚以圍墻立儀門以啓閉設堤夫以巡守侯乘暇登眺其上八窗洞開舉目萬家煙柳而前有層巒疊巘秀入雲表東皐排塔於左丹鳳昂霄於右北望平湖千頃水光一色鳧鴨交飛直與赤壁黃鵠爭奇儼然河陽一大觀也嗟夫是役也議之百年人謂落落難合今侯不費水衡一錢不取民間一粟迺役之堤而堤亟成役之樓而樓鼎建城垣屆於磐石歲省修築之勞保障屹於花封世享奠安之利其功與唐子方比隆民亦號爲周堤立像祟祀於弗替矣夫侯何以得此於民哉原侯德禮長者心源潔白無愧神明百姓信之而約己省事與民休息誠同慈母之保赤故子來趨事悅而忘勞也大工甫就欽召適至非常之原若與非常之報兩相待者而侯爲吾咸幹旋地脉大開景運倘亦有明徵哉而縣治面實背虛藉此捍蔽拱護其關係甚鉅豈獨爲城計久遠已也後之令此者遊斯堤也則思經營之難爾時緝之登斯樓也則思締造之難而時新之銘念甘棠勿剪勿傷則侯烈地脉雖千百年如一日可也是又侯千百

年於此之心也僉請鐫之貞珉以垂不朽遂爲記

進士顧　問撰　邑人

環翠樓記

咸甯邑治面山而背湖廳事後邑大夫居第在焉然地勢稍迫故廨宇亦卑淺景泰甲戌春東嘉陳侯來令茲邑越明年政通人和百廢具舉侯乃卽所居撤其最僻者易以重屋於後質樸不華高明亢爽居之以安焉是四月哉生魄侯退食自公與客登而樂之當斯時也薰風徐來八窗洞開遠近山光凝靑積黛爭奇獻巧映帶如畫而湖水新

漲浮光耀金動彩湧照魚鳥翔泳鏡天上下一碧千頃指顧周覽光景萬態畢在目前信可樂也客有前監察御史方公思濬舉爵飲侯請以環翠額茲樓且志侯之清風雅度在乎山水之間也侯既曰宜衆客懽忭僉謂余文宜記事嗚呼樓以環翠名詎非得趣於山水乎然人知環翠者山水也而弗知山水於人有理寓焉今夫山厚重不遷惟仁者安於義理似之故樂山今夫水周流無滯惟智者通達事理似之故樂水陳侯好古博學仁知合德推之愛民者其厚重不遷歟施諸理物者其周流無滯歟居斯樓也脫卑陋而遊高明情曠神怡目領心解境會理得高而峙

者吾心之山也孰得而搖奪乎湧而動者吾心之水也孰得而渣滓乎然則所謂環翠將不在山水而在吾心矣故居之而安非耽嗜風景而溺晏安也吾心安而理得也樂孰大焉將見咸甯之山川由茲樓而增其高深侯之清譽益傳頌於悠久矣所謂地因人而勝者也客以予言不謬請書爲記俾後之覽者亦將有感於斯樓

明教諭伍　福撰臨川人

咸嘉社學記

社之有學夏商周三代庠序校之遺意卽古之所謂小學者是也古之士八歲入小學十五入大學由小學而升諸大學學非有小大也蓋小學則學之始大學則學之成是故三代以上非後世所可及以學之有漸也惟我大明御極歷數世聖化之久學宮遍天下而鄉社亦在在有之人文之盛與三代而匹休猗歟盛哉湖廣武昌郡之屬邑有咸甯嘉魚相接壤而學之在社尚有闕焉正德歲之己卯副都御史東湖吳公適奉璽書有事於此惻然念後學之士不可不教於蒙而得養正之地也乃謀諸鄉耆士大夫卜諸二邑之交山幽而水清得涵養本源之趣而材鳩工命有司董其役迺撤其所自爲屋而立爲正廳廳之後爲書館各三間禮夙儒而主之東爲號舍凡六間以棲諸生

西爲廚屋三間以便炊爨繚以周垣垣之外兼植松竹鬱然成陰大門左爲賓館以接賓客之遠至者仍置田一頃七十畝與民佃耕歲除稅外取所餘穀五十石爲師束脩費及子弟之貧而願學者悉以周之噫公用心仁矣事既落成咸令尹吳君聰嘉令尹陳君文偉議於咸庠司訓李君玠走書丁甯於遷謂遷志楚史宜記斯社學之顛末也夫天下之事莫重於始社有學以養蒙所以教成人之始也始之不教正本失矣曷以望其成耶君子之作事謀始東湖公之是舉也吾知二邑之士他日彬彬禮樂底於大成或足以踐功名以善達天下或足以踐道德以善希聖

賢漸有成效伊誰之力歟東湖公建學之力也雖然二邑之先孰不有是舉孰不有是心之同然者哉久而玩玩而愒愒而泯焉勢也吳李諸君礱石以記得此心之同然將不獨一時之士可以興孟子曰豪傑之士雖無文王猶興百世之下豈無興之者如東湖而士之猶興豈無此豪傑者乎東湖公功被天下者不可勝紀此學之一事亦政之首務也是宜記焉歲在正德辛巳之七月適嘉靖龍飛之始四月也

知縣趙　遷撰江夏人

重修關聖祠記

關聖之香火萬禩也以忠義其負絕三國也以破黃巾黃

巾代不乏人後關聖而卓立者亦代不乏人如日者呂寇陸梁與江北流䲹遥爲聲應不獨鄂郡十屬強半魚肉即江南五嶺三吳俱岌岌乎隣震矣十屬中苦焚劫者則咸邑人士爲最何也咸於武爲犬牙地武之寇先禍咸猶秦之寇先禍豫也幸咸有賢令君陳父母智深膽沉勿綵勿躁厚爲備以圖撲滅之舉果未匝月而王師至有事者巡道包公祖際霞守道袁公祖臨候奉命兼理巡道而亦巢縱稽者則撫室二璣陳公祖所寄閫之劉遊擊也羣在露布叙傳中當入樞府之功宗太史之記詳矣先是劉公未師時狼奔豨突官兵亦屢失利人心惴惴欲求有制之將一旦起宿屏之兵難乎哉公則用田單狄青法決猶豫於神明而以縣東門外關聖禡封牲陳辭之日神降鑒特甚忽有巨鹿自山來東踉西跳如追如逐須臾被健卒捉生以獻陳令君揚盃賀曰呂祿其能免乎一軍皆躍浹旬而峽黨洗閭月而呂魁膾矣江北之大搶小搶聞焉魂驚魄裂咸士民先諸屬而南鐃歌樂社酒況夫策功告馘朝廷之報公望公者豈其微歟乃公則謀及所以報神者捧中金七十兩付陳令君新其祠令君忻然受托復增費以大其事進夏張諸生與父老子弟而諭之曰不佞稽諸志乘自有此縣便有此祠嘉靖間曾有重建之者迄今百餘年

万就儆矣神之靈弗昧咸劉公而更創固其破張梁縛呂布先劉公而作則然非忠心義質英英弗泯胡以香火徧華夏乎胡以庶民攻之不日成之再見於今日乎祠成列碣徵文於桂桂不善古文辭姑直叙其始末耳是役也其規天時察地利出奇畫以佐成績者儆年兄李玉宸周旋之玉口不言功桂因附及以諗將來居閭里者當思明則禮樂幽則鬼神慎無忘維桑與梓之雅云

進士汪　桂撰崇陽人

馮文簡公祠堂記

古之有功德於世者不得祀於國猶得祀於鄉昭崇報也

苟當祀而廢則失之慢不當祀而興則失之諂慢與諂夫豈禮哉宋樞密使馮文簡公名京字當世世居楚咸甯相山之下其先君宣徽南院使太子少師贈司徒式之有陰德遂生公既長博學有大志仁宗皇祐元年鄉試至廷試皆居首選時稱馮三元尋倅荆南後擢修起居注出知盜州民皆安之神宗即位以爲御史中丞上疏論王安石新法之失安石指爲邪說請黜之神宗不允陞爲樞密副使未幾參知政事居政府數與安石論辯不合及呂惠卿議罷制舉公力爭以爲不可惠卿啣之因誣以罪出知亳州熙甯九年復召爲同知樞密院事元豐三年拜樞密使四

年罷卒鄉之士以宋進士三試皆第一僅三人公在其一誠可謂科甲中豪傑士也公再歷外寄兩入政府民被其澤君信其忠雖奸回屢排而中立不倚其節操誠有以垂世範俗也德之所及功之所存仰諸天俯諸人復何愧作哉國未有祠實宋闕典也至元初鄉之後進因立祠於相山之旁春秋祀之至於國朝祠就蕪廢故址雖存而無能續創者成化戊子崑山王慶分教咸甯受職之初禮部亞卿葉公謂曰馮文簡公咸甯人也公爲宋名臣而祠祀久廢作興之責其在子乎夫教之所施忠孝是先文簡公之盡心於宋忠矣今其祠宇蕪廢若此甚非所以崇報功德於昔而激勸士習於今也慶曰諾暨至咸甯適武昌同知馮章通判陳琳以督賦繼至爲慶措辦材木作私第慶曰私事在所緩公事在所急且亞卿葉公之命予既諾之先己而後彼獨不内愧乎特移私第之材以創之有司嘉其志即爲翦荆棘闢故址材不足增之用不給補之命工役力建祠三間繚以周垣揭以高門逾歷日月凡幾而祠告成後慮祠雖成歲祀無征祠旁舊有金蓮池若干畝久没於閭右慶圖復之以池歲所樹藝之利用給常祀之費而計可經久慶之心亦勤矣哉誠不負亞卿葉公之命而俾文簡公之節行益昭示於悠久也嗚呼教人以言人雖聽

之而未入之深導人以行人雖見之而自然使之咸咸甯文簡公之鄉其世德之厚節操之堅故老猶有傳誦之者今復因是祠而使之知崇報之典興禮義之心又惡知無若文簡公之出於其閒乎是則文簡公之節行必有待亞卿葉公而後著葉公之心似有待於慶而後克成其美也爰書此記諸石庶將來有考云　提學道陳　方撰（廬林人）

九龍洞禱雨有應記（縣南三十里舊名甯仙洞石門高深叵測寒氣侵骨六月如冬白石若幕滴乳結成龍蛇狀正德己卯夏都御史吳延舉率官吏禱雨有應命鑿石爲像更名今名）

正德己卯夏五月不雨禾將槁都憲東湖吳公奉命賑濟湖南駐節吾邑憂形於色爰命邑大夫吳侯伯乾遍禱山

川命羽流設神位於城隍祠步禱三日不雨公曰月令仲夏大雩周禮因大旱率巫舞雩諸生告曰邑南三十里有寓仙洞正德甲寅邑令上官鑑率衆禱雨乃應公聞之翼日匹馬命佐偕唐生景瀛相行時將四鼓雨下數點出南薰門至小龍潭曙光掩映吳侯暨業師趙先生天儀李先生國器速幕陳君賴惠俱馳至遥見漁舟鱗次公騎旣遠恐隨之不及急呼舟子渡之至蔣師泉雲霧起山間人民莫辨直抵桃林嶺公徒步登山吳侯與二師暨余六七累肩而上至絕頂睹諸山培塿在下允爲天下奇觀循嶺嵩憩松下凉風徐來萬籟有聲佐竊嘆曰是風其伯夷之謂

與何清人若是也吳侯二師聞而哂之又行三里僧以壺漿來迎羽流於洞中擊鉦鼓響應山谷公坐九龍梵刹口授佐録文以告公乃更衣詣洞洞口儆有石室若可容百人公祈神畢方入洞令鄉民從遊者束燎前導既下聞人聲如雷鳴視洞側則有仙人囊由石竇鞠躬以進水冷洽出其下心甚悸又數步乳滴成幕乘燎光細視之皆龍蛇狀及深入則洞中黃泥嶺也行百步水自石龍首點滴石池有聲池甚邃而形類捲雲公首飲之次吳侯次二師次及佐等清冷入骨毛髮悚至亦不知爲甚暑隨出以歸薄暮至縣少頃雲隱隱自西北起倏忽四合雨下如注須臾池塘溢禾苗生官民胥慶噫今之任民社者於民利病若秦越人之視肥瘠恝焉不加之意視公之憂勤甯不內疚中庸曰致中和天地位焉萬物育焉蓋天地萬物之位育孰有不本於吾之心正氣順歟況民同胞物吾與也任宗子家相之責者能以民物之心爲心則吾心之天在是感應之速固其所也公文章鏗金石事業滿天下清風高節披拂士林以此而格天信乎其易易也說者謂公屢遭逆境百折不回方之李忠定官居二品家猶食貧方之寇萊公持節救荒全活甚廣方之富鄭公彈擊不避貪污斂跡方之趙清獻服此豸綉來莅鄉邦方之韓魏公在公皆不

爲多歲丁卯公居清洪佐幼且愚不獲一謁今得隨之視公之所爲甚有矜式夫禱雨一事耳因紀之以見公爲民之盛心吾徒遭逢之不偶焉耳洞舊名寓仙公更名九龍云

楊邦佐撰　邑人

重修相山書院記

大造者之巧於造人也有元神以爲之幾有英氣以爲之會有眞脉以爲之息契其幾以參二五之化丁其會以相國家之宣運其脉以立吾身綱常之柱竪節義之標則天與我之意不孤矣予常觀之紫微自左右樞而上尉次之衞次之丞輔又次之而天極則宰乎其中華蓋其羽葆也

故德星見則賢相出而六符明焉客星入則讒夫倡而三台㴱焉此非大造者之元神周遊八法流盎六虛而氣脉之凝萃以昭示於人者耶宋自太祖都汴其位爲天維撫圖御極肆於眞仁和氣郁蒸欽槩禋尊天禧辛酉德星入翼十二度識者以爲有異人生焉夫翼鄂之分也德具之象也以數推之其年馮文簡公適誕其期至皇祐己丑有祥雲繞華蓋星官曰鬱鬱芬芬登賢氣也而文簡以是年首天下士嗟呼天之所予人固弗違而况其神之聚氣之完脉之儲者乎文簡名京字當世其初宜山人先世祖徙居南郡之咸甯父商封太子少師宅心遵德君子多之京

以峻才煥發磨淬神鋒而豪曹湛盧電欻霆變舉莫與之京始播續於荆藩繼馳芳於益郡而孤憤赫然聳動寰宇尋召爲御史中丞則應天之左右丞而剛風勁氣披於縉紳人無敢訾議之者後遷爲樞密則應天之左右樞新法抗疏安石變色政府雄辯惠卿吞聲隆主威以褫奸魄再入爲院使而挽屯旋始利社稷之功居多及罷政而歸乃偃仰嘯歌於東高之上與雲物爲朋徒至今顏其山曰相山夫羣邪側目之秋固非齷齪庸瑣者之所能立而雍容黄扉以亮天極必英邁卓犖脱然萬物之表者能之公也契其幾丁其會而又運其脉焉豈非參大造之巧而獨莅者乎然公之名在天下而其神則不死於斯邑故祀之者有庥烈焉我明成化戊子分教王慶肇創崇基以祀公提督學校廬陵陳公方爲文以錄之迨正德十有二祀丁丑涌川張公邦奇奉命提督如陳而剛明則過之毎經望相山之墟盱然嘆息於時閩郡邱侯魁適會其意乃與司教曹伯恩趙文璣李玠典史陳恩庠生萬悦樊孟芳等謀之卜協於相山之麓迺鳩厥工迺飭厥規迺啓厥宇以爲公神依邦之人曰邱侯宰我也煦沫我也剗奸以詰返澆以樸而悃愊無華無往不事事是役也其無乃非嘉惠也乎予猶以爲文簡之心曠百世而相感則其元神散而復聚

英氣盪而復完貞脉亢而復儲安知金山之靈淦水之精有不融結釀暘如德星之見者乎他日動關璇宿而垂耀紫宫將不爲祥雲之繞華蓋者乎奮精忠以衛王室將不爲公之秉正嫉邪與孝先公亭並垂不朽者乎邦人曰然固請記之因爲之記

主事廖　漢撰蒲圻人

應宿樓記

應宿樓成文學海涯龔君告諸內史氏鉞素子曰勤齋蕭公之尹咸也朞月而政行凡厥咸之士庶罔弗象其則焉又三禩而績成凡厥王人之有事於咸者罔弗被其烈焉是役也民之父老歌於途士之乂髦頌於黌王人之監司

書於臺予夙職史事其紀諸鉉素子曰曷謂也海涯君曰
台聞諸父老云古者辰角見而雨畢天根見而水涸草木
節解而備蓄焉是故周之王庫漢之武庫示有蓄也勤齋
建茲役以衛吾民將以豫大蓄焉爾於是乎伐木於山厥
材孔良磐石於巖厥制孔堅而又司晨啓寤司理詰姦損
上益下民說無疆詩有之庶民攻之不日成之鉉素子曰
於乎可以徵澤矣昔者趙文子身怯退如不勝衣言吶然
如不出諸口而其舉管庫士生不交利晉人稱之其無乃
非文子之遺澤也乎海涯君曰台聞諸父老云古者築靈
臺以望氛祲作矩觀以司閫閾欂櫨周遭而營樓焉是故

魏之麗譙越之飛翼示有觀也勤齋建茲役以興吾士將
以豫大觀焉爾於是校藝於庠從者如雲校射於圃觀者
如堵而又飾其館舍拂其絃歌履謙飭貢士征若彙詩有
之成人有德小子有造鉉素子曰於乎可以徵則矣昔者
蘇文忠公好賢若將加諸膝愛民若將恫諸身而其創黃
樓也久而彌堅徐人稱之其無乃非文忠之遺則也乎海
涯君曰台聞諸監司云古者王人導利以布上下即官應
宿以司牧長法象炳煥而成章焉是故庫樓繫於角宿藏
府象於離珠示有章也勤齋建茲役以敷王人之政將以
豫大有焉爾於是乎上思衛國以充外帑下思裕民以杜

後艱而又南有和薰東有體元西有廣惠以翼中極詩有
之維其有章矣是以有慶矣鉉素子曰於乎可以徵烈矣
昔者蕭文終侯盟泰山以若礪誓黃河其如帶而其應昴
宿也為世元勳漢人稱之其無乃非文終之遺烈也乎海
涯君曰建樓三徵既聞命矣子盍終言鉉素子曰天人之
際其幾甚微其理則一古者聖人觀天文以察時變觀人
文以化成天下夫道一而已矣堯命羲和授四時舜察璿
璣齊七政而四岳九官十二牧各奠厥居以修六府以和
三事以敘九功凡以為國為民而已乃若周禮保章以星
野分紀天象官守令以布政教修人以合天奉天以應人

上下交修天人相感應宿之時義大矣哉漢唐皇祖著天
體循環之論而敬哉有土仁宗表天元曆數之書而儆於
有位皇上茂選循良軫恤黎元而兩暘必祈軌緯必察視
古帝王憲天圖治其揆一也勤齋乃能仰體聖衷俯恤民
隱創制顯庸動中時宜登斯樓也北望台斗則馳情宸極
南瞻翼軫則加意楚野東眺相山則登崇俊良西睇淦川
則需潤疲困為上為德為下為民道不在茲乎由是衍澤
以紹文子之勳樹則以弘文忠之績懋烈以媲文終之休
又將斟酌元氣彌綸元化而獨覩其深已若夫父老之歌
父髦之頌王人之書罔弗畢集而應宿之精蘊不亦可徵

矣乎故曰應宿之時義大矣哉洳涯君作而曰詩有之倬彼雲漢爲章於天媚茲一人應侯順德勤齋公觀星章以應順德蓋其負夙望者允有徵矣嗣是西蜀節里譙君來尹茲邑以慈恕臨民以明哲教士蓋有孚於應宿之象而文明昭布焉者請勒諸石以俟夫後之登斯樓者於是乎書勤齋名立業泰和名流節里名崇栢魚凫華胄也

翰林廖道南撰蒲圻人

方閟堂記

方閟堂在楚深山中蒼蒼茫茫不可得而見也從來評楚如氣蒸雲夢波撼岳陽擊碎黃鶴踢翻鸚鵡而方閟堂蒼

蒼茫茫仍不可得而評也蓋余乍見孟公湘巖而一時衡楚山川穆然而靜夫湘巖豈但一閟人哉閟在天不能必之於人亦有時在人不能必之於天閟在世不能得之於心亦有時在心不能得之於世才高而立功名力健而完婚嫁可以爲幸不可以爲閟湘巖三十年前不廢五嶽之遊閒園建閣不下輞川之勝猶然百畝未荒一經授子閟者固不可測乎安驟騎於泉石心若氷壺借風鶴於兒郎神如賭墅避盛名而不居撫濟美而重晦不可謂不閟也牛衣長卧犢鼻高懸減餐葬灞陵之妻執手見做貂之子碧巘可居黃金不惜不閟而能之乎今一旦登龎老之堂入維摩之室酌曹溪之杯水唱西歸之好音栩栩蘧蘧洋洋浩浩偶爾拈栢子於中庭不復圖名山於西壁夫湘巖何易言閟也生死如環草生花落剎那世界沙劫光陰一念未終萬緣猶在立遼東之華表詠石上之精魂撒手不來直當勇猛湘巖豈但一閟人哉須彌十笏未免問路漁郎管樂向平不過標月一指九年壁下五葉江頭無義那可立不須煩他日山中寄語予所爲穆然而靜不敢評楚山川者則湘巖實進之也想方閟一片地如山陰道上其雲皆無心其鳥皆忘機其花皆如高士如美人其月皆可吹笙騎鶴其水皆可洗耳流胡麻其樹皆丈夫皆可封大

夫其石皆能點頭其人皆是羲皇皆不知有漢魏蒼蒼茫茫僕皆能誌之終不敢賦溪聲山色令湘巖擯予門外耳不識君家東野乃欲詠青山而作塵也

明祭酒湯賓尹撰

西河橋記

朱廷立曰咸寧要邑邑治之西爲西河渡蓋要津云山水時發勢洶湧民病涉焉先令勤齋蕭子立業浮舟爲橋民利之繼令節里譙子崇栢議非石不可久工方興而去嘉靖己酉今令滇西橋張子時舉至明年舉是役謂非足費不可成出俸助之且以爲倡已則邑人之士夫耆老出貲

應之費湊以足乃號募僧海鷗曰紀所入毋或逸乎號董役者張艮弼潘洪楊遇春曰愼所出毋或濫乎號諸工曰必實必固甯遲毋遷就乎衆曰諾於是伐石爲墩架木爲梁基之隱隱趾之隆隆横之坦坦功之成也歲在甲寅鼓峯朱子獻箴嘗助是舉者向余索記余曰西河之不可無橋也余爲童時聞之矣今始成邪西橋子亦猶夫古之吏矣夫樂爲其所易而無樂爲其所難急其督責之所及而不急其督責之所不及此中材之恒情今之所謂吏也孰知事協於義罔擇於難易義以行政無假於督責庶無忝於其職如古之爲吏乎徒杠輿梁王政弗後也然而事難

而效遲亦既爲恒情所無樂矣矧當道所督責者不及是河之無梁直此渡哉西橋子亟亟然力爲之弗罷誰督責之邪君子觀焉謂其知義方始議也落落難合乃今望之如彩虹履之如平地執後議者始自知其爲非是也功濟行路惠流諸逵君子觀焉謂其知政知義斯知政知政斯可無忝於其職故曰西橋子亦猶乎古之吏也始至而爲橋橋成而平陽别駕之命至豈其適邪嗟呼後之來者盍曰前人視此爲己事也倘有所宜補葺者吾豈視爲他人事哉則可矣

侍郎孟養浩撰邑人

重修西河橋記

西河之有橋自張令君始而人知有橋之利而不虞河之害則今二侯之伐云蓋咸孔道也南通舜梧北指堯埠東西日月出入之所靡不有車轍馬跡焉而咸介其中西河之水偪於城不數武而近上合衆流之衝而下滙爲湖廣袤數十里粘天浴日時闌入爲河患春夏之交猛悍善潰洶湧砰礚望而魄悸所從來矣曹侯甫下車輙延見邑父老問民所疾苦僉曰善哉大夫之言邑孰有甚於河患者往張侯舉之而中廢是固大夫事豈惟咸幸冠蓋之往來實重賴之侯曰唯唯乃捐俸爲資伐石於山誅材於麓拮据其間寢食幾廢邑幕何公復畢智佐之未朞月功告成

輿者忭於途轅者頌於逵繈負者舉手加額慶也而侯適以遷甯國丞去今令君周公覩而嗟異焉蓋駭其成功之易而憂其拮据之難也其所爲覆而飾之奠而楦之孜孜焉殫以力而圖之者視曹侯有加焉而橋之功遂以不朽嗟難矣哉諸生吏民迫欲得余之一言以示永永以無隳大夫之烈余惟大役之難就而功之不易成也刱之者難也匪刱之者難振前人中廢之業而有其成功之難也夫張侯始橋西河不中道而踬後來者咡嚅喝喋不出片語及橋西河事豈盡物力詘哉自愛其才欲無愛勞民傷財名甯袖手民之魚鼈而莫之拯恤耳兩侯甫弭節而力肩

艱鉅不煩水衡一錢司農斗粟閱數月而告成事平礎碩之洪浪弱陽侯之洶涌援千百之命於波臣齮齕之餘而置於平原遠路間官無廢政民不知役是皆山川之所效靈精神之所凝注振前人中廢之業而有其成功奈何泯默無述也語曰前事之不忘後事之師夫橋能成而河不能無漬張能得之兩侯而兩侯不能得之異日有如暴風雨潦竭力以攻吾橋而患苦我父老子孫則侯之方策在矣侯若曰毋滋波臣實偪處此以與我父老子孫爭此橋也是役之君子事也余二人將有賴焉不佞邑人從父老後則竊聞袞衣章甫之謡而述其大致如此

侍郎孟養浩撰 邑人

西河永安石橋記

割江蒲東西偏乃有咸距鄂城二百里而近輪蹄輳午之兩粤之滇之黔之蜀之衝常荆岳靡不借徑城之西爲河灌湖迤江實扼孔衢之衝以石柱木梁成橋前有張令爲之旋圮萬歷間曹令復爲之越數歲至葉令擬增石先撤木逗廻期春雨淫淋并石漂没矣嗣是民不逢年邑屋蕭儉誰敵非常之原浮舟爲梁冬春差可夏秋洪漫片筏而涉頻困競渡郎以輶軒被途難兒停驂問水于積懷愴惻莫卜所税有大夫覺翁曹公犀敏敢任于藹馮郎劍季子裒縮百口三年需得千金以請大夫喜浮大白不給吾捐助膺委諸于復昌言橋梁編木易漂抉石可久爰下令鳩工庀材諏日卜度以天啟三年三月肇始至天啟五年臘月告成而大夫遷貳慶陽將西去屬予記予攷古雨畢除道水涸成梁非石也石爲猗犳轉徙靡定非橋也秦渭水貫都象天河横橋南渡象牽牛掌以都水令於時藉靈萬乘猶糜尙方將作水衡少府金錢不資大夫不上白公家下征里胥父老衎衎而長虹亘如能過昔人遠矣橋舊名西河予憶咸在宋前爲永安鎮因以名橋亦取泰山磐石之意焉是役也經紀三年計費三千餘兩督鄉耆李一奇等多方募勸苦心區畫乃克有成厥惟艱哉

主事趙嗣芳撰 邑人

新置學田記

咸甯楚孔邑邑庠之冠儒冠而誦鄒魯者幾三四百人士勝衣以上一呷唔其間即進其身以别於編氓文學稍稍優又予之廩餼以足其衣食夫如是而業不精名不顯者非夫也然士已去編氓勢不得躬耒耜而農之務荒士病廩餼之所及者有限餘皆必謀之室内或跳之他境他邑爲里塾師甚或之商之賈其尤者袖券謁財虜之門而士益病或士用明經孝廉擔爵躋膴者固不乏人然以三元

闢運至今驪驟青雲翺翔藝圃猶不能甲視名郡巨邑坐是故耳文所周侯初來首詢學政始徹其圯壞而新之犁然改觀既而閱掌故咤曰咸故有學田奈何士貧若是豈積猾之乾沒抑亦有司者之玩褻之得田一百一十八畝有零復諭生員阮憲王維塏方遷義民方晤樊銀芳等輸田八十二畝有零合之有田二百二畝夫田必佃之農農收其息之五國收其息之三鼠耗胥漁又去其息之一所及士者幾何侯乃發豪民之隱射者若而人總其米若而石郎以充學田之糧學有田而無糧田之大蠹以實學之帑士之不能冠婚喪祭者藉於是士之糟糠不厭裋褐不

完竈之煙而衣露脛者藉於是月課有餼公禮有費藉於是政成勒石以垂不朽而不佞屬操觚之役余惟三代之治教養并重故既富方穀士宂處而蘊奇出則翊皇紘維帝軸祉食以此長世是舉也崇右文之典於經綸之先施不測之仁於陶鑄之內五年間文學彬彬人人并視甲第異時文章德業後先繼美菁莪棫樸之盛余且持左券以俟非侯今日所注措而貽之者耶若日久弊生利歸私橐秦瘠二三子非侯今日意也侯名日庠號文所豫章臨川人萬歷壬辰榜進士其美政實績道路有口碑閭閻有家乘行且載循良傳中咸之士民纔尸而祝之社而稷之茲不具記記其置學田并尚義捐田姓名者若此

外有捐田姓名紀學校類

重修三元橋樓記

廩生王維培撰邑人

樓之名楚者四而三元不與焉狹其制也予謂黃鶴昔陽表飛仙壯洞庭已耳仲宣竹樓紀作賦明清讌已耳傑搆名都故足與齊雲落星並傳若夫三元之建僻在下邑制雜闤闠然而標昔賢之美俾後人則而象之其義有進焉矣惟其義斯不惟其制也蓋是橋於唐為永安宋以後一易朱紫再易今名乃以文簡稱而樓其上則自別駕王賓始歲深頹廢民無所感興何父令咸之明年政無弗舉人

和歲稔乃創斯樓而新之浹日落成率師生觴其上萬姓環橋以觀酒一再行予為登邑人而颺言曰父老知賢侯新斯樓之意乎蓋望人以司徒公之為也維司徒式之陰德格天發祥厥後乃生文簡以異才掄三魁夫文簡不易為也若司徒公之行則固人人可勉者也爾不觀之於釣乎剖粒為餌獨絲為緡則所得者陽鱎耳若夫合繩為綸餌之筬肩則所引者盈車之魚彼夫于閭王槐皆能弋所獲於天而司徒公則得全全呂者耳父老勉乎哉能自存心至於積行隨力所可及慕仁蹈義無求人知則子孫必有興焉者矣大小之報又豈或爽歟今試與升樓以望彼

迺然而深秀者非潛山乎是文簡之所藏息也近眺書臺
風霏月映當年伊唔聲猶忽忽在耳巖然崪嵂者相山也
比執政之日峻節端亮壁立千仞之槩殆如是耶俯視惠
安亘蟻子封耳而消消文漣馥馥荷風其蓮滔與何歸政
後之孤標逸韻久而彌芳也詩曰高山仰止父老於此能
無所慨慕於中也耶慕於中則則而象之勉其所可爲以
俟乎不可爲天表之應猶昔也予用是知賢侯之新斯樓
不第借之望雲物資遊覽者耳固爲咸侑德與賢之大觀
也侯聞言燕喜以佘予善發其志使引一大白而記之

貢生佘希聖撰邑人

温泉記

五行之性不必皆一火至炎也而有涼燄水至寒也而有
湯泉以至炎洲之火鼠峩眉之雪蛆產於酷烈凝沍之中
皆其變焉者也如鄂郡之温泉有三一在蕲川之五洪一
在桃溪之東而吾咸則觱沸於潛山之麓流入蘋溪其熱
可以瀹鷄瘡瘍浴之輒愈水有硫黃氣愈濯愈沸其氣秋
冬則白春夏微紅間考温泉之出本於丹砂者十之一本
於白礬者十之三其餘皆硫黃也茂先博物志云水有石
硫黃則温而王褒温湯銘云白礬上潵丹砂下沉晉不一
實其地若長公所記匡廬汝水尉氏驪山以及鳳翔之駱
谷渝州之陳氏山居凡六處而以驪山爲最君溪所紀凡
八處升菴所見南中温泉凡十數處而以安甯爲最云清
潵見底其竅間出丹砂徽郡黃山温泉亦如之至李氏三
秦記則云始皇與神女遊忤其旨神女唾之生瘡始皇怖
謝乃出温湯滌除之後人因以爲驗或又謂南州地性酷
烈山谷有此竊意鳳翔驪山諸處地在正西而南州餘水
未必皆熱地性之說疎矣至茂先硫黃之論頗爲近理然
以硫黃置水中未必能温若三秦所云尤爲虛誕始皇豈
處處與神女遊耶惟唐子西謂温泉在天地間自爲一類
受性本然不必有待而後温也凡物各求其類而水性尤

耿介得其類則雖千萬里伏流相通非其類則雖横絕徑
過十字旁午而不相入故他泉與湯泉不能容彝常而炎
涼特異譬之吹氣爲寒呵氣爲熱而同出於一口此說近
是予故並記之以俟遊觀者之詳考焉

庠生孟佐盛撰邑人

文昌閣記

嘗觀奎璧之英儲爲天象嵩嶽之秀蔚爲人文其間上列
乎天下感乎人熾熾炳炳苞鍾英毓秀之精以扶泰運翼
文明而闡揚聖教變化盡神者惟文昌之司命爲最著也
考天文誌文昌六星在北斗魁前爲六府其權統乎圖書

之秘其神廣乎嗣亂之祥掌仙籙注鸞書福國和民禦災捍患與躬膺民社者同一勛扶同一燮理其功用至無窮也昔周禮春官以槱燎祀司中司祿昭盛典也原其初精儲張宿誕毓爲張氏子世授大夫篤以孝友此又詩書所載尤較著焉嗣是而精爽昭曠上祀居歆三楚之間多列於學校以崇秩之薦明德也片以對越天地自然之文章耳咸於先世建祠以祀但歲久時湮披之前志則備其文而詢之祠謁則廢其址喧像返太虛爼豆蓁莽能不重當事者之愴懷乎乙巳歲奉諸上臺檄纂志書正我侯承簡命來治咸之二年也維侯孝友根於天性慈和達之躬行

於治民事神之道悉本至誠爲感格矣當編志之日揀正祀傳讀之不勝喟然嘆曰咸之山川祀典無文不秩何獨文昌有缺享焉誠守土者之責也然廑於念矣而詘於貲遲之又久一夕夢神人語侯曰君之茀祿遒矣嗣亂優矣俾爾純嘏爲予居之續矣侯覺而奇之謂是文昌閣之建予雖不騖於力而未敢不勉於願也爰進紳衿聚父老而謀之謂是可新乎僉曰唯遂捐俸庀材營基於邑之西經方定位直覺西河如帶巒筆淩空形勢天然彷彿閬苑瀛洲之境以庚戌孟春三月鳩工視事閱月而報成丹楹碧甍絢日披霞而元莊巖帝範翼以奎星天象垂而人文燦一邑之觀不藉是以稱勝乎閣成而侯之功成矣侯之功成而侯之明德與天地自然之文章俱一成而不易矣邑之都人士徵言於余以爲記在昔余奉使安南經侯治親侯教知侯固卓異中之表表者也今董事詞林屢捧侯之叙錄方欲以侯之見拔於方伯特紀於臺輔交薦於賢書者上而獻之 天子得見循良中如侯治咸之績其心清而恕其才廉而敏其政復寬厚而和平有如是之紀録不次也意者帝君默誘其衷俾侯以代 君宣化者爲之代天宣化乎自是榮膺內擢慶錫嗣麟則福及乃身者福及世世而福及一邑者行將福及天下矣侯豈第以一

閣傳哉然侯不僅以一閣傳而閣實以侯傳也余將以傳侯之不僅傳者與都人士慶曰侯惟得於治民者深故其事神者益至焉則侯之祿位名壽不即與帝君之參贊事業上下同流乎因紀其事以勸諸珉 侯諱廷翰字毅庵文林郎三韓瀋陽人 翰林李仙根撰 此舊記也後遷建於南門城內試院之左今仍之

修學記

學建於國又建於鄉所以崇 先師而大文教也一時廢興世道人心胥繫之豈渺也哉世讀聖賢書無不知尊聖賢者第兵興後衿子埤首山徑黌宮鞠爲茂草而長吏

輩又以戎馬紛紜拮据供應昕夕不遑則設維新於今日
誠戛戛乎其難之淦邑　聖廟夙號恢宏自罹兵燹頹
毀過半兩廡尤根椽片瓦靡有存者前人一再爲之未見
厥功至今不無遺憾幸邑侯周公起敝維衰百廢振舉而
其於　聖廟尤懔乎有餘恫今年夏正念修葺會余來
署咸庠至之日卽與之謀余唯唯任之不辭遂屬與庠友
陳生璧唐生開虞黃生應鉉孫生旦董其事蠲吉鳩工捐
貲庀材謀其所以修者正殿崔巍處敝風雨易頹則東西
頂壁鋸板裝釘檳榔椽瓦宜易者易　聖座朱丹四配
如之宜新者新煒煒煌煌輪奐美也兩廡創作東西各三

楹諸賢牌座序次一一安置悉有法翼如也戟門高廣邃
棟梁墁瓦三扉拱樹儼中正可象也頖有池環岸石砌於
者深注忽如泉侯快之命種蓮不復采蘋南獨也外列屏
與墻周循橫直用堅壘高垣昭其望也內外前後左右俱
設門閑出入彝堂四壁新庭除治以及禮門森然階級亦
蔑不嚴翼改觀君子履而小人視也衆曰可矣侯曰未也
棟宇飾而祭器不充謂祀典何於是討故實而倣之置供
桌六鑄大小爐七造帛匣八諸如爵豆等缺者補少者益
莫不周察而完具衆曰可矣侯曰猶未也秋祭屆矣祀事
沿陋規神其吐之乎吾輩修葺之謂何而可草草也牲粢

具備博碩肥腯諸皆自稽豐盛精潔且告誡再三務種種
致其誠敬而後安以故祭之日博士弟子員靡不洗心滌
慮奉厥事惟謹一時上下皆有嘉德而無違心也是又數
百年之所未見者侯之功若德直與宮墻俱高血食並永
矣余暨司訓公與諸生輩先後心侯心以共竭其心矣公
矣勤矣恪不特舉前所屢作未克者一旦而襄之成且盡
前所相習不敬者一旦而革之力幸矣廟貌新吾道與祀
事肅大典光矣自茲以往履斯門登斯堂進退趨蹌肅乎
如有所見憬乎如有所慕雍雍穆穆皆知重本知重本則
知嚮化知嚮化則敦詩說禮型仁講讓可毋郎於偷則此

一役也豈惟　先師之爲抑大有裨於名教也維時工
成告廟祀畢舉觴相與慶而序之侯諱文華字在中號尹
公山西翼城人時以卓異聞於　上寵賜袍服其最績纍
纍不槩述而茲特舉修學之一端如此　學博王廷傑撰

捐修東嶽殿宇聖像記

士大夫之身民社所攸賴之身也身治一邑而治天下之
理同焉其所以治一邑與同於治天下者不外乎百姓安
之百神享之而已何侯蒞咸始而整綱肅紀繼而講讓型
仁不數年而諸弊革諸利興起視田疇子弟皆農安於養
士安於敎則侯之深仁厚澤已融洽於人治之中矣卓異

袞嘉雖龔黃諸君子奚多讓焉此傑備員司馬時得讀侯之廉能叙録因以想見侯之爲人其氣静以悠其才英而斷而其造福於咸者不啻厝磐石如泰岱之安耳戊申秋傑奉　勑使安南道經侯治入其境則見欣欣相告者盡安居之父老也蔚蔚相望者皆秀麗之山川也邑有異政必自異人爲之故兹風景文物翠彝交輝及策轡城東又見櫺星映碧書臺留丹舉聶僻九封遂同錦城花縣其規模創造隨在皆手澤焉瞻顧之間忽睹旃檀香靄華幢飄空詢之輿人僉曰東嶽第一山也我侯捐俸百金庀材構其棟宇建十殿於兩廊奉普陀地藏於上方沙門則異

其舊制禪院則別以静居一邑之觀於斯稱勝傑固知侯能以忠　君者事帝以治民者事神矣方擬登之奏牘以當採風之盛適士民以侯之德誌屬文傑尤不勝同聲賡颺之慕焉則在侯之以身爲民社寄者不獨於撫字之中流其恩澤亦且於對越之地昭其至治之馨香焉已傑敢出一言以頌曰維咸之東泰嶽爲宗天齊仁聖表鎮岱峯侯治清廉神明在躬捐貲構造望秩攸崇惠我黍稷寘我驅封陰陽燮理考伐鼓鐘祿位名壽世世生生爰鐫之石以頌侯德之無窮　侯諱廷韜瀋陽人　楊兆傑撰

新建登高亭記

距咸東里許有峯矗然磴折而升路轉巒回與文筒書臺對峙是名登高相傳晉孟嘉之遊屐在焉按萬年從桓司馬登高風吹帽墮孫盛作文嘲之事屬龍山兹胡以名蓋是山爲萬年故里風流可慕守山者能不藉之以重耶予始至咸偕僚博弟子員間一登之鐘臺白望排左堆青紫潭黄塘右望罨靄以暨陂田蒼莽溪練縈泱俯瞰萬類攬不盈掬肆意博觀情難給賞蓋咸邑之勝於斯集焉巳嶺故有亭遡所自廢父老都不記何年噫萬年而後登是山者不知凡幾悠悠千載豈無一解作山川主人而顧使勝蹟久湮貽山靈誚乎越明年構亭其上中僅四楹環宇際

碑甃之以捍風雨四門洞開視雲黛皆屐履間物復雜植竹樹而蔭焉於是簿書之餘率僚博弟子員相與憑眺其上覺巘底川光各薦蕭爽岫外白雲卷舒天際一豁叢譁之耳目頓納懷抱於清泠爾迺周章四望思乎周隄曹圯胡自而慕永畏壘嶽嶽桃峯峩峩相嶺胡自而名峙天壤以及灊巖丹竈金麓神燈胡自而霞餐物外噫嘻山靈之啟我者至矣豈直擅勝具抒遠矚已耶若夫春雨農蠶秋風杼穫無事循陌度阡而艱劬歷歷在目更可不勞而省也彼叔子流連襄峴長公增勝九曲楚人至今膾炙之未云以妨政也予今第舉前人之已廢安咸俗之滈簡而樂

與斯民以休以游又烏可少兹亭也哉繼予而登者其尚知予懷之所慕云

皂袍井記　　知縣何廷韜撰

皂袍井者西城橫街東井也去黃家街井可十三四丈許去西河亦不過三十丈雨晴潮汐氣相達也河水清漣衘水甘洌以炊以飲以浣以浴無朝暮不鱗次者獨此井介兩水之中汲而炊則白者以赤人愈不敢飲焉汲而浣則素者以著人愈不敢浴焉故老傳聞或謂頗宜染色而咸俗樸陋無黼黻之華無綺繡之飾染坊畫肆皆愚人又不解辨其色察其性宜何所施宜何如配制而奇士之能監

別此水者旣無所事於咸亦不得過而存之是以此水頗反辱於閭里販豎傭丐之手噫掘井九仞而不及泉猶爲棄井今掘及泉矣而性不諧於俗又不忍作風波以動人易曰井渫不食爲我心惻可歎也夫假使遇良工宿之丹秫以晰其所漬合之藍蒨以覩其所就吾見其耀山龍而昳火藻也金瓶素綆轆轤銀牀之側者豈不並受福哉抑又聞古服餌家以丹砂䃣井底後人飲之率多壽耇時有仙去者夫安見此水不卽丹砂之所融液飲之而久又安知其不壽且仙也悠悠千年必有能品此者舊誌且逸其名吾是以旣悲此井之不遇而猶懼來者之無聞也作小記以傳之

邑侯王蕉鄰明府重新

聖宮明倫堂記　　貢生唐范瑛撰邑人

咸甯爲邑瞻且勞也綜其地才一十六都而東連武昌江夏湖廣省會爲之衝西界蒲圻嘉魚湖南廣西孔其道南接通山崇陽興國羣山午錯而其北則水鄉沮洳庳漫民居鮮少葢田廬居邑之三湖山居邑之七宰是邑者靡不案牘勞形郵傳棘手疇其於倥偬中釐富教釐典章捐俸捐廉聿新黌序誠以其事爲近今所無而其心非賢且勇者莫能有夫黌序之關於民風者鉅矣咸甯黌宮創之也

年深修之也歲遠兼之地偪湖山常滋朽蠹外雖朽至以壯觀內實塌坍之是懼而庠中明倫堂則已敧楝宇墜瓦甋居東西齋者架木暫支每出入必疾趨而過懼其壓也前之良有司亦嘗顧瞻心惻思與維新而或以事牽或未久卽解組去用是遷延甚久其勢岌岌不可以終日邑侯南陵王公於嘉慶十七年秋來爲邑父母未及數月政通人和百度俱舉卽議析而新之聞是議者胥翹首欣然樂觀厥成又慮公以經術起家蒞兹下邑費罔所出則或如前之中止且前任牧雲鄖明府曾勸捐應試諸童存錢百千矣固期修補朽壞而未能也此教諭龔君樸齋署訓導

鄭君魯滙亟言於公而心愁者公聞即出廉俸市材木計
程期遴選邑庠士楊子馭孚孫子宗蔭鄭子成渠張子兆
晉爲之首卜日鳩工奐先新　大成殿　啓聖宫次
兩廡及大成門次泮水石欄櫺星門外屏墉垣内廊鐘鼓
次鄉賢名宦諸祠文武持敬二所費官工竣即從事於明
倫堂制沿其舊材煥以新總是役而計之十八年三月伊
始是年十二月落成董其成者樸齋之力爲多而分厥勞
者首事四人焉其聯額擘窠經文大楷則長沙劉君式瀾
書也木以材計磚以萬計瓦以億計灰釘漆油麻俱以觔
計匠以工計實用公之廉俸三千□百兩有奇公雖簿書

鞅掌猶日一至以督之於戲其可不謂之賢也與予之來
也後未能勤厥事聞邑人士頌公盛德如此公於民事無
不勤其昔宰江夏也令行禁止弊剔利興已嘖嘖口碑允
道路其於咸奚翅是哉方議修邑乘儲胥火網羅散佚蒸
我譽髦乃遽以事去徒令都人士挽之而莫留夫以百年
莫修之舉一旦起而任之雖其賢使然然非勇於義者不
能及此書於石以志公之賢而勇焉　訓導曾芝附撰

九龍洞記

崇禎己巳八月中秋後二日蒲圻友人用大春仝遊遇仙
洞去邑山行三十里許按轡裹糗而至九龍有仙洞猶鍾
臺有桃花洞與寺不數武洞傍石屏十數丈巖霍綿濛峭
壁相望臨高降深抵寺前與大春必入寺選僧鉢緣可共
連日齋廚之累也大春放腳輒一往作阮步兵哭絕又如
唐周樸興來得句橫行叫舞不休洞處山僻遇康樂萬齡
物色絕少其石澗石塘龍眠豹息蓑衣白鬚累累下垂白
者潑乳噴錫巧者鐫玉鏤晶少深入則石膩漆煙奧邃莫
可測聲出而響應聲稍放霧自內騰水從上滴瀝清寒可

畏予不欲盡險而涉呼大春援石磴一線一徑而出返洞
門方縱步釣橋桃樹二嶺萬松幽邃如紘如沸可坐可臥
吾鄉周南野處士穿石爲屋傳周子望親臺更進訪榜山
山與寺連雲奔霧駛登峯造極泠泠憑虛御風振衣千仞
之意恨無殘碑片石可觀耳僧於嶺上一煙直起蓋煮茶
待焉予共作詩十首有山壽各自分深淺之句明日返城
居送大春還蒲有歸衫尚濕峯前雨別影猶分洞裏煙一
詩而別

舉人孟應乾撰　邑人

咸甯縣志卷十三

藝文 記 序 銘 示 露布 詩

邑人 雷以誠鶴皋 陳國正愚溪 纂修
知咸甯縣事陳秉信慶堂 鑒定

重修西河橋記

咸邑之有西河橋與廢相尋事具縣乘中至今嘖嘖人口者則邑宦趙憲副捐千金事故又曰千金橋橋圮於康熙十二年蓋爲洪水所潰也距昔建年爲甲子適五十計越滇黔告變 朝廷發禁旅南征前太守于公治道及之

倉猝爲浮梁以渡軍行賴之民得不擾既乃囑前令三韓張子曰咸爲楚南咽喉也西河其要津輪蹄日夜踐之豈浮梁所能勝橋急矣非異人任張子曰吾職也敢諉諸於是下令鳩工伐石已則邑之士夫耆老捐貲應之貲者若干金工已半水又潰之募僧石城行脚也嘗誓以身殉是舉者至是乃泣血走太守庭太守爲白其事於臺省各上憲及武漢黄三郡文武諸當事各捐之得若干金金集而工乃復未幾張子旋以遷去代之者爲山陰王子匯而成之一如張子制蓋始事於康熙丁巳十六年而告成於癸亥二十二年云余於明年春奉 命承之兹邑至之日長虹煥如也父老爲余言違所由余爲嗟異久之歲癸酉余令是且十年所父老始以碑記請余曰是固不可闕廼遲遲至今耶余惟非常之工必有非常之人以創之創之矣又必千萬人之力以趨之是役也舉於兵時民且疲於奔命矣苟非太守有以倡之令斯土者亦惟是芟薙糗糧之是亟而暇出一語及橋西河事耶雖然太守倡之而邑人士直以不急視之病且憎焉吾不知橋成何日矣乃倡之而邑人士翕然趨之捐者役者各以其力之所至而從事焉遂使環橋遏漢碍道行空五十年中廢之業一朝復之而暴水之洶湧莫過者亦俯首而效順於橋門之下非

直居民之農桑負販利用出入即四方軍轍馬跡之過此者亦莫不馳驅而樂之謂非邑人士之力哉吾聞明令曹周諸公嘗建是橋者當承平無事之日猶不免於廢袠之謗矣彼何時也而民之廟志者乃反是吾不知此日之咸民何以好義有如此又不知此日之爲民上者何以得咸之好義有如此猗歟盛哉是可泯滅無述耶於是乎記

知縣詹象泰撰

淦川重建嚴家嘴塔記

丁酉春余權篆咸甯下車課士思所以崇學術振文風也適勸修 關廟廟之陽曰文筆山邑人士僉言山故有塔

相傳自相山移置於此其廢也幾數十年而塔之最古者莫如嚴家嘴其地在縣治西北平灘曲港一山巋然土人稱爲塔山山外即大湖湖漫衍百五十里出江前此人材之奇科名之盛歸功於塔者居多自塔山無塔而水勢直衝無崇岡峻嶺以爲砥柱奚怪選舉之寥寥耶余維塔之名起於釋氏水口捍衛之說出於形家宜非儒者所深信顧嘗讀靈臺之詩述文王之經營而申以辟廱之化讀定之方中之詩美文公之升望降觀而及夫卜吉允臧之效蓋古者建都立邑一臺一榭必與士氣相關與善氣相應後世郡縣多假浮圖之制置諸城郭川原之上於以周覽

形勝所在高瞻而遠矚固守土者之所不廢也茲山當波流渦洩之區回拱旋抱有塔焉以補峯巒之所未起倘亦人定勝天之事與且夫人之學也先定其規模以從事猶塔之初基也日積而月累焉猶塔之層疊也超乎塵俗之表躋乎高明光大之域猶塔之凌絕頂而干雲霄也善氣之導迎士氣之激厲學術文風之奮興不將於塔乎悟之哉是秋歲豐人和盧茂才允恭鄧茂才之昇方督葺 關廟余偕教諭單君懋德訓導胡君璧華典史潘君箴進邑人士張君兆晉等而申勸焉並以建塔之舉責兩茂才遴近諸讀繹絡捐輸迺召工匠芟蒙茸得塔舊址於山巔以

戊戌四月甲子經始兩茂才結廬山旁鳩庀不少懈會計出納不少絲迄十有一月庚申工竣塔凡七級其材皆用石高九丈有奇費錢約五千緡覘 關廟之數爲倍其第五級塑魁星像奉之取其光麗斗杓於文人藻曜爲近塔距城五里許每一臨眺山不高而獨聳水欲往而仍留東顧鐘臺石室則慕李北海之才南望潛山問雋公讀書遺蹟穆然想見其爲人邑人士景仰芳躅勤於學術以蒸蔚文風士之題名於慈恩鴈塔者度必有磊硌瑰瑋之概副予期望也已兩茂才請余記其事於碑而別立一石鐫各都首士暨捐輸姓名因畧序顛末兼述余拳拳之意以勗

邑人士俾知士苟立志雖遠者大者無不可以要其成而茲塔特其嚆矢也　知縣夏廷樾撰江西人

夏屋記

咸之有夏屋思夏侯德政而作也成之日邑中紳耆率子弟來請曰夏侯蒞咸二載仁心善政惠我無疆今不忍其去也願藉此屋留之乞紀其事於石俾吾侯姓氏與峴首羊碑並傳不朽焉余悅其愛戴之公而知侯之以道得民者即於此屋見之矣今夫大官大邑所以庇身亦以庇民蓋巍然有屋象焉爲長吏者必將以慈仁爲基址以法制爲藩籬以虛明爲戶牖以正直爲庭楹而又極親民之誠

廣得人之助無或豐其屋以蔀其家而凡託庇宇下者乃喜登壽㝢究安宅焉此屋所由額也夫屋惟其高而後臨乎下者尊亦惟其大而後容乎物者廣季札之歎秦風曰能夏則大大之至也鄉飲酒禮有曰南方者夏夏之爲言假也養之長之假之仁也能養能長是以能大屋以夏名豈徒傳侯姓氏已哉侯之治咸也心與人共見而政與地相宜明察之才渾於慈惠懲創之意出以哀矜凡所爲剴切曉諭令出惟行者在在皆持以大體涵以大道而無嚴明約束之迹與夫紛擾瑣細之私所與由之必人所安也所與違之必人所厭也此足以覘政之大已由是誠而後

動信而後勞繕城郭以爲衛吾民也建石塔以爲惠吾士也堤防之築以爲捍吾患而與吾利也廟宇之修以爲成民而致力於神也嬰兒育之局恤孤之愛則然而衆著於養民之仁矣童蒙訓之塾養正之功則然而衆著於教民之義矣教養之道得而下好義以終其事經營兩載人不以爲煩捐輸萬金人不以爲苦易曰說以使民民忘其勞又曰教思無窮容保民無疆大之至也養之長之假之仁也侯之胥保惠胥教誨以大庇民者殆非如杜陵廣廈徒託懷抱矣設使循良報最薦擢封疆爲 國家樹屏藩爲億兆奠家室其爲夏屋帡幪者不更深且廣耶此咸之人所樂書也抑吾聞之任已則勞任人則逸侯於咸之百廢具舉董理得宜者邑茂才盧君允恭鄧君之昇與有力焉益幸侯之以禮爲羅而能相與以有成也不有合於風人夏屋之詠與屋既成侯將量移劇邑余亦膺薦入都行有日矣數載備官深慚曠職侯之實政及民目睹而心儀之獲益正復不淺瞻彼夏屋示我周行異時美錦學製倘能仰企上理而務於大者遠者求之是固侯所厚望而亦都人士屬記於予之微意也夫爰書而壽之石成瓜期暫戀樹情長尚望日葺牆屋爲夏侯永終令譽哉夏侯名廷樾江西新建人 教諭單懋德撰襄陽人

憩亭記

夏侯治咸二年庶政胥舉咸之人恐侯之去也懇諸制撫以遲其行旣而侯方書上考任繁邑咸之人知夫攀轅卧轍不足爲侯留也乞余紀侯之德政於石爲亭以覆之曰憩亭憩亭者侯之別號而因以繫其甘棠遺愛之思者也夫古人慕循良之蹟述仁人君子之蹤往往托諸其人之姓氏與其字而傳於弗衰即一亭之設若吾楚之孟亭尹公亭以及乖崖亭堯夫亭東坡亭皆博雅之士所樂爲稱道者顧事所由昉莫古於召亭按水經註雍水東經召亭南括地志召亭在岐山縣西南十里乃甘棠一詩列於江

沱汝潢之間蓋名賢芳躅爭相引重而南國嘔吟思其人
愛其樹就其巡行之處而封殖焉殆不必泥分陝之地也
侯之治咸也勤於訓農切於課士其折獄也明其弭盜也
決其徵賦也公民有棄女不舉者諭紳耆設局養之捐俸
二千金以葳隄工水利有賴至於葺　聖宮開義學繕城
郭建嚴家嘴石塔每一勸導鼓舞歡欣以爲此吾父吾師
之保惠教誨吾儕者吾儕奚爲而不應也是故百廢俱舉
勞民而民悅茲亭距侯所創塔僅數十武塔旁有屋三楹
美之者曰夏屋以此見人之戴侯也無在而忘而侯之姓
字當與塔不朽矣余識侯最早侯嘗與令弟戟亭先役署

吾蘄水丞政聲迭起將成棠棣碑近附同官之末知侯之
所營度而施行者初無苟且塗飾涉於務名之念咸之人
身受其澤心感其誠何能恝然於侯之去耶甘棠之首章
曰召伯所茇其次章曰召伯所憩夫憩則暫於茇矣說詩
者謂勿剪勿敗則不止於勿伐言其止於樹者愈暫而愛
之者愈久而愈深也侯治咸不以權篆之暫而怠於政父
老子弟休息於亭下者莫不俯仰低回欲以一二年之功
而留爲千百年之歌誦人之好是懿德也余於茲益信今
天子立賢無方封疆大吏由縣尹而薦擢者勳猷卓卓侯他日
樹屏藩擁旌節出宣召伯之績余知侯不以亭重而亭且
藉侯以傳矣遂書之以慰咸之人並志余延企之意如此
侯名廷樾江西新建人

宗嶽橋記

訓導胡璧華撰　圻水人

宗嶽橋者卽昔之西河橋又謂永安橋是也南衡屹峯舉
步可通江漢滔滔朝宗不遠紀南國之勝控三楚之雄盡
在斯橋故又顏之曰宗嶽也噫橋之名甚偉橋之功甚鉅
是烏可以無記初余以丁巳冬蒞咸見橋煥然耳目詢誰
任斯役者僉曰邑孝子孫廷秀所爲也卽書額以獎之至
辛酉功竣余適闔旋紳士懇請勒石爲文以美之皆以善
相勸也稽橋圮於丙午天吳洸漫臨流莫渡孝子乃發婆

心結筏以濟徐而病曰是猶公孫車也戊申集鄉人曹邦
南李贊吾等倡議鳩庀力亦中詘乙卯邀多寶僧中立募
化十方經營七載方告厥成計其工費纍石基八座置水
板三十丈寬二丈覆屋二十五間費白鏹三千一百募得
大半餘皆孝子出嗚呼好善者此惠澤遠矣由是煙雨橫
斜莫問張郎之駕漁燈掩映漫停司馬之驂風景麗矣渡
泯競心從容而登坦蕩涉無險意揖遜而履和平王道成
矣豈特爲功行路哉且使善念發生充而大之凡可以濟
人之急拯人之艱莫不勉而行之則何處非水何處非橋
而種德者皆可作如是觀也將見福澤綿遠喜慶無疆而

好善樂施　聖朝恩禮有加　御錫頻膺榮耀里閭是
朝宗之義又於斯橋有厚望也是爲序
知咸甯縣事鄭蔆馨譔

桃花磧記

鏜臺爲省垣祖山其別號曰桃花尖唐李北海讀書處也有寺曰桃花觀下有甘泉里人用以造茶名曰桃花絕品循山而右里許有脉委蛇而突起蟠鬱而渦旋者則爲桃花磧磧之上茂林脩竹鬱鬱葱葱屬巒叠嶂列如圍屏𣲖土高下畏田繡錯茅屋數椽土人居之引清泉以灌溉假人力以耕耘春蔬秋芋生殖不竭賴其利以長養子孫時而雞鳴天上犬吠雲中黃髮垂髫並怡然自樂蓋綽然寬閒居其上者幾忘其壁立千尋高在萬山巔也當春秋佳日詞客騷人攜酒高處幕天席地暢飲開懷但覺湖光瀲灎野色迷離蔚藍漾目去天尺五而雲霞翕闢奇景變幻又如海上神山光怪陸離不可擬議山鳥一鳴則神迴意定第見白繚青縈趺跏而上酣然大醉此中別有一天非復人間境也歲甲子壽昌張次功孝廉操管轄術求可避亂者躋其巔攬其勝喟然曰吾歷山右諸險要以求形勝堅壁清野無如此山佳者乎相此山週圍可十里餘自外視之峭壁插天而盤旋而上或夷或險隨形依勢殆可容

數萬家其要害處可以一夫當關萬人莫敵其種植可以備一時之急其薪水可以應四時之需又不犯兵家所忌乎自承辦團練以來仇賊已深久欲經營此地以資保障其砦規一切具有陳款後之人欲造一方之福而貽數世之安此山殆未可輕易視也山一號積預塘而以桃花磧名者以其與桃花尖山相對又仿秦人桃花源故事可以避亂云爾　舉人章列侯撰邑人

禪臺山記

山胡爲以禪臺名哉超然特起形如削成昔慧僧圓惺參禪於斯此禪臺之所由名也其地爲城西勝境怪石嵯峩攀藤而上儼登雲梯及陟最高處豁然開朗夷然寬平田腴土美茅屋人家野老鋤種禪房花木別覺幽致寺旁有鹽井天池響洞諸勝狀南望羣峯環而相向北眺泗橋烟火迷離湖光山色把玩不盡至於長海馬鞍塘俯瞰其下人行如蟻殊堪入畫每當春日晴和佳禽對語枝頭朋友此樂何極夏則古樹陰凉攜几坐談不知炎蒸煩慮消歸何有秋則楂梨棗栗婦女兒童任供拾掇且而逸客騷人採菊登高眞如太華峯頭作重九焉若夫三冬日暖樵歌互答牧唱偕歡梅花索笑榾火驅寒雖風雪交加弗畏也邇年烽火周遭避亂咸聚是亦武陵之桃源焉余養拙山

中十年於玆夾客來驚犬吠月上送僧歸烹茶話舊自在幽閒此山不厭余之重來余亦最愛此山之僻靜也余與此山其終古乎是樂爲之記　廩生王道南撰邑人

退思堂自叙　宁奉

簡書蒞任咸土一邑之社稷人民以身臨之實以其心臨之者也朝乾夕惕目無暇晷豈曰政事優理哉亦惟盡敬天勤民之職無負所司斯已耳當甲辰受事之始民物未習風土未嫺其勞我經營調劑者不一其制不一其法宁固多方以懷之柔之撫之字之求與衆相安於治而始無憾也雖官署傾摇中庭欹敧未遑計矣無何制已舊者棟將

折如環翠樓之創於東嘉陳侯也自景泰之甲戌始飄零風雨之餘一木安支倘藉庀材鳩工之舉勞小民爲宁心所不忍也遂因仍數年始具詳請而重搆焉寸木片石皆捐俸以易之他若應宿樓則因毳頹而增輯其制內之靜閣圜廊亦隨在以布其規度焉至易樓而堂額弁退思者誠非狹小前模以艶新功正念膺民社者有誠求保赤之思庶足報朝廷分命之榮若舉一樓而環其翠邑不下百里耳翠安樾乎余退而思之思我之答　君恩者此堂有咫尺天顏之對焉思我之敬　天命者此堂有左右帝監之臨焉思我之求民瘼者此堂有先憂後樂之象焉

退思之名起而退思之心益切矣將宁所持以治一邑者在是不僅持以治一邑而究同於一邑之治者亦在是嗣宁而守是土之君子能致念作者之勞爲之宏遠其規模焉宁且愛之慕之願旦暮樂得而遇之云　知縣何廷韶

德新堂銘

上帝降衷是曰太極無臭無聲既鉉且嘿吾人秉之是謂懿德大而彝倫微而事績遵而行之怡然有得眞知允蹈行之不息日新又新表裏洞徹明德旣新乃見天則斯須不謹利昏欲錮靈臺一蔽前功俱失雖曰降衷天理斯隔明德旣昏愚闇同域貿貿紛紛欲往何適嗚呼戒之敬之修之克之去昏復明如鑑之拭塵翳不留光彩方射人欲靜盡天君司職往聖維師成湯是式　舉人方杲撰邑人

單騎赴任牌示

爲單騎上任不行知照以省繁費以杜苛斂事照得新官上任往例先發諭帖知會各役督使遠迎兼令修理衙舍以候登任此從來不易之規也今本縣不發諭帖不示吉期單身匹馬猝然而至非敢慢令致期駭人耳目以貽躁暴不經之誚也祇以拜　命之日卽知鄱邑疊遭寇躪地極荒殘兼之饑饉薦臻民不堪命若以赴任事例悉照往日行之則一切修衙鋪設夫馬下程等項頭緒紛然例多

繇致額設錢糧無幾勢必派之民間取之行戶是官未抵邑而害先及之非所以端厥始也况使一官將至通邑騷然揆之於心亦覺未忍至於衙役接官往往於途次之間窺探意旨識其好惡取舍以爲趨避逢迎本縣不着前來使之莫能測識並無頭接二接以示有疏無親則恃接官爲影射之媒近身圖僥倖之福者庶幾免矣兹本縣以某年某月日現抵鄰境擇次日某時蒞任先一日遣牌知會以便里老衙役人等至期叅謁不失　朝廷大體除祭儀門必用三牲外其餘下程小飯等項一概不許陳設至於修理衙舍鋪設器皿等事尤所痛禁凡有衙役人等齒及

此事者卽係首先壞法之人到任後卽行重處借彼爲令本縣隻身而外止帶一僕斗大一室足以安身其至親眷屬不帶隨身者欲俟到任之後相衙署之寬窄度房舍之頹整自備材料自行修理然後攜接到任不欲於未至之先破費民間一磚一木也特示　照黃沛新書録列

鄱陽知縣鄭邦相撰邑人

破呂賊露布

蓋聞斥羽遇鵬風不識棲歸何處衝岩壓雞子早知化作微塵事無逆而弗傾勢有全而必尅况以赫赫天朝虎貔百萬堂堂全楚麟驥八千何蟻聚之能容豈蝿營之足展

山賊呂某者族非崔祿勇愧溫侯老相國家丁之家丁陳廷讓部曲之部曲稍慕梁山泊義氣便效新市里狂謀若龔遂早來豈敢帶刀而佩劍惟虞詡後至故能鼠竊而狗偷兼之衣冠中禽獸某秀才結爲腹心科第裏豺狼某縣官資以羽翼然後大張梟吻遠吐鯨涎可憐林震寰梓澤頃刻烟銷最慘吳孟長竹林須臾血濺洗湘陰之庫藏白晝視爲兒戲入崇陽之城郭侵晨假作流氛納叛招亡掠男擄女監利謝都堂不滅於重逢孔賊景陵魏憲副恰便是獨遇平林截斷江上行舟拘集湖中漁艇公然黃蓋全隊紅巾百里內十里外裹脅半入其羣武之西蒲之東良

善多顚於死居則黃相一等謀議出則萬濟水等衝鋒而又令陳震陽亂咸寧柯立子擾大冶犄角爲援以至於李將官赴湯火郭緝捕陷天牢剥膚可畏豈知鬼神弗遑士庶僉同官兵兩縣弱辟焉可當車大姓雲屯逆鱗自當胥綱一鼓作前軍馬是馬步是步奮勇先登河畔人人失色連營攻各寨俘者俘焚者焚長驅乘勝關前戶戶寒心不三日而直搗賊巢詎多歧而偶遺戎首畢竟天網四張地罔百出湖廣與江西合力青衿共白挺交讙萍浮水魅一蕩何存草竊山魈萬種俱寂田宅沒官方使人心極快妻孥賞士始知天道好還嗚呼劉千斤可稱險隘尚就誅夷

陳友諒何等富強猶然敗滅皆三楚之殷鑒胡泉醜之蹠行幾年作惡仍將肉飽烏鳶千里攫財不免骨饞狗彘聞者哀之告務從勿徒黃昏華面悔之晚矣戒汚習莫待白刃臨頭 舉人李 玉撰邑人

論曰志有藝文非專尚文也凡山川勝蹟名夙遺蹤及歷代建置秉筆者既竭一時之情披簡者如見前人之事由是而觀感興起緬美盛之攸傳廸前光於弗替則其所關者鉅矣若徒拘文牽義斤斤於字句之間豈足以盡志之微意哉

詩

序曰詩以理性情而實政事所關風化存焉故太史採風先陳詩則詩在朝廷爲諷諫在草野爲詠吟如名公鉅卿登高作賦屬事閎評美善砭謠詞之嚴也義之正矣至於高人韻士征人游女往往隨物致詠幻不傷雅雜不離經里語巷言攸箴咸備因詞可以玩意因意可以玩事彼一詠一歌盡一法一戒所以正人心防世道紀盛蹟表軼事誠有補於經傳之所未詳者也故孔父刪十五國之風雅者自雅頌者自頌無相奪倫則詩非僅爲理性之書而卽經世之皇極也後盛於唐精於宋此子美子建樹幟詞壇而介甫東坡鼓吹藝苑他如一邑之小山川有載風氣有別人物有殊凡經標題洵堪物色實所關於政事風化者良非淺也余以志之

寄謝鄂倅南宮誠 宋 馮 京 邑人

常思鵬海隔飛翻曾得天風送羽翰恩比邱山何以報心同金石欲移難經年空歎音書絕千里相思道義寬每向江陵訪遺跡人猶指點縣題看

發咸甯行松徑至蘆子 宋 黃庭堅

咸甯走蘆子終日喬木陰太乂心洒落古松韵情深聊持不借耳静聽無弦琴非合胡部律而獨可人心

謁馮文簡公祠 邑令 鍾 瓘 永豐人

曾看事業著青編今謁遺容尚儼然天下文章推健筆斗南人物讓先鞭江山勝槩無今古風雨殘碑有歲年臨境仰嗟興感歎亨衢咫尺五雲連

咸甯感懷 僉憲 顧 英 華亭

狀元祠外帶寒林曙色郊園散曉陰賦稅不教愁地薄芻樵儘得利山深頹殘黃菊時猶美參錯丹楓變不禁鐵騎路平行日午静中幾處木高吟

咸甯懷古次韻 僉憲 張 宏

馮相祠堂隔遠林咸中山畔鎖輕陰三魁事業浮雲過一代文章綠草深崇象已無賢宿繼儀形空有夕陽傍平生

攀仰高風久敬弔先生洒淚吟

咸甯署壁　工部尚書　吳廷舉 嘉魚人

節鉞非三顧犁鋤老一邱無心思管樂抱膝笑伊周

石門寺　王獻策 邑諸生

地僻人行少山幽趣更多花香風蝶舞竹响雨禽過樹古煙含碧泉清石吐波凭闌無箇事時聽白駒歌

白沙寺　工部　王　煥 邑人

白雲深鎖洞還賒最是幽閒景色嘉隔斷塵埃孤梵夢放開懷抱老僧茶風前雅韵鳴山鳥雨後清香帶晚花偶得舊遊因問酒漫尋山外野人家

夜浴溫泉　張　仁 邑諸生

瀉日雲根景莫儔渾如烹沸向璦瀍天清水面光輒躍月浸波心氣尚浮濯足泠泠思孺子浴沂藹藹見賢修覺爽爽透詩腸澹霏滿山限振敝裘

九龍山　吳鳴鳳 邑諸生

因得餘閒入勝遊諸山無過此山優蒼龍倒掛懸崖靜碧玉斜飛轉壑流雲逐馬蹄天外遠日涵嵐氣望中浮詩堪摘入成圖畫沽酒呼朋並唱酬

金龍洞長篇　舉人　郭翹中 邑人

大泉有洞名金龍白雲千載秘爲封傳說唐時之仙翁兒第七人並飛空至今丹竈懸其中仙踪去後洞濛朧羽衣何人日來窮隻身直欲扣龍宮金龍未睡捋其鬚使倆山魈不敢逢期予買屐遥相從曾岑扶搖入萬崧信足踏來全不用掛樹懸崖如駕虹路通一線造化工登高仍欲破鉉崇洞外朗朗峙且洪地如平掌碁如蓬俯視諸山若兒童洞內傴僂一俯躬漸使窺見日曈曨石丈寶獅復伏熊有田幾畝曲如弓道人種之卧蓬蓯那管人間歉與豐豈爾誅茆見高踪丹鼎仍吹復飛紅

唐嶺行　舉人　李　玉 邑人

三月前行苦竹嶺刺客不交韓琦頸三月後行大幕山韓

琦身在五雲間大幕山與唐嶺連唐嶺嶺傍桃花尖吾家先塋北海舍猶有碣鎖寒煙苦我山行月復月不待雪霜改華髮山中人樸甚尊賢朝昏禮數無違缺伊人魯讀半行書非薄君親似胡越登嶺一望長咨嗟罄竹難數伊人罰伊人伊人叛何爲竟無抔土藏爾骨

弔比干墓　錢梅窗 鯤才

天步商家事已傾老臣肝膈最艱辛佯狂不肯爲奴態抱器那堪去國情七竅丹衷懸日烈千秋青史照人新停車欲把忠魂奠南澗無因覓藻蘋

遊三峯寺　貢生　唐　毓 邑人

訪僧移日語多爲景留連山色屏屏畫松聲曲曲絃月來窻寫竹風過砌梳茎更玩龍溪水忘機我亦仙

中秋夜雨　王禹錫 邑人

良宵未許不容豪剪燭僧堂劍氣遭老子那容興復淺羣公自是醉忘勞何嫌雨妬銀河悄共挹更長玉露高豈有王褒才可重漫將擱管著同騷

乙巳秋相山懷古　佘希聖 邑人

年年衰草夕陽紅鐘鼎文章一色空彈指人間稱異代舉頭懷抱逼高唑丈夫龍變驟如雨山面雲啣會有風擊劍遺聲臺畔古不堪夜月悵城東

秋城晚眺　王命旦 邑諸生

烟圍深古砌晏堵見城清槐自饑疎碧菊堪問落英徘徊秋爽足憑吊舊庭更磊落孤心遠羅雲憐滲生

東高九日　孫偉業 邑諸生

選勝佳辰得共攀重螺叠髻萬山間師臨友聚清風遠菊粲茱斟綴色班皂蓋能忘看鶴放丹旌近逼乘雲還風流一任名無盡步武前賢淦水潺

資福寺夜坐　胡鳴鸞 邑諸生

古寺蒼涼半有僧一龕塵隔對青燈青螺夜燦螢窻共白雪文成玉案增季子何嫌裘敝久范公政自粥堪勝六街語歇山同靜坐聽鐘鳴萬慮澄

賦得秋水長天　趙拱辰 邑諸生

滲岩平湖野色收碧空遠引快輕鷗波光萬頃銀瓯靜爽氣千迴雪浪浮漢使槎隨機石月楚襄夢度曉雲秋漁翁釣罷唯高卧任是人間無盡流

飲金塘寺　黃應元 邑諸生

奕奕丹旌好共徘相忘野外且追陪誰能退食高河朔自是烹鮮醉兕杯暑以使君氷雪濕香吹古佛蓝珠開虛舟洗盡愁猶劇乘興何容不一詠

鳳凰山　李鳳翔 邑諸生

地勢騰空若鳳凰恍高俯瞰巍層岡書臺曉日舒翎翮潛洞丹砂點翠妝靈鷲不隨河雁落翔鸞豈共越雞翔山川本爲明王媚應使嘉名列職方

桃花尖　王命爵 邑人 常德教

振衣一碧幾千尋紅浪層層春自深若箇筆鋒懸洞口攔斑五色見文心

淦川八景

書臺月色　唐范瑛 邑人

案頭燈火杖頭烟博得銀蟾此夜圓風雨似逢新法日光華且吐熙甯年只今寂寂荒臺靜尚見娟娟素影懸帝鑒

千秋猶未倦如何安石反妨賢

書臺月色　李元楷 邑諸生

銀漢無聲籟悄然讀書臺上月娟娟波侵玉藻香含潔彩徹金蓮氣欲鮮自是氷操輝百代豈徒桂影耀中天漏深猶覺光無限散入平湖白滿川

書臺月色　孫可儀 邑諸生

相傳地勝有名人遺此臺空誰是鄰白月山輝堤倚玉青燈影落政如銀環城碧草烟雲合遍野荒郊景色堙執政自同金石永何嫌夜月逼寒燐

書臺月色　鄭邦遇 邑諸生

散步書臺人亦仙中宵靜對碧輪圓文章氣吐山河曉事業榮崢星斗懸影拂苔陰籠雪案光摇石砌逼經筵當年閣上藜光迥應作元燈共月傳

黌泮金蓮　少司農孟養浩 邑人

宋代金蓮緑玉堂千年池沼尚遺芳朱華已吐文章色碧蓋翻擎雨露香自以虛中依鳳德不求趺坐擁獅王含葩正值尋芳欵菡萏參差鴛鷺行

福利曉鐘　孟養浩

嚴城漏斷月微朦隱隱疎鐘度碧空正覺豈緣聲響入梵音甯逐往來風凄清葉底寒蛩合悲壯樓頭曉角同却憶當年長樂曙風塵鞍馬倦西東

西河漁火　孟養浩

城頭暮角引微凉楊柳蒹葭共渺茫幾點寒光明極浦數聲短笛破滄浪熹微不辨流螢色髣髴初驚過鴈行莫遣寒山鐘夜度有人愁對滿天霜

西河漁火　鄭邦梓 邑諸生

西河環帶鎖城烟幾樹斜陽泊釣船鷗渡歸飛栖皓月龍溪迅發遶平川燐燐夜火吞湖碧歷歷漁歌响暮菸雉影滄然沿岸出蘋花亂點水中天

東高樵唱　知縣王元炳

躡足攀蘿上翠微烟光嵐氣濕朝輝野樵結伴知何去豎子行歌興欲飛拍手爲嘲山簡醉含情應送薛譚歸悠然絶勝鈞天響豈必林花點伎衣

北郊堤柳　胡廣賓 邑諸生

紫陌紅塵柳浪平隋堤一望自情生裝迴緩步鶯雛燕百囀初教黍乳鶯愁緒深深宮柳織忘機落落海鷗清閒雲隔岸頻邀墨與合芳郊月縱横

長湖烟雨　孟養浩 邑人

萬頃平湖駭浪奔瀟瀟風雨濕龍竃虛疑天外青山失底是沙頭白鳥喧縹緲歸帆迷遠浦淒其斷鴈落孤村最憐

小艇垂綸者箬笠蓑衣對酒尊

相嶺閒雲　王　綬 邑諸生

相傳臺畔勝難孤鶴去還來嶺上無持贈誰曾多領畧徘徊我自一招呼雪將好侶當爲友雲亦因閑與共娛煙樹環城連曉霽高浮峯頂錦如鋪

八景合詠　孟佐盛 邑諸生

天開圖畫四時濃結侶尋芳勝蹟逢峻嶺雲移臺畔月長堤柳襯道傍松樵歌半落金蓮沼清籟偏和曉寺鐘任是桑麻徧緑野也都作態綴山墉

八景合詠　李贊中 邑諸生

臺高月湧讀書聲鼎節雲崎捧相衡東嶂凌霄星可摘沙堤種柳鳥常迎池開荷碧宏文麗虹落山腰曉籟清漁棹西飛烟樹遠青來湖上水容平

蘋溪八景

東高曉望　鄭邦命 邑諸生

秀凌東壁小羣山躋眺宜將衆仞删出岫晨煙迴北闕連城曙色泊南寰數聲野笛來天外一碧晴峯入望閒乘興登臨瞻岱岳嶙峋高步有餘閑

西河暮興　崇甯知縣錢　瑚 邑人

一曲情流夜景宜百年孤興渾稱奇魚翻水急驚新鰡蟬帶殘聲脫舊枝明月正當深淺吐瘦筇横起萬千詩悠然疑是無人處隔岸誰歌孤鷺飛

石嶺樵歌　教諭吳　鍊 新城人

採薪山畔夕陽過嶺外歸休樂事多風月擔頭挑幾許一聲嘹喨出烟蘿

梓潭漁唱　知縣邱　魁

沿湖散步拄青藜蘆荻漁舟兩岸迷一段生涯秋水裏數聲款乃夕陽西微茫遠景誰能畫搜剔枯腸我欲題不覺流連歸去晚昏鴉亂點上林飛

相嶺晴嵐　張　樾 邑人

山以八傳崎維樞密陵谷靡遷流芳共挹虛巖摸練侯於精旦晴則嵐飛雨或霧散

溫泉虹影　張　樾

涬沸湯泉潛巖之涯陶冶鴻鈞地之鼎鑊火藏水宮秋影垂虹匪影之爲虹其氣鬱葱

潛巖丹竈　張　樾

九還在治鐘臺之東眞仙羽化丹竈雲封其丹伊何勾漏之砂世今俗古雞犬桑麻

古道蒼松　張　樾

松之蒼蒼先哲之芳攢雲翳日複道長廊龍肆於逵籟發

其陰遺愛勿剪吉士同心

古道蒼松　學博　王晉錫　邑人

皇路清夷擁節紛誰堪攬勝語傳聞單車古道遺高韵按轡沉吟有使君衰柳隋堤煙漠漠青松楚雨翠浤浤盤根不恤風霜老還共秦封映紫雲

古道蒼松　孟應衡　邑諸生

驛路拖煙帶遠岑紆迴隊列萬松森槐聯複道休誇綠柳搆長廊不羨陰映月疑招一鶴舞驚風時作老龍吟者般傲骨撑天地萬國征車仰庇臨

以上照舊志録刋不敢議前人而妄爲黜竄亦不敢執

己見而擅行去取獨前知縣何毅菴先生七律二十章姑從割愛以其文章經濟紀於志者甚多以下所録或以人重或以事重或有益於官箴或有關於名教與邑中古蹟亦非以詩之工拙爲去取也

丁丙艱致政詩　陳　璨　邑人

歷官二十四年忭燕冀乘軒過太行守俸布泉慚苟得恤民膏血視如傷北方風味多時閲南國田園大半荒解組投閒何所有一肩行李是歸囊

江西高安縣諸大老送王煥入覲詩　時爲高安縣令

江水清清江月明酌杯江水送君行此情非是從涼薄公與江流一樣清

黌宫棠樹碑詩　并序　訓導　胡壁華　圻水人

黌宫棠樹碑爲前學博潛江劉東皋先生刻也先生諱效曾由貢生累官至代州刺史其任咸甯教諭也在康熙戊午己未間此碑撰自山陰王載山明府後有鄭進士邦相跋書法勁秀蓋摹作墨蹟道光庚子春先生元孫春畹茂才館縣署幕中暇卽來訪此碑余導以勘石之處完好如初茂才喬録其文以去余於是嘆先哲之轂貽罔替而好賢者之表彰於前流傳於後閲百數十年而不令其銷歸無有也其比於甘棠之封也固宜因作黌宫棠樹碑詩一

章示茂才用識景行之意云爾

我識何水部得交東閣客春畹爲何璜溪明府西席昨朝不速來向我說往昔祖曰東皋公黌宫有遺蹟當年棠樹碑尚存一片石手自剔苔蘚齋廊費搜索我趨廳壁間摩挲在咫尺不受風雨侵不偕瓦礫擲文孫誦清芬撫覽更尋繹欣然抄一紙好諸家傳册感此發浩歎古誼異俗格道旁豐碣多半爲長官役媚者頌循良聞者輒詆斥倏忽姓字湮變老失考核先生一冷官聲譽何藉藉聞其入官初宫墻猶局迫托鉢效緇流廟庭始奕奕三復篇中言諸生藉扶掖教法不嫌拘切磨期有益三載依鱣堂寸陰儆駒隙去時各

攀轅呼一諾者百重登李膺門再築楊雄宅碑載先生鄉篆時士八桀
館留之宜茲庠序中永被詩書澤傳之百十年春風生講席
愧我承芳踪每負素飧責師資緬純儒追慕似親炙試臨
逸少書還問鄭莊驛一碑尚封棠名豈爭旦夕況復蔚孫
枝令緒衍清白花萼競才華春晼昆季舉孝廉茂才者十餘人世業富羣
籍他年過雁門宦蹟並採摭遺愛留堂蔭處處當護惜作
詩賦寫藏斯人今召伯

留別淦川諸同志八首

七年潘鬢竟飛霜樗散何期入薦章薄宦久分桃李艷清
才先護藻芹香屋烏秋去營巢壘櫪馬春前過戰場去臘聞警

用兵幾月餘無恙雲山離緒永蘋花溪畔繫垂楊
回頭兵氣弄潢池檄召諸生聽指揮刁斗傳籌風似剪節帥
駐咸後予偕諸紳守城雪夜不闕轆轤轉粟雨成絲正月奉委往茅坪防堵旋冒雨運糧赴營
從容尚覩膠庠禮奏凱同吟雅頌詩吾道干城仗忠義況
經幕府受機宜大兵進攻時節帥先諭購諜入崇招內應
一第貞如蜀道艱余應禮闈八次鼓鼙聲靜忽遷官乘軒野鶴還
論俸躍水鮎魚疊上竿初以從軍薦復因俸滿蒙大憲保題風味那能
忘苜蓿芳情端合採芝蘭青氈絳帳低徊切學舍授徒數十八鴻
爪泥痕帶雪寒
頭銜曾笑冷於冰此去差同退院僧邀客試揮藏匣劍勸
人頻剔讀書燈奇文共賞爭千古好境重看進一層梧竹
森森多手植窗西仍戀忍冬籐前年得忍冬一株植之庭中因牓齋舍曰冬籐
淦水潛山往蹟多一編遺乘費搜羅科名競羨馮當世詞
翰誰如李泰和梓里從新添卷軸蘭臺依舊起岩阿時雷鶚舉
同年巳官侍郎書生各有千秋業莫對殘碑但撫摩
湖千一塔響風鈴塔為夏懿亭司馬篆時所建突兀峯嵐影逼青賢令
甘棠宜入畫冷官文筆許鐫銘塔旁有亭曰懿亭予為作記勒諸石無多藥
采貽他日不定萍踪指客星一事至今猶負負重陽空訪
孟家亭邑志金山有孟參軍亭予與同人議修未果
邇來倦羽正安巢老樹雲低月挂梢險韻每教師弟和異

書親付吏胥鈔方尋幽趣多栽菊却感名場又繫匏歸省
好娛毛義母倚閭幾度望衡茅家慈齒踰七旬
黌宮軼事口碑傳誦向蕭齋慕昔賢舊雨肯來今雨後出
山須記在山前聰明善用都關福文字知交總結緣豈有
去思留講席詩瓢持贈轉纏綿
崑白師文章祭酒詞賦宗工司訓淦川於今七載士之遊
志而鼓篋者如坐春風之中冷然善穆然遠也茲以軍功
膺薦俸滿保　題行將超遷賦留別七律八首以遺同
志而戀戀之意溢於楮墨及門諸子恐久就湮謀鐫於石
以永其傳於　殿經師易得人師難求若吾師崑白其兼之

矣　劉駿跋

郤餽金詩　總河 葉存仁 邑人

月白風清夜半時扁舟相送故遲遲感君情重還君贈不畏人知畏己知

禮闈十五夜題壁 分房時作　鄭之謨 邑人

寒從霜落作相侵明遠樓高帶翠陰自有奎光聯筆彩頻來皓月照文心蠟盤吐燄初開卷獸炭深紅半擁襟滿座琳瑯和昔咏銀河漏靜看横參

秦闈十五夜望月 主考時作　鄭之謨 邑人

巍樓層棘㕑斜輝東壁分光入試闈共看碧欄飄桂子擬從銀漢拾支機論文擊節神忘倦染翰揮毫興豈違白露沾衣明月下清宵髣髴對

皇畿

衡鑑堂夜雨　鄭之謨 邑人

梧桐霡霂潤窗紗屋角秋聲捲夕笳一點藜燃生畫壁千行墨彩亂瓊花敢將青眼當秦鏡慶有星文逼太華淅瀝耳邊詩思闊玉壺驪却漏寒加

同闈龔望年兄登雁塔懷古　鄭之謨 邑人

關中秋色濃如雨我欲登高何處睹城南雁塔勢嵯峨呼吸通天纔尺五仰穿撐拄龍蛇窟崚嶒西嶽一平俯無端

天籟捲丹霄輕葉辭條自飛舞題名勝事近千年可惜唐碑埋草莽曲江爲陸漸爲陵泛舟風月誰是主終南秀翠倒空青八九類吞入肺腑西來回首正茫茫冉冉征途各自努聞說秦雲似行人忽變蒼狗矜何須數

桃花洞懷古 邑庠生時年八十有七　劉駿 重遊泮水

唐賢李北海攀躋自鍾臺古洞千年閟桃花萬樹開異時推健筆當代仰風裁少坐雲迷徑書聲隱隱來

書臺懷古　劉駿

宋室傳文備名賢擬大魁潛山垂粲範樞院擢鴻才不附青苗議半清赤縣灾我行經相嶺月色滿書臺

孟公神道碑　劉駿

宮府危疑地惟公議建儲直憑忠謇謇言執義徐徐事濟如天福謀灰厥悃攄龍飛占九五且得遂心初

筆峯寶塔　劉駿

一塔亭亭拔地起飛空挿入青雲裏疑是崑崙山上玉筍抽天風吹折矗淦水又疑巨靈削成卓筆峯神斤鬼斧移置此憑虛結構費周章賢哉邑侯夏夫子侯膺邑篆初下車詳問塔基實有無僉稱古塔鎮水口嚴家嘴去數里餘勞瘁不辭披荊棘相度形勢大歡呼風聲所樹爭奮勉七級崇高起浮圖初平仙術類長房一朝叱石遍山岡何處

覓得秦皇鞭石疾走如鞭羊不待期月功完竣筆花四照耀文昌我來登塔躋塔頂舉頭雲際與天近四望羣山齊俯首頂上元光光烱烱鐘臺啤兀鳳鍾靈兆海名高氣凌雲文簡科名更濟美三元聯捷第一人後先相輝映茲塔合題名元燈千載今未墜拔茅連茹慶彙征

贈僧印川　胡文健邑貢生

余足跡徧南北方外交遊不少有工措緻者有善雲林者有以一秤見智有以飛白呈奇而能兼之蓋寡至兼此數端而又精於文墨不愧詩禪具上下古今之識者益寥寥吾咸金山寺僧印川實有夙慧而於海內淹通

之儒無往非師卽無在非學而種種皆工焉余年來漸老深契其爲人他日以海岳之遊期之遂紀諸詩云

天下奇男子乃在空門中闘音汨海水展圖起天風方圓兼動靜落紙非人工鐵畫與銀鈎兩兩姿態雄是何釋老座翻參孔孟宮五經昭鼓吹諸史噴笙鏞往往忙得句星斗驚蒼穹掃室奪苔淨騎鯨漢路通他年題五岳令我心無窮

九日登馮文簡公讀書臺　胡文健

秋來秋去歲頻更一片青山自古橫有客登高尋勝會何人歷刦擁青城簡中插菊空當帽嶺外題碑獨占名無限蕭蕭飛木葉西風猶憶舊時聲

東皐文筆峯　胡文健

高峯秀挿本天成十丈芙蓉未許爭遙望毛錐三寸立近看班管一枝生此花定有江郎賦走距還增白傅情入夜繁星千萬顆是誰捉筆點分明

西河橋　胡文健

古道中分一水流行人經渡未呼舟誰將十丈長虹駕能便三千駿馬遊洞口桃花吹細細山間月色動悠悠臨邛自昔傳司馬借問題橋可再不

西河橋看滿烟晚翠　蒂仙孫燦文邑貢生

野浦漭茫夕照時晴烟點點色紛披藍拖遠渚雲初潑碧蘸清溪日漸低有綠環山描不盡是青着水畫相宜橋頭小立情何限楊柳依依十里隄

西河橋望挿芴晴嵐　孫燦文

挿芴峯頭雨乍晴嵐光曉帶露華輕雲牙有意排金闕文竹何人拜玉清影入湖心撒滿碧霞流谷口逐花明崔巍卓立同欽仰老氣橫秋不變更

東皐懷古　蔡發仁邑貢生

有宋文臣跡尚新東皐山下迥無塵能襄福密眞名士不棄糟糠卽古人相嶺雲來誰是主書臺月照孰爲鄰蓮花

池畔芳規在青草年年一樣春

桃花尖　僧印川 邑人

峭削排空出衆衆勢接天乍淩千磴上迥出萬峯巔有鳥沖寒谷逢流吐響泉桃花從此放春色信無邊

春日遊洞口　僧印川

花發到人間空階只嘖嘖尋徑入幽棲芒鞵歷阡陌攜手河梁上依稀數峯碧高峯别有天石門瓜盈尺中現小桃源境界信所適乍來也笑庵危然立山脊是誰種仙龍一覽供奇獲曲曲泛清波游魚棱蒲擲行人路上稀柳青不傷折二大寬俛仰杳與塵緣隔只有摩霄鷹翛然遠振翮

我擲龍泉飲高風兩生腕

附録竟陵鄭南溟贈劉日新葉春生陣亡詩二首

贈劉日新詩 本邑人在天門執煙刀殺七賊被害

驀地擒來七賊頭煙刀起處一齊休身臨峭壁排山壯手指寒江帶水流本倚偏師堪制勝未工畫策轉增愁三軍若使如公義奸宄安能竄上游

贈葉春生詩 本邑監生在天門禦賊死後猶執器械

服賈東關棲此身偏思湖海任居鯨稠人道上長圍潰死士堆中短劍橫舊日衣冠光上舍他年俎豆重江城淦川亦念君魂否夜月還鄉化鶴鳴

斧頭山遠浦歸帆　上庠生 葉尊三 號泷九 邑人

白鳥孤雲自在還四天斜日半銜山片帆高揭風頻順一葉歸來月乍彎已過洪濤千百尺旋依茅屋兩三間榜人倦極聊沽酒飲對鄰舟共話閒

鐘臺山懷古　郡庠生 葉啟忠 號藎臣 邑人

著屐登臨引興長鐘臺峯畔色蒼蒼雲開峻嶺山同靜徑步前賢草亦香尚憶秘書窺萬卷曾餘文藻冠三唐翰林六絶羣推重北海聲名久益彰

論曰藝文有詩徵風俗也彼忠臣孝子觸景生情逸客騷人遇物能賦昔人所稱不朽盛事非耶李北海風流

藻采映徹山川而舊志鮮徵余甚惜之今其存者自當世而下諸君子纏綿篤摯慷慨詠歌一邑之民風於此見一邑之習俗亦於此見此志所以不廢藝文而藝文所以不逸夫詩也

咸甯縣志卷十四

藝文 奏疏 詩章

邑人 雷以諴鶴皋 陳國正愚溪 纂修

知咸甯縣事陳秉信慶堂 鑒定

此後奏疏詩章得之最遲故另增爲一卷

奏爲暎夷就撫須預爲籌款及善後地步敬陳管見仰祈
聖鑒事竊暎夷滋擾沿海巳及年餘我
皇上軫念黎民塗炭
俯允該將軍大臣所請不惜款項准令該夷就撫許以口岸通商此暫時罷兵恤民之計并謂從此永遠安靖可以高枕無虞也臣念此時有宜合盤籌算者有通前後計算者蓋籌款之術稅務爲急查暎夷各國所需中國貨物第一茶葉其次湖絲大黃計每歲購買約費洋銀五六千萬圓其所以屢次滋擾者非必妄生覬覦實欲據其利權犬羊性本貪婪不得巳餒之以食計其稍安惟糜款至二千餘萬論中國見在情勢卽竭大捐輸將之力不足以酬此項則講求稅務尤不可無術但不知許給口岸准其通商各關稅務究竟如何著落若官既徵收彼復抽稅商民不勝其苦若彼既收稅官不得復徵則彼且日益富而我日益貧

若彼肯稅於官其或給洋銀或給煙土姑許固未可知倘漏亦復可慮夫以暎夷各國所必需中國之貨而中國不能操其權此正有不能不早籌議者今請於茶葉大黃湖絲出產地方及經過各關口益聚頓各牙行此三處實力稽查分別酌加稅銀我自取於商民而有餘而商民之轉賣者亦各取於該夷而非不足行之日久計可以積年陸續所加稅務之項抵歸所償該夷之項此所謂合盤籌算以與爲取卽以取爲與而彼皆在我計中也向來該夷通商僅廣東澳門一處玆既增給口岸不知將來地方如何整頓兵將如何設備夫以口岸視口岸彼此似可相安若口岸卽係要隘則彼既據我腹心一舉動而彼卽知一晝謀而彼先覺誠恐設備無時整頓無地而善後亦終難有妙策矣聞得該將軍大臣有將福州府許給通商之說不知有成議否查閩省各府均產茶葉武夷山爲最歲可出數千萬觔福州省會環山五虎門天塹足資捍禦使聽該夷往來據極險而權大利勢將不可復遏該將軍等若非確有把握度不遽然輕許臣愚以爲夷情難信地利宜保譬若對棋勝負止爭一著此又通前後計算而慮我之或受制於彼也或有謂加稅恐别肇衅端臣聞該夷從前曾有不經牙行自向商人購買茶葉載回本國盡屬假造者

則夷人以牙行爲憑信我卽向牙行徵稅實爲甚便至出
產地方與經過關口夷人不能遍到祇須合該商民曉然
於加稅之項均可取償於夷人則不以爲累也惟通商口
岸不在要隘則籌款尚易若在要隘卽善後亦難耳相應
請
旨密飭各將軍大臣等遠慮深謀熟思詳計毋得草率目前使
將來接辦者無可措手遺患後人總期於議撫之中預爲
籌款及善後地步以副我
皇上綏靖海疆之至意焉
奏爲夷情叵測宜爲地重人以勵忠義而資整頓恭摺奏祈
聖鑒事竊𠹭夷滋擾沿海已及年餘我
皇上軫念民生准令該夷就撫以示寬大然臣竊謂𠹭夷情雖
猖獗心實畏葸其狡黠之謀有可乘機設防使之自行困
斃者夷人慣習風濤於素未經歷各要口慮有沙礁每扮
商船試探此其疑懼於未進之先也迨其據定鎮至甯波
入江口幾有難制之勢何遽忽就撫議蓋其所恃者僅船
砲礮螺蜒負嵎而行不能偶離故迹似鴟張究難再入重
地誠虞離船大遠爲我所困此其畏葸於既進之後樂以
就撫爲便者也又該夷所在肆志猶必恣意要求獨三至
臺灣屢被擒剿宜若積恨深而報怨急乃在浙藕用兵之

際竟似無意臺灣及甘心就撫亦未議及臺灣之事臣方
疑其俟各夷船退出將悉向臺灣報復也今聞該夷赴閩
遞呈有稱臺灣鎮道妄殺冒功等情狡哉逆夷殆不欲以
力攻而思以計取查臺灣產米最多閩省仰給且遠隔重
洋海表雄勝固該夷所旦夕垂涎欲據爲巢穴而不可得
者非比沿海地方但求口岸通商已也顧其地有鹿耳門
險要守臺者果能內絕奸萌嚴防隘口自無罅隙可乘故
夷船三至臺灣扮商試探俱爲該鎮道俘虜該夷知終不
可力爭乃用反間之計固爲我
皇上燭照無遺然臣竊慮該大臣等恐壞議撫之局或欲罷斥
該鎮道以安夷心夫該鎮道之才略吏事不能悉知迹其
在臺多年久獲安靖上年奸匪甫經扇動卽時撲滅又能
連次殄獲夷船安內攘外頗著忠勤宜
皇上之恩賞異數度不致爲所搖動也議者或謂不罷二人則
該夷必復肆擾沿海計將安出臣竊有說焉該夷如果真
心就撫不欲窺伺臺灣則當議撫時應將在臺被虜等情
預行申訴茲撫議已成乃復追其既往是撫局自彼先壞
由在該夷若因一言遽將該鎮道罷斥儻該夷內結奸匪
計取臺灣因而颺帆內擾仍恐與兵無策也與其去二人
以誤臺灣適隨夷計撫局終難曲全何如舉臺灣以委二

人整頓海疆軍威可以大振古之用兵者類多激厲士著
量度形勢撫衆設險以人和而兼地利戰守可以自由故
力不勞而成功易從前沿海富民安土重遷自風鶴頻驚
紛紛逃徙今所留者盡討海貧民若責成疆臣遴選賢能
文武剴切曉諭將瀕海民房折爲空地趁南風未起勸令
富者出財貧者效力使之高壘深溝錯綜曲折斯防守有
方捍禦有藉也聞廣東沿海莊民於要隘地方或刱築溝
塹或伏埋甕罌蓋習知夷人長足直僵不慣崎嶇一有蹶
跌即起立爲難該莊民槍砲器械俱備家自爲戰人自爲
守該夷不敢侵擾此其明驗盍倣行之我旣堅壁清野夷

人進無可掠必將裹足不前再嚴禁奸民不得接濟水米
以絶其食用則彼雖船堅炮利亦無所施其伎封疆大吏
受
恩深重撫民守土正宜激發鼓勵體察情形力圖整頓則不俟
請將調兵而賊可困也
奏爲籌辦保衛裏下河聯絡團練均已一律嚴整著有成效
謹將十二州縣遵辦情形繪圖貼說恭呈
御覽仰祈
聖鑒事竊査裏下河地方旋折圜環千有餘里曲通江海逵達
湖河爲東南之奥區實米鹽之藪澤自揚城初陷賊勢方

張屢犯仙女廟一帶其時下河防其北擾裏河虞其東侵
而居民轉徙流離舍此一隅則更無藏身之所臣是以於
巡視淮揚到此即專摺奏明募勇籌餉以極力保衛裏下
河全局爲要著正在進駐泰州設法籌辦旋奉
恩命俾以幫辦軍務臣責愈重臣心愈殷維時即轉飭進屯萬
福橋扼東路之衝而仙女廟鎭實爲裏下河之門戶並係
本營後路仍即委員撥勇分路稽察嚴防其裏下河十二
州縣疊經札飭牧令勸諭紳董設法捐貲團練仍恐未能
身歷寔效難期復加飭原委會籌團練之升銜南河同知
孔繼鑅徧歷山陽鹽城阜甯寶應高郵興化泰州東臺通

州如皋泰興靖江十二州縣會督講求相其形勢籌其經
費募選丁壯安設卡房其或經費不足之區即略變抽丁
之法各因其便以備不虞復經臣隨時籌議飭催務令一
鄉爲各鄉之應四鄉爲一邑之應一邑爲諸邑之應聲勢
聯絡俾資捍禦而衛民生嗣據該州縣陸續具報在城練
勇在鄉練丁每邑多者萬餘名少者亦三五千名城勇則
各備軍械鄉勇則聞鑼齊集各路訓練有水勇陸勇之分
又有官勇民勇之別其泰州通州寶應山陽並多樹旂幟
大書齊心殺賊字樣巡邏尤爲周密復據督辦委員孔繼
鑅彙報情形大略相同臣猶未敢盡信又分路派員查勘

飭令明察暗訪據實各路團練寨已一律嚴密設卡處所無不認眞盤詰即土匪亦均知斂跡此裏下河團練保衛之實在情形固由委員督辦之功及各州縣奉行之力寔仰賴我
皇上洪福幈幪俾偏近危險之區四民尋安食息得免風鶴之驚也伏思臣初到仙女鎮時各邑人心皇皇栽插失時商賈歇業經臣疊次出示勸諭先後舉行團練農民漸安生業多半補行栽種幸夏秋以來雨暘時若收成雖豐歉不一均尚不失爲有秋目前揚城釜底游魂尙稽顯戮而裏下河數百萬生靈實已轉危爲安用紓

宸廑於萬一所有委辦會督團練之升銜南河同知孔繼鑅穩練安詳辦事明幹應俟揚城克復由臣具保量予優敘其餘各州縣紳董可否准臣擇其尤爲出力者歸於善後事宜分別酌保之處出自
皇上格外天恩謹將臣籌辦保衛裏下河地方情形繪圖貼說由驛六百里馳奏再近日揚城賊勢實已窮蹙連日開放大礮晝夜轟擊而於東路一帶亦飭節設伏嚴堵防其竄入臣與琦善等惟當相機設法攻剿以期即時克復上慰
聖懷合併附陳伏乞
皇上聖鑒謹
奏

奏爲現在賊情漸成流寇惟有倣行堅壁清野以孤賊勢而定民心臣等於黃泥溝邵伯仙女鎮等處變通舉行東北藉保無虞已有明效所有各直省地方應請一體設法辦理謹會銜由驛六百里馳奏仰祈
聖鑒事竊惟逆賊鴟張毒流數省到處殘破堵禦無方皆由民心不定故賊勢得以披猖也臣雷以誠於五月間奉
命幫辦軍務兼保東路新募之勇有限而應防之處甚多實屬不敷調撥當即分委幹員前赴裏下河各州縣激以大義勸令團練先後聯絡民勇得十餘萬人聲勢遂壯猶慮地

方遼闊防範維艱因思古人建寨築碉堅壁清野實爲防禦流寇第一妙法當經臣雷以誠臣慧成彼此熟商按江南地勢初無峻嶺崇山多半溝塍汊港設險爲難建築非易惟有易寨爲堡以土爲砦倣按戶抽丁之法作深溝高壘之謀伏查揚城北達清淮則灣頭邵伯首當其衝東去下河則六閘仙鎮實扼其要他如東北之黃泥溝沙河橋等處所以防內賊之竄東南之宜家橋李堡河等處尤時虞外寇之來允宜首先興築使民觀感易從節經臣雷以誠臣慧成選派幹員親爲履畫先於東北黃泥溝沙河橋一帶官爲興辦就舊溝小港因寬加深即以挖溝之土加

築爲砦環城而南計長三十餘里計砦百十餘座外復圍以鹿角陷坑兼且散布蒺藜地溜並又多雇民夫守砦以濟兵勇之不足倘遇有警一砦鳴鑼砦砦皆應傳各營得以准備豫防其郃伯仙女鎮宦家橋李豐河各處亦經臣等分委員弁並剴切出示勸諭該地方紳董均已一律與辦處處設險以守爲戰故前日揚城之賊雖窮極出竄並不敢犯東北兩路其明效極可見矣然此特暫爲保守東北一面之計耳臣等愚見以爲賊情劇滑即今揚城已復金陵京口兩城猶爲賊踞長江之險來往自如設使分道並竄流寇勢成竊恐徵調征剿兵未至而賊已逃士卒罷

於追奔餉需隔於道里將以救北而南路空虛欲以征西而東隅危困此必不及之勢也惟是以兵衛民則不足使民自衛則有餘若趁此各處民皆團練之時令其各就地方形勢一體照辦或依險爲碉或平地築堡或挖斷其總要之路爲釣橋以便起除或寬深其舊有之濠作壘壁以資捍禦集牛豕於欄檻不令匪竊藏菽粟於倉廒勿供賊食計社立長比鄰聯濟務使人人有殺賊之心處處得防賊之法來即轟擊去不窮追則民日飽而賊日飢民益強而賊益弱不煩兵力漸挫妖氛矣所有裏下河各州縣現已委員前往相度地勢會同地方官變通籌辦惟恐將來日久生懈應請

飭下督撫責成各該州縣永遠遵行庶幾有備無患羣黎自臻乂安至如安徽河南山東湖廣等處高山崇阜土厚林深舉行較更便易伏乞

命下各直省一體倣照辦理庶幾民心既定賊勢自孤似亦隨地設險轉危爲安之一道也

奏爲軍需緊急試行商賈捐釐助餉業有成效應推廣照辦以裕軍儲仰祈

聖鑒事竊自粵匪竄擾以來地已十省時及四年各處添兵卽各處需餉兼之隨引停運關稅難徵地丁錢糧復間因兵

荒而蠲免蠲緩

國家經費有常入少出多勢必日形支絀而逆匪蔓延又不知何時平定有餉無兵尚可招募有兵無餉更難支持上年夏間奏請於裏下河設局勸捐藉練壯勇保守東路一經開導無不輸將踴躍蓋紳民身家念重痛癢相關故臣之勸捐視各處較易然皆不過曉以大義動其忠愛之良非別有抑勒把持之術也特爲時既久精力已竭誠恐未能源源接濟臣晝夜思維求其無損於民有益於餉並可經久而便民者則莫若各行商賈捐釐一法因裏下河爲產米之區米多價賤曾飭委員於附近揚城之仙女廟邵

伯宜陵張綱溝各鎮略仿前總督林則徐一文愿之法勸
諭米行捐釐助餉每米一石捐錢五十文計一升僅捐半
文於民生毫無關礙而聚之則多計自去歲九月至今祗
此數鎮米行幾捐至二萬貫既不擾民又不累商數月以
來商民相安如同無事古人云逐末者多則壓以抑之捐
釐之法亦卽本古人徵末之微意而變通行之入少則捐
少入多則捐多均視其買賣所入爲斷絶不強民以所難
況名爲行鋪捐釐其實仍出自買客斷不因一二文之細
爭價值之低昂所爲徵於無形而民不覺者也臣因此法
商民兩便且細水長流源遠不竭於軍需實有裨益是以

現在復將此法推之襄下河各州縣米行並各大行鋪戶
一律照捐大約每百分僅捐一分甚有不及一分者今各
州縣會同委員斟酌妥議稟明出示起捐其小鋪戶及手
藝人等概行免捐以示體恤現在仙女廟各行鋪戶均已
議妥業於三月初十日起捐並將該鎮所立章程刊刻刷
印發交各州縣照辦俟襄下河各處勸齊起捐後究竟可
以收捐若干自應隨時據實奏
聞如果爲數較多不惟臣營可資守禦並可協濟琦善軍營之
需夫富家之捐輸有盡而商賈之轉運無窮當此
餉項拮据之時若不設法熟籌必至束手坐困而取之無方

又恐於民有礙故不得不於藉資民力之中仍寓勸恤民
隱之意輕而易舉絶無苦累惟襄下河特彈丸一隅乃河
臣楊以增勸捐於斯前漕臣李湘棻勸捐亦於斯此去彼
來商民幾無所適從其實臣捐釐之處僅止揚通兩屬其
餘大江南北各府州縣未經勸辦者尚多如果江蘇督撫
及河臣各就所堵地方分委廉明公正之員會同各該府
州縣於城市鎮集之各大行鋪戶照臣所擬捐釐章程一
律勸辦似於江南北軍需可期大有接濟統俟軍務告竣
再行停止臣爲籌餉起見是否有當伏乞
皇上聖鑒謹將捐釐章程開單恭呈

御覽謹
奏
奏爲通籌禦賊急務敬陳管見恭摺密奏仰祈
聖鑒事臣竊爲粵賊之起蔓延數省今聞已陷岳州又竄薄湖
北省城矣督師諸臣現奉
嚴綸切責徐廣縉等自不能辭其咎而棄城遠遁之博勒恭武
尤宜急正軍法以堅人心而作士氣軍興以來賊過輒陷
誠如
聖諭所云賊至不擊賊去不追進不能戰退不能守所以然者
非盡城不堅兵不衆也將無恥退之心士無敢鬭之志耳

便軍令嚴明將士皆知退不免死進可獲生亦誰不勉圖敵愾之功而甘受僨軍之戮者或謂軍興以來應死者不止博勒恭武一人不知雷霆之威震於一擊非必盡援天下之不孝不敬者殛之無遺也昔文於顛頡漢高於丁公前事可師惟

宸斷決然行之又河南江西安徽等省均奉

聖算周詳

諭令嚴密防堵有備無患自應計出萬全臣愚以爲此次賊匪起自山海之間平陽之戰非其所長所慮尤在沿江一帶現既竄入湖北則兩江一帶可以浮江而下風聞僞示有

定都金陵之語雖難保非聲東擊西之謀然江南富庶賊所覬覦風帆便利一日千里無論能否攻破省城皆當慮其潛師東下若襲取金陵僞行仁義要結民心内收鹽梟外結島寇則漕運不通將成割據之勢雖我

朝

列聖相承

深仁厚澤浹髓淪肌萬萬不至於此而小臣私憂過計不能不及於此今兩江督臣陸建瀛尚駐工次臣愚以爲權其緩急河工宜責成留辦臬司臣查文經隨同河臣楊以增實心妥辦陸建瀛宜回省城加意鎮撫民人修飭武備過而防之以期無患是爲至要現聞賊匪窺伺武昌省城江夏實附郭首邑撫臣等籌辦防堵已久現宜乘賊尚未齊隨到隨辦急擊勿失向榮徐廣縉等計可先後遵

旨抵省重兵既集自可無虞疏失省城上游之金口等處水陸各要隘亦必加意防截賊黨之續至惟省城下游百八十里與黃州府城對江爲武昌縣城昔吳孫權嘗移都於此六朝遂爲重鎮實自古用兵之地沿江一帶如江夏之青山黃州之陽邏團風三江口武昌之樊口大冶之道士洑蘄州之州城廣濟之田家鎮武穴皆爲扼要地方黃州府城武昌縣城皆宜派得力員弁帶兵固守而陽邏江面較

狹道士洑尤寬不過十丈磯險水急實吳楚門戶關鎮此皆沿江要隘之在省城下游者也誠恐賊因省城難攻潛師東下出其不意攻其不備又蹈岳州之覆轍則東南數省無不震動矣應請

皇上迅速嚴密敕下督兵各大臣留意籌畫策其萬全東南大局實繫於此至

聖諭因岳州失守嚴禁以要隘爲辭先期出城自係專爲守土之臣而言至帶兵之員亦有必應分布要隘相爲犄角者恐諸臣或有誤會

聖意並恐有以守城爲辭棄險不守坐失事機者仍應請

旨明切宣示令各相機戰守總以有無失機爲斷不爲遥制
恩威並用不難迅奏膚功全楚幸甚天下幸甚臣爲通籌禦賊
急務起見謹具密奏是否有當伏乞
皇上聖鑒謹
奏

附片

再湖北省城陸路亦可十餘日徑達江南省城江夏屬之
土橋武昌縣屬之葛店華容等處係必由之路亦應請
敕下督兵各大臣派委得力員弁嚴密防堵謹具附片密行
奏

聞

咸豐二年十一月二十九日摺奏附片

湖南之役徐廣縉未能先據岳州扼其門戸而羅繞典張亮基等但以固守長沙爲詞更不籌及全局向榮獨帶屬兵與賊相對札營賊中稱爲向蠻子不敢逼視羅繞典等之所以守城得力者向榮進擊牽制之力居多且岳州失陷羅繞典等計慮不周向榮即密遣將兵由小路直趨湖北省城幫同常大湻固守是其智勇已在徐廣縉等之上而羅繞典等反謂不應私行救援北路是其畛域之見但知守一長沙省城冀或得便離開則且居守城之功而盡推失險之過其忌才懷私討巧卸罪之情已昭然衆人耳目乃復欲傳播謡言計陷向榮於死地不知是何設心所可惜者常大湻與羅繞典同里亦不能先行陳奏添兵扼要岳州坐失機宜至此時始德向榮而怨羅繞典矣今凡自楚來者無不以向榮一人爲安危所係特事權不屬未免有所牽制不能展布自如是在
皇上推置腹心大爲鼓勵而駕馭之自當立建奇勲也轉敗爲功在此一舉伏願
聰明裁斷果決施行迅奏蕩平之功用慰
宵旰之念

錢法虛實議

虛之一字可以用之文章而斷不可施之政事文章太實則拙直而無生趣恐不足令人觀若政事有虛則欺誑而非眞蹟終不足致人信夫錢者泉也古者以龜爲寶以貝爲貨貝生於海黃質黑文乃天地自然之利太公以其由之漸少取之漸難乃作九府圜法制爲泉府取源不窮流不息圜轉無滯之義其法皆以銅鑄故亦名錢然實有是錢更無他物可以代之如泉水之無能代者也周時粟布相易詩曰抱布貿絲握粟出卜各國風詩未有錢泉等字則知其時圜法但能行之王畿未及他國亦可見民以粟

布爲寶各安其素而視錢若虛尙懷疑信非法令所能强也夫以周公之才藝太公之權計法令且不能及於遠則政之貴實而不貴虛明矣然錢雖饑不可食寒不可衣而實有是錢貿遷有無尙不能代粟布以虛爲實則又何能更尋一物代錢因虛爲虛當作實物用者今之制錢乃准漢之五銖唐之開元權其輕重不惜費不省工如順治康熙雍正乾隆等年所制之錢質色清堅輪廓分明每千准銀一兩內外遵行罔滯米粟百貨價值均平上下豐豫民旣安於渾樸商賈不尙欺詐嗣緣兩局鑄造未精攙和鉛砂只十分之一二故尙不礙行使而奸小乃因之盜鑄以

漁利則錢日輕日濫日賤日多兼之外洋四邊皆以銀交易銀益少而益貴於是京市錢舖遂有錢票往來換銀之事始以爲便莫或禁之漸遂至於不可禁而銀愈少錢愈惡愈多票乃至於不可數紀因并其票亦有假造是以錢代粟布猶虛中之實以票代錢則虛中之虛況復有假票虛僞尤不可察則巳無防僞塞虛之法矣今乃復有當十大錢曰當虛也以一錢分兩之輕而稍大者當制錢分數之多而仍重也又因大錢不能多鑄復官造專用大錢票與之並行意蓋謂商賈之票尙能通行豈反不行官票者不知以制錢之虛權粟布之實又有僞制錢之虛冒權制

錢復因大錢之虛以權制錢之虛則必有僞造大錢之虛冒權大錢此錢之虛之至者也且以市間制錢票之虛以權制錢虛中之實又以官票專用大錢之虛卽不能禁濫發官票之虛以混冒入官票有數之虛此票之虛而復虛而後其虛之極有耳目所不能及計慮所不能到者矣虛至此極無怪其窒礙難行雖嚴法以懲疊次更張卒無成效在計部轉得不償失則以爲奸商之過或又以爲官吏奉行之不力不善誠亦有之然予竊以爲其來有自不可徒責之商賈官吏也蓋虛之極至於不可救必宜力求其端今不端之是求習於虛而不悟且忘其虛而仍據之以

爲實政不思變計漸圖反本率由舊章其流弊殆無所底止焉方其造制錢稍和鉛砂時若有明決者知錢府乃理財大政通關民生國計不容稍涉含糊一見有弊卽立時按法嚴懲塞江河於涓滴翦柯榦於萌芽我絕作僞之機卽無敢有乘幾而造僞者官錢旣清堅分明如舊則我禁僞之法順而有詞商賈亦將安於其故錢與銀各自貴重無甚低昂私鑄不與惟官制錢是用無濫錢則制錢雖少而當多民間物力弗致踴貴以得實錢爲利市肆何敢有虛票之議安有制錢之僞票無僞制錢票則造大錢無因又何因而必官造大錢之票然則大錢票之造其所由來

非一朝一夕之故矣或曰漢諸葛武侯治蜀嘗鑄鐵錢境內相安至宋張詠始改爲交子會子皆通行無滯今錢用銅鑄何遽乃不如鐵票亦交會遺法亦何至竟不能行予又竊謂劉先主治蜀在兵戈擾攘之後憶其時民物疲弊銅礦遐絕勢難急采此必民間錢少苟得鐵爲錢亦可以資日用因利乘便順而易行又遴選一劉巴以其廉明勇決信用委權自必公私上下出納公平徒隸無敢作奸故能殄一警百風行草偃而人益畏服此亦以見武侯知人善任因時變通之一端也至交會之作已歷數朝中間錢法及租庸調絲布絹帛等遞征收各色官錢皆以銅鑄錢

錢之不得入行於蜀亦因其所而交會之法始行此又張詠權宜妙用之細焉者然其制亦如今商賈之會票紙上所註實有是物可取分毫不差卽相去數千里無不卽時如數給授此正虛中之實非如今日官私大小各票爲空售巧虛而復虛並以虛當十之多而日僞也實心實政之謂何而猶昧而不察殊堪浩歎吾願有心者各究其端曉然於作僞致虛之由精思果力拔本塞源漸圖變計毋急切以病人生計亦毋因循而徒成空議書曰若藥不瞑眩厥疾弗瘳有子曰百姓足君孰與不足管子曰知與之爲取政之寶也蓋爲民卽所以爲國散財自可以得民初不虞府庫之不充搜括之必盡也是在擇賢任能不苟且畏難泥近忘遠計當失少而得多時緩而效博於以臻於豐亨豫大之世無難耳不然見之不眞持之不力優游進退先無實心安有實政則又譬之作文者徒摘藻華全無眞情至理何關身心性命宗社生民之寄卽含婉折虛靈此文章之浮薄不根且不能登韓柳歐蘇之堂何況語以古昔聖賢典謨訓誥以至官禮經傳詩歌之有物有恆體用兼備宏遠高深之道哉

景星頌 四言四首

璧合珠聯於昭于天秋陽開霽曉色澄鮮否終泰啟坤轉

乾旋甫賜時若瑞應豐年順我
帝則靖彼烽煙羣情瞻慶璧合珠聯

珠聯璧合風不蕭颯入表光明九天閶闔我
皇繼述兼容并納士盡賢良
朝無嚀省颺拜賡歌昇平以答仰止歡忭珠聯璧合

合璧聯珠現天東隅紫霞垂暎佳氣誕敷佑我
聖母翼纘鴻圖
宣聰作肩武烈文謨言賴良弼學重純儒觀象式占合璧
聯珠

聯珠合璧祥輝赫奕景運攸關作求世德大啟謨猷允賚

力鎮偃武修文輕徭恤役黎庶含哺
邦基盤石野頌衢歌聯珠合璧
灤河亘九普達拉登高遂至扎什倫布祇瞻五古百韻（普達拉者漢語普陀寺也扎什倫布者漢語福壽須彌也）
皇朝經世遠
列聖善繼述鼎定都燕京坎隅現蜂窩函谷關隘同灤河
祥霧集地蟠雲龍靜天闢氣象闊爰爲
避暑莊儗向極樂國非萌遊豫思潛運控茲烈（御製詩意）驌驦
聯示威弧矢並觀德締造啟屯蒙
讃猷勝沮漆黃教爭皈依（西藏衣冠尚黃曰黃教）赤衷競棲息量原

蕃昊寬化比邳郵疾桑遠自能邇洽肌遂入骨始徠喀爾
喀繼蹤厄魯特班禪亦神移（西藏稱活佛當時教主）後藏與願切道
里輕萬千
文母齡七十（時逢太后萬壽）欲來難便拒馭之當令悅（御碑文意）擘
鳩
福壽工那吝帑費億此處經營周彼邦堂構結房舍倣幽
邃浮屠聳突兀似聽獅子鳴宛致象王歇（山廟寶塔及僧房器物一切皆仿照藏衛式樣寺門外有石蹲二像）醒迷喻索蛇談經解刀籤藍總莊嚴
寶珠勿墜失（高廟貽與班禪說法）
綸綍幾行書堅峻數文碣龜背座相遞

龍文絕從實明以奉三無隱堪殄六賊信果及豚魚義弗
分畛域
堯仁蕩無名
舜孝妙有術諸藩悉順軌九疇符歸極夏苗秋省旋前矩
來茲式越自
膺皇賓慎終
宜廟惻
園林尙依然崔嵬悵靡陟遷流直到今倉卒初
駐蹕道本能方圓神應審機括去邠踰梁懷卜澗營洛識
豈類燕薊亭尙留壯麗闕

繩武學箕裘
貽謀承燕翼昔或寓深思茲適濟孔亟往歲伊江還頽年
恤夙夜禱
澧澤滋寸衷感難宜三接詞未竭回都履新任理刑權矜
乾健始終筮
震出誓將剖心肝冀少酬毫髮詎意須彌摧頓教夢魂怵
涕泣落潸潸痛悃增怛怛差幸膺光祿攸司重典則以此
馳
行在藉堪効本職哀號跪仰瞻惶悚欽
淵默

聰明慶天亶張弛萶八傑
篤生辰匪偶上載渺難測泰轉陽回三復來數計七庚更
欻巳經辛新占罔忒珠聯賦於昭璧合光鮮潔百體乂用
成兆愽喜盈室寅恭果一心子諒當四達徐圖臻上理庶
可舒中鬱忽爾念前徽悠然尋往轍意馳晉達拉時會重
陽節插菊喚白頭題羔愧錦舌醉無緑螘攜便且烏紗脫
塵靜氣彌清霜輕寒稍抑途間風景恬望裏畫圖活伴寡
孟嘉侶興欲陶令匹幸免吏催租奚需榮賜橘莫把茱萸
看休希薏苡給但見彩雲烘郤與瀛州別磨湖鏡未開挂
泉帛不裂惜無水也蘇隄謾記西逢島繪宜北弗厭山容瘦作

驚鴈影逸環嶺擁千重屏樹綴五色蓮池想金砂鱗甍燦
星日亭瓦皆銅鍍金攢簇詭機杼高抵自凹凸嶂盡飛蛾張峯因
擊磬屹有磬椎峯停車盼丹楓掃徑堆黃栗櫛墉羡比祟父老
歡刈鋌羊牽牛復番角濈耳尤濕采茶剛授衣馨椒和香
苾蹺跳緣木猿奮迅摩空鶻行行早麓邊栩栩古岩側休
畏仰彌高何嫌迢迋折寺僧作鶴引冢僮振鶩力列子健
尻輪謝公紛眼纈勢共累三層階逾五百級梯磴木石分
明暗堂奥客檀鑣由世尊銅鑄幾千佛冬狩虎遺皮舊鞲
韝存飾有高廟射虎皮及鞍韉等法物錦聯參妙諦
宸翰昺椽筆悟到法無二額懸道歸一皆高廟御筆額聯遙迤巔

項升彷徨竿頭立褰裳羅兒孫撥採歌樸棫秋水兼葭思
芳蘭沅沚側日新憶湯盤煙開探禹穴定知熊入夢應卜
天賚弼掃蕩氛祲消清曠弓矢戢然且敬益強希彼聖而
哲嚬笑謹勿徵好惡闢賞罰寂寂常滅如惺惺審所發冀
將玉石區偶采芻蕘得世早慕羲皇今方賴契稷勤儉克
邦家溫恭兼允塞返樸行歸真敷教當先食不見
帝作歌年年觀稼穡圃垣東南隅上建觀稼樓有高廟御製五律二首

無題五古四首甲寅正月揚州萬福橋營中作

西隅有老狐出沒何逡巡並我生世間悠遊此大鈞多年
學拜斗善媚如美人人邨先高睨時虞睡豹瞋徘徊河裏

氷傾聽尤頻頻憑城只自固多疑性所生以此勞深宵飛
仙術難成狐兮亦不苦青翰懶獻珍
此隣娶妖婦自媚冋名姝出身縱微賤未笄隨良夫豐瞻
供驕奢轉薄焉得狗恣樂床第深中年寡翼雞婢美早時
嫁妾身無完膚忍使夫嗣絕不復分憐娛夫齡亦已老婦
顏亦已枯嗟哉行將盡怒獅徒吽呼
穴鼠求稻糧有皮亦有體所竊原不多夜動晝或止惟彼
豺與貆貪饞未云巳當道恣啖食剝膚并吸髓穹昊稱好
生胡爲復鍾此相育且相害萬類倒顛異鳳儀獸舞時不
乏犧犧裘在唐御優容及虞遂殛死彼豕猶身焚賈禍得

非齒剡茲獗猗餘嚼齧能有幾
鳳凰鳴高岡棲梧並食竹百鳥紛相朝五色燦章服麒麟
遊近郊麢身角端肉四蹄胡仁厚獨憐衆草綠騶虞亦珍
禽君子行躑躅此皆王者瑞大化紀禮郁如何梟獍生殊
性偏慘毒飛走歎噍類高厚昧鞠育九頭孔鷔輩呼引競
相逐鶚鴞無處棲獅象恥與屬仗義鴆奮拳赤心豸善觸
雨露兼雷霆春溫有秋肅殃祥須自求莫負因材篤

留別諸公七律十首

其一

靡祿蹉跎四十年何當去國尚情牽非嗟計拙圖溫飽爲

悵時艱乏幹旋
丹詔親書來萬里卿班晉秩巳三遷衝寒冒雪趨
行在瞻仰
癯堯淚黯然

其二

榮占三接獻芻言
天聽虛懷未厭煩就近籌糧先固本及時籌賑爲培元師
徒選練軍威壯泉府流通
聖語溫詑別
龍顏纔幾日來鳩兼篆復承
恩

其三

億萬同聲望
帝回鼎湖聞變寸心哀攀髯無計隨龍去奉
駕陪班戴日來赤舄綢繆尊
繼統新猷渙汗頼眞才珠聯璧合昭天象老眼欣看泰運
開

其四

豈緣計典始陳謨一點孤忠不厭愚時感
深恩同覆載仍憐晚景傍桑榆自

天降命人休詫放我還山迹不拘郤笑尻輪差老健登臨
幸免倩笻扶

其五

閉戶春寒理舊文唐花暎雪發清芬且韜牀劍珍三尺好
覓襦珠重萬斤時鳥臨風鳴向日新苗膏雨碧如雲有情
驛柳千絲綠繫我離懷趁晚曛

其六

開藩陳臬只虛名過眼浮雲此念清詎有愚忱孚夙好漫
勞元老慰孤情鴻圖全仗羣公立大廈還資衆力擎局外
觀棋無妙著冀爲霖雨活蒼生

其七

回首時清屈指頻悲歡離合總前因杏林衣鉢歸千佛座師

皆巳捐館蘭譜簪纓賸幾人往事不談如脫屣古稀將届有長

春江雲燕樹情何極萬里飛鴻一尺鱗

其八

世味酸鹹已備嘗今辭

帝闕返江鄉蔦蘿締好情仍繫桑梓聯交意總長時悵干

戈猶滿目地分南北寫離腸近聞楚水鯨波息得便烹魚

食武昌

其九

升沉夷險九年中學道慙無面壁功未到如來忘解脫巳

將世界等虛空溪邊時對清波綠江畔遥看曉日紅敎子

讀書還課士依然寒素舊家風

其十

生還尚記玉門關況荷

恩濃接

聖顔櫪馬垂衰猶戀棧籠禽縱倦忍歸山自嗤白髮隨年

長徒矢丹心對日殷但願妖氛齊掃卻凱歌飲至慶

朝班

前刑部侍郎雷以諴著

咸甯縣志卷十五

雜志 災祥 紀事 仙釋 流寓 方技 金石 補遺

邑人 雷以諴鶴皋 陳國正愚溪 纂修

知咸甯縣事陳秉信慶堂 鑒定

災祥

序曰古災祥不一而俱歸於天心仁愛匪曰垂象以示

吉凶已也若何而旱若何而雨若何而草妖木怪若何

而星退舍若何而蝗不入境虎渡河天道固在人事之

中亦甚邇矣慎毋泄泄以處而坐諉於莫可知之數夫

數果無可回也天亦竟虐之而鞠凶之矣何爲先事而

示之哉荀悅曰其本在地而上發於天自人招之則亦

自人彌之耳震无咎者存乎悔在朝廷則問君相在一

方則官斯土者曷可辭焉

災異

漢和帝永元四年旱蝗　獻帝建安二年大饑　惠帝永

康元年秋久雨害稼　武帝永康二年大水　懷帝永康

二年大旱　南梁大同二年地生白毛　簡文帝大寶元

年春正月丁巳雨黃沙　北周武帝建德二年大旱　唐

中宗神功元年大旱　順宗永貞元年大旱　宋神宗熙

甯元年天雨白氂狀如馬尾長者尺餘瀰漫山谷 哲宗元祐七年雨土 徽宗政和八年大水 孝宗乾道元年大旱 淳熙元年大饑 三年旱 八年旱 九年復大旱 十五年久雨害稼 甯宗嘉定元年冬燠如夏 六年大旱 元成宗大德二年旱 仁宗皇慶四年旱 泰定二年屯護食桑 文宗至順二年大饑 明洪武二十二年大水 永樂二年三月火 五年十月地震有聲 宣德八年大旱 正統二年六月七月連雨大饑 景泰元年春大饑 四年大水 天順四年秋大水害稼 五年夏大雨水溢 成化元年大饑 四年大水十月辛亥

朔地震有聲 六年大旱民半流移 三十三年春正月地震 宏治元年大饑百姓餓殍無數 正德元年春大饑秋大旱 二年春正月不雨至於三月雹殺禾麥 十一年桃李冬華 十四年夏大水秋大旱 嘉靖二年春夏旱大饑 七年六月風雷拔木秋大旱饑 八年蝗飛蔽天 十一年大水 十八年六月蝗飛瀰障天日 二十二年六月暴雨大風溢水入市風拔木 二十三年夏大旱秋大饑 二十四年饑疫 二十八年夏大旱冬十一月地震 三十一年大水 三十三年夏五月至九月不雨大饑十二月地震 三十四年十二月地震 三十

五年大水 三十七年十二月地震 四十年春霪雨大風拔木 隆慶二年夏大水舟入市 五年民訛言兵至鄉邑驚擾旬日始定是年牛生五足 萬歷二年木稼 六年四月壬午朔雨雹 十年大旱 十一年大旱 十二年春大疫 十六年戊子歲大祲人採木皮以食餓死者甚衆 二十七年丁酉大潦舟人泊西城闉以渡 四十二年甲寅蝗入城歲大祲 天啟四年甲子春木稼合抱者皆折是歲大潦 崇禎七年甲戌六月地震屋礎動搖卧者多撲於地 十一年戊寅雨土地盡白是年賊薄城下遍城戈矛出火炯炯有光冬客兵駐西郊縣產駒

十二年己卯冬木凍城北房屋有雀來巢 十四年辛巳蝗入城是歲大祲

國朝順治二年乙酉大疫 九年壬辰夏秋不雨歲大荒前官捐俸粥饑民其不便粥者給穀存活 康熙二年癸卯五月二十一地震自東徂西有聲秋七月大水舟自北城頭自泛入城是月天鼓鳴 三年甲辰三月雨雹如塊殺麥好事者拾之不數十巳盈缶中空一隙磓之迄不為動入水輒化 四年乙巳正月二十九天鼓鳴經時方竭九月二十七天鼓鳴如巨砲然 五年五月二十二河鼓鳴自戌至亥方止 七年二月天晦白晝如夜雞犬皆驚六

月地震　八年四月十四風怪吹折民房數十間湖泿直躍于尋山木盡爲偃拔　康熙戊申六月大墓山有龍哭現頭角三日鱗甲晃如金赤居民往觀之忽白晝飛騰穿山爲河蕩民居畜産越十數里　七年七月有土龍遊於衙前旣而雨霧不能升躍市兒繫其頸以戲於市　舊志

乾隆戊申大水進北城直抵中城　嘉慶七年壬戌大旱　十四年己巳大旱　十九年甲戌彗星見　二十一年丙子水平堤濠　二十二年丁丑地震　二十五年庚辰大旱　道光十一年辛卯夏大水進北城門秋有獸如犢名豺狗入鄉村噬小兒及犬豕類卽至逾年尚不時出見

但不大害　十二年壬辰大疫日色雜白（疫行自辛卯冬始至是年秋止）　十三年癸巳大水抵北城下　十四年甲午四月初二夜大雨驟至疾風迅雷吹折牆屋不少大樹亦被拔倒　十五年乙未夏旱蝗大饑　十六年丙申彗星見冬雨雪如線　二十一年辛丑冬大雪平地數尺氷堅如石　二十八年戊申大水較辛卯爲甚　二十九年己酉大水較戊申尤甚淹及山坡壞民廬舍無算北城上水深六七尺舟直行入城　三十年庚戌春大饑　咸豐四年甲寅秋大旱　五年乙卯夏大旱　六年丙辰大旱自五月不雨至八月民病於汲歲大饑　七年丁巳秋刀星見蝗自東北飛來蔽日遮天數日始散幸穀已登場不至大饑　十一年辛酉彗星見水抵北城冬十二月下旬大雪平地深四五尺行路人多凍斃湖面氷結厚尺許車夫擔脚竟有履氷而行者　同治元年壬戌冬十二月至二年癸亥春正月又大氷凍是歲夏秋大旱　三年甲子旱　四年乙丑秋旱尚不成災　五年丙寅夏六月大水（衙署後城闕不沒者僅二尺許）

祥異

晉永和四年鳳産江夏（方輿記云晉永和中鳳將九子翔集安州之域）　劉宋文帝元嘉二十年白麞見於江夏內史劉思考以獻　神宗熙甯二年麥一本三穗至五穗凡十四莖　元豐元年麥異

畝同穗　元成宗元貞元年野蠶成繭更數百里民取爲纊　明宏治五年學宮産桂一枝　崇禎十五年壬午元旦縣學大成殿紅光偶見衆以爲火也赴之經時始散

國朝順治七年八月有鳥百羣大差於鵬棲宿東阜山三日而去　康熙戊申三月學宮桂結子盈樹其大如穗士民多採藏之　舊志　道光三十年庚戌麥穗兩岐近城數里凡一莖至四穗五穗　同治元年壬戌日月合璧　三年甲子麥一本雙穗三穗四穗不等

紀事

道光二十二年壬寅春正月崇陽縣爲錢漕起釁亂震動

全省三月總督裕泰提督劉承孝兵駐咸甯城中計平之維時城內居民遷避鄉曲者十之八九二三月後仍復安堵如常　咸豐二年壬子十一月十一日粵匪過境東西關外廟宇被燒幸追兵在後未甚受害迄十五六日潮勇王蹂躪不堪綦咸月餘始走　十二月初四大霧省城陷　三年癸丑正月初四賊全隊出省城走漸次陷九江金陵是年冬復由江右擾興國武昌至金牛　四年甲寅圍省分擾咸甯并崇通蒲嘉各縣直至湖南境咸城外房屋多被燬壞　六月巡撫青麐因糧缺無援棄省由岳走荆賊勢愈熾　七月初旬禮部侍郎曾大帥國藩命郡丞川

人李光榮克復咸城比因賊衆兵寡不敢駐紮旋歸大營賊仍猖獗初八黎明蜂擁入城士民遭刃死者十餘人赴水死者十餘人幸提督塔齊布方伯羅澤南大兵至賊棄城遁追至横溝橋地方大獲勝仗殘賊復往東竄迨八月克復省城鄂屬始安　五年乙卯曾大帥九江失利賊復上擾　二月省城又陷賊分股擾湖南由咸經過民多徙避　四月鄰邑土匪乘釁入城燒城內及東關外房屋數十間城中士民遭戮投水死者約十餘人是年冬巡撫胡林翼方伯羅澤南李續賓由江右湖南追賊克復咸城直追至省城四面圍攻城內之賊嬰城固守城外之賊尚分擾各縣　六年丙辰四月賊擾咸城知縣汪静淵父子在城陣亡　五月羅澤南在省攻城陣亡　七月賊復圍咸城知縣黃鐘鳴率鄉勇擊走之　冬十二月克復省城　十一年辛酉五月賊復擾咸六月提督鮑超成大吉帶兵擊走之　同治四年乙丑四月初七日鮑超勇叛擾咸戕官肆行擄掠城內之苦較歷年爲尤甚賊據城越三晝夜始走比被擄者約二百餘人後計未逃歸者猶四五十人

仙釋

葛　洪曾煉丹於邑之潛山

洪崖先生曾煉丹於邑之蘋花溪

鮑　姑曾於邑之蘋花溪點化洪崖先生

指宗和尚常德武陵人崇禎二年至邑中古田畈灰沙洞止焉三年後於西郊外火化見出金光趙存孩先生爲作神僧傳

一徽道人明崇禎間修静於邑之金龍山洞曾辟穀於洞門至順治乃自火化去

海鷗和尚前明僧曾募修西河橋

石城和尚康熙二十二年曾募修西河橋

大力和尚康熙三十二年爲修西河橋曾苦毀募化

中立和尚雍正十三年曾募修西河橋後於北城枚敞外

火化時有人於數十里外見其手攜草圖游行道路殆仙去矣

寶月和尚住資福寺賦性聰明靜修無玷曾領邑僧會司著有拈花雪室詩集官紳咸羨重之今領邑僧會司續燈卽其徒孫也

流寓無考

方技無考

金石唐無考　元無考

宋金無考

忠臣陳求道神道碑在西城外西河橋之東

明

西河寺鐘正德八年鑄迄今三百餘年屢歷兵燹不惟不燬其音愈覺清越人咸以爲西河神之呵護云

忠臣孟養浩神道碑在城東五里界路側

楊劉二孝子齊芳碑在東關外東阜山下

周侯去思碑文

周侯蒞咸六閱歲而政成兩臺使者累以治行高第聞於天子天子下璽書徵侯詣闕下餞祖道父老率諸子弟泣卧攀轅車不得發者久之已乃相率詣不佞請曰噫侯去矣接羽龔黃易爲理而難爲繼是安所得皭然冰潔如吾侯者乎侯性至儉於物澹無所好嚴征羨餽遺之禁纖毫倒入視若浼焉去之日蕭然琴書一囊而已六年間侯貌瘠而咸之民日以肥侯德烏忍忘也又曰安所得煦然愷悌如吾侯者乎咸當艱歲之後財日匱而賦日逋侯爲而築陂池儲庾粟愼糴糶緩催科之令剔侵漁之蠹民各適其業而厭其意擔負繦屬於道者趾相錯六年間咸生理實而無離上抵負之名侯德烏忍忘也又曰安所得斤斤明察如吾侯者乎咸俗故黠喜訟走兩臺如鶩旁及它郡邑梗楊之獄靡不以屬侯爰書塡委吏苦腕欲脫侯往往以片言得情眉睫間蓋所平反脫於死戍若髡鉗城旦舂

者幾四十餘解網之仁不深於此矣又曰安所得深計遠慮爲吾咸萬世規如侯者乎咸西北枕湖秋夏之交魚鱉舞於擔堞侯懼以堤請於上官而春鋪之夫鱗集受事不浹旬而堤就咸始享城之利而歲無修緝之勞矣又曰安所得至誠格天爲咸百姓請命如吾侯者乎往者祝融煽虐民惴惴重足立侯齋心黙禱一言泣數行下夜既半有光熠熠閃爍隱隱起樓櫓間入雲中如流星焉邑人自是不復苦火矣肥蟲徵咎鄰邑暴厓焚巫無虚日侯素服步禱膝行十餘里而雷電集澍雨如注應若影響焉何神異也夫侯美政未易更僕數論其著者如此古豐功茂績

必勒貞珉以志不忘公獨無意乎余再拜謝不敏乃曰公等所稱說侯得其用而未得其體也以余觀於侯殆古抑抑德讓君子哉其才解牛斵輪而出以悃愊惻怛其廉懸魚塵甑而靡所矯飾其遇事圓敏如珠走盤而中所執持若漢鼎千鈞萬夫不拔蓋侯之學本乎誠者也誠生明明生公公生廉廉則無所處而不當矣水之源潔也可以載舟可以濫物可以決重堤之障而轉千仞之石侯往矣且將立交戟之下與天子獻可替否爲宇內蒼生造福無量爾父老沐侯恩見侯顏色尚有日余所爲述爾言而鐫之石俾爾子若孫世世往來其下而歌咏追慕之因以想見

其祖父遭遇之奇而徘徊乎蔽芾之陰涕泗乎峴山之側則此石固將藉侯以不朽夫石烏能不朽侯也侯名日庠撫之臨川人壬辰進士　侍郎孟養浩撰

義助公田碑記

余令咸四載而甯州命下行將解組去矣閱學中諸務獨義田一事不可無記夫義田之立非昉於余而事刑名偶儻有大節則曾君其最著也君壯仕西粵廉平不苟晚歲倦遊雅尚儒術敎其子姪藝聲鴻序將來事業殊未有量也一日會君至學見義田有碑喟然嘆曰此甚盛舉也丈夫生平當有偉績可書余叨有青衿子姪獨不能爲若舉乎於是以用價五十金原買田地悉捐以充學幣按其地一汪家畈一白木畈總其數田三十四畝今丈二十三畝七分三厘五毫地一塊一分九厘而歲入之額則二十六石六斗有零庶幾其無乾沒乎事奉學道本府批示清丈入册以爲優助之資製文勒碑以垂永久夫君之重義崇儒視俗之尚佛敎金璧輝煌者相去天淵矣余邑事倥偬不能爲地方畫便宜可尸而祝之社而稷之者獨撮其顚末若此　前任本縣知縣朱凌霄撰

廡樓碑頌并敘語

爰思蕭吳二公建樓於前尋與縣尉蕭螺江修城於後且

蕭勤齋與蕭螺江均江右產也尋與吳一齋均休甯產也建修籍貫不約而同若有爲之者噫嘻亦奇矣哉

萬歷九年辛巳　知咸甯事懷軒邵鄺撰

明通維牖仁厚維基風雨攸除狐鼠其離嗟彼大盈藉寇而蘜於戲樓之西兮尚無敵象我　皇圖磐石維居爲長府變兼公宅豈曰懷安均之愛國靈祇職呵永世維克於戲樓之北兮尚無缺碍我吏民貞　帝則金燈之覺邑焉靡墉虢細時撅司藏罔終岑樓既載石確棟隆於戲樓之東兮尚無凶襄我國計蹐恒豐孤峭若堪蔭廡若峪咸有斯樓守者安寢侯廣維謹大夫

餘醵於戲樓之南兮尚無坍壽與侯功永與參

邑人姚　亭撰

續咏一首

知縣邵　𪡏

瞻此巍樓高摘星斗狐鼠遠竄風雨安堵嗟彼豺狼噬爲捍禦肇建城垣百年固衞於戲樓之穹兮接天城之堅兮金湯壑氛祲兮蕩揚藉保障兮守疆

學師鄧公德教去思碑頌

公諱膺聘號白懷寶慶府邵陽縣人天啟丙寅年夏月任咸甯縣訓導崇禎庚午歲擢升教諭百姓思慕其德化卧轍難留謹勒碑以垂不朽

頌曰　德性溫和　仁愛溥博　相惟多士　化被菁莪　抑且百姓　薰沐恩波　勒此石碑　永念不磨

駕城橋碑

駕城一名珠樹自九嶨發源達新橋與橫溝水合舊置橋二漸頹潰余捐俸倡修鳩工砌石堅以闌蓋以亭不數月而成一廣丈六長倍之一亦丈許經始於乾隆辛卯夏五竣以十月糜白鏹九百董事羅朝選余金都昔蔡君讓記吾泉萬安橋其字與文傳予則何敢㦲甯令陳煥世題并書於道左

重修廟學碑頌

天子以孔子之道師天下使郡邑立學世所稱賢公卿大夫何嘗不遵孔子之業也傳言郡邑長吏崇化以厲賢才治行著若於庠序之事未遑亦淺之乎其治矣漢殷褒修起學宮布文明之化晉范甯興學勸士後世多其作人當時少府用度躬自省約崇儒抑俗潔己先之非誦法孔子然耶劉大夫爲咸邑始下車存問邑中耆老咨民瘼加意拊循逾年治成文教興卲漢晉二子亡讓巳一日進學弟子曰國家功令多士習之吾所職者豈直校文藝給稍養哉孔子之廟不飾謂有司何乃命工程材新棟宇修泮滬

及學宮弟子舍皆治始壬申冬至今夏卓有成功文學華君則使趙生鶴屬余言竊以褒甯有聲漢晉聞其所用者大也乃所臻治理之效則自作人致之乎觀大夫治行豈不庶幾古昔哉載稽往牒咸自宋慶歷始爲學人才盛焉京陳求道皆當世所謂賢人無論成名高第也京入政府危言抗節忤安石惠卿求道不屈邦昌至拒劉忠以死精忠偉烈天下至今高之豈非學之效乎大夫泮宮作士子衣冠俎豆其中由聖人之道以垂令名不朽大夫名由是益賢巳乃爲頌曰今　上御宇文治中興魯侯穆穆明命祇承鞠躬履方既令儀德括今行古棣棣其則惟民康乂

多士作孚昭閶華濁人易其趨豫章榮陽名非虛立佐王寵靈君師無斁豈兪君子邦國之光一言於石泮水之章

副使魏　裳撰蒲圻人

何侯捐修九政碑文

嘗聞古之有民社之寄者往往豐功懋績勒之金石載諸鼎鉉非僅恃有大過人之才爲其有澤及士民之德而因以留夫千百世不朽之心也先是邑侯何父莅咸初下車値咸諸事草創之餘縱目遊覽見夫城池之弗完也堂宇之弗新也館署之祇候未備杠梁之徒涉堪虞與所在諸神聖法像之播蘖塵土也一切游及更張之或補綴舊蹟

或興建新功絲毫皆捐貲費俸絕不問民間一力一財不朞月而厥功落成其時萑苻無警堂署改觀梵刹傳燈民鮮病涉矣侯曰未也學宮蓁蕪歟疇禪向化典型過佚歟疇景芳躅德音未完歟疇採風謠弓矢櫜櫜歟疇獻武功是皆余不佞莅有土者之責也更復捐貲剏建鳩工庀材爰詢衿子飭黌序而鼓鐘泮水於樂辟雍矣問有向之鞠爲茂草者否爰駕東山建新亭而指顧書臺三元接踵矣問有昔之荒碑零落焉否而且文事脩者必有武備因爲立射圃於西河而比德量力焉斯則跻蹌弗違而寸長必録矣問有頹廢不克振者否而且政暇覽風採方省俗因爲建堂洺於北堤而種荷植柳焉斯則河陽輿歌而甘棠比詠矣問有康民不了來者否當斯時也有履學宮而勤風勵者皆以爲會稽之二千石復出而賢侯教澤直與廟貌並新有登東山而切仰止者皆以爲廬陵之醉翁再遊而賢侯吟咏直與宋蹟並傳有懷決拾而思樂只者皆以爲虞詡借寇披仙復生而賢侯德威眞不讓乎夔圃蘇提之下然則何以頌侯之才之德之心乎乃爲之歌曰衿子青兮文教興兮疇合式化誕侯嶽生又歌曰耕食鑿飲日獲我所侯之令德俾無尤苦民也樂利士也親賢馨香至治感格同天侯功不刊億萬斯年　貢生陳璧撰邑人

黌宮棠樹碑記

咸何以有棠也自召伯布文王之化巡行南國棠於是始焉茲師奉命司鐸咸中明倫彰教士多愛戴其德而不忍忘故咸學有棠并有碑矣師謂誰沱潛劉諱效曾號東皋爲前黔省督學肖華公之曾孫理學塞翁先生之令子也世閥名流才鴻學博久爲海內仰重特以小草就職於上予戊午冬來牧茲土而劉先生已先設絳座一載餘觀其與諸士子相接丰儀峻整動必準以禮教郎數懸之腑與學田籽粒啚不輕自攜取黌宮之敧頹黯淡者莫不捐帑而一一補葺之至兩廡九賢序多論先皆復考其姓名而

更置煥然有功於　聖門者甚大也諸士之中克善文詞
而與會特達之流每一謁師必留飲盡醉乃去若月課兩
期按題論文如劉彝之述胡安定師能明體用之學者殆
不是過咸士多樸謹而間有躍冶或雜蹈於有司之門或
豪飲於酒甯之下劉先生皆嚴立課程以遏止之然士子
初就約束未免以嚴憚是慮及閱三載而士品端方文風
亦翕然丕變矣庚申夏六月忽罹太先生之變而哀毀骨
立將以絰組言去犇士子莫不號泣相對如諸生捧檄乞
留博士施士句之狀然格於例而情終不得達遂謀室於
縣署之西暫稽考履雖不得如施博士之留諸十九年但

得流連數載猶勝於榜謳迅發耳由是諸薦紳與及門皆
欲勒石歌詩以傳其至德余因思劉先生非自嚴憚而後
寬和則豈能愛之慕之而相與歌誦有如是乎記曰凡學
之道師嚴爲最難師嚴則道尊道尊然後民知敬業劉先
生既得師嚴之意而行之亦即天之所以爲教也而四時
寒煥何日不在諸士懷感之胷次哉於是可以言棠矣爰
勒石以爲之記　　知縣王士瀚撰

晉人稱荀淑清識難尚鍾君至德可師遂成一代佳話
如吾邑　王父母與　劉東皋師立品均在荀鍾之間
及讀棠樹碑記而叙述閒雅中浩浩落落兩君肝膽並
見余謂棠樹碑傳而二公亦傳矣惜未得晉人作新語
一讚歎耳　　鄭邦相跋

資福寺中興碑文

佛刹當圮而復興之際或菩薩現頭陀身而爲主持或開山
居士後身出其精神願力誓與浮屠俱不朽然後能振輩
華於荒蔓之餘煥莊嚴於雲漢之表資福之在吾咸古刹
也明時僧徒數伯精舍千門極盛卒僑迫兵燹洊臻凋敝
過半識者早知其劫灰之出究矣所賴老僧通神者持揭
之初即受知於先達存孩趙老先生爲建藏經閣居之雖
歷滄桑變易之中能確守其不磷不淄之操及

皇路永清以來開金山之面藻大士之宮垣墉丹雘土田疆
理皆一手一足之力而不旁貸寸絲分勞衆衲亦且樂強
侮於意外靖囂塵於隙中人之所不能任者老僧任之而
不以爲難人之所不暇理者老僧理之而綽有餘地頭陀
耶菩薩耶開士後身耶領僧綱十二載侯茲土者加禮之
敬其靜也年愈耄製愈工都人士莫不贊羨之恤其勞也
生不虛生以此願力生壽不虛壽完此願力壽其事洵可
傳其人洵可銘也　銘曰衆隨其靡疇任其難老僧不出
孰振於艱剛能立懦簡以御煩身如松立心與石頑壽
以功著功以壽完佛力不墮僧定不凡

移修石塔碑文　　　濟南府知府張　檄撰邑人

竊聞袞衣章甫尼父頌自魯人子弟田疇公孫歌於鄭國惟循良沛爲恩膏斯感慕勒諸箴銘邑仁侯孫夫子幽燕名流金臺世胄少具鴻才文譽領鵠袍之望壯膺大任清風飄墨綬之香癸亥秋由德安府署咸甯六月而報最大材小用未期年而有成杜母之休風庶民懷而耕桑安堵文翁之雅化多士悅而俎豆升堂善政善教指不勝屈乃致治方暇垂愛愈深熟覩山川恩佑斯文一脉詳察形勢不憚移塔東皋夫東皋有亭由來已久昔文簡公鍾兩間

之秀氣肆業斯地聚淦川之文明樹幟儒宗事業學術班班可考邇來舊址圮墟荒煙寂寞因之人文塞滯甲第久湮前任李學師諱之經字凡九文章司命士林楷模募貲建塔相山之麓以爲東南文壁之觀堪輿家止幸已見遺懊邑人士咸思易地改遷但物力維艱難爲巧炊之婦人心未一恐同築室之年茲值化雨潤郊楞材引領而治剩溉福星照邑單寒仕立而沐餘光爰捐清俸移石更修慨想西京作人之休卜吉東城讀書之臺商學師委任督役我同人協志經營鳩工告成巍煥具瞻蘋溪泿爲廉吏清操隨波瀋桃花峯因令尹峻名與山齊眞一日樹業於千秋而再造遺恩夫奔碑況乎斯塔之建遥映　先師之居聚月華而凝日精文光射斗軼山峯而拔石簾劍氣沖霄自此地靈人傑行見鵬翥鸞飛將有吐氣揚眉一展數十年蓄積之奇以佐

聖天子之盛續文簡之績者何莫非我公祖大人之賜也而又何讓乎尼父之惠魯公孫之惠鄭也哉吾咸感侯之仁戴侯之德因勒石以誌不忘云　侯諱毓華字樹棠由德安府兼攝咸甯縣事

邑侯饒明府印拱辰號惕甫德政碑頌

蓋聞三河作表同稱慈惠之師兩漢旌賢首重循良之傳

本天理之大同致人心之大順其稱述固不徒關頌禱也邑侯饒公大人黎水鍾賢雙峯織美坐桂嶺以鳴琴一揮輒應過杏園而對策三捷頻書以名進士出宰楚邦歷任通城巴東天門無不感其德服其才己酉秋署事咸邑適當水潦之後正值撫恤之期公則化行無欲政出實心濟蒼生於仁無失平庶獄惟義是從鷁飛壁水鄰侯之規型長新鶯舞醴泉文公之英華不墜比屋聞歌盈郊起祝未三月而政成將朞年而報最蒙竹長生有神君之可挹召棠勿翦惟慈父之可依是以因人心之順見天理之同謹述十條刊列於後以誌不忘云

一崇廉潔 受任艱苦不敢告勞惟以廉潔自守凡一切公費皆取給於私囊
一守謙恭 公氣度雍容藹然可挹與士民相接謙恭尤甚足徵潤身之符
一敦慈愛 公惻怛爲心每聞民間疾苦日夜憂思念不忍釋真愷悌之君子
一尚德教 公自下車勸民興孝守義其文誥之詞皆可頌可傳雖愚夫赤子亦知感化
一明律令 科條之設所以防姦公法令詳明上下肅清不致有舞弄之弊
一平獄訟 兩造既成公準情酌理勸戒百端民無冤屈且案無留牘亦不遺書役之累
一省刑罰 治民之道刑罰不廢公和平寬厚不以刻覈爲能蒲鞭略試無尚嚴刑
一救災荒 歲值洪水爲災公留心撫恤民沾實惠且捐廉助賑立法詳善
一重文學 公經述湛深每以振興文學爲事鄉會兩試俱有饋贈足見崇儒重道之誠
一緩征收 三時既害民室皆空公力請緩征閭閻不受追呼之急

貤贈太安人吳氏節孝碑誌

余官咸甯司訓之明年吳生廷選來受業歲己亥廷選應郡院試皆第一補弟子員庚子二月丁母艱母固苦節遺腹生廷選撫之誨之俾至於成立者也壬寅夏五月廷選服闋持節母行實求 上闡余嘗諏訪節母家世甚悉節母之曾祖母陳曾叔祖母朱孀守撫孤前經 學憲王賜雙節競爽額咨 部請 題節母景仰前型克嗣徽音方之太姒無愧焉余遂錄其實蹟申諸 大府循例請旌於朝及余將去任廷選乞爲文勒諸貞珉余諾之而匆匆不果作也既還里數月廷選復寓書申前請於是節母歿三年矣余嘉廷選孝思之摯乃删次其狀而書之曰節母姓陳氏縣之一都處士時萬公之女也自少閒靜及笄歸吳君耀三年二十五耀三卒節母倉卒不欲生舅位高公姑王母知其娠也曲諭以耀三之宜有後節母感泣愈竭力盡婦職以陰慰其夫越三月廷選生節母念舅姑垂老日以孤子娛色笑盤飧必馨潔每舅姑有疾日夜侍湯藥惟謹後兩遭大喪悲戚至於毀瘠居恒茹蔬衣素澹泊自甘廷選少長承世父承德郎習之公命就外傅節母勖以勵志祗學毋負世父撫蓄意益勤紡績以助和丸迨廷選甫入庠而節母遽逝廷選之盡傷於心求所以表彰其母也宜哉古人守身以事親懔懔乎明善思誠而祿位顯揚猶後也然則廷選之所以不沒其母者事當有在不徒以余言爲重輕矣節母之生也以乾隆辛亥逮其沒享年五十守節二十有五年

辛巳科舉人咸甯縣訓導蘄水胡壁華撰

補遺 職官

知縣王士瀚 見棠樹碑記職官類失載

知縣孫毓華 見移修石碏碑文職官類失載

知縣鄭夢磐 見宗嶽碑記職官類失載

知縣陳公達 見大成殿記職官類失載

知縣陳　煜見文昌閣書梁職官類失載

知縣張時泰康熙年間任見贈節婦額職官類失載

知縣黃應魁乾隆年間任見陸川書院課士詩職官類失載

知縣李　晟乾隆年間任見贈節婦額職官類失載

知縣方玉麟乾隆年間任見贈節婦額職官類失載

知縣顧長祚乾隆年間任見城隍廟書梁職官類失載

教諭劉效曾康熙年間任見棠樹碑職官類失載

補遺鄉紳

王廷傑號雙洲明嘉靖丙子科北闈舉人正德庚辰會元張治榜進士

余耀祖明庚午舉人　余及泉歲貢

萬卒中拔貢任廣西興安縣知縣　余　豪歲貢

施溥清由貢任知縣　王梅岩歲貢

施　鐘由貢任知縣　朱性惟康熙己丑歲貢

施梁清歲貢　朱仲輝康熙壬子貢

施　鑰號孟一歲貢　朱伯升康熙辛酉貢

施　錮號槐岐歲貢　劉南仲康熙年間歲貢

劉南田康熙年間貢　郭之煌乾隆五年歲貢

姚民覲號望谷由拔貢任圻水縣訓導　姚民親號肖谷由歲貢任羅田縣教諭

徐鳳榮歲貢生誥封八品　徐　琳號碧吾歲貢生後中副元

姚志亮成化甲午年貢　徐　榛號鍾山歲貢生

姚宗鳳宏治年間貢　徐喬山歲貢生

王南川萬歷年間貢　徐授屏歲貢生

徐充實拔貢　胡　櫛明拔貢

胡鳳喈雍正年間歲貢　甘盛周字士英事理督府

甘　琳字德吾侍衛　游文聚明崇禎年間貢任竟陵縣教諭

黃師善字初完貢授湘潭縣教諭　黃師文字純亦副榜

黃練溪廩生正統年間副榜　黃　鎗字清雅乾隆年間貢

周學紘字首八永樂甲午舉人乙未進士歷任鎮洋昆山等縣知縣

程　鵾字孔堂明嘉靖間任宜昌府教

補録馮文簡公事蹟

馮當世少孤寓武昌縱酒不羈一夕醉卧郊外溪邊有漁者罷漁艤舟困眠有人叱之曰馮侍中在此安得不避漁者驚起步入岸上一人衣冠熟睡草間詢之知爲馮也即拜曰他日貴顯幸忽忘具以所夢告因請卧舟中以避風露馮睡至晚與共載入郡後馮貴使訪漁舟不復見

馮當世未第時客餘杭縣爲官逋拘窘計無所出問題小詩於所寓寺壁一胥魁范生見之爲白縣令丐寬假令疑胥受賕游説胥曰馮秀才甚貧但見所留詩他日必貴顯因誦其詩令遽釋之詩云韓信棲遲項羽窮手提長劍喝西風可憐四海蒼生眼不識男兒未濟中

雲齋廣録記馮當世慶歷中以鄂州薦至大江風濤洶涌幾至沉沒來春廷試第一還過大江風微浪穩舟楫安然公題詩江亭云江神也世情為我風色好余讀唐文粹見施肩吾及第後過揚子江詩云憶昔將貢年抱愁此江邊魚龍鬬閃鑠黑浪高於天今日步春草復來經此道江神也世情為我風色好乃知當世取肩吾末句題於江亭耳非自作也

今查

馮文簡公祀田在相山下名馮家隴　隴尾小塘一口接共田七坵　計數壹石七斗三升　此隴并無異姓之田　又枇杷樹下田七升　連前總共計田壹石八斗　地共六塊均在田西山坡　據併宗譜所載此田地原係前明　勅置重在祭祀向無糧差不許佃賣違誤祭祀

好義樂輸助費芳名

州同銜陳善諒捐錢拾串文

從九品饒舜欽號周堂捐錢拾串文

佘榮昌捐錢拾串文

貢生吳葆衡捐錢伍拾串文

縣城東門外施廷椿公祠捐錢拾串文

施榮桂公祭田內捐錢拾串文

監生周禮門捐錢拾串文

貢生周春芳捐錢拾串文

監生周松齡捐錢拾串文

監生周春第捐錢拾串文

程賢書捐錢拾串文

恒成號捐錢伍拾串文

黄吉太捐錢叁拾串文

鄧家福捐錢貳拾串文

貢生王光厚捐錢拾串文光厚人樂施與財以祭田周困乏事難磬舉但嘗買一婢詢知係通邑夏文緒聘媳念其子難再娶舁婢以歸之夏輒感甚今志將告竣邑諸生夏錫疇持此屬載因附於此